国家社科基金后期资助项目
出版说明

后期资助项目是国家社科基金设立的一类重要项目，旨在鼓励广大社科研究者潜心治学，支持基础研究多出优秀成果。它是经过严格评审，从接近完成的科研成果中遴选立项的。为扩大后期资助项目的影响，更好地推动学术发展，促进成果转化，全国哲学社会科学工作办公室按照“统一设计、统一标识、统一版式、形成系列”的总体要求，组织出版国家社科基金后期资助项目成果。

全国哲学社会科学工作办公室

国家社科基金
GUOJIA SHEKE JIJIN HOUQI ZIZHU XIANGMU
后期资助项目

秦及汉初刑罚体系三重构造论

A Theory of Threefold Construction of the Penal System in the Qin and Early Han Dynasties

张传玺 著

法律出版社
LAW PRESS·CHINA
——北京——

图书在版编目（CIP）数据

秦及汉初刑罚体系三重构造论 / 张传玺著. -- 北京 : 法律出版社，2024. -- ISBN 978-7-5197-9536-8

Ⅰ. D924.02

中国国家版本馆 CIP 数据核字第 2024V6K577 号

秦及汉初刑罚体系三重构造论
QIN JI HANCHU XINGFA TIXI SANCHONG GOUZAO LUN

张传玺 著

责任编辑 王 珊
装帧设计 李 瞻

出版发行 法律出版社
编辑统筹 学术·对外出版分社
责任校对 晁明慧
责任印制 胡晓雅 宋万春
经 销 新华书店

开本 710 毫米×1000 毫米 1/16
印张 19.5 **字数** 324 千
版本 2024 年 11 月第 1 版
印次 2024 年 11 月第 1 次印刷
印刷 三河市兴达印务有限公司

地址：北京市丰台区莲花池西里 7 号（100073）
网址：www.lawpress.com.cn
投稿邮箱：info@lawpress.com.cn
举报盗版邮箱：jbwq@lawpress.com.cn

销售电话：010-83938349
客服电话：010-83938350
咨询电话：010-63939796

书号：ISBN 978-7-5197-9536-8
定价：86.00 元

凡购买本社图书，如有印装错误，我社负责退换。电话：010-83938349

基金项目
国家社会科学基金后期资助项目，项目批准号：19FFXB073

目　录 Contents

前　言

本书以秦及汉初刑罚体系研究为题,关注的是其时刑罚体系的构造及其原理,包括刑罚种类、刑罚排布和刑罚适用规则等基本内容。

刑罚体系研究一直是中国法制史研究的基本任务。就被目为法学之一分支的中国法制史学科而言,刑罚体系是学科研究的框架。若将沈家本先生视为中国法制史学科的奠基者,则其最重要的法制史著作《历代刑法考》亦以梳理古代刑法源流为核心工作;时至今日,各类中国法律史著述乃至教材仍多偏倚刑法内容。

就传统史学而言,传世文献叙事中的中国法律发展史是以刑罚制度为线索的。"刑"历来被视为中国古法基本渊源:

其一,《尚书》《周礼》《左传》等文献有关于刑罚起源和发展的记载,据此可了解到肉刑体系的确立和肉刑替换形式的发展情形。

《尚书·吕刑》借由周穆王追述之言,描述了肉刑刑罚作为社会规范,本是源于苗民应对社会失序的五虐之刑:

> 王曰:若古有训,蚩尤惟始作乱,延及于平民,罔不寇贼,鸱义,奸宄,夺攘,矫虔。苗民弗用灵,制以刑,惟作五虐之刑曰法。杀戮无辜,爰始淫为劓、刵、椓、黥……①

苗民之刑针对的是平民犯罪、社会失序,而非针对外族人;针对犯罪,苗民在天地相通、民神相杂的历史阶段就摈弃了超自然力量的改造("弗用灵"),②转而诉诸世俗权威的暴力制裁,开启了世俗权威以身体刑

---

① (清)阮元校勘:《十三经注疏》第1册《尚书正义》卷一九,台北,艺文印书馆2001年版,第296页。标点为本书所加。下同。

② 《孔传》载:"三苗之君习蚩尤之恶,不用善化民,而制以重刑。"见上注。其说以"用灵"为"用善"。据《吕刑》,从苗民到帝尧的治民罚罪方式是从"用灵"到"作五虐之刑"到"折民惟刑",将"灵"解为超自然力量或也恰当。《说文》载:"灵,巫。以玉事神。"(清)段玉裁:《说文解字注》,中华书局2013年版,第19页。此说或与"法(灋)"字义有关。《说文》载:"灋,刑也。平之如水,从水;廌所以触不直者去之,从廌去。"同书,第474页。表意是以獬豸神兽"触不直"来裁判案件,是神判形式。"作五虐之刑曰法"可理解为,苗民先是以"用灵"即神判为其"灋",在制作"五虐之刑"后,将肉刑称为"灋","灋"就从"用灵"发展到"用刑"的历史时期,"灋"与"刑"的关联正式确立,超自然秩序也过渡到了世俗秩序。

罚方式来治理社会的进程,毁损肢体器官的肉刑刑罚体系就此诞生。此后苗民因滥用肉刑而被遏绝,但肉刑体系被承袭下来,①《左传》言夏商周有乱政而分别制刑,三代规整的五刑体系记录就此展开;针对肉刑的祥刑主张也就成为有见识的统治者的基本刑事政策。

肉刑被创制后,出于身份差等、意图善恶区分等多种原因,同行为而异罚的肉刑替换形式必然会出现。《尚书·舜典》言及帝舜"象以典刑,流宥五刑,鞭作官刑,扑作教刑,金作赎刑",②记录的是按照不同依据,将肉刑替换为"象刑""流""鞭扑""赎"等,这是肉刑体系的一大发展。《尚书·吕刑》言及"两造具备,师听五辞。五辞简孚,正于五刑。五刑不简,正于五罚;五罚不服,正于五过……墨罚之属千,劓罚之属千,剕罚之属五百,宫罚之属三百,大辟之罚其属二百。五刑之属三千",③记录的也是肉刑五刑体系及其在"不简/有疑"时的财产刑替换形式。简言之,以上文献所见都是犯有本应处以各类肉刑的犯罪,个案具备特别情状的,易之以羞辱和痛苦("象刑""鞭扑")与财产制裁("赎""罚")等。

《周礼·秋官》等古籍记载,西周刑罚是以肉刑体系为主,本源皆为有权者以暴制暴的身体刑,辅以对应的象刑与击打的羞耻刑,或罚、赎等财产刑,以及圜土、嘉石之制等"劳动教养"手段④乃至流放(播)等制裁。

文献所见西周及之前刑制不乏后世所添加的成分,但以肉刑五种为主体的刑罚体系的产生、发展脉络清晰可辨,可简要概括为:苗民作肉刑而滥用;帝尧诛三苗而肉刑留存,帝舜作肉刑替换刑,刑罚体系化、立体化;夏商周三代都设置有肉刑体系,而西周的肉刑及其替换刑构成的刑罚体系愈加成熟规整。

到春秋战国时期,完善国家刑罚的运用成为成文法运动的核心任务,"魏李悝撰著《法经》—秦商鞅变法,改法为律"的魏—秦法律源流,既见于《晋书·刑法志》的记录,亦有睡虎地 11 号秦墓秦所出简册间杂魏《户律》《奔命律》事实的佐证,其始源核心部分正是"罪名之制",是犯罪与刑罚的应用。至秦汉帝制中国,从汉初"约法三章"之"杀人伤人及盗"到

---

① 《汉书·刑法志》言,"禹承尧舜之后,自以德衰而制肉刑",似是班固在说尧舜时有象刑无肉刑。但此处之前的志文引《荀子》反驳了肉刑象刑说,可见志文所谓"禹制肉刑"是言禹设定肉刑,不能推论尧舜无肉刑。

② (清)阮元校勘:《十三经注疏》第 1 册《尚书正义》卷三,台北,艺文印书馆 2001 年版,第 40 页。

③ (清)阮元校勘:《十三经注疏》第 1 册《尚书正义》卷一九,台北,艺文印书馆 2001 年版,第 300~301 页。

④ 对"圜土""嘉石"之制与所谓"劳役刑"关系问题的简要讨论,请见本书第二章第一节。

"作律九章",再到汉武帝时期的汉律六十章,"狱律—旁律"的"律典"结构已然成型,也是以刑罚之制为基础的。

其二,《国语·鲁语上》记臧文仲说僖公请免卫成公时述及公开行刑的正当性,其说触及了古法刑罚的本质特征:

> 大刑用甲兵,其次用斧钺,中刑用刀锯,其次用钻笮,薄刑用鞭扑,以威民也。故大者陈之原野,小者致之市朝,五刑三次,是无隐也。①

从甲兵至鞭扑都是施加于身体的器具,钻笮以上用于施加肉刑,鞭扑则是用于击打身体;从"大刑"至"薄刑"都是使用兵器施加于肉身的刑罚形式,涵盖了从对群体和个体的身体所施加的、导致生命终结的终极肉刑,到造成一过性身体痛苦与耻辱的击打在内的各种身体刑罚。这正是中国古法"刑始于兵""兵刑合一"之说的本义所在。

从文献来看,苗民作刑针对的是其民,因此将刑罚起源归结为族外战争用肉刑、族内犯罪用象刑之说未必正确;对犯罪需施以肉刑,肉刑需以特定器具执行,器具被选定为兵器,是为"兵刑合一";刑罚与法律起源于"军事战争"之说是猜测,这偏离了文献本身。简言之,先秦文献中的中国古法刑罚体系源于残害肢体器官的肉刑,历代刑法志与后世律典之唐律追溯刑罚源头时沿袭了此说。至于现代意义上的财产刑和劳役刑,在传世与出土文献中皆有所见,如前举"赎刑"等财产刑,嘉石、圜土之制等劳动教养,多是身体刑的替换形式或附随效果。

因此,即令今日学者欲摈弃以"刑"和"刑律/律典"为主线的法制史叙事,转以当代法律体系为参照,从规范角度构建新的"古代法律体系",将职官、仪制、赋役、金布、户婚等制度纳入其中,大概也只是现代目光的古代投射而已——刑罚体系的历史变迁一直是传世文献叙事的主体线索。

"刑法(罚)志"是正史史书系统的重要组成部分,是现当代中国法制史学科的传统基石。诸史刑法志正是围绕历代刑罚体系的构造和变革而展开的,首篇单立的《汉书·刑法志》即如此。从选用材料来看,汉志不仅广泛取材于儒家经典和先秦诸子书尤其是《荀子》关于肉刑的学说,也吸收了《史记·律书》的"兵—刑"表述,可以说,志文主要选用了与刑罚尤其是肉刑有关的材料。从汉志主题看,"刑法"特指肉刑之制的看法大概可

① 徐元诰撰,王树民、沈长云点校:《国语集解》,中华书局2002年版,第152页。

以成立。这在西方汉学界注译志文,尤其是注译汉文帝十三年(前167年)刑制改革部分的工作中有突出表现,各类作品早就注意到班固所讨论的"刑法"特指肉刑刑罚规范——在19世纪后期,阿方索·安德烈奥兹在以意大利语注译《汉书·刑法志》时就将"刑"译解为"肉刑"(pene mutilative),在汉文帝刑制改革史实部分的译注中,安德烈奥兹将淳于公"有罪当刑"译为"(淳于公)有罪,为此他当受肉刑(被毁损肢体)";①韦慕庭英译此处"刑"为"(肉刑)刑罚",并注解称"法定刑罚通常包含某种形式的肉刑:黥面,断鼻或足,阉割,或死刑";②荷兰汉学家、秦汉法制史学家何四维先生注译为"他犯了当处(肉刑)刑罚之罪";③至于当代学者,其更明确地指出了汉志之"刑"为"肉刑"。④ 纵观诸家,何四维先生之说有总结意义。何氏指出班固笔下"刑法志"之"刑法"乃"肉刑之法"(norms for mutilating punishments)而非今人所谓"刑法"(penal law),并评价道:

> 班固对汉代所行法律制度的描述远非完整可言。较可取的说法是,班固本未打算描述制度整体,因为他的读者必定熟悉这制度;他只是强调了其中的一些方面。他的主题是刑罚……⑤

《汉书·刑法志》篇幅较短、行文脉络清晰:先从《荀子·王制》等说,以类似于古典自然法学派的腔调,抽出作为生物的人进入社会、成立国家、出现君王、实施赏罚的历史逻辑,引出刑罚合理性来源,之后引用《国

---

① "(Sciun-iu-Kun')commise un delitto, pel quale doveva esser mutilato. "Alfonso Andreozzi, *Le Legge Penali degli Antichi Cinesi: Discorso Proemiale sul Diritto E Sui Limiti di Punire E Traduzioni Originali dal Cinese*, Firenze, 1878, p. 140.

② Clarence Martin Wilbur, "Slavery in China during the Former Han Dynasty: 206B. C. –A. D. 25", *Anthropological Series Field Museum of Natural History* Vol. 34, January 15, 1943, p. 286, et note 2.

③ A. F. P. Hulsewé, *Remnants of Han Law, Volume I: Introductory Studies and an Annotated Translation of Chapters 22 and 23 of the History of the Former Han Dynasty*, Leiden E. J. Brill, 1955, note 158 at p. 378. 何四维译文将此处之"刑"译为概指的"刑罚"(punishment),但其注脚引用韦氏英译,加了"肉刑"限定。

④ 如杜正胜先生提出,"……严格说,'刑'专指肉刑而言"。杜正胜:《编户齐民——传统政治社会结构之形成》,台北,联经出版事业公司1990年版,第265页。又如,冨谷至先生也指出"刑"指肉刑,《汉书·刑法志》所记缇萦上书中包含"坐法当刑"的内容,"是最终导致肉刑被废除的淳于公之女的话。这里的'刑',明显是指肉刑"。〔日〕冨谷至:《秦汉刑罚制度研究》,柴生芳、朱恒晔译,广西师范大学出版社2006年版,第9页。

⑤ A. F. P. Hulsewé, *Remnants of Han Law, Volume I: Introductory Studies and an Annotated Translation of Chapters 22 and 23 of the History of the Former Han Dynasty*, Leiden E. J. Brill, 1955, p. 313.

语·鲁语上》刑起于兵之说,定位出兵器为行刑工具、肉体为行刑对象的身体刑刑罚体系;由此切入兵制及战国秦盛兵重刑、德衰速亡的历史教训,以之为叙述汉代刑制改革进程的铺垫。① 祥刑也成为《汉书》以降正史《刑法(罚)志》系统的脉络之一。在此意义上说刑罚体系研究是中国法制史研究传统的源头,当不为过。

更重要的是,刑罚体系本身是一个特定社会各种因素的综合产物,理解了这个社会刑罚体系的构造及其逻辑,就掌握了认识这个社会中几乎所有重要关系的一把钥匙:就刑罚种类而言,生命刑反映这个社会的生死观,身体刑体现对肉体痛苦、精神耻辱与身份降格的社会认知,自由刑和劳役刑涉及国家的人身控制程度与个体自主支配权利,赎刑、罚金刑涉及货币需求,身份刑折射家庭结构与社会等级观念,等等;就刑罚的呈现方式和适用原理而言,法律文本如何规定犯罪与刑罚,刑罚又要基于哪些特定要素而加减和替换修正,是衡量这个社会立法技术和法律智识发展程度的基本尺度。

一、题解与概述:"秦及汉初刑罚体系"及其研究脉络

欲探寻古法余韵,需了解古法刑制;有可靠史料的刑制史,自秦及汉初始。秦及汉初这一时段是中国古法传统全面确立之时,后世法的基本因素多可追溯至此;同时,据近出简牍材料,可见秦及汉初刑罚体系与后世存在根本差异,这种差异本身是秦及汉初国家和社会形态发生变革的一个例证,这说明汉文帝刑制改革之后,刑罚体系本身逐步被彻底改造。这使得后来的研究者不能直接通过制度类比来重现秦及汉初的刑罚体系。那么,综合利用史料,从弄清具体刑罚种类入手直至揭示刑罚体系构造及其原理,是正确理解秦及汉初刑罚适用规律的前提,是全面认识汉文帝改革内容和效果的前提,更是勾勒西汉前期以后刑罚体系发展脉络的前提。

(一)秦及汉初刑罚体系研究的复杂性

法制史研习者一旦把目光聚焦于记有法律信息的出土简牍,恐怕会产生同一感受:简牍所见秦及汉初刑罚体系的复杂程度远超先前学者的设想;《法律答问》《奏谳书》等文献更是直观显示出,相比当代人,秦汉时人所面临的法律问题既不少也不浅显,而是相当深刻,"主观意图之辨"(如"诬人"与"告不审")、"罪与非罪"(如"杜泸女子和奸")、"此罪与彼罪"

① 参见(汉)班固撰,(唐)颜师古注:《汉书》卷二三《刑法志》,中华书局1962年版,第1079~1115页。

（如“受赇枉法”“治狱受财物枉事”）、“罪数”（如“把叚以亡”“有罪而亡”）、“刑事诉讼程序的终止”（如“非公室告”“父时家罪”）、“赃值/刑事责任标准认定”（如“值赃”“丈高”）等疑问，不少也是现代刑法理论和实践的重要问题，类如共同犯罪结构下的未成年人犯罪主体关联问题，特定犯罪参引他罪罚则的“转化型犯罪”或“法律拟制”定性问题等个别疑难问题，在今日刑法理论与实务领域也存争议。这些疑问只可能产生于一个已较成熟的法律体系背景，但体系背景全貌如何则不得而知。

今人追究这些疑问产生的社会背景时，必将触及更为复杂的问题——不仅今人与秦汉社会有时间隔阂，而且秦汉时人身处的世界比今日社会更加立体，它的一大特征是个体身份有差等，这深嵌在那个时代的法律内核中，刑罚体系尤然。同一犯罪行为，主体是官吏、有爵者、平民、私奴婢还是“刑徒”，刑罚或有差异；它是发生在陌生人之间，还是发生在父子、夫妻、主奴或高爵与低爵者之间，刑罚亦有不同；同一刑罚，是落于一家之主头上还是落于被支配的家庭成员头上，对家庭存续的影响也有异。刑罚与犯罪者的社会身份、家庭身份有密不可分的关系，因此观察秦汉刑罚特征时不得不时刻注意身份因素也就成为共识。

对秦及汉初刑罚史料的以上背景，有时某些史料自身有所提示，如律令有明文；但有时材料不足，或对时人而言实为“不言自明”而不见文字。今日研学者就需要尽量“浸润”到这样的背景中。

更需要研学者深入史料背景的动因是，不同类型史料可能都与同一秦汉制度主题有关，在传世文献记载和出土简牍所记律令、治狱文书或法律解疑汇编等不同材料之间如何取舍选用？这就需要跳脱出“文字”层次，去衡量不同类型史料的证明效力。在本书所用材料范围内，最可反映秦法律智识的睡虎地秦简《法律答问》的利用问题最为典型。《法律答问》载录了不少罪名、刑罚之疑及其解决方案，有的与时代相近的岳麓书院藏秦律令简、里耶秦简牍和张家山汉简《二年律令》中的文字文本信息有一定关联，研学者常径以律令文本佐证《法律答问》问答理据。直接利用这几类材料互证特定制度时，结论未必有误，但做法本身有风险，最直接的不合理之处在于它未能虑及《法律答问》制作当时有何成文法资源，疑问何以无法被纳入既有律令体系来解决。对材料作多层次思考，力避直接使用、简单联系表面相关的材料，就是必要的意识。

聊举一例。睡虎地秦简《法律答问》67 简记有：

甲谋遣乙盗杀人，受分十钱，问乙高未盈六尺，甲可（何）论？当磔。①

学者大概都同意“乙高未盈六尺”表明乙非完全刑事责任能力者，同时都注意到，据岳麓书院藏秦简（叁）《为狱等状四种》所载案例八至十和《二年律令·盗律》65～66简等材料，秦及汉初“盗杀人”罪的法定刑为磔刑，②刑罚本身不会是《法律答问》67简问答设置的问题点。对《法律答问》67简的问答主旨，诸家看法大体一致。石冈浩先生引水间大辅先生关于“教唆犯被包括于共犯，作为共谋者与实行者一样问罪”的看法，概括了《法律答问》67简的问答主旨：

该问答质问，已实施杀人与盗行为的乙为身高不满六尺的未成年时，对命令未成年犯罪的甲如何量刑。其主旨是，本来对教唆者与实施者这两者科处同样的刑罚，但是在实行者为未成年而成为免罪或者减刑的对象时，确认是否也对教唆者减刑。其回答说“磔”，这是对带有盗的杀人应适用的刑罚，或许说明对教唆者不减刑。③

中国政法大学中国法制史基础史料研读会也申明了《法律答问》67简的教唆犯罪中教唆犯与未成年实行犯的刑事责任确认问题。④陶安先生则引入《二年律令·盗律》57简来说明教唆者“与盗同法”，“盗杀人”犯罪的教唆者甲与实行者乙本应同处磔刑。进而指出《法律答问》67简是为解决“盗杀人”犯罪的被教唆者乙未成年而不处以磔刑时，与乙“同法”的教唆者甲是否仍论处磔刑的疑问：

---

① 睡虎地秦墓竹简整理小组编：《睡虎地秦墓竹简》，文物出版社1990年版，第109页。

② 对岳麓秦简（叁）所见“盗杀人”刑罚为磔刑的说明，可参见中国政法大学中国法制史基础史料研读会：《睡虎地秦简法律文书集释（八）：〈法律答问〉61～110简》，中国政法大学法律古籍整理研究所编：《中国古代法律文献研究》第13辑，社会科学文献出版社2019年版，第14页。

③ 〔日〕石冈浩：《张家山简〈二年律令〉之〈盗律〉所见磔刑的作用——诸侯王国视野之下的严刑适用》，李力译，中国政法大学法律史学研究院编：《日本学者中国法论著选译》（上册），中国政法大学出版社2012年版，第79页。对水间大辅看法的引用，见该页注18。

④ 参见中国政法大学中国法制史基础史料研读会：《睡虎地秦简法律文书集释（八）：〈法律答问〉61～110简》，中国政法大学法律古籍整理研究所编：《中国古代法律文献研究》第13辑，社会科学文献出版社2019年版，第15页。对《二年律令·盗律》65、66简，本书从石冈浩先生意见，认为“群盗”不是律文唯一主体，因此一般主体而非“群盗”的“盗杀人”行为的法定刑即磔刑。对《二年律令·盗律》65、66简的条文分析，可参见拙文《秦及汉初赃罪构造试探——以张家山247号汉墓竹简为中心》，中国政法大学法律古籍整理研究所编：《中国古代法律文献研究》第15辑，中西书局2021年版，第44页以下。

> 《法律答问》教唆者甲的量刑，无疑是因为与大人不同，被教唆者乙犯了“盗杀人”罪也不会处以磔刑。既然乙不论为磔刑，与乙“同法”之甲还能照常论以磔刑吗？《法律答问》的答案是教唆者仍处磔刑。这个结论很合理。乙不处以磔刑的原因不在于罪行本身，而基于乙身份上的特殊因素，即其年龄。甲没有相同身份上的减刑因素，当然就要照常处以“盗杀人”罪的法定刑，即磔刑。①

上引诸说都是围绕“‘盗杀人’犯罪中，教唆未成年人犯罪，未成年人刑罚应予减免时，教唆者的刑责承担形式”这一点去理解《法律答问》67简的问答设置主旨。此说固然简明，但“谋遣”表示参与前谋但自始不参与实行行为，不能等同于主导犯意成立的教唆行为，不能直接解为“教唆”；此外更重要的是，诸说未触及谋遣未成年人犯罪的归责形式疑问背后的前提问题，即谋遣盗杀人行为本身是否成立犯罪及成立何种犯罪。这一点恐怕才是理解《法律答问》67简问答设置主旨的关键。

首先，“谋遣人盗杀人”若是既有罪名，就应有律令明文定其罪、刑。“谋遣人犯某罪”是一动作，动作主体与他人谋划某犯罪，由被谋遣的该他人实行犯罪，而主体己身自始不参与实行行为。“谋遣”不是独立罪名，该动作是否成罪需结合其所谋划的犯罪，由律令明文确定，无明文者无法可罚，就成了字面意义上的“法无明文不为罪”。有时“谋遣”动作之成罪，尚需附加其他条件，构成特定类型的犯罪，如“谋遣人盗”需与“人往盗”的实行行为相结合，构成《二年律令·盗律》57简的“谋遣人盗，人即以其言往盗之”，此“谋遣人盗”行为才成罪，得以通过“与盗同法”术语参引盗罪处置规则。目前未见秦汉律令规定出“谋遣人盗杀人”的罪名，更未见其刑罚为“磔”；因此《法律答问》67简中甲行为之成罪、刑罚为“磔”，都不是基于既有条文而当然成立的。

其次，“谋遣人盗杀人”并非《二年律令·盗律》57简的“谋遣人盗”既有罪名。若问答制作当时，“谋遣人盗杀人”已有比照“谋遣人盗”处理的规定，那么按“谋遣人盗，虽不受分，与盗同法”，“盗杀人”非一般盗罪，不适用计赃量刑形式，更应“虽不受分，与盗杀人同法”。但设问附加了“甲受分十钱”条件。这暗示了当时律令上无“谋遣人盗杀人”罪名，今人也就

① 〔德〕陶安：《岳麓秦简〈为狱等状四种〉案例五〈多小未能与谋案〉吏议管窥——秦律未成年刑事责任能力与受刑能力》，邬文玲、戴卫红主编：《简帛研究 二〇一八（秋冬卷）》，广西师范大学出版社2019年版，第107~108页。

无法径从“谋遣人盗，与盗同法”推论出“谋遣盗杀人，与盗杀人同法，处磔”。

最后，“谋遣人盗杀人”表面上也关联着“谋杀人”罪。《二年律令·贼律》23 简记有：“贼杀人，及与谋者，皆弃市。未杀，黥为城旦舂。”①“谋遣盗杀人”与“谋(遣)贼杀人”二罪在成立基础上有相似之处，即主体都参与谋划杀人，但都未参与实行；二罪中“谋”与“谋遣”动作之成罪，赖于另外的与谋者下手实行杀人行为，若无实行行为，“谋/谋遣”就不成罪，或不成此罪。因此就“前谋而不行”和“杀人”二点来说，“谋遣盗杀人”与“谋杀人”存在竞合。不过“谋遣人盗杀人”在前谋之初即为策划“盗杀人”犯罪，《法律答问》67 简中甲又有受分赃之举，主观意图和客观行为皆与“谋杀人”有偏离之处。

总之，《法律答问》67 简的律令背景应是：被谋遣实施犯罪者未成年本不影响谋遣者罪与刑是否成立；谋遣行为是否成罪以明文规定为限，即在强调犯罪主体主观意图独立性的秦汉律中，谋遣行为本身无普遍违法性，谋遣他人实行某罪而自身不参与实行者一般不成立该犯罪，立有专条者才构成犯罪；“谋杀人”“谋遣人盗，人即往盗”皆是律上明文规定的单以“谋”成罪的罪名；“盗杀人”既非既有的“贼杀人”罪，亦非“盗”罪，而是一独立罪名，刑罚为磔。本简疑问则是：“谋遣人盗杀人，受分十钱”非律上既有罪名，无法确定罚则，遂生疑问。② 就此新问题，回答制作者需考虑应否给予“谋遣盗杀人(，受分)”以独立罪名的地位，以及其与“谋杀人”“谋遣人盗，受分”二罪的竞合：甲是按受分十钱之赃“与盗同法”判罚为赀一盾，还是按谋杀人判罚为弃市，或是参引实行行为的盗杀人之磔刑，着实需综合评价。回答给定的意见既非“赀一盾”，亦非“弃市”，看来是个别性地将“谋遣人盗杀人，受分十钱”刑罚同于“盗杀人”实行行为的磔之法定刑。这种对“罪名”与“刑罚”的重新思考和定位，是在有意识地避免将《二年律令》“谋遣人盗”罪名直接等同于“谋遣人盗杀人，受分”，避免今人对前一罪名的扩张解释。进而可说明的是，《法律答问》解答不一定是对秦律令既有规则的说明，有的可能是针对法律漏洞的新解释，此类解释的效力能

① 张家山二四七号汉墓竹简整理小组编著：《张家山汉墓竹简[二四七号墓]》(释文修订本)，文物出版社 2006 年版，第 11 页。

② 提问部分设计乙为未成年人的意义或在于如诸家所说，乙盗杀人本应处从磔之死刑上减免刑罚，为前谋者的刑事责任确认增添一思考因素。设若在《法律答问》制作当时“谋(遣)盗杀人”已为既有罪名，其刑应亦为磔，律令条文应如《二年律令·贼律》23 简“谋杀人”罪般写作“盗杀人及与谋而受分者，皆磔”之类；这意味着，谋遣未成年人盗杀人者必然承担磔刑，不会有疑义。

否直接等同于律令规则，颇有疑问，今人不宜直接目之为秦律令本身。因此需警惕在规则层面上将《法律答问》与《二年律令》等律令文本直接互证、简单化处理的倾向。

上例仅是简牍材料所见罪名与刑罚之疑的个别之例。实际上，对秦及汉初刑罚体系的整体认识有问题，是今人甚或秦汉时人产生诸多个别之疑的根源所在。刑罚体系整体认识之疑，在从刑罚种类到刑罚性质，再到刑罚应用规则的各个层次皆有所见，传世文献和出土简牍材料之间的差异体现得最为直观。如东汉卫宏所撰《汉旧仪》记有秦刑制：

> ……凡有罪，男髡钳为城旦，城旦者治城也；女为舂，舂者治米也；皆作五岁。完四岁。鬼薪三岁，鬼薪者男当为祠祀鬼神伐山之薪蒸也；女为白粲者以为祠祀择米也；皆作三岁。罪为司寇，司寇男备守，女为作如司寇，皆作二岁。男为戍罚作，女为复作，皆一岁到三月。①

据此，秦刑制极为规整，不见肉刑，将髡、钳、耐等身体制裁与劳役刑相结合，劳役内容和年限确定。这不仅与秦奉行重刑主义的论断、《汉书·刑法志》所见孝文帝刑制改革才废除肉刑、劳役刑有期化的记载不合，而且与1975年睡虎地11号秦墓出土秦法律简牍所记秦制有参差抵牾之处。在简牍材料尤其是秦简牍材料尚不丰富的时期，前一不合尚可诿为秦汉时代差异和《史记》《汉书》记述简略，后一参差则无从下手弥缝，因此何四维先生在简要回顾利用《汉旧仪》等东汉及之后材料去解释睡虎地秦简所见刑名的成果后，颇有顾虑和遗憾地提出：

> 在前述的未确定问题——“刑（肉刑）”之所指为何？“耐（剔除鬓须）”意为何种刑罚？——之外，尚有其他问题：不同劳役刑的刑期是多长，刑徒的工作内容各是什么？对后者，法律文本有部分回答……但（睡虎地秦简）与汉代一样，正式信息缺失……至于刑期，除了一个价值有疑的例外，秦法没有提供任何信息……我个人相信秦汉劳役刑刑期相同……但许多中国学者认为所有劳役刑都是终身的，且这些刑徒都是官奴婢。②

---

① （清）孙星衍等辑，周天游点校：《汉官六种》，中华书局1990年版，第85页。句读本书有改。

② A. F. P. Hulsewé, *Remnants of Ch' in Law*, Leiden E. J. Brill, 1985, Intro., pp. 16-7.

近40年过去,时至今日,秦及汉初法律简牍体量已经足够庞大,内容也足够丰富,何氏之憾稍可消,其误稍可正,其惑也稍可解。不同类型史料之间的差异是新出史料研读存在不确定性疑问的原因之一。简牍所见秦及汉初刑名与《汉旧仪》所记秦制差异极为明显。其时刑名主要有:归类为死刑者,腰斩、枭首(枭其首市)、磔、弃市;肉刑后强制劳役者,黥为城旦/舂,斩左止为城旦,完为城旦/舂,腐以为宫隶臣;处理鬓须处毛发的耐刑后强制劳役者,耐为鬼薪/白粲,耐为隶臣/隶妾,耐为司寇/候;迁;对应前述各类刑罚的赎之财产刑;赀甲、盾/罚金之财产刑;赀/罚戍;笞;谇。至于刑罚加减及替换规定,不仅见于律令简牍,在张家山汉简《奏谳书》、岳麓秦简(叁)《为狱等状四种》等涵盖秦及汉初时段的司法文书汇编类简册所辑录的典型狱案中也有充分体现。

近年来秦及汉初刑罚体系被作为独立研究主题,正体现了新材料引领具体刑罚研究,具体刑罚研究推动刑罚体系整体研究的趋势。

(二)秦及汉初刑罚体系研究的趋势

1975年后,以睡虎地秦简、岳麓书院藏秦简和张家山汉简等为代表的秦及汉初简牍大量出土,从而引领了刑罚制度的微观和个别性研究,成果不胜枚举,撮其要者:如诸家利用简牍材料对秦汉各类"刑徒"做出更细致的分析;①又如高敏、高恒、钱大群、黄展岳、栗劲、李力等学者对"隶臣妾",②万荣、徐世虹、张新超等学者对"城旦舂",③张政烺、张金光、徐世虹、邢义田、游逸飞等学者对"系城旦舂",④李力、彭浩、鲁家亮、丁义娟等

① 以徒刑与刑徒为主线的典型总结,参见韩树峰:《秦汉徒刑散论》,《历史研究》2005年第3期;丁义娟:《"刑徒"与"徒刑"——兼论秦及汉初刑罚的种类》,《兰州学刊》2012年第6期。以身体、毛发刑为讨论对象的,参见连宏:《秦汉髡、耐、完刑考》,《古代文明》2012年第2期。

② "隶臣妾"称谓触及20世纪80年代之前先秦秦汉史基本问题之一即社会性质问题,因此在睡虎地秦简面世后,"隶臣妾"称谓最受关注的议题之一得到了深入讨论。参见李力:《"隶臣妾"身份再研究》,中国法制出版社2007年版,第二章"'隶臣妾'身份问题研究的回顾及其评述"。

③ 参见万荣:《张家山汉简〈二年律令〉之"司寇"、"城旦舂"名分析》,《晋阳学刊》2005年第6期;徐世虹:《"三环之"、"刑复城旦舂"、"系城旦舂某岁"解——读〈二年律令〉札记》,中国文物研究所编:《出土文献研究》第6辑,上海古籍出版社2004年版;张新超:《秦代"城旦舂"考辨——兼论秦律的一些特点》,《史学月刊》2014年第10期。

④ 参见邢义田:《从张家山汉简〈二年律令〉重论秦汉的刑期问题》,原载《台大历史学报》2005年第36期,亦刊于中国政法大学法律古籍整理研究所编:《中国古代法律文献研究》第3辑,中国政法大学出版社2007年版,并收入邢义田:《治国安邦:法制、行政与军事》,中华书局2011年版;游逸飞:《说"系城旦舂"——秦汉刑期制度新论》,《新史学》第20卷第3期(2009年);前注引徐世虹:《"三环之"、"刑复城旦舂"、"系城旦舂某岁"解——读〈二年律令〉札记》等。

学者对“鬼薪白粲”，①孙闻博、张新超和贾丽英等学者对“司寇”，②都有精彩的专题论述。至于秦汉“斩止城旦”③“赎刑”“笞刑”“迁刑”等专门刑名，角谷常子、冨谷至、黄海、温俊萍、齐伟玲等学者也有深入分析。④ 早期研究的核心争议之一是劳役刑尤其是隶臣妾的性质和是否有刑期的问题，如前举何四维氏所述，基于睡虎地秦简，学者多赞同秦代劳役刑无确定刑期的认识，但亦有不同看法，此一争议促使学者深入讨论身体刑和劳役刑二分的“主—附”式刑名的合理性问题，成为20世纪90年代之前秦汉刑罚制度研究的显著线索。⑤

对具体刑罚制度的研究成果奠定了整体描述刑罚体系的基础。同样是受到睡虎地秦简史料的驱动，学者基于对具体刑罚及其适用原理的认识，提出了不同的刑罚体系认识方案。值得先予提出的是，在海外研究中，除数十年来深耕秦汉刑制史的日本学者（尤其是对国内研究影响较大的当代学者）的作品外，英语世界的作品亦有贡献，但似乎未受到国内研学

---

① 参见李力：《秦铜器铭文所见“隶臣”及“鬼薪”、“城旦”身份考》，中国政法大学法律古籍整理研究所编：《中国古代法律文献研究》第3辑，中国政法大学出版社2007年版；彭浩：《谈〈二年律令〉中“鬼薪白粲”加罪的两条律文》，陈伟主编：《简帛》第2辑，上海古籍出版社2007年版；鲁家亮：《试论张家山汉简〈收律〉及其相关的几个问题》，《古籍整理研究学刊》2007年第2期；丁义娟：《“鬼薪白粲”地位再认识》，中国政法大学法律古籍整理研究所编：《中国古代法律文献研究》第6辑，社会科学文献出版社2012年版。

② 参见孙闻博：《秦及汉初的司寇与徒隶》，《中国史研究》2015年第3期；张新超：《试论秦汉刑罚中的司寇刑》，《西南大学学报（社会科学版）》2018年第1期；贾丽英：《秦汉简所见司寇》，邬文玲、戴卫红主编：《简帛研究 二〇一九（春夏卷）》，广西师范大学出版社2019年版，第156~174页。

③ 简牍和部分传世文献中，作为刑名被写作“斩止”，一般被认为通“趾”“足”。《说文》载：“止，下基也。”（清）段玉裁：《说文解字注》，中华书局2013年版，第68页。“止”本就可指包括足部在内的下肢，不必解为“趾”之借字。因此作为刑名从其简牍所见一般写法，作“斩止”为宜。本书行文和摘引简文时写为“止”，不再写为“止（趾）”。

④ 参见黄海：《由“屦贱踊贵”至“斩为城旦”——秦及汉初斩趾刑源流研究》，《四川大学学报（哲学社会科学版）》2021年第2期；〔日〕角谷常子：《秦汉时代的赎刑》，陈青、胡平生译，李学勤、谢桂华主编：《简帛研究 二〇〇一》，广西师范大学出版社2001年版；〔日〕冨谷至：《笞杖的变迁——从汉的督笞至唐的笞杖刑》，朱腾译，周东平、朱腾主编：《法律史译评》，北京大学出版社2013年版；黄海：《由“笞”至“笞刑”——东周秦汉时期“笞刑”的产生与流变》，《社会科学》2019年第4期；温俊萍：《秦迁刑考略》，《湖南大学学报（社会科学版）》2017年第5期；黄海：《由“迁”至“迁刑”——秦“迁”入刑考》，《交大法学》2019年第4期；齐伟玲：《简牍所见秦及汉初迁刑考论》，王沛主编：《出土文献与法律史研究》第8辑，法律出版社2020年版。

⑤ 1995年之前学界围绕刑期问题的研究总结，可参见〔日〕籾山明：《秦汉刑罚史的研究现状——以刑期的争论为中心》，李力译，中国政法大学法律古籍整理研究所编：《中国古代法律文献研究》第3辑，中国政法大学出版社2007年版；此后继续发掘关注“刑徒刑期”问题的，参见前注引邢义田：《从张家山汉简〈二年律令〉重论秦汉的刑期问题》，前注引游逸飞：《说“系城旦春”——秦汉刑期制度新论》。

者的应有重视。实际上,自 1975 年睡虎地秦简面世以来,西方学者一直在跟进这些重要法律简牍的整理和注译工作,其著述都会以秦汉刑罚制度作为其整理工作的背景知识,体现了英语世界对秦汉刑制整体认识的进步。例如,睡虎地秦简面世后,何四维先生追踪研究进展,在其译注睡虎地秦简法律文本的名著《秦律遗存》一书"导论"部分专列"秦刑制概览"附录,总结了当时包括日本学者在内的,以传世文献和睡虎地秦简为主要材料的秦刑制研究成果。① 何氏所论精深,初步揭示了不同类型史料所见秦刑制的抵牾问题,具有方法论意义,并在秦律上"刑"之含义、"刑徒"管理、治狱程序等相关具体问题的认识上更有开启之功。又如李安敦、叶山先生对张家山汉简《二年律令》《奏谳书》的英语译注成果《帝制中国早期的法律、国家与社会》一书中,亦有"刑罚种类与关联犯罪"之"读者提示"和"入门研究"部分的"刑罚"专题。② 这类成果不仅展示了英语世界对各个具体刑名的研究进展,也因其是作为出土简牍材料的背景介绍而具有体系性框架,反映了其对刑罚体系的认识。欧美学界从关注出土简牍材料所见刑罚制度开始,就注意吸收中国和日本学界的新近成果。例如,何四维先生引用过堀毅教授制作的睡虎地秦简所见秦复合刑罚表格,如表 1 所示。

表 1　睡虎地秦简所见刑名(堀毅先生绘)

	肉刑明确说明者	肉刑细节不明者	完	耐
城旦,舂	+	+	+	-
鬼薪,白粲	-	+	-	+
隶臣,隶妾	-	+	-	+
司寇	-	-	-	+
候	-	-	-	+

资料来源:A. F. P. Hulsewé, *Remnants of Ch' in Law*, Leiden E. J. Brill, 1985, Intro. , p. 16.

注:表中"+"号标示简文见有劳役和身体处置二要素并存,"-"号则标示未出现二者并存的情况。

堀毅先生是在 1978 年制作此表格的,其时睡虎地秦简面世仅 3 年。从中可窥见其时学者对秦简牍材料所见刑名的处理方式,其中至重之"刑(肉刑)—完(无肉刑)"到"耐"的身体刑序列,与至重之城旦舂到最轻之候的劳役刑序列,已经初步浮现。

---

① See A. F. P. Hulsewé, *Remnants of Ch' in Law*, Leiden E. J. Brill, 1985, Intro. , p. 14 et seq.

② See Anthony J. Barbieri-Low and Robin D. S. Yates, *Law, State and Society in Early Imperial China: A Study with Critical Edition and Translation of the Legal Texts from Zhangjiashan Tomb no.* 247, Leiden: Brill, 2015, Vol. Ⅰ, pp. LXVIII-CX, pp. 187-209.

概括而言，刑罚体系研究，尤其是基于睡虎地秦简等简牍材料，以秦及汉初时段为大体限定的刑罚体系研究，有一个发展过程。对此，陶安先生对高敏、黄展岳、栗劲、刘海年、朱绍侯、高恒等国内学者以及籾山明、宫宅洁、石冈浩、鹰取祐司等日本学者的研究成果做过梳理，在主刑与附加刑结构争议基础上，提取了刑徒无确定刑期与身份刑问题的学术史意义，揭示了从高恒先生以来对刑徒身份和刑期的讨论逐渐触及“身份刑”观念，更晚近研究趋向于认为自城旦舂至侯（候）这些原被视为复合刑罚中“劳役刑”的部分实际体现了“身份”属性。①

在此阶段，冨谷至先生所著《秦汉刑罚制度研究》一书值得关注。其书开合有度，深入讨论秦汉刑罚制度，认为在秦汉时期，刑罚分为死刑、肉刑、劳役刑。赎、赀是相互补充的财产刑，且可以换算成劳役。肉刑几乎不会单独适用，往往作为主刑，叠加徒刑一起适用；身份刑是剥夺庶民身份的特殊劳役刑；秦代已形成以劳役刑为主的刑罚体系。虽然冨谷至先生之说成文、成书时，张家山汉简《二年律令》等汉初律令简牍材料尚未刊布，因而其对汉代刑罚制度的构建未能纳入这些材料，但其第一编“秦统一后的刑罚制度”中对传世和出土文献所见秦刑制的考证极具启发性，其对秦刑罚种类及其关系的总结如表 2 所示。

表 2　秦刑罚种类及其关系

赎罪	赀罪	耐罪	刑罪	死罪
赎耐 赎黥 赎死	赀一盾 赀二盾 赀一甲 赀二甲	完	黥 黥+劓 黥+斩趾	弃市、磔 腰斩 夷三族
劳役刑				（身份刑）
作如司寇 司寇 白粲 鬼薪 舂 城旦				隶臣 隶妾

资料来源：〔日〕冨谷至：《秦汉刑罚制度研究》，柴生芳、朱恒晔译，广西师范大学出版社 2006 年版，第 49 页。

陶安先生构建了论证更绵密、材料使用更精彩的秦汉刑罚体系复原方案。其于 2009 年出版的《秦汉刑罚体系的研究》一书，对刑罚起源、刑罚构造的层次、肉刑累科形式、刑罚与身份、秦汉刑罚的变动因素、汉代刑制改

① 参见〔德〕陶安：《秦律刑罚等序研究序说》，徐世虹等：《秦律研究》，武汉大学出版社 2017 年版，第 227~268 页；陶安あんど『秦漢刑罰体系の研究』（東京外国語大学アジア・アフリカ言語文化研究所，2009 年）『第一部 秦律の刑罰体系』参照。

革和劳役刑体系的形成等皆有精彩论证，其书所揭示的秦汉之际刑制的动态变迁，东汉后律学对秦汉刑制认识的遮蔽等看法，都极具冲击力。① 其对秦汉尤其是秦刑罚体系框架的认识，概括为“秦律刑罚等序研究序说”，作为一章收入《秦律研究》一书。其说大概认为：一方面，就“刑名体系”而言，秦律的刑罚体系由来源和时代不相同的成分构成，较为古老的刑罚等级为“死”“刑”“耐”等，“刑”作为肉刑指“黥”，无法原部位二次执行，累科黥刑需依次转换为“劓”“斩趾”“腐”；耐刑的等级差距体现为身份差异，“耐为鬼薪白粲”仅是“刑/完为城旦舂”的换刑；睡虎地秦简所见“城旦舂”至“候”等系身份，主要来源于刑徒；秦律在“死”“刑”“耐”三等序体系的基础上细化增加了刑罚等级，“完为城旦舂”是派生于“刑为城旦舂”的后起刑罚，②不同类型的肉刑和身份差异表示更为细密的刑罚轻重差距，“赀”“谇”原为行政处分，被列入刑罚序列最轻一级，“赎”原为换刑，后成为正刑，被列入“耐”以下。从而构建出刑名意义上的十四等等序。另一方面，就“刑罚与身份”而言，刑罚受到身份影响，秦律有系统的换刑规定。③

陶安先生之说基于对简牍材料的全面检视，论证精彩，虽然在是否存在“斩止舂”刑名，“斩止城旦”与“黥为城旦舂”刑罚的轻重比较前提等问题上或有讨论空间，但“死—刑—耐—赎—赀”刑罚序列构想整体上为研学者所接受。此后学界或许会推进局部研究（如“刑”“耐”之所指，④“徒”之性质等），但就目前材料而言，陶安先生的看法具有较好的阐释力度。

前述研究体现了从个别刑名到刑罚体系、从单一层次到复杂构造的研究进程，也为整体性梳理和总结工作提供了基础。近年来，国内的秦汉刑罚制度研究也出现了体系性研究的专门成果，如吕利先生的专著从身份角度，以两章篇幅专门讨论了秦汉刑罚特征，区分详述刑名，把刑等区分为抽

---

① 陶安あんど『秦漢刑罰体系の研究』（東京外国語大学アジア・アフリカ言語文化研究所，2009年）参照。

② 这与宫宅洁先生的推想类似，参见〔日〕宫宅洁：《中国古代刑制史研究》，杨振红等译，广西师范大学出版社2016年版，第108页。

③ 参见〔德〕陶安：《秦律刑罚等序研究序说》，徐世虹等：《秦律研究》，武汉大学出版社2017年版，第227~268页。

④ 如王峻先生对“耐”重做梳理，认为秦汉刑罚中的“耐”存在轻于“完”“髡”“刑”之耐，同于“完”而轻于“髡”“刑”之耐，以及包括“耐”“完”“髡”之耐这三种定位，三者均与“劳役刑”相关，“耐”应源于《周礼》的“圜土”之制，“耐”的分化应与西周中期至汉初“身体刑”被附上劳役后，导致“身体刑”逐渐衰落并最终失去作为独立大类的资格有关。参见王峻：《“耐”与先秦至南北朝劳役刑的发展》，中国政法大学法律古籍整理研究所编：《中国古代法律文献研究》第15辑，中西书局2021年版，第68~104页。

象的和具体的刑罚等级，并赋予其身份等级色彩。① 丁义娟先生的专论借鉴了戴炎辉先生的《唐律通论》“基本刑”“科断刑”的区分标准，将刑名区分出不同层次，且对“加减刑”有独立阐述，这为构建更贴近秦汉当时之制、更为立体的刑罚体系奠定了基础。② 王伟先生的专论提出了等级身份刑与劳役刑的区分，刑罚的本刑与换刑的区分，条文罚则给定方式上自定式罚则与准据式罚则的区分等，又详细讨论了《二年律令·告律》127~131简所见减罪之制，其文的深入讨论对认识刑罚体系的复杂性颇有启发。③ 黄海先生的专论对秦刑名做了翔实的历史考证，对规定刑系统的认识大有裨益。④ 程令政先生的专论亦有较全面的总结。⑤

晚近研究有两个明显特点：一是材料引导议题的倾向。里耶秦简牍等新出材料中有不少涉及秦刑徒管理的徒隶和作徒集簿文书，从而使学界在之前睡虎地秦简、张家山汉简《二年律令》等律令材料的研究基础上，得以更精细和准确地理解和论证徒隶群体的范围、日常劳役内容、管理方式乃至各类刑徒的身份以及劳役性质问题。⑥ 二是“身份(刑)”概念被广泛应用。“身份刑”概念自20世纪80年代就开始出现在刑罚制度尤其是“隶臣妾”的研究中，⑦此后随着“刑罚”范畴被缩限在“死—刑—耐—财产刑”序列，“身份刑”概念逐步被“身份”“身份序列”概念取代，后者被提升到秦汉

---

① 参见吕利：《律简身份法考论：秦汉初期国家秩序中的身份》，法律出版社2011年版，第七、八章。

② 参见丁义娟：《秦及汉初刑罚体系研究——以出土资料为主要依据》，吉林大学2012年博士学位论文，第30~41、73~111页。

③ 参见王伟：《秦汉简牍所见刑罚研究》，中国人民大学2013年博士学位论文，第44~116页。

④ 参见黄海：《秦刑制溯源例证》，华东政法大学2019年博士学位论文。

⑤ 参见程令政：《秦及汉初刑罚制度研究——以出土简牍资料为主要依据》，吉林大学2020年博士学位论文，第97~160页。

⑥ 参见李力：《论“徒隶”的身份——从新出土里耶秦简入手》，中国文物研究所编：《出土文献研究》第8辑，上海古籍出版社2007年版；湖南省文物考古所：《龙山里耶秦简之“徒簿”》，中国文化遗产研究院编：《出土文献研究》第12辑，中西书局2013年版；孙闻博：《秦及汉初的司寇与徒隶》，《中国史研究》2015年第3期；李勉、俞方洁：《里耶秦简“徒簿”类文书的分类解析》，《重庆师范大学学报(哲学社会科学版)》2017年第4期；贾丽英：《庶人：秦汉社会爵制身份与徒隶身份的衔接》，《山西大学学报(哲学社会科学版)》2019年第6期；文霞：《秦简所见徒隶生活》，《重庆师范大学学报(社会科学版)》2021年第3期。

⑦ 钱大群先生曾指出秦朝的刑罚种类包括“终身罪隶身份刑”，“秦代刑罚复合使用上最大的一个特点是肉刑或徒刑和终身罪隶身份刑的复合使用，而‘隶臣妾’就是徒刑和身份刑复合使用的表现形式之一”。钱大群：《谈“隶臣妾”与秦代的刑罚制度》，《法学研究》1983年第5期。

社会整体身份序列的认识层面,①鹰取祐司先生的论述较典型;②前引吕利、王伟、丁义娟、孙闻博等学者的研究也都强调了“身份(刑)”的意义,显示了其理论活力。

简言之,对各具体刑罚构成的刑罚体系构造及其原理,目前学者复原的秦及汉初刑罚体系,按照不同的构造和原理可分为以下三类:

其一,“主刑—附加刑”复合式刑罚体系。在秦及汉初简牍大量出土之前,基于传世文献中的复合刑名而构建的刑罚体系是以“主刑—附加刑”的框架来建构的,“主刑”如何确定影响着刑罚序列的排布。

其二,“刑罚”与“身份”交互作用的刑罚体系。陶安先生主张摆脱东汉以来传统法制史叙述模式,摆脱“有等次的有期劳役刑”的解释框架,以“死、刑、耐”和相应的赎刑等级为基本序列,提出了不同于传统“主刑—附加刑”的刑罚体系构造,“城旦舂”“鬼薪白粲”“隶臣妾”“司寇”等标示身份的降等,身份差异导致犯罪对应的刑罚需予修正替换。

其三,“功能”式刑罚体系。丁义娟等学者借鉴了戴炎辉先生《唐律通论》的刑罚分类方式,将秦及汉初刑罚体系解释为体现立法效果和司法效果的双重构造,将“鬼薪白粲”、笞刑等列入“科断刑”类别。

晚近的刑罚体系研究在局部认识上存在分歧,如持“主—附”复合刑认识者对身体刑和劳役刑何者为主刑多有争议,强调“身份”因素者对“身份”是否具有“身份刑”意义的态度不一,等等;但整体研究思路多循上述框架。学界对具体刑罚制度的丰富研究成果也构成了本书工作的基础。

梳理之后可发现,从睡虎地秦简所见刑名和《汉书·刑法志》《汉旧仪》所见刑名的比较研究开始,学界对秦汉刑罚制度的早期讨论焦点处在“主刑—附加刑”框架内,这基本都是在本书所谓规定刑系统层面进行的,大概可称其为“本体论”研究;稍后材料渐丰,尤其是《二年律令·具律》规定了刑罚的加减和替换适用规则,对刑罚适用的研究才延展到刑之加减与修正替换,刑罚研究才进入“运行论”层次,立体的“体系研究”才有了可能。而有意识地复原秦及汉初刑罚体系的成果数量不多,其解释力度

---

① 如冨谷至先生曾提出,“如果说爵位是身份序列的标志,那么隶臣妾则也是公士—士伍—隶臣妾这一序列中的身份标志”。〔日〕冨谷至:《秦汉刑罚制度研究》,柴生芳、朱恒晔译,广西师范大学出版社 2006 年版,第 25 页。这是稍后学者热衷于构建的“爵—刑”身份序列的雏形。其他精要介绍,可参见丁义娟:《“刑徒”与“徒刑”——兼论秦及汉初刑罚的种类》,《兰州学刊》2012 年第 6 期。

② 参见〔日〕鹰取祐司:《秦汉时代的刑罚与爵制性身份序列》,朱腾译,周东平、朱腾主编:《法律史译评》,北京大学出版社 2013 年版。原题为“秦漢時代の刑罰と爵制的身份序列”,《立命館文学》第六〇八号,2008 年。

也有提升空间，在具体刑罚和整体构造这两个层面均存在缺憾：

一是部分刑名尚有较大讨论空间。分歧既表现在对自“城旦舂”到“司寇/候”“徒隶”之刑名成分或专门称谓的整体性质认识上，也表现在对诸如“迁”“赎刑”“耐为鬼薪白粲”之类特定刑名功能的认识上，又表现在对诸如“黥颜頯为隶妾”“刑鬼薪”“刑隶臣”之类刑名的构成和来源的认识上，还表现在对诸如“加罪一等”或“减罪一等”之制中“斩左止城旦”“刑城旦舂”等缺失刑名的认识上。至于《二年律令·具律》“有罪当黥”条中的“斩左止”“腐”与作为强奸罪之刑罚的“腐为宫隶臣”和作为越塞、强略人妻等犯罪之刑罚的“斩左止为城旦”乃至男奴犯罪的“斩左止”刑之间的区别，更是说法不一。

二是诸家对刑罚体系整体构造的描述与阐释也有较大差异，若干基本疑问尚待解释。目前所见，学者笔下秦及汉初刑罚体系的“主附式”刑罚构造呈现的是单一结构，区分出“刑名体系”与“身份作用”的刑罚体系复原方案和“功能式”结构取向表现了刑罚体系的双重结构，在解释具体刑名的功能和刑罚适用原理时尚有完善余地：单一结构无法解决“鬼薪白粲”“系城旦舂六岁”等刑罚的特殊性，不得不将简牍文本有疑之处诉诸抄写讹误或时代差异等外在于刑罚体系自身逻辑的理由。如前注引韩树峰先生论文认为《法律答问》109～112简“刑隶臣”“刑鬼薪”等罕见刑名应归结为时代差异，陶安先生则认为系误写或误衍；陶安、吕利、丁义娟等学者提出的双重构造认识到“鬼薪白粲”“笞百”等刑名的不同功能，较单一结构更有说服力，但在解释不同层次刑罚运用逻辑顺序，简牍所见加罪减罪之制，乃至《汉书·刑法志》等传世文献的关键文本时，论证力度或有不足。

上述两方面的问题互相依存。这些缺憾说明，秦及汉初刑罚体系构造及其原理尚待系统研究与解释。欲探求刑罚体系整体构造及其逻辑，需掌握单个刑罚的功能和适用逻辑；对单个刑罚的适用之道，则必须置于刑罚体系构造的整体框架下才能有较全面的理解。本书即试图一以贯之地秉持体系视角来审视具体刑罚，注重不同规则的关联性，希冀主要基于简牍材料，完成对秦及汉初刑罚体系构造的描画。前贤成果对各具体刑名的溯源和描述已极为精深，除上举特定问题外，剩义不多；因而本书立意，将会在先贤成果基础上，更侧重对刑罚体系构造和运行规则的梳理。相应地，行文脉络将以秦汉简牍所见关键性材料为据，力图构建出与材料更为融通的刑罚体系构造认识。

二、材料问题:简牍材料完整性与时代差异

如何选用材料是法制史研究的基础问题,对一项研究来说,预先说明选用材料的标准、范畴和分析论证方法,不是赘余。整体而言,当前的秦汉刑罚体系研究在这点上恐尚有缺憾。传世文献所记载的秦及汉初法制太过简略、面目不清,简牍材料又多零散不齐,或为一时一地之物,单一来源和类型的材料不能反映某一时期刑罚体系全貌,需以不同来源、时代和形式的材料互证互补。如此,材料的使用及其限度尤需先予做出简要说明。

在睡虎地秦简现世之前,法律史家难以倚赖传世文献全面梳理秦及汉初法制,也难以进行各时段内部的细节对比研究。恐怕正是因为缺乏对法律实态的细致了解,所以人们倾向于秉持一种直线式法律发展观,认为东汉之后基于《汉旧仪》及其解释的律学成果对秦及汉初刑罚体系的描述是成立的,进而混淆了“秦及汉初的制度→汉文帝刑制改革后的制度→《汉旧仪》描写的制度”的巨大差异。实际上,汉文帝刑制改革后的刑罚体系状态,在刑罚类别、刑期、刑徒身份等方面都有异于汉文帝刑制改革之前的刑罚体系。

近年来出土的秦及汉初简牍记载刑罚内容者占了很大比例:睡虎地秦简《法律答问》的主体部分聚焦秦刑罚适用,秦汉刑罚制度研究自此发轫,但其性质和制度规则证明效力不同于律令文本,尚待深入讨论。几十年来出土律令简的数量和所载信息也颇为可观,睡虎地秦简和岳麓书院藏秦简中的律令文本比重不小,但前者失于零碎,后者失于单一。相较而言,张家山 247 号汉墓竹简《二年律令》涵盖汉初 28 种律与 1 种令的简册,尤其是其中《具律》一章是后世律《名例》篇的渊源,规定了主要的刑罚适用原理,与其他诸章皆有密切联系,极为重要。可以说,《二年律令》较为系统,足以作为理解秦及汉初刑罚体系的主要素材。张家山 336 号汉墓竹简《汉律十六章》和《功令》的年代与《二年律令》相隔不过数年,内容多可参证。此外,2018~2019 年发掘的湖北荆州胡家草场汉墓遗址第 12 号西汉墓出土 3000 余枚律令简,不仅是迄今出土的同类资料中汉律体系最完备者,而且多种汉令成规模出土,尤为难得。① 其下葬年代不早于汉文帝后元元年(前 163 年),律令内容反映汉文帝十三年(前 167 年)刑制改革后的面貌,对汉初《二年律令》颇有侧证之功。全部整理成果一旦刊

① 参见荆州博物馆、武汉大学简帛研究中心编著:《荆州胡家草场西汉简牍选粹》,文物出版社 2021 年版,“前言”第 1~3 页。

布,对汉文帝改制前的刑罚体系研究将大有裨益。

根据现有材料已足堪判断,秦及汉初刑罚体系的真实面貌不同于传世文献记载。客观而言,欲重新描画秦及汉初刑罚体系,就有必要确立简牍文本的主体地位,对传世文献基于后世律令所做的解释保持一定距离,因此“秦及汉初刑罚体系”这一题目的研究材料将侧重使用出土简牍文献。

随之而来的问题是:简牍材料在何种程度上能够互证?其互证效力的边界在哪里?

(一)简牍材料的完整性

理解简牍材料证明效力边界的首要问题是,材料与主题之间是否有较明确乃至完全的对应关系,即特定材料能否完整反映其所欲证明的制度对象。在具体规则层面,不少不同时期、不同来源的材料可以共同反映同一规则;在特定事项层面,不同类型材料本身又常有较明确的代表范围,如《为狱等状四种》《奏谳书》简册系特定文书辑录,因而本就不反映所有治狱程序,《法律答问》系特定注文辑录,因而本就不反映所有秦法适用之疑;等等。对这类材料和证明主题而言,材料完整性问题并不突出。但在秦与汉初律令体系的整体对比方面,简牍材料,尤其是律令简册的文本完整性问题就是关键问题。

近年来出土的汉初律令简册是否反映了汉初立法成果本身规模,最值得讨论。目前所见汉初律令简册基本都是墓葬出土,其抄写使用带有私人色彩,那么此类律令简册是否为其时条文的全部抄本?若系摘录,摘录和私人改动占比如何?这是目前众多议题得以提出和展开讨论的基本出发点。此前学者多认为条文乃至篇目是经选取摘录,无法反映其时律令全貌。① 对秦汉简牍整体而言,这或可成立,但具体到《二年律令》《汉律十六章》等律令简册,尤其是在各律章内的条文方面,相较于“墓葬所出,除已物理毁损或遗失者外,已是某类文本的全部”的认识,“摘录不全”观点依据何在,基于此观点如何认识其时法律适用状况,似乎都需要更充分的说明。

对《二年律令》的讨论是为典型。整理者认为“《二年律令》是全部律令的总称”,②对简册是否为其时律令条文的全部抄本则语焉不详。学者

① 对墓葬简册有私人性质,系摘录或编纂成果的讨论,可参见广濑薰雄对大庭脩先生以来学者看法的评论,即《秦汉墓葬出土律令的资料性质试论(之一)》,广濑薰雄:《简帛研究论集》,上海古籍出版社 2019 年版,第 408~423 页。

② 张家山二四七号汉墓竹简整理小组编著:《张家山汉墓竹简[二四七号墓]》,文物出版社 2001 年版,第 133 页。

在讨论其抄本形式时也会言及其实用性和证明效力，但对是否为全部条文亦多未明言。李力先生认为，“该《二年律令》抄本恐怕不是足本，只是一个节选本”，①张忠炜先生亦认为“《二年律令》所载诸律性质，类于睡虎地秦简‘秦律十八种’，并非汉律全部而是有选择的抄录。判定依据有二。一则，张家山汉简所见诸律，律文详略长短不一：《贼律》、《盗律》、《秩律》等，篇幅大，律条多；《复律》、《爵律》、《均输律》等，仅见几条律文。如此悬殊，应与抄录者的主观选取有关……二则，简文所见抄手之名及简文字体等特征，均有助于判定简文是由不同书手抄录而成”。② 不过，古法律令各篇条文数量皆存差异，《二年律令》各律章体量不均不是节录表现，稍后出现的材料也反映出，同一简册甚至同一枚简上有不同抄手，在长篇简册上有所见，③与是否节录也无关；因此今人对汉初律令章目和内容的调整频度和程度的理解或需更谨慎。

以与《二年律令》是否节录似有关联的汉初“蛮夷”立法为例，④张家山汉简《奏谳书》案例一是汉高祖十一年（前 196 年）的一则治狱文书，其中出现“蛮夷律”内容：

> 十一年八月甲申朔己丑，夷道介、丞嘉敢潚（谳）之。六月戊子发弩九诣男子毋忧告，为都尉屯，已受致书，行未到，去亡。·毋忧曰：变（蛮）夷大男子。岁出五十六钱以当繇（徭）赋，不当为屯，尉窯（窑）遣毋忧为屯，行未到，去亡，它如九。·窯（窑）曰：南郡尉发屯有令，变（蛮）夷律不曰勿令为屯，即遣之，不智（知）亡故，它如毋忧。·诘毋忧：律：变（蛮）夷男子岁出賨钱，以当繇（徭）赋，非曰勿令为屯也……⑤

这说明汉高祖十一年（前 196 年）有“蛮夷律”。2018 年湖北荆州胡家

① 李力：《张家山 247 号墓汉简法律文献研究及其述评（1985. 1—2008. 12）》，東京外國語大学アジア・アフリカ言語文化研究所 2009 年，第 358 页。

② 张忠炜：《秦汉律令法系研究初编》，社会科学文献出版社 2012 年版，第 21 页。

③ 岳麓书院藏秦律令简册就有典型之例。岳麓秦简（肆）整理者指出，第三组简中“多次出现一枚简上书手不同的现象，同时还有同一条律令中，也有不同书体并存的现象”。参见陈松长主编：《岳麓书院藏秦简（肆）》，上海辞书出版社 2015 年版，“前言”。

④ 张香萍女士与笔者曾就汉初“蛮夷律”是否存在稳定恒常的律令规定，《奏谳书》“毋忧案”所见“蛮夷律”与荆州胡家草场西汉简的时代差异问题有过讨论，启发笔者进一步思考汉初立法活动问题，特志于此。

⑤ 张家山二四七号汉墓竹简整理小组编著：《张家山汉墓竹简［二四七号墓］》（释文修订本），文物出版社 2006 年版，第 91 页。

草场出土的汉文帝晚期律简亦有“蛮夷律”，已公布律章名中见有“蛮夷律”“蛮夷杂律”“蛮夷复除律”“蛮夷士律”“上郡蛮夷间律”等。① 但“蛮夷律”章名乃至文书中出现的“蛮夷律”的具体内容都不见于与《奏谳书》同出的《二年律令》。若以此为据说明《二年律令》系节录，未收录的律令中包括“蛮夷律”，可能有三隐含前提：其一，汉初以来，汉高祖、汉惠帝、汉高后和汉文帝各朝律令体系有整体衔接，全部章目调整差异不大，或至少包括“蛮夷律”和各时期简册所见全部律章都一直存在。其二，本案发生时的律令体系在汉高后二年（前 186 年）仍有保留，或者说至少“蛮夷律”有保留。其三，《奏谳书》所载汉高祖时期案例能够用来佐证《二年律令》条文制作和简册编写情况。实际上这类推论都不必然成立。汉初律令章目增减调整情形难以推测，即令是在一朝内，如汉文帝时期，也不能直接认定目前所见简册就可代表全部律令章目的状况；而《奏谳书》简册的文书来源相对独立于《二年律令》简册的形成，应无疑义，何况二者有实质性的年代差异，不足以直接互证。汉高祖十一年（前 196 年）及之前有“蛮夷律”，不见得之后仍保留在律令体系里，并保留到汉高后乃至汉文帝晚期。

此外，汉初某一时点的律令体系未纳入某律章，未必其时就没有依据其律章的处理方式。《史记·高祖本纪》言刘邦入关与父老约法三章，“余悉除去秦法。诸吏人皆案堵如故”，②则先前做法仍得遵行；那么《奏谳书》“毋忧案”中，在汉高后二年（前 186 年）律令体系未纳入“蛮夷律”而《奏谳书》记录了汉高祖十一年（前 196 年）存在“蛮夷律”的可能性之外，治狱者还可能是在“按堵如故”的意义上提及“蛮夷律”。而且，简文涉及“蛮夷律”的两处或有其他断读和理解：“南郡尉发屯，有令；变（蛮）夷，律不曰勿令为屯，即遣之；不智（知）亡故。”③“律‘变（蛮）夷男子岁出賨钱以当繇（徭）赋’，非曰勿令为屯也。”前者是说，已有发屯之令，对蛮夷人而言，律上不明言不得令其为屯的，就应征遣。此处所谓“律不言”云云，是在强调“国家之律”与“主事者之令”的效力问题，即在律无相反规定的情况下，指令就有效，应予遵从——此非称引“蛮夷律”。后者是说“出賨钱当徭赋”不是“毋令为屯”，所引“律”是否以现行律文形式存在不可落实，不能据此推说其时有“蛮夷律”律条乃至律章。

---

① 参见李志芳、蒋鲁敬：《湖北荆州市胡家草场西汉墓 M12 出土简牍概述》，《考古》2020 年第 2 期。

② （汉）司马迁：《史记》卷八《高祖本纪》，中华书局 2014 年版，第 459 页。

③ 魏永康先生认为“毋忧案”中句读应为“有令变（蛮）夷，律不曰勿令为屯”，其时汉律无“蛮夷律”。参见魏永康：《张家山汉简“蛮夷律”辨正》，《史学集刊》2015 年第 6 期。

因此，在汉初律令编纂变动不居的前提下，似有必要个别性地区分不同时代和来源的材料；在同一材料（简册）内部，亦可根据是否为治狱所必需而区分出“必要”的律章和条文，以及无需具引的、对日常事务的规定。如对“杀人、伤人及盗”等犯罪，必须有明文才可治其狱，那么对治狱事务有实质影响的是那些规定了犯罪与刑罚的条文的增删改动；可能在因律令层面的具体罪刑有疑时，这类依靠惯常方式不能解决，治狱者才会以疑罪奏谳形式提出。至于那些属于日常职事运作的规范，无论有无明文，临事处置时仍可“按堵如故”。这大概是今人从律令简册与奏谳文书所能观察到的汉初的法制格局。

《二年律令》与《汉律十六章》存在类似问题。二者之间在律章和律文两个层次皆有差异，336 号墓汉简整理者认为：“《囚律》《厩律》《迁律》《朝律》不见于《二年律令》，其他律章名虽见于《二年律令》，但律条多有增删和补充。”①章目有参差，或可解释为简册制作者做了有意识的选择。张家山 336 汉墓《汉律十六章》基本为“狱律”律章，不见所谓“旁律”，可能制作者在律章层面有意识地选取了“狱律”，但不能推论其时存在其他篇目稳定的“旁律”。在各律章内部，有的律文互不相见，同条律文文字有异，这是官方增删修订还是抄手节录的结果？前者可能性应更大，尤其是律文结构简单、字数单简可容时，三五字的具体表述的不同恰可说明是律文经过修改而非抄手自己的主观择取，部分律文的调整更非一般抄手个人所能作出的。因此以目前所见，对汉初材料，不宜在既有简册所见之外过度推定还存在未见的其他律章，尤其是存在未见的通则性条文。

再将秦简牍纳入考量。从律令简册的结构和规模上看，秦法律简牍与汉初法律简牍存在本质差别，因而需要在秦汉材料互证的基础上提出“秦法本位”的认识，即因汉初立法多取材于秦法，故可合理利用汉初简牍材料填补秦法的史料空白，如目前未见的秦《具律》《囚律/告律》等章内容；但反过来，直接以秦法材料补证汉初律令简册未见内容的做法需极为审慎乃至尽力避免。“秦汉之间在法律形式和结构、体量层面存在实质差异”是本书的一个基本预设，唯于行文、论证无碍前提下，本书会尽量照看利用秦及汉初材料。

（二）简牍材料的时代差异

如何对待不同时代简牍材料的内容差异，是利用简牍材料的第二个常

① 彭浩主编，荆州博物馆编：《张家山汉墓竹简［三三六号墓］》（上册），文物出版社 2022 年版，第 161 页。

见问题。简牍的时代差异既存在于秦与汉初整体时段的对比之中,也存在于秦与汉初各具体材料之间,对此可简单分述如下。

“汉承秦制”乃至“秦、汉初一体”的总体认识很容易在简牍文本中找到依据。以睡虎地秦简、岳麓秦简和龙岗秦简为代表的秦简牍和张家山汉墓所出汉初的《二年律令》在律章名、具体律令条文和特定法律用语等多个层面都有相似之处,有的条文基本相同。基于《二年律令》与睡虎地秦简等秦简牍所载法律内容的对比,学者们曾有过关于《二年律令》与秦律之间承袭变革的讨论,高恒、籾山明、宫宅洁等学者对“汉承秦律”皆有精到见解;籾山明先生已指出,张家山汉简和睡虎地秦简所在时代上下限相差仅50年左右,且其间经历秦楚汉抗争的动荡时期,二者“也许几乎可以被视为同时代的史料。而且,实际上这两种史料有不少互补的部分”。① “既存的”秦及汉初律令确实具有高度一致性,学者在考证具体制度时也经常混用秦及汉初材料,直接彼此互证。当前学界似已接受的预设是,以睡虎地秦简和张家山汉简为代表的秦及汉初法律简在整体上可以互证,这一时段刑罚体系的基本构造及其逻辑是一致的,或许无需将某些疑问解释为时代差异下刑罚体系的调整结果。

不过,学者可能都承认《二年律令》与秦律令有一定差异,既有研究也关注到了差异的存在,如宫宅洁先生对《二年律令》条文的抄写年代差异,尤其是财产刑的时代差别曾有精辟讨论。② 实际上,秦与汉初之间,乃至秦与汉各自时段内部的来源不同、时代有异的简牍文本多少都存有差异。总体而言,它们对刑罚体系研究或许没有直接影响,但利用特定史料时,时代差异问题需予辨明。毕竟,虽然特定的秦及汉初律令条文表面相似,但它们的规则内核及其政治、社会背景是否一致,尤其是它们所关联的其他条文规则是否有变化,仍存疑问;因此,直接利用秦汉材料互证时所得结论不一定错误,但如此论证的前提并不稳妥,论证本身也难称严密和有充分说服力。

检视本书常用材料后可知,法律形式与体系的规模、具体罪名和刑罚在秦及汉初时段内都可能发生过变化,当然彼此间变化频度与规模存在差异。

首先,法律形式是立法活动的产物,立法活动最容易受到社会政治局势变动的影响。秦汉鼎革之际法统废立史实尤需重视。《史记·高祖本

---

① 〔日〕籾山明:《中国古代诉讼制度研究》,李力译,上海古籍出版社2009年版,第48页。

② 参见〔日〕宫宅洁:《中国古代刑制史研究》,杨振红等译,广西师范大学出版社2016年版,第17~25页。

纪》记有：

> 汉元年十月，沛公兵遂先诸侯至霸上……召诸县父老豪桀曰："……与父老约法三章耳：杀人者死，伤人及盗抵罪。余悉除去秦法。诸吏人皆案堵如故……"①

《汉书·刑法志》记有：

> 汉兴，高祖初入关，约法三章曰："杀人者死，伤人及盗抵罪。"蠲削烦苛，兆民大说。其后四夷未附，兵革未息，三章之法不足以御奸，于是相国萧何攈摭秦法，取其宜于时者，作律九章。
>
> 当孝惠、高后时，百姓新免毒蠚，人欲长幼养老。萧、曹为相，填以无为，从民之欲而不扰乱，是以衣食滋殖，刑罚用稀。②

《史记》《汉书》记载简略，容易让人理解为"约法三章—作律九章"就是汉高帝、汉惠帝、汉高后乃至汉文帝前的汉初立法的全部。近年所出汉初法律简牍中律令简册的律章数量和结构引起了广泛关注，张家山247号墓《二年律令》有28种律名，336号汉墓竹简《汉律十六章》有16种，益阳兔子山遗址律名木牍记有"狱律十七章""旁律廿七章"共44种，睡虎地77号墓汉简律名有39种，胡家草场12号墓汉简有45种，其中336号汉墓16种律名基本落入兔子山律名木牍"狱律"中。这给人汉初就已区分"狱律""旁律"，律章名繁多齐备，如此样貌甚至可追溯秦法的印象，从而引发学者对汉志纪事真实性的疑问。但实际上汉初律章结构、律令条文调整的频度恐怕超出今人想象，汉志择事而记、本不求全，今人质疑或有误读发挥之嫌。

因而需考虑汉初调整律令体系的规模及其对今人认识具体制度、规则的影响。刘邦入关与父老约，蠲除秦法、立法三章之事，标志着秦法统被全面废止。汉代律令体系庞杂丰富，为后世所熟知，但究其源，实为全新立法的产物；只是以萧何作律九章为代表的早期立法活动多采撷秦法，因而承袭了部分秦法制内容。就此而言，汉初律令体系的完备程度与秦法仍颇有差距，例如《二年律令》中的令篇仅有"津关令"，恐怕就不能简单归结为

① （汉）司马迁：《史记》卷八《高祖本纪》，中华书局2014年版，第459页。
② （汉）班固撰，（唐）颜师古注：《汉书》卷二三《刑法志》，中华书局1962年版，第1096~1097页。

《二年律令》系摘录文本，未收入当时其他成篇之令而仅收入"津关令"一篇。又如虽然部分秦律被萧何早期立法纳入汉律，但体量应当不小的秦令诸多内容未被纳入，从而产生漏洞。《奏谳书》中就有汉初狱案似乎本可适用秦令但成为疑罪，恐怕就是因为相关秦令未被纳入汉初律令，导致"无法可依"。①

其次，罪名有时呈现时代差异。总体而言，律章结构或条文归属的改变多是立法活动的产物，刑罚轻重调整多是刑事政策的产物，都容易受到其他因素影响。而法律概念、罪状描述与罪名总结是长期社会生活经验的结晶，罪名是对消极社会现象的评价和总结，社会生活形态和观念稳定，犯罪构成也相对稳定。因此罪名变易的频度比之刑罚为少，调整范围也相对较小，有较强的稳定性。对这些变动痕迹，今人能察觉一二。

一些基础罪名一直存在，部分犯罪构成则根据社会情势而有所修正。如秦《二年律令 · 盗律》62 简记有"群盗"定义："盗：五人以上相与功盗，为群盗。"②长沙五一广场东汉简牍 CWJ1③：135 简亦有记载："三人以上相与功盗，为群盗。"③西汉初与东汉材料的时代跨度大，但二者文字相同，惟人数下限从五人下调为三人。

另有部分犯罪随着关联制度发生变化，作为其简略化专称的"罪名"也随之改变，如秦时有"邦亡罪"，睡虎地秦简、岳麓秦简《为狱等状四种》等涵盖秦统一前的材料中多见，主要针对秦人逃亡到秦国境外者。但此后"邦亡"罪名应改为"亡出故徼"罪名。岳麓书院藏秦简（肆）100 简有以下记载：

> ……奴婢从诱，其得徼中，黥顏（颜）頯；其得故徼外，城旦黥之；皆畀主。④

---

① 如案例七"女子甑、奴顺等受行赇枉法"案之成为疑罪，恐怕是汉初已无岳麓秦简所见规范治狱者受酒肉食枉事的秦令。对此可参见拙文《秦及汉初赃罪构造试探——以张家山 247 号汉墓竹简为中心》，中国政法大学法律古籍整理研究所编：《中国古代法律文献研究》第 15 辑，中西书局 2021 年版，第 62～65 页。

② 张家山二四七号汉墓竹简整理小组编著：《张家山汉墓竹简[二四七号墓]》（释文修订本），文物出版社 2006 年版，第 17 页。本书认为，"功"为本字，句读有改。参见拙文《秦及汉初赃罪构造试探——以张家山 247 号汉墓竹简为中心》，中国政法大学法律古籍整理研究所编：《中国古代法律文献研究》第 15 辑，中西书局 2021 年版，第 44 页以下。

③ 释文参见长沙市文物考古研究所等编：《长沙五一广场东汉简牍选释》，中西书局 2015 年版，第 211 页。

④ 陈松长主编：《岳麓书院藏秦简（肆）》，上海辞书出版社 2015 年版，第 72 页。

岳麓书院藏秦简(肆)100简“从诱亡出徼而得”与《法律答问》5简“邦亡出徼得”皆有“亡出(故)徼”之实,岳麓书院藏秦简(肆)100简“亡出故徼”应即在里耶秦简牍《更名方》所载更名弃用“邦”,失去“邦亡”之名后的“出(故)徼”亡罪。① 汉初《二年律令》“邦亡”罪名很可能也不再存在,但鉴于汉廷与诸侯国之间的紧张关系,仍会加重惩处“亡出故徼”犯罪,这在《津关令》中有迹可循。

再次,刑罚研究中的时代差异和材料互证问题更为突出。先举秦及汉初群盗罪刑罚为例。前引《二年律令·盗律》62简规定了何为“群盗”,但未言其刑;②睡虎地秦简《法律答问》1~2简规定了害盗参与五人以上盗时“加罪”所致的肉刑叠加方式,有论者据以提出群盗罪刑罚应为斩左止城旦。③ 此说对《法律答问》时代而言当无误,但汉初未必沿用秦群盗罪刑罚。《二年律令·盗律》65~66简载:

> 群盗及亡从群盗;殴折人枳(肢),胅体,及令彼(跛)蹇(蹇),若缚守、将人而强盗之;及投书、县(悬)人书,恐猲人以求钱财;盗杀伤人;盗发冢(塚);略卖人若已略未卖;桥(矫)相以为吏、自以为吏以盗:皆磔。④

---

① 根据里耶秦简牍和岳麓书院藏秦简牍等材料,近来学者已指出秦统一进程中“徼塞”指称的变化,参见欧扬:《岳麓秦简“毋夺田时令”探析》,《湖南大学学报(社会科学版)》2015年第3期;周海锋:《岳麓书院藏秦简〈亡律〉研究》,杨振红、邬文玲主编:《简帛研究 二〇一六(春夏卷)》,广西师范大学出版社2016年版;邹水杰:《秦代属邦与民族地区的郡县化》,《历史研究》2020年第2期;张韶光:《试论简牍所见秦对边缘地区的管辖》,《史学月刊》2020年第8期;尚宇昌:《“故塞”“故徼”的由来与秦并天下》,《中国边疆史地研究》2022年第1期;等等。《法律答问》和《为狱等状四种》“癸琐相移谋购”案、“多小未能与谋”案时代以“出徼”为重要标准的“邦亡”,随着《更名方》所揭示的秦统一前后“邦”概念的弃用,已经被“出故徼”罪名取代。

② 这种条文写法尚偶见于《二年律令》其他条文,如《二年律令·贼律》24简有“斗伤人,而以伤辜二旬中死,为杀人”,《二年律令·具律》112简有“劾人不审,为失;其轻罪也而故以重罪劾之,为不直”;等等。这类规定罪状但不接着规定刑罚的,暗示这些犯罪的刑罚在他处另有规定。

③ 参见陈鸣:《秦汉〈盗律〉罪名研究》,中国政法大学2015年博士学位论文,第88~89页。

④ 释文参见张家山二四七号汉墓竹简整理小组编著:《张家山汉墓竹简[二四七号墓]》(释文修订本),文物出版社2006年版,第17页。本条依据石冈浩先生的意见断句并加以分组,参见〔日〕石冈浩:《张家山简〈二年律令〉之〈盗律〉所见磔刑的作用——诸侯王国视野之下的严刑适用》,李力译,中国政法大学法律史学研究院编:《日本学者中国法论著选译》(上册),中国政法大学出版社2012年版,第77页。其他意见,可参见陈鸣:《秦汉〈盗律〉罪名研究》,中国政法大学2015年博士学位论文,第18页。

石冈浩先生认为汉初群盗罪的刑罚是磔刑，是对战国秦群盗罪的严刑化。[①] 本条“群盗”及“亡从群盗”应处磔，这或可从《二年律令·盗律》63简推知，该简记有：“智(知)人为群盗而通歙(饮)食馈遗之，与同罪；弗智(知)，黥为城旦舂。”一方面，“黥为城旦舂”与“斩左止为城旦”都是法定刑意义上的肉刑，同处在“死罪”与“完为城旦舂”罪之间，在《二年律令·告律》127简的减罪一等之制中，二者没有轻重等次之分。若群盗罪刑罚是斩左止为城旦，明知而资给群盗者“与同罪”，亦为斩左止为城旦，而不知情者处以同一等次的黥为城旦舂，处刑畸重，其理未安。另一方面，若群盗刑罚为斩左止为城旦，女性明知而资给群盗的，“与同罪”时，据《二年律令·具律》88简“(女子)当斩为城旦者黥为舂”，斩左止为城旦之刑将替换为黥为舂，这与女子不知情而资给群盗的黥为舂刑罚相同，其理不通。因此，本书认为汉初群盗罪刑罚已加重为磔，[②]唯不能确定是睡虎地秦简时代之后的秦法已经加重，还是汉初立法所加重。

又如前述，即使是同出于张家山汉墓群、同为汉初律、前后相隔不过数年的《二年律令》与《汉律十六章》，同条异文、罪名和刑罚适用有变化者也不罕见。《二年律令·亡律》166简载：

> 诸亡自出，减之；毋名者，皆减其罪一等。[③]

《汉律十六章·亡律》253简载：

> 诸以亡为罪自出，减之；毋名者，皆减其罪一等。[④]

二者都是逃亡自出减罪的规定，但从字面看，“诸亡”包含单纯逃亡和犯罪后逃亡，而“诸以亡为罪”限于逃亡构成犯罪的单纯逃亡者。汉初短

---

① 参见〔日〕石冈浩：《张家山简〈二年律令〉之〈盗律〉所见磔刑的作用——诸侯王国视野之下的严刑适用》，第86~87页。

② 对于睡虎地秦简时代的群盗罪而言，如果附加其他条件，可能会导致刑罚进一步加重，如据《法律答问》1、2简，主体有“害盗”“求盗”身份时需予以“加罪”。但在汉初，群盗罪刑罚为磔刑时，已无加罪余地。前述分析，可参见拙文《秦及汉初赃罪构造试探——以张家山247号汉墓竹简为中心》，中国政法大学法律古籍整理研究所编：《中国古代法律文献研究》第15辑，中西书局2021年版，第19~22页。

③ 张家山二四七号汉墓竹简整理小组编著：《张家山汉墓竹简〔二四七号墓〕》(释文修订本)，文物出版社2006年版，第31页。

④ 彭浩主编，荆州博物馆编：《张家山汉墓竹简〔三三六号墓〕》(上册)，文物出版社2022年版，第198页。

时段内律上各类型逃亡自出的减刑规定就已有不同,遑论较长时段内的汉初律与秦律令。

与前述刑罚确实存在时代差异的情形相反,有些材料表面上有异,细究起来则未必如此。以鬼薪白粲逃亡的刑罚为例,《二年律令・亡律》164简释文载:

> 城旦舂亡,黥复城旦舂。鬼薪白粲也,皆笞百。①

若遵整理者缀合和释文方案,则城旦舂逃亡刑罚是黥刑,鬼薪白粲逃亡仅处笞百,差异悬殊,论者将这一差异归结为"秦汉律中诸如此类之细微差别,既可以看作是法律日趋严密合理的表现,也可视为是汉律相对宽和的表征"。② 但原缀合方案有违城旦舂与鬼薪白粲"刑徒"地位相近的一般认识,也与简册常制不合。笔者曾推测《二年律令・亡律》164简系遥缀,断缺处原有多字,原貌近似为:

> 城旦舂亡,黥复城旦舂;鬼薪白【粲亡,黥以为城旦舂。不得者,皆以其罪论,命之。其自出】也,皆笞百。③

新刊布的《汉律十六章・亡律》230简记有:

> 城旦舂亡,黥复城旦舂。鬼薪白粲亡,黥为城旦舂。不得者皆命之。

整理者注释:"本简与《二年律令》简一六四多有不同。从图版看,《二年律令》简一六四在'鬼薪白粲'下是另外一段,本不属同一简,系误拼接。原释文应到'鬼薪白粲'止,'也皆笞百'属另简。"④

"误接"之说可以直观地解释整简与遥缀简的文字差异,但此说有疑:其一,据247号墓"竹简出土位置示意图",拼合为《二年律令・亡律》164

① 释文参见张家山二四七号汉墓竹简整理小组编著:《张家山汉墓竹简[二四七号墓]》(释文修订本),文物出版社2006年版,第30页。

② 周海锋:《秦律令研究——以〈岳麓书院藏秦简〉(肆)为重点》,湖南大学2016年博士学位论文,第30页。

③ 张传玺:《秦及汉初逃亡犯罪的刑罚适用和处理程序》,《法学研究》2020年第3期。

④ 释文及注释参见彭浩主编,荆州博物馆编:《张家山汉墓竹简[三三六号墓]》(上册),文物出版社2022年版,第195页。

简的 F3(A)和 F4 二枚残简相邻,[①]缀入一简有可能性。其二,此说以《汉律十六章·亡律》230 整简去检验《二年律令·亡律》164 缀合简,而整理者又言 164 简原缀合有误。两简前部“城旦舂亡黥复城旦舂鬼薪白”文字相同,不同的是《二年律令·亡律》164 简原方案缀合处“粲”字及其下多出了的“也皆笞百”。既然原实缀方案有误,本就无法据以比较出断缺处文字的不同。据岳麓秦简(肆)47 简和《汉律十六章·亡律》230 简,鬼薪白粲亡的刑罚应就是黥为城旦舂,《二年律令·亡律》164 简缺失简文也当是规定了鬼薪白粲亡的刑罚,实即应为黥为城旦舂。因此,二条前部都规定了城旦舂鬼薪白粲逃亡的刑罚。二者的不同在于,后者进而规定了“亡不得”之后的“命”程序但未规定自出减罪,前者后部存文有“皆笞百”。“笞百”正是《二年律令·亡律》对隶臣妾、收人和城旦舂亡自出的减罪刑罚,《二年律令·亡律》164 简“皆”字说明这是总括复数主体的规定,“也皆笞百”前断缺处包含规定了“城旦舂、鬼薪白粲亡自出”的文字正是理所当然。其三,若认为“也皆笞百”的 F4 简“属另简”,则是在预设《二年律令·亡律》164 简原简文应同于《汉律十六章·亡律》230 简,且另有规定复数主体犯有某罪处以笞百之刑的律文简,F4 简系其残简。但从 F4 简出土位置状况、与笞百有关的罪与刑的规定和两部汉初简册尤其是《亡律》存简情况等方面看,暂无法设想出存在另一条律文的合理性。

“秦汉时代差异”之说可以简单解释文字差异,但若简有残断,此说就未必更合理。秦汉随葬律令简册中条文拆合变化现象较常见,秦汉《亡律》对鬼薪白粲逃亡刑罚及自出减等作了相同规定,文字差异只是形式上条文分合的体现,这恐怕是更合理的解释。后文第六章将详析本条,从中可见,岳麓秦简和汉初《二年律令》《汉律十六章》之间确实存在实质关联,但也存在条文拆合的现象。[②] 这种形式差异是应当诉诸立法层面的修撰改变,还是律文传抄过程中抄手的自行变动,尚不能断言。此例说明,在解释刑罚现象时,秦及汉初不同年代的律令文本确有互证效力,但需要仔细辨别互证效力的边界。

---

① 参见张家山二四七号汉墓竹简整理小组编著:《张家山汉墓竹简[二四七号墓]》,文物出版社 2001 年版,附录 2。

② 秦及汉初简牍材料所见律令文本中,条文拆并现象较为普遍,有时可以轻易判断出不同出处和时代的材料中的某些部分存在关联,有时则难以判断,尤其涉及简册撰写和编联形态方面的疑问时,会更困难。这不仅体现在岳麓秦简与《二年律令》的条文对读方面,即令《二年律令》与新近刊布和披露的湖北荆州胡家草场西汉简和睡虎地汉简之间,同为汉早期法律简牍文本,条文拆并现象也有体现,要准确判断条文的关联与同一,有时需高度依赖简牍材料本身的物理状态。

总体而言,以睡虎地秦简和张家山汉简为代表的秦及汉初法律简应被视为可以互证的整体,但这一总体结论需要区分层次。正如宫宅洁等学者所指出的,秦汉简牍所见部分规定确实体现了时代差异,但这些差异多表现为汉初(或者在秦亡之前)刑罚名称和形式的变化,是简单的对应关系,如秦赀刑(赀一盾、赀一甲、赀二甲)到汉初罚金刑(罚金一两、罚金二两、罚金四两)。这一时段刑罚体系的基本构造及其逻辑是一致的。

最后是秦与汉初之际与刑罚体系有关的制度的变化问题。在讨论秦及汉初刑罚体系互补互证的问题时,其他制度的时代差异现象也需有所关注。如据前引《史记·高祖本纪》,汉初秦法统已被废除,但"吏民按堵如故",日常行政司法事务处置照旧运行。这势必引发新问题,即秦法中占相当比例者,正是对吏民"按堵如故"做法的明文规范,尤以所谓"事律"即官吏履行职事的法律规范为典型。这类规范被废除后,其做法本身得以在实际生活中继续保持下去,但有时会在汉初稍后的立法中被改变乃至被废除。秦与汉初治狱程序的差异即为一例。

治狱程序是与刑罚相关的背景制度,其时代差异问题有待关注。睡虎地秦简《法律答问》和《封诊式》不少内容涉及治狱程序,《封诊式》更是辑录关键性的治狱文书范本,以《封诊式》注释、语译为重要契机的程序复原研究逐渐展开,20 世纪 80、90 年代见证了一批重要成果的面世,如卡特里娜·麦克劳德(Katrina C. D. McLeod)和叶山先生的《封诊式》译注与研究,①何四维先生的译注,②籾山明先生的审判程序复原,③等等。20 世纪 90 年代张家山汉简《奏谳书》面世,基于治狱文书实例的程序复原研究迅猛推进,里耶秦简牍、岳麓秦简等法律简牍中有关治狱程序的律令规定和治狱文书实例丰富,将秦汉尤其是秦及汉初时段材料作为整体进行研究的特征较明显,成果不胜枚举。从中既能看到新出材料对研究领域的拓展之功,也能领会到框架视角的意义。整合秦汉治狱材料的工作既是现代法学学科体系中"诉讼程序"观念影响的结果,也不脱离传世文献中汉代治狱

① See Katrina C. D. McLeod & Robin D. S. Yates, "Forms of Ch'in Law: An Annotated Translation of The Feng-chen shih", *Harvard Journal of Asiatic Studies*, Vol. 41, No. 1 (Jun., 1981).

② See A. F. P. Hulsewé, *Remnants of Ch' in Law*, Leiden E. J. Brill, 1985, p. 186, note8.

③ 参见〔日〕籾山明:《秦代审判制度复原》,徐世虹译,刘俊文主编:《日本中青年学者论中国史·上古秦汉卷》,上海古籍出版社 1995 年版。

程序记录如《史记·张汤传》"张汤劾鼠,讯鞫论报"程序框架的启发,①以今律古、从汉及秦的思路暗含在秦汉治狱程序整体研究的内在逻辑中。总体而言这种思路并无错误,但在细节上,时代差异仍不可忽视。如笔者在通同讨论秦及汉初逃亡犯罪的处理程序时,据岳麓秦简(肆)135~138简和140~141简所记《尉卒律》,认为以"乡官上奔书"为起始,开启逃亡满三月削爵和户口核查登记的程序。② 不过,亡满三月削爵为士伍的规定乃至《尉卒律》在汉初已不存在。《二年律令·亡律》157简规定:

吏民亡,盈卒岁,耐;不盈卒岁,毄(系)城旦舂,公士、公士妻以上作官府。皆偿亡日。③

公士以上亡不盈卒岁者应包括了逃亡时长在三月以上一年以下者,但并未削爵为士伍,仍可凭爵将"系城旦舂"优待替换为"作官府"。由此可见,若岳麓秦简时代之后的秦法未在律章层面发生结构性变动、删除有关内容,那么在汉初,有爵黔首逃亡削爵的规定乃至《尉卒律》整体,应随刘邦入关蠲除秦法而被废除;汉初随后的立法将逃亡事项规定于《亡律》,但亡盈三月削爵程序未随之入律。④ 对照岳麓秦简(肆)《尉卒律》诸条可知,削爵程序的存在与否不仅决定了逃亡不盈卒岁时系城旦舂的执行方式,而且反映了岳麓秦简时代的户籍与爵位管理不同于汉初。汉初律令条文减省与日常政务"按堵如故"之间的落差由此可见一斑。

这提示我们,即使取秦汉乃至秦及汉初时段材料所见共同制度的公约

① 体系式架构的显著作品是何四维先生的《汉律辑佚》,其以专章架构了汉代治狱程序。See A. F. P. Hulsewé, *Remnants of Han Law*, Vol. Ⅰ, Introductory Studies and An Annotated Translation of Chapters 22 and 23 of the History of the Former Han Dynasty, Leiden E. J. Brill, 1955, pp. 71-101, "the administration of justice".

② 参见张传玺:《秦及汉初逃亡犯罪的刑罚适用和处理程序》,《法学研究》2020年第3期。亦可见本书后文第六章。

③ 张家山二四七号汉墓竹简整理小组编著:《张家山汉墓竹简[二四七号墓]》(释文修订本),文物出版社2006年版,第30页。"公士、公士妻以上作官府"是专对吏民亡不盈卒岁的系城旦舂的替换执行方式,故此处修改标点如上。

④ 益阳兔子山遗址7号井第7层所出律名木牍⑦1+⑦2(背)第一栏记有"尉卒律",见湖南省文物考古研究院等编著:《益阳兔子山七号井西汉简牍》(上),上海古籍出版社2023年版,彩色图版第137页。第7层所出纪年简皆为惠帝纪年,论者或据以认为该律名牍反映汉初惠帝时的律章情况,参见张忠炜、张春龙:《汉律体系新论——以益阳兔子山遗址所出汉律律名木牍为中心》,《历史研究》2020年第6期。如此则惠帝时期曾有"尉卒律"。但第七层是否全为惠帝时期简牍,律名牍性质如何,所见律名是否其时真实存在的律章名汇总,有待追问;至于"尉卒律"的内容,其时之前与之后尤其是到《二年律令》时的律章变化情状,也不得而知。

数,选取整体乃至一体研究思路时,仍需重视传世文献所揭示的秦汉鼎革之际法统废除与再造的史实,并充分预设出具体制度的时代差异前提。因此,在审慎原则下,综合和合理利用出土秦汉简牍材料,能够充分发挥这一时段各种材料的互证效力。进而,对秦及汉初刑罚研究的疑点,若在刑罚体系内做出的体系解释符合历史和逻辑,就不必轻易诉诸时代差异之类外在于刑罚体系的理据。

三、方法与写法:简牍学、法制史与法律简牍“本位说”

20世纪70年代后,秦汉法制史领域见证了材料引领研究的趋势。在1975年湖北云梦睡虎地11号秦墓竹简出土之前,秦汉刑罚制度研究极为倚重《史记》《汉书》《汉旧仪》等传世文献的零散记载,但“史”“汉”常事不书,作为秦汉时法律常态内容的刑罚制度的框架和细节如何,后人不得而知。近年来携带秦汉法律信息的简牍不断面世,情况得以改观。

睡虎地11号秦墓所出法律简是引领当代秦汉法制史研究的重要材料,其中《法律答问》简册尤为重要。睡虎地11号秦墓所出其他简册如《秦律十八种》《秦律杂抄》《封诊式》等亦零星见有刑罚规定或各种刑名、“刑徒”称谓,但真正集中反映秦刑制,尤其是作为刑罚主体的“肉刑”“耐刑”的适用规则的,唯《法律答问》一篇而已。整理者称“从《法律答问》的内容分析,它主要是解释秦法律中的主体部分,即刑法。据《晋书·刑法志》和《唐律疏议》等书,商鞅制订的秦法是以李悝《法经》为蓝本,共有《盗》、《贼》、《囚》、《捕》、《杂》、《具》等六篇。《法律答问》所解释的范围,正与这六篇基本和符:因此,《法律答向》所引用的律文,很可能就是商鞅所制订的律文”。①《法经》六篇“皆罪名之制”即规定犯罪与刑罚者。因此,“当代秦汉刑罚制度研究实始于睡虎地秦简研究,始于《法律答问》研究”的说法当不为过。20世纪80年代之后秦与汉初律令、治狱文书类简册相继出土,持续助力从睡虎地秦简展开的刑罚制度研究,直到今日。

本书亦受惠于以《法律答问》为核心的出土简牍材料。本书对秦及汉初刑罚体系三重构造的认识的直接参照系是唐律,但思考起点和各分议题的主要对象材料是《法律答问》,从某种角度看,本书基本脉络都是对《法律答问》疑难简文的琢磨,或者说是注脚:对刑罚体系构造的区分源于“狱未断”诸简;“加罪”源于1~2简“害盗别徼而盗加罪”;“减罪”源于8简、38~39简“盗而自告”“告盗加赃,告不审”等;“优待式”刑罚替换源于50

① 《云梦睡虎地秦墓》编写组:《云梦睡虎地秦墓》,文物出版社1981年版,第18、19页。

简“上造盗羊诬人盗猪”、109～112简“葆子狱未断”、113～114简和177～178简“臣邦君长、君公有罪令赎”；“执行不能”之刑罚替换源于117(前)～120简等；参引刑罚的修正替换，来自117简(后)；等等。本书用以勾连岳麓秦简、张家山汉简《二年律令》《汉律十六章》乃至胡家草场汉简等律令简册，和《为狱等状四种》《奏谳书》等治狱文书简册的主线，正是如何回应《法律答问》的刑罚疑难问题。

倚赖前述法律简牍展开研究时，研究进路的选择会受到材料特征的影响。法制史学本身具有多学科综合特色，对于秦汉法制史尤其是秦及汉初法制史而言也是如此，多种方法工具的综合运用是必然要求。泛泛而论时，简牍材料整理研究工作中的传统史学方法不可或缺，职官制度和历史地理尤其值得重视；不过对于记有法律信息的简牍的整理研究中的路径取向，情况有所不同，或者说是更为复杂，这主要表现在两个方面。

(一)当法制史料是简牍

简牍法律史料首先是简牍材料，出土法律简牍是实在的、直接的法律文本，各类型乃至各具体文本实物又各有特征。欲充分理解其法律意涵，必须尽力复原其简册实体形态，本书暂谓之为法律文本的“实体化”。冨谷至先生曾以汉令为对象说明简牍载体对法律发展的重要影响。① 因此利用这类材料去证明制度主题的前提是解决其载体形态问题，先行完成简牍学意义上的工作。目前秦汉法制史研学者大概都同意，律令和治狱文书简册的单简缀合、释字和简册编联等工作内容是简文文义与法意梳理的基础，对此，意义阐发和方法探讨成果已较为丰富。② 但对《法律答问》简册的简序编次、简文写法、符号使用等简牍学层面的研究尚较薄弱，因此需予以简要说明。

整理者称睡虎地秦简“清理时，竹简堆放有序”，按堆放位置分为八

---

① 参见〔日〕冨谷至：《通往晋泰始律令之路(Ⅰ)：秦汉的律与令》，朱腾译，杨一凡、朱腾主编：《历代令考》(上册)，社会科学文献出版社2017年版，第238页。

② 其中以法律简牍为据的讨论多见。撮其要者，如王伟：《张家山汉简〈二年律令〉编联初探》，陈伟主编：《简帛》第1辑，上海古籍出版社2006年版；彭浩：《谈〈二年律令〉中几种律的分类与编连》，中国文物研究所编：《出土文献研究》第6辑，上海古籍出版社2004年版；史达、李婧嵘：《岳麓秦简〈为狱等状四种〉卷册一的编联——依据简背划线和简背反印字迹复原卷轴原貌》，《湖南大学学报(社会科学版)》2013年第3期；〔德〕陶安：《岳麓秦简复原研究》，上海古籍出版社2016年版；苏俊林：《说岳麓秦简的编联依据》，杨振红主编：《简牍学研究》第8辑，甘肃人民出版社2019年版；周海锋：《秦律令文本形态浅析》，陈伟主编：《简帛》第23辑，上海古籍出版社2021年版；杨博：《由篇及卷：区位关系、简册形制与出土简帛的史料认知》，《史学月刊》2021年第4期；杨博：《战国秦汉简帛所见的文献校理与典籍文明》，《中国社会科学》2022年第9期；等等。

组,《法律答问》为"丙组",简长 25.5 厘米,宽 0.6 厘米,厚 0.1 厘米,尺寸与其他组简有差异;[①]"共二百一十枚简,发现于墓主颈部右侧。从出土情况看,原来可能也是成卷入葬的"。[②] 又言"由于竹简已经散乱,整理时就按六篇的次序试加排列"。[③] 不必讳言,整理者的复原工作有其遗憾,对此笔者已另文专述《法律答问》简册的编写特征,此处仅征引拙见。其简册特点包括:其一,整篇尤其是内容关联简的字迹相对一致,可能主要抄手为同一人。抄手抄写时偶有错误,未全部得到校正,说明卷册写成后未经全面审校,可能是抄手在抄写过程中发现之前抄错随手进行补正。[④] 其二,《法律答问》至少有一部分简被先编联成册,书手抄写时较严格地逐简对应抄写,因此存在留白与续写无规律可循,满字简上下字距不均,错行漏写者补写于邻简等现象。其三,以问答体裁为主的简文抄写中使用了中圆点作为区隔符号,引文和问答构成了秦汉时简牍书籍常见的"本文+注文"结构。

《法律答问》简册的前述编写特点最终都可落实在简册编联次序问题上:句绝留白与前后简简序确定有关,抄写串行时校正文字补写在相邻简的做法与先编后写简序确定有关,本注文结构简文所关联的本文次序与简序也有关:本书所处理的 117~120 简重排方案涉及诬告"耐为侯"罪反坐的刑罚修正是其例,103~112 简的简序调整更会涉及对"家罪"概念、葆子刑罚优待及其死亡对治狱程序的阻断效果的理解。这些事例都揭示出《法律答问》简册编写特点与法意分析之间有明确关联。若作整体观察,不难发现这种关联既存在于《法律答问》诸条的内部研究(如 103~112 简重排),也存在于《法律答问》与外部其他材料的对照研究(如 7 简和 9 简连排,4、5、9、67 简以及睡虎地秦简《秦律十八种》《秦律杂抄》以及岳麓书院藏秦律令简、《二年律令・盗律》57 简等的比较)。

上述编写特点体现了简册具有明显的公共知识载体即"书籍"的特点,与其来源和使用场景有密切关系。进而可以说,今见本《法律答问》简册是私人抄写使用的物品,但它本有所据,其抄写严格依据母本进行,表面看似随意的校补也是在遵循母本简册形制的前提下进行的,暗示了母本具

① 参见《云梦睡虎地秦墓》编写组:《云梦睡虎地秦墓》,文物出版社 1981 年版,第 12 页。

② 《云梦睡虎地秦墓》编写组:《云梦睡虎地秦墓》,文物出版社 1981 年版,第 18、19 页。

③ 睡虎地秦墓竹简整理小组编:《睡虎地秦墓竹简》,文物出版社 1990 年版,第 93 页。

④ 《法律答问》106~108 简便是。陶安先生撰文申说 108 简系抄手发现前部抄错简后插入的校补简。其说参见〔德〕陶安:《睡虎地秦简〈法律答问〉108 简为校补简小考》,陈伟主编:《简帛》第 6 辑,上海古籍出版社 2011 年版,第 17~18 页;〔德〕陶安:《秦律刑罚等序研究序说》,徐世虹等:《秦律研究》,武汉大学出版社 2017 年版,第 245~247 页。

有相对正式的制作规程，不会是完全出自私人创作，今见本或其母本系实用之物。问答式简文内容也体现出有权机关制作的意味。故而，简册文字内容可反映其时秦法，有制度证明效力。这是以简册外在形态为据梳理法意和以法意推想简册形态的前提认识。

（二）当简牍作为法制史料

简牍法律史料及其研究表现出"碎片化"与"体系性"特征，这是法律史学面临的悖论，也展示了法学思维和方法工具的价值。

一方面，法律简牍研究呈现出史学研究的"碎片化"特征。西方史学"碎片化"显著地受到学者立场转向和理论创新的影响，1987 年法国学者弗朗索瓦·多斯针对新史学的勃兴，系统阐述了史学"碎片化"问题，①此后西方史学理论经历了持久反思，随后"碎片化"问题也得到了国内学者的广泛关注。② 在国内，"博通"与"专精"平衡问题本也是传统史学一直在思考的问题，但与西方相比，"碎片化"研究更多受到史料状态的影响，简牍材料研究的"碎片化"问题是为典型，各类期刊、专业网站等研究平台上，关注个别材料、致力于解决字词考订的具体研究成果比比皆是。是否应该和如何利用"碎片化"的研究成果还原一项制度，值得思考。

对此似可对照英国法律史研究所面临的相似境遇：1995 年，被誉为梅特兰之后最伟大的英国法律史学家的密尔松教授受邀在哥伦比亚大学法学院讲学，其讲义稿浓缩了密氏一生思考所得，于 2003 年成书出版，成为其生前最后一部著作，此即《普通法的自然史》一书。③ 其书开宗明义，揭示了社会学和人类学等其他社科研究范式进入法律史研究领域后，对哈特以来规范法学所确立的研究范式造成的冲击，其核心体现即法律史研究的"碎片化"问题。密氏的立场是将普通法的历史视为一个生命周期，整体判断其诞生、发展、鼎盛和衰亡的原因与线索，以整体性思考去消弭当代法律史研究侧重于地方档案、地方志、个案研究和人物研究所带来的碎片化问题，呼吁重新构建法律史的整体史观。密氏是就英国法律史研究趋势作出的判断，但用于概括中国法律史尤其是秦汉法制史的研究现状，也不唐突。其实在当下语境中，秦汉法制史研究"碎片化"并非贬义，盖因史论需从史料出，而出土简牍材料多较零散，与近年来历史学本就极为关注具体

① 参见〔法〕弗朗索瓦·多斯：《碎片化的历史学——从〈年鉴〉到"新史学"》，马胜利译，北京大学出版社 2008 年版。

② 新近成果可参见张生：《穿行于"碎片"之中的历史学及其应有态度》，《历史研究》2019 年第 6 期；胡永恒：《史学研究的"碎片化"及其超越》，《社会科学战线》2023 年第 5 期。

③ See S. F. C. Milsom, *A Natural History of the Common Law*, New York: Columbia University Press, 2003.

材料的旨趣互为促进,所以秦汉法制史研究本就具有明显的碎片化特征。具体而微的研究是基本且必需的工作,但这项工作不能限定在目标材料上孤立地进行,还需考虑材料的性质与整体性特征。

另一方面,法学知识具有体系性,法律类简牍研究天然地呈现法学研究的体系性特征,串联个别材料、还原体系面貌是法制史研究的天然使命。不论律令、治狱文书或法律注解等法律简牍在物理状态、使用场景乃至内容来源等方面有何差异,它们毕竟都是法律文本,体系性是其内核,同一材料内部乃至不同材料之间的概念、规则与体系间具有千丝万缕的联系。这种联系不仅是字词和语义上的,借用霍姆斯《普通法》开头的说法,它更是"经验"和"逻辑"上的。字词语义的互相佐证对今人理解古文有意义,对秦汉时人而言却常是不言自明的背景知识;法律规范所蕴含的经验和逻辑知识才是时人今人都关心的对象,这类知识是其时法律智识高度成熟和专业化的具体体现,也是今人研读秦汉法制史料时最感兴趣的部分。在这一点上,法律史研学者拥有对简牍法律材料的更强烈共情,"设若我等为秦吏,手把简册说如何"的沉浸式研读就容易理解且值得赞赏。

因此,在充分重视简牍载体信息的基础上,对文本文字作出恰适的体系解释,甚或进而反向探讨载体本身特征问题,就应是利用简牍材料进行秦汉法制史研究的一种常态。这需要协调不同方法工具、思路与知识储备,以解决从简牍编联释字到条文法意梳理的全部问题。这或许要求,在材料选取方面,秦及汉初刑罚体系研究应确立法律简牍的主体性地位;由此而来的问题就是,整理和解读法律简牍时如何综合利用简牍学和法制史学方法工具。

综合而言,形式上注重法律简牍文本的"简牍实体特征",内容上注重法学思维和法学工具的运用,这不是预设了平衡立场的暧昧宣示,而是有实际功用的做法,试举一例如下:

本书始终触及的一个问题是秦及汉初律上的数罪处理方式。在目前所见秦及汉初各类律令、治狱文书和《法律答问》简册中,都有一人有复数罪名的情况。《二年律令·具律》99简载:"一人有数〼罪殴,以其重罪罪之。"[①]该简系遥缀,中段断缺数字,完整简文应即张家山汉简《汉律十六

① 张家山二四七号汉墓竹简整理小组编著:《张家山汉墓竹简[二四七号墓]》(释文修订本),文物出版社2006年版,第22页。

章·具律》127 简——“一人有数罪而非驾(加)罪也,以其重罪罪之”①,此即“数罪以重”原则。学者多以本条原则去直接框套其他出现复数罪名的材料。但实际上,简牍所见存在复数罪名的情形非常复杂,有些属于一人犯有数个独立犯罪,可落入“数罪以重”原则;但有不少情形,虽然律令或狱案判决是在复数罪名中择一重者,但未必是“数罪以重”原则的适用之例。例如逃亡犯罪与其他罪名并存的,可能是主体犯某罪后逃亡,也可能是逃亡过程中犯有某罪,亡罪与实犯之罪之间彼此独立,若后罪发生在前罪未被官府发觉时,一旦事发,此数罪适用“数罪以重”原则应无疑义;但若逃亡与实犯罪名之间并非彼此独立,实罪之成立以逃亡行为为必要条件,此时亡罪与实罪是否属于“数罪以重”之“数罪”,就值得追究。《法律答问》131 简载:

> 把其叚(假)以亡,得及自出,当为盗不当?自出,以亡论。其得,坐臧(赃)为盗;盗罪轻于亡,以亡论。②

本条问答设定的个案情景是,主体(很可能是)从官府借用物品,持有该物品而逃亡(“把叚而亡”)。表面上看,本案的关联法条是《二年律令·具律》122~124 简:

> 有罪当完城旦舂、鬼薪白粲以上而亡,以其罪命之;耐隶臣妾罪以下,论,令出、会之。其以亡为罪,当完城旦舂、鬼薪白粲以上不得者,亦以其罪论,命之。③

上举二则材料都涉及亡罪和实罪的复数罪名,处置都是选择较重罪名来“论”,因此二者容易被认为彼此有关联,共同体现乃至证实“二罪从重”原则。如堀毅先生认为前者体现了“二罪从重”原则,④宋国华、王芳先生认为后者规定的原因是汉代对一人犯数罪的,“以其重罪罪之”。⑤

但这种勾连并不稳妥,最直接的问题在于规则分析层面——简文已明

---

① 释文参见彭浩主编,荆州博物馆编:《张家山汉墓竹简[三三六号墓]》(上册),文物出版社 2022 年版,第 181 页。

② 睡虎地秦墓竹简整理小组编:《睡虎地秦墓竹简》,文物出版社 1990 年版,第 124 页。

③ 释文参见张家山二四七号汉墓竹简整理小组编著:《张家山汉墓竹简[二四七号墓]》(释文修订本),文物出版社 2006 年版,第 25 页。句读有改,理由详见后文第六章。

④ 参见〔日〕堀毅:《秦汉法制史论考》,萧红燕等译,法律出版社 1988 年版,第 378 页。

⑤ 参见宋国华、王芳:《秦汉“自出”非“自告”说》,《南都学坛》2012 年第 4 期。

言被捕获时原则上是“坐赃为盗”,就已说明并不是适用“数罪以重”。细思本条,亡罪固然自始成立,“二罪”中另一罪“盗罪”则未必也是自始成立。《二年律令·盗律》78简有“诸有叚(假)于县道官,事已,叚(假)当归。弗归,盈廿日,以私自叚(假)律论”,“私自借律”即77简简文,论法为“一般财物罚金二两;钱金、布帛、粟米、马牛与盗同法”,即借物逾期不还的构成赃罪,需“以私自借律论”,再转向适用基准盗罪规定。[①] 可见,借用和持有物品本是合法行为,但超过法定期限不归还就需依物品性质和赃值,比照盗罪处理。据此,《法律答问》131简“盗罪”成立的基础应是“把叚不归”,而“不归”是逃亡所致,进而才构成赃罪,需“坐赃为盗”。此一“不归”是逃亡行为的客观附带效果而非主体的主观意图使然;秦汉法律极为强调主观意图,其主体本无不归还所借器物的意图时本不成立独立盗罪。逃亡造成“把叚不归”的本无得赃的主观故意,“自出”者还在客观上归还了所借,故而只论其亡;对被捕获者则会推定其具有把叚不还的意图而构成“与盗同法”之“盗”。可见简文是就“把叚亡”者主动投案或被捕获时是否都比照“盗”来设置问答的。其解答逻辑应是,“把叚亡”之“盗”的成立需以“亡”为必要条件,二者不是彼此独立的犯罪,自出终止逃亡状态时,“盗”就溯及既往地自始不成立(而非“盗”成立后“先自告减一等”之类)。既然“二罪”前提不必然成立,《法律答问》131简的单一罪名确定就不能看作对“数罪以重”原则的适用。

这一层面的思考基础是法学的体系思维,适合使用法学分析工具。检视那些从复数罪名中确定单一罪名的材料,按今日理解,《二年律令·具律》“数罪以重”条大概适用于被告诉的数罪处理,《法律答问》“实罪狱未断又诬人”诸条数罪叠加原理大概适用于审理中的新罪处理,而《法律答问》131简涉及想象竞合犯或牵连犯的罪名确定。这种“数罪”处理类型的差异很难通过历史学、文字学或简牍学等关联学科知识工具去精准把握,却是法学的基本工作。

规则分析最需要法学的体系视角。以法学视角提出问题、尝试回答,乃至反过来验证简牍学方法成果的思路贯穿本书始终。因此,本书在处理个别简牍和具体制度之时,实际上提出了反思法律简牍研究的思维模式和方法论的命题。法律体系具有明显的整体性特征,复原法律简牍的内容以使其符合法律体系的整体特征,有其必要且具备可行性。基于体系知

---

① 《二年律令·盗律》77、78简释文参见张家山二四七号汉墓竹简整理小组编著:《张家山汉墓竹简[二四七号墓]》(释文修订本),文物出版社2006年版,第19页。

识，尽量以时人的眼光和思维方式，合理推考法律编纂的内在逻辑，是法律简牍整理和研究的应有宗旨。就此而言，将法学知识工具引入秦汉法律简牍的研究工作有其意义。

本书的写作过程也是综合思考上述两个方面问题的过程。启发本书写作的直接动力是，笔者曾参加徐世虹先生主持的中国政法大学中国法制史基础史料研读会，在研读《法律答问》中与刑罚叠加、减等及替换适用有关的简文时发觉，这些简文不仅自身构成疑难，还关联着其他材料的理解疑问，研学者各有所持，解说不一，疑难和分歧最终都归结为对秦及汉初刑罚体系构造的认识问题。笔者在领读《法律答问》117 简时，深感学界对有关诸简的争议颇多，总结前说实有必要，故另文详论（删改后发表，即《睡虎地秦简〈法律答问〉"狱未断"诸条再释——兼论秦及汉初刑罚体系构造》一文），①在"代结语"部分尝试勾勒秦及汉初刑罚体系的"规定刑—加减刑—替换刑"的三重构造。文中涉及加罪与减罪，"狱未断"与治狱程序节点，犯罪逃亡的刑罚叠加与自出减等问题，后分别成稿，②形成了"'狱未断诸简解读'→刑罚构造问题→刑罚加减替换之制→典型适用场景→治狱程序与数罪处理之例"的内在逻辑。再统以体系性的观察视角，就成了整合本书的基础，章节布局也一并明朗。

本书前期工作以各具体问题研究和体系化为主，搭建了"刑罚体系三重构造"框架。在后续细化完善过程中，受主客观两方面的影响，笔者投入了一定精力去关注研究对象、材料和方法的问题。

客观方面，新出成果和材料对研究提出新要求。近几年已有不少论著对秦汉刑罚体系整体构造做了很好的归纳工作，前述陶安先生等学者的观点更得到广泛认可，这些成果在静态勾勒刑罚体系面貌的基础上，为动态地、历史地探究其变迁轨迹和原因提供了借鉴，同时提出了更高的工作要求。此外，近五年间新材料不断涌现，亦需纳入观察，本书屡次推迟完稿也有等待新材料之意。新材料不仅自带新问题，也常为"旧问题"带来新启

---

① 参见拙文《睡虎地秦简〈法律答问〉"狱未断"诸条再释——兼论秦及汉初刑罚体系构造》，中国政法大学法律古籍整理研究所编：《中国古代法律文献研究》第 12 辑，社会科学文献出版社 2018 年版。

② 本书大部分内容曾呈请师友批评或提交会议，经删改后发表者包括《秦及汉初律上的"加罪"和刑罚加等排序》，郑显文主编：《丝绸之路沿线新发现的汉唐时期的法律文书研究》，中国法制出版社 2020 年版；《秦及汉初减罪之制管窥》，王捷主编：《出土文献与法律史研究》第 9 辑，法律出版社 2020 年版；《秦及汉初逃亡犯罪的刑罚适用和处理程序》，《法学研究》2020 年第 3 期；《读秦汉简杂识》，姚远主编：《出土文献与法律史研究》第 11 辑，法律出版社 2022 年版。本书整合各稿时，为行文便，恢复了部分删减内容；张家山 336 号汉墓《汉律十六章》出版后，又增删了部分内容。

示，如胡家草场汉简所见“蛮夷”上层群体比爵之制与《法律答问》所见臣邦君长、君公的刑罚替换特权暗相呼应，新出张家山336号汉墓《汉律十六章》与早前刊布的247号汉墓《二年律令》多有重合，足以补充和修正诸多认识。这些新材料所带来的问题亦需予以回应。因此笔者开始尝试对重点、关键材料，有意识地去作历史观察，以求更贴近地去理解秦及汉初刑罚构造的形成过程。

主观方面，笔者日益感觉到，法律简牍作为研究对象，不仅需要强调使用法学思维和知识工具，对其他关联学科如简牍学的知识利用问题，也需要更新认识。当前学者都不同程度地意识到文本形态特点和性质对规则分析的影响，但较少从方法论意义上去思考这种影响背后的因素，学界缺乏基于核心材料的深入讨论，当前《法律答问》研究在这方面就颇有缺憾，这也影响着对本书各分议题的讨论，如葆子刑罚优待替换方式和106、108简“家罪”的理解就与106～112简简序和108简是否为校补简有关，117简后部简文和书写形式的理解就与117～120简简序有关。这些简册编联和书写特点的解释对疏通律意来说是基础和关键性的工作，对本书关注的问题而言尤为如此。《法律答问》又是秦汉刑罚制度研究的最基础材料，其简册编写特点与律意梳理之间的关系也最为典型。笔者呼吁赋予法律简牍以“本体”地位，《法律答问》是最需要关注的材料。从对《法律答问》的纯文字文本的讨论中跳脱出来，将它作为简册实物看待，也正是“法律简牍‘本体说’”的应有之义。因此本书也应该在前文所述法律简牍本体说的基础上，简要讨论各类简牍材料的证明效力问题。

据此，本书拟分为如下部分：

前言部分简要说明本书的研究对象，总结研究状况，重点提出以材料为导向时的法律简牍“本体说”，以及其所涉及的材料和方法问题。

第一章将通过典型材料引出秦及汉初刑罚体系的构造问题。睡虎地秦简《法律答问》以“狱未断”为设问前提的诸简反映出其时刑罚体系不是全部刑名的简单汇总，而是有复杂结构的。以唐律《名例》所见刑罚体系构造为参照，可以区分出秦及汉初刑罚体系的三重构造，即规定刑系统、加减刑系统和替换刑系统，三者彼此间有差别也有关联。

第二章关注“规定刑系统”。先汇总那些分散在《具律》外各律章中的“罪—刑”条文中的规定刑名，讨论其基本分类、特点和历史发展脉络，对“死—刑—耐”基本刑罚序列和受刑后的徒隶的性质作一分析，并对典型地体现出秦及汉初刑罚体系特征的“迁”刑作一专论。

第三章关注“加减刑系统”之“加罪”。“加罪”可表现为“附加刑罚”,在“加罪一等”排序中被简省表现为等次递进。以此为据,讨论各刑罚序列内的具体加罪方式,以及秦汉时代差异的可能性。同为汉初律,《二年律令》和《汉律十六章》年代十分接近,但前者不见“加罪一等”之制及其所在的《囚律》律章,这是汉初废除秦法后立法活动使然,还是随葬简册的私人加工结果,或是墓葬环境物理毁损所致?答案关系到对制度变迁和关联律文的理解,本章予以专节讨论。

第四章关注“加减刑系统”之“减罪”。《二年律令》和《汉律十六章》之《告律》都有“减罪一等”之制,本章先予说明该条律文的性质与写法特点,梳理本条“减罪一等”之制与其他“减罪一等”的具体表达方式及例外规定的关系,并讨论本条待减等刑罚中缺失“斩止城旦”和叠加后刑罚的现象。

第五章关注“替换刑系统”。首先将替换刑系统分为“优待式”替换和“执行不能”之替换的基本分类,稍作溯源并讨论其替换逻辑;之后将其运用于分析《法律答问》中疑问颇多的50简和117简后部简文。刑罚替换与加减的先后次序应如何确定,形式繁多和规则复杂的参引刑罚应如何修正替换,是秦汉时人和今日研学者都面对的疑问,本章也试予解释。

第六章关注“刑罚体系三重构造”之说的运用之例,即秦汉亡罪的刑罚适用问题。本章将讨论,单纯逃亡的规定刑方面,吏民与“刑徒”、奴婢各有不同,是规定刑和替换刑互相影响的结果。犯罪逃亡的刑罚需区分本罪类型和“未狱”“已狱而未断”的不同节点,分别确定刑罚是否叠加和如何叠加。在不同时间节点自出,其减罪效果也不同。

代结语部分总结本书整体认识,之后呼应前言提出的“法律简牍‘本体说’”,讨论《法律答问》等法律简册的制度证明效力层次问题,作为简牍法律史料研读方法的一点总结。

密尔松教授在其名著《普通法的历史基础》一书中,曾将串联零散材料、形成整体认识的法律史研究工作比拟为儿童连字游戏:

> 孩子们按照正确顺序将标写了数字的圆点连起来,在看似杂乱无章的背景中,一幅图像就突然出现了。只是我们的圆点没有标记数字。①

---

① S. F. C Milsom, *Historical Foundations of the Common Law* (2nd ed, 1981), London Butterworths, “Introduction”, p. 8.

完成游戏的关键是找到连字规律。类似地,法制史研究核心要义是恰适解读各个具体史料,找到它们之间的关联所在,由此展现某一制度主题的图景。在这个过程里,发现规律、揭晓数字的努力或许会失败;不过,其间倘能提出有意思的问题,努力也就非全无价值。

希望本书亦得如此。

第一章 “刑罚体系三重构造论”的引出

如前所述,睡虎地秦简《法律答问》简册是最早出土的集中反映秦刑罚制度的法律简牍文本,该篇中各条问答的遣词与逻辑均极讲究,不少内容在此前各类史料中都未曾出现过,但多可与其后出土的秦及汉初简牍相印证,让今人得以了解秦法真貌和秦人思维。

引人注意的是,《法律答问》有多条问答是针对某罪罪案已开始审理但尚未审结(“某罪狱未断”)时主体又犯诬告罪如何处理的疑问。诸简设问背景是秦法未规定“狱未断”阶段再犯罪应如何处置,诸简解答给定刑罚的理据具有逻辑先后顺序,即先按未断之罪确定其受刑后的身份,再以此身份为基础落实诬告反坐的刑罚。“狱未断”诸简体现出,在秦及汉初刑罚体系内出现的不同刑罚种类有明确的功能区别,据此可区分出规定刑系统、加减刑系统和替换刑系统这三个层次,即秦及汉初刑罚体系具备三重构造。“狱未断”诸简主要是规定刑系统和替换刑系统的综合体现。

第一节 《法律答问》“狱未断”疑难简的解释

《法律答问》“狱未断”诸简载:

诬人盗,直(值)廿,未断,有(又)有它盗,直(值)百,乃后觉,当并臧(赃)以论,且行真罪、有(又)以诬人论?当赀二甲一盾。(《法律答问》49 简)

上造甲盗一羊,狱未断,诬人曰盗一猪,论可(何)殹(也)?当完城旦。(《法律答问》50 简)

“葆子狱未断而诬告人,其罪当刑为隶臣,勿刑,行其耐,有(又)毄(系)城旦六岁。”·可(何)谓“当刑为隶臣”?【有收当耐未断,以当刑隶臣罪诬告人,是谓“当刑隶臣”。】①“葆子有罪未断而诬告人,其罪

---

① 此句原位于《法律答问》108 简下段,与上段文字内容无关联。整理小组认为《法律答问》108 简自“有收当耐未断”以下与《法律答问》109~110 简“葆子□□未断……耤葆子之谓殹”互错,将《法律答问》108 简后部简文对“当刑隶臣”的解答调整到《法律答问》109 简。修正错简后的排序见〔日〕宫宅洁:《中国古代刑制史研究》,杨振红等译,广西师范大学出版社 2016 年

当刑城旦,耐以为鬼薪而鋈足"。棤葆子之谓殹(也)。(《法律答问》109、110简)

"葆子狱未断而诬【告人,其罪】当刑鬼薪,勿刑,行其耐,有(又)毄(系)城旦六岁。"·可(何)谓"当刑为鬼薪"?当耐为鬼薪未断,以当刑隶臣及完城旦诬告人,是谓"当刑鬼薪"。(《法律答问》111、112简)

当耐司寇而以耐隶臣诬人,可(何)论?当耐为隶臣。■当耐为侯(候)罪诬人,可(何)论?当耐为司寇。(《法律答问》117简)

当耐为隶臣,以司寇诬人,可(何)论?当耐为隶臣,有(又)毄(系)城旦六岁。(《法律答问》118简)

完城旦,以黥城旦诬人。可(何)论?当黥。[《法律答问》119简(前)]

当黥城旦而以完城旦诬人,可(何)论?当黥劓(劓)。(《法律答问》120简)①

"狱未断"诸简涉及数罪处理疑问,问答理据不同于秦汉律上其他罪数问题,②从符号功能、简文释义到律意梳理,学者论说多有不同。彭浩先生把诸简分列为"葆子狱未断诬告人"、"二罪并论"和"累犯从重论罪"三类,提出"葆子都连续犯罪,属累犯,本应合并加重论罪"(针对《法律答问》109~112简)、"二罪合并论处"(针对《法律答问》50简)、"按两次犯罪分

版,第103页。陶安先生认为,《法律答问》108简的简文是在106~107简和109~110简已经完成之后才写成的,其内容可以弥补或修订前后简文不足或错误之处:后半部分应该插在《法律答问》109简"可(何)谓'当刑为隶臣'"之后,弥补此处原有的脱文;从内容上来看,《法律答问》108简似乎是对106~107简和109~110简的校补。参见〔德〕陶安:《睡虎地秦简〈法律答问〉108简为校补简小考》,陈伟主编:《简帛》第6辑,上海古籍出版社2011年版,第17~18页。后陶安先生又有详说,参见〔德〕陶安:《秦律刑罚等序研究序说》,徐世虹等:《秦律研究》,武汉大学出版社2017年版,第245~247页。中国政法大学中国法制史基础史料研读会亦赞同将《法律答问》108简"有收当耐未断"以下移入109简的意见,但认为"对其他简文,或可不作调整"。中国政法大学中国法制史基础史料研读会:《睡虎地秦简法律文书集释(八):〈法律答问〉61~110简》,中国政法大学法律古籍整理研究所编:《中国古代法律文献研究》第13辑,社会科学文献出版社2019年版,第76页。笔者已另文说明《法律答问》108简非校补简,应调整106~112简简序,此不赘述。此处从宫宅洁先生、中国政法大学中国法制史基础史料研读会方案。

① 诸简释文参见睡虎地秦墓竹简整理小组编:《睡虎地秦墓竹简》,文物出版社1990年版,第105、118~122页。《云梦秦简释文(三)》排序为111~112、109~110。参见云梦秦墓竹简整理小组:《云梦秦简释文(三)》,《文物》1976年第8期。《法律答问》49简原释文"诬人盗值廿"未断开,但值赃是治狱者所为,不宜连上,因此本书修改标点如引文。

② 罪数问题是中国古法的重要内容,秦及汉初律文和《法律答问》《为狱等状四种》《奏谳书》等都有针对罪数问题的规定和讨论,其中受赇枉法、犯罪逃亡以及前文已述的逃亡行为本身构成赃罪成立要件的"把其叚以亡"等犯罪,是因为不同行为之间存在牵连或竞合关系而构成罪数问题;复数的应处财产刑犯罪和复数赃罪还涉及了分别计赃或并赃论刑的选择疑难。

别论罚，合并执行”（针对《法律答问》49 简）和“属于累犯，在原应处罪上加重论罪”（针对《法律答问》118～120 简）的不同理据。[①] 韩树峰先生认为，它们分别体现了现代刑法对“累犯”处置的“吸收原则”和“限制加重原则”。[②] 冨谷至先生以“黥城旦的附加刑”来解释《法律答问》120 简“劓刑”的适用。[③] 陶安先生以《法律答问》120 简为例指出，诸简提出和解答的是刑罚受到身份影响的情况下，诬告反坐原则所造成的法律技术问题，即“刑事案件未论断，也就是判决将会引起的身份变化尚未生效之前，被告另再犯诬告罪的话，反坐应该以判决前后的哪一个身份为标准？……《法律答问》选择按照判决后的身份决定反坐”。[④]

前述研究从侧重于讨论数罪处理原则到关注治狱程序对罪刑认定的意义，认识不断深化，既有成果尤其是陶安先生之说对理解诸简文义律意极有助益。据此观察，诸条问答体现了逻辑清晰且一致的数罪处置思路。《法律答问》117～120 简疑问点在于，“狱未断”时所犯诬罪是适用“未狱”时的“数罪以重”原则，还是适用《具律》对“狱已断”的“刑徒”再犯罪的规定？《法律答问》109～112 简“葆子狱未断”诸简的成文法背景是，葆子身份特殊，“狱未断诬人”的，需修正其刑罚，但该规定的部分表述引发了疑问。诸简脉络大体清楚，但在文字表述和问答逻辑上尚有细节问题暧昧不明，需要深究，如《法律答问》117～120 简是否暗含“狱未断”前提，诸简“狱未断”情境与张家山汉简《二年律令 · 具律》88、90、91 简针对既成“刑徒”之规定的联系，《法律答问》117 简后句与诸简的关系，“葆子狱未断”诸条中“刑隶臣”“刑鬼薪”的构成原理以及设问原因等，尚有探讨余地。不唯如此，对诸简的理解差异通常源于对刑罚体系的不同认识；对某些疑问，是应该

---

① 参见彭浩：《秦〈户律〉和〈具律〉考》，李学勤主编：《简帛研究》第 1 辑，法律出版社 1993 年版，第 53 页。

② 韩树峰先生提出“本文累犯系指犯有数罪的罪犯，包括前罪已判又犯新罪或未判罚又犯新罪两种情况，并非现代法律意义上的累犯”；从《法律答问》111、112 简看，“秦律对于累犯的判罚分两种情况：如后罪较前罪为重，按后一罪判罚，即重罪吸收轻罪，也就是现代法律中的吸收原则；如后罪较前罪为轻，则不能吸收，为表示惩戒，在前罪的基础上加重处罚，即现代法律中的限制加重原则”，并注解称《法律答问》117、119 二简是“两个轻罪为重罪吸收的例子”，因为“耐司寇轻于耐隶臣，完城旦轻于黥城旦，所以分别被后者吸收”；《法律答问》118 简则是“限制加重的例子”，盖因“司寇轻于隶臣，所以不能吸收隶臣，对罪犯在原刑隶臣的基础上，根据限制加重原则，又处以系城旦六岁的附加刑”。参见韩树峰：《秦汉徒刑散论》，《历史研究》2005 年第 3 期。

③ 冨谷至先生认为《法律答问》120 简“是对处以黥城旦刑而又以完城旦刑诬告他人的人进行数罪并罚的条文……完城旦刑轻于原本判处的黥城旦刑，黥城旦涵盖了完城旦刑。因此，这里使用重于黥刑的劓刑代替完城旦刑来做为黥城旦的附加刑进行处理”。〔日〕冨谷至：《秦汉刑罚制度研究》，柴生芳、朱恒晔译，广西师范大学出版社 2006 年版，第 21 页。

④ 参见〔德〕陶安：《秦律刑罚等序研究序说》，徐世虹等：《秦律研究》，武汉大学出版社 2017 年版，第 245 页。

归结为法律变迁的时代差异，①还是可作出合理的体系解释，也是可议之题。

以此观看诸简，可见它们有两个共同条件：其一，诸简所举数罪中的后一罪(多数是诬告罪)发生在另一前罪“狱未断”的阶段。部分简文虽未明言“狱未断”，但“狱未断”是其省略前提。其二，诸简都涉及“诬告反坐”原则的适用。张家山汉简《二年律令·告律》126简载：“诬告人以死罪，黥为城旦舂；它各反其罪。”②对诬告，古法历来以反坐其刑为原则。

诸简问答主旨的设置，可从此二点推求。

一、诸简“狱未断”刑罚叠加原理

《法律答问》50简以下诸简是实犯之罪狱未断时又犯诬告罪之例。在秦及汉初律令中，审理罪案也被称为“治狱”“论狱”，“狱”字常搭配时段限制以标示治狱进程的不同阶段，如“未狱”“狱未鞫”“狱未断”“狱已断/决”等。其中“未狱”是指罪案尚未经由告、劾或报告等途径进入“狱”之程序，③这意味着罪案未被官府发觉；“已狱”是指罪案已进入“狱”之程序，④此时犯罪已被官府发觉；“狱”之“断/决”指案件的审结，⑤“狱已断”或“狱已决”只是一个具体的治狱程序的终结，不意味着刑罚和附随处置已执行完毕，⑥

---

① 有观点将诸简“刑隶臣”“刑鬼薪”等置于刑罚体系调整的时代差异背景下去理解，如韩树峰先生认为肉刑在秦时曾与鬼薪白粲、隶臣妾相结合，但到汉初，肉刑使用上移，调整为只与城旦舂相结合，参见韩树峰：《秦汉徒刑散论》，载《历史研究》2005年第3期。宫宅洁先生赞同此观点，认为“刑隶臣妾是曾经施行，但逐渐被废弃的刑罚”。参见〔日〕宫宅洁：《中国古代刑制史研究》，杨振红等译，广西师范大学出版社2016年版，第104页。

② 张家山二四七号汉墓竹简整理小组编著：《张家山汉墓竹简[二四七号墓]》(释文修订本)，文物出版社2006年版，第26页。

③ 对此可参见《法律答问》107简：“葆子以上，未狱而死若已葬，而誧(甫)告之，亦不当听治，勿收，皆如家罪。”睡虎地秦墓竹简整理小组编：《睡虎地秦墓竹简》，文物出版社1990年版，第118页。简文中“未狱而死”发生在“告”之前，则“未狱”指犯罪未发的状态。

④ 岳麓秦简(肆)15简记有：“有罪去亡，弗会，已狱及已劾未论而自出者，为会，鞫，罪不得减。”整理者注：“‘已狱’：即‘狱已具’，指案情已经确认，案例卷宗已经编写完备。”并引《二年律令·兴律》396简所载的“县道官所治死罪及过失、戏而杀人，狱已具，毋庸论，上狱属所二千石官”为据。参见陈松长主编：《岳麓书院藏秦简(肆)》，上海辞书出版社2015年版，第74页。其说稍有未安。《二年律令·兴律》“狱已具”者，已经过了“鞫”即确认事实的程序，只是尚未正式匹配法条、判定刑罚；而岳麓秦简(肆)15简对“已狱”后尚在会期内的自出者尚有“鞫”的要求。二者所指称的治狱程序阶段有别。“已狱”应指治狱程序已启动，犯罪已发的状态。

⑤ “审判终了称为‘断’……所谓‘断’是指‘狱’即案件已经审结之词。”参见〔日〕籾山明：《中国古代诉讼制度研究》，李力译，上海古籍出版社2009年版，第72页。

⑥ 《法律答问》60简载：“廷行事有罪当署(迁)，已断已令，未行而死若亡，其所包当诣署(迁)所。”释文参见睡虎地秦墓竹简整理小组编：《睡虎地秦墓竹简》，文物出版社1990年版，第107页。“断”和“令”分说，说明“已断”不包括“已执行”之意。此外，《岳麓书院藏秦简(叁)》“芮盗卖公列地”案87简有“狱已断，令黥芮城旦”，未言及执行，简文参见朱汉民、陈松长主编：《岳麓书院藏秦简(叁)》，上海辞书出版社2013年版，第137页；张家山汉简《奏谳书》122简载，黥城旦讲乞鞫成功后“除讲以为隐官”，说明讲已被执行黥城旦的刑罚。

也就不意味着受肉、耐身体刑后的城旦舂、鬼薪白粲、隶臣妾、司寇等劳役/身份的落实,因此"狱已断/决"是在描述罪人在案且治狱者已经论定罪刑,治狱程序完结。此前的阶段即"狱/辟未断"①或"狱未决"②。"狱未断"时,耐罪以上罪人的"刑徒"身份尚未落实,《法律答问》117 简以下诸简所讨论的就是此时主体又犯有诬告之罪时如何反坐的问题。

与《法律答问》49、50、109~112 简不同,《法律答问》117~120 四简未出现"狱未断"字眼,这可能是因为此四简承接了其他数简"狱未断"的前提而有意省略。"狱未断"是理解诸简的关键所在,此四简有必要在文义上补出这个前提。补文可以先从《法律答问》119、120 简入手,二简未明言但应具备的前提正是实犯之罪尚未论断,即所谓"狱未断",理由大概如下:

其一,从可能性角度看,《法律答问》117、118、120 简都有"当"字,119 简简首也应有此字但被省略了。③ 学界对"当"字的讨论已极富成果,④

---

① 《岳麓书院藏秦简(叁)》"癸琐相移谋购"案"谳之"和"鞫之"部分分别出现"辟未断"(3 简)和"狱未断"(21 简)。简文参见朱汉民、陈松长主编:《岳麓书院藏秦简(叁)》,上海辞书出版社 2013 年版,第 95、101 页。

② 对于狱之"断"或"决",《法律答问》115 简载:"以乞鞫及为人乞鞫者,狱已断乃听,且未断犹听殹(也)? 狱断乃听之。"《二年律令·具律》114 简载:"罪人狱已决,自以罪不当,欲气(乞)鞫者,许之。"二字用法似乎无别。前者释文参见睡虎地秦墓竹简整理小组编:《睡虎地秦墓竹简》,文物出版社 1990 年版,第 120 页。后者释文参见张家山二四七号汉墓竹简整理小组编著:《张家山汉墓竹简[二四七号墓]》(释文修订本),文物出版社 2006 年版,第 24 页。

③ 整理小组语译《法律答问》118 简"完城旦"为"应判处完城旦的人",与其他简刑名前有"当"字的译文一致,可见应是补出了"当"字。对《法律答问》118 简补出"当"的译文亦可参见张政烺、日知编:《云梦竹简(Ⅲ)》,东北师范大学出版社 1994 年版,第 65 页,以"shall"译"当"。不能排除《法律答问》118 简上接写有"当"字的他简的可能性,但其他"狱未断"诸简多单条书写问答,《法律答问》118 简也应如此,因此抄写时省略"当"字可能性更大。此外,《法律答问》120 简有"当"字而 119 简省略,这可能与《法律答问》117~120 简简序问题有关,诸简编次问题,下详。

④ 如众多论者所言,在律文层面,"当"字连接犯罪与刑罚,标示二者间"相当"或"匹配"的对应关系。如何四维先生一贯主张,"在犯罪的负面效果被刑罚抵消的意义上,'当'的基本意思是'相当、比得上、抵消'",将"当"译为"be warranted to be"(有所据而被处以)。See A. F. P. Hulsewé, *Remnants of Ch' in Law*, Leiden E. J. Brill, 1985, Intro., p. 5. Cf. his *Remnants of Han Law*, Leiden E. J. Brill, 1955, p. 80. "当"在《二年律令》的"匹配/配得上"英译法, see Anthony J. Barbieri-Low & Robin D. S. Yates, *Law, State, and Society in Early Imperial China: A Study with Critical Edition and Translation of the Legal Texts from Zhangjiashan Tomb no.* 247, Leiden Brill, 2015, Vol. 2, p. 403, "to match being" for "当";等等。在程序层面,"当"字意味着对某罪之刑罚的量定,如冨谷至先生指出,"当"字"后缀刑罚名称,具有法律用语特定的含义和用法……这个'当'是指刑事诉讼过程中诉讼程序……是对刑罚的量定"。参见〔日〕冨谷至:《秦汉刑罚制度研究》,柴生芳、朱恒晔译,广西师范大学出版社 2006 年版,第 18 页。讨论"当"字程序意义的,又如程政举:《汉代诉讼程序考》,《法学评论》2013 年第 2 期;〔德〕陶安:《张家山汉简〈奏谳书〉吏议札记》,王沛主编:《出土文献与法律史研究》第 2 辑,上海人民出版社 2013 年版,第 82~100 页;欧扬:《秦到汉初定罪程序称谓的演变——取"当"为视角比较〈岳麓书院藏秦简〉(叁)与〈奏谳书〉》,王沛主编:《出土文献与法律史研究》第 3 辑,上海人民出版社 2014 年版,第 112~114 页;万荣:《秦与汉初刑事诉讼程序中的判决:"论"、"当"、"报"》,陈伟主编:《简帛》第 11 辑,上海古籍出版社 2015 年版,第 144~150 页。

“狱未断”诸简“当”字则与“狱未断”情境有关：首先，诸简“当某刑罚”标示着“（某罪）该当某刑罚”，但各简给定的刑罚结果均非此该当刑罚，“当”字用在了应然而未及实然的情境。① 其次，在《法律答问》109～112 简中，“当刑为隶臣”“当刑城旦”“当刑为鬼薪”用于描述被诬告之罪的刑罚，这些刑罚在反坐时不能实际施加于诬告者即葆子。如下文所述，此数条的问题点是“当某刑罚”而非“某刑罚”本身，原因之一就是为揭示“当”字的“该当、应然”但未落实为“实然”的意味，这与《法律答问》117～120 简相同。《法律答问》109～112 简设置的情境就是“葆子狱未断”，因此《法律答问》117～120 简也可能以“狱未断”为前提。

其二，从必要性角度看，诸简设定的案件情境应为一罪“狱未断”，该罪的该当刑罚尚未执行、主体尚未沦为该“当”之“刑徒”。《二年律令·告律》134 简规定：“年未盈十岁及毄（系）者、城旦舂、鬼薪白粲告人，皆勿听。”②其中“城旦舂、鬼薪白粲”前并无“当（黥/完/耐）”字，应指业已执行肉刑和耐刑后的“刑徒”。由此反推，《法律答问》119、120 简之主体即“（当）完城旦”“当黥城旦”者非指“刑徒”，而是应与《法律答问》49 简“未断”，50 简“狱未断”，109、110 简和 111、112 简葆子“狱未断”“有收当耐未断”“当耐为鬼薪未断”的情境相同，这两简是说本犯该当完城旦或黥城旦刑罚者在其狱未断时又犯诬告；因为若“狱已断”，主体城旦身份确定，法律禁止其举告，“诬告”云云就不可能发生。③ 因此《法律答问》119、120 简应当以“狱未断”为前提。

推而广之，《法律答问》117、118 简亦应作如是解。

除《法律答问》49 简外，上述诸简都是讨论实犯之罪“狱未断”时，又犯有诬告罪如何处置的问题。“狱未断”及其所致数罪处理疑问，应即《法律答问》117 简（前）以下诸简设置问答的原因：一方面，“狱未断”说明实犯之罪已经进入治狱程序，否则便是“未狱”。《二年律令·具律》99 简载：

---

① 在这一点上，诸简“当”字与《二年律令》中常出现的“有罪当刑者，皆完之”之类律文里的“当”字作用一致，仅标示出犯罪的该当刑罚，而此该当刑罚并未落实。

② 释文参见张家山二四七号汉墓竹简整理小组编著：《张家山汉墓竹简[二四七号墓]》（释文修订本），文物出版社 2006 年版，第 27 页。

③ 有学者认为《法律答问》119 简提出葆子实犯之罪是耐鬼薪却可诬告人，因此秦代鬼薪白粲乃至城旦舂有告发他人的权利，而与《二年律令·告律》134 简规定不同。参见韩树峰：《秦汉徒刑散论》，《历史研究》2005 年第 3 期。但在“狱未断”阶段，葆子“刑徒”身份尚未确定，应有权利举告他人。中国政法大学中国法制史基础史料研读会在讨论《法律答问》111、112 简时，王安宇先生已指出这一点。即令到了汉初，应处城旦舂刑之罪犯在“狱未断”时亦得告发他人。

“一人有数⧄罪殴，以其重罪罪之。”①“一人有数罪”应指犯有数罪而被告劾、进入治狱程序的情形，意即此数罪都发生在官府知觉前。② 尚未进入“狱”之程序时就是“未狱”，《二年律令·具律》99 简未见“未狱”表述，但“一人有数罪”是在“未狱”阶段，应属题中应有之义。“未狱”（案发前）犯有数罪被告劾的，审判时选择其中刑罚最重者处断（“以其重罪罪之”），此即“数罪以重”。③ 另一方面，若“狱已断”则主体刑罚以及受刑后的身份在法律层面上已经确定，而“刑徒”犯罪如何处断，律有明文，《二年律令·具律》88、90、91 简即是。“狱未断”正处在“未狱”和“狱已断”之间，此时再犯新罪应如何处理，法无明文，遂成疑问。诸简的解答理据则是，对实罪狱未断时又犯诬告之罪者，数罪均予追究；④处置以先追究实犯之罪再追究诬告之罪为逻辑顺序，即先行假定实罪狱已断以确定主体“刑徒”身份，再以该身份为据去处置诬告之罪，由此达到全面追究实罪和诬罪的目的。⑤ 在此理据下，最终刑罚是以实罪对应的“刑徒”身份来反坐诬罪的刑罚，即反坐诬罪时需依据“刑徒”身份去给出最终刑罚，而不是对实罪和诬罪通

---

① 《二年律令·具律》99 简系二断简遥缀拼接而成，上端有残缺，接口不吻合。拼接后整简有两字以上的残缺空间。观察图版，上端虽残缺，但空白长度与其他简上端相仿，应是作为简首，上不与他简相接。据图版难以通过编绳痕迹确定上下残断部分的相对位置，而且简尾不齐整。因此笔者曾推测，可能简尾有两字以上长度的残缺，中间只是“罪”字残，整简不缺字；但也有可能中间有若干缺字，这种情况下暂难推测缺字为何；还有可能上下段属不同简，其间有若干缺字。前引张家山 336 号汉墓《汉律十六章·具律》127 简载：“一人有数罪而非驾（加）罪也，以其重罪罪之。”两条可互证。秦汉律令多见“以重论”，但如前所述，这类表述不都是“数罪以重”原则的体现。后世确有“数罪以重”律文及其适用之例，如湖南益阳兔子山遗址木牍 J3⑤:1 是西汉末“张勋主守盗”案文书，记有“言数罪以重爵减”（湖南省文物考古研究所：《二十年风云激荡 两千年沉寂后显真容》，《中国文物报》2013 年 12 月 6 日，第 6 版），又如《春秋公羊传·庄公十年》“灭不言人，书其重者也”下何休注“明当以重者罪之，犹律一人有数罪，以重者论之”［（清）阮元校勘：《十三经注疏》第 7 册《春秋公羊传注疏》卷七，台北，艺文印书馆 2001 年版，第 88 页下栏］。对兔子山“张勋主守盗”案木牍“数罪以重”的分析，可参见徐世虹：《西汉末期法制新识——以张勋主守盗案牍为对象》，《历史研究》2018 年第 5 期。

② 这类后世律如唐律《名例》“二罪以上俱发”条，复数犯罪均发生在官府知觉前才得以称“俱发”。

③ “数罪以重”原则的一个例外是对同质赃罪的处置，一般采取赃值累积的方式，即古法上的“累论”。

④ 诸简体现“数罪并罚”原则，但以“狱未断”为前提的看法，可参见齐伟玲：《秦汉刑事法律适用研究》，北京大学出版社 2018 年版，第 224~233 页。

⑤ 就先实罪后诬罪的处置顺序而言，需考虑追究实罪后，将部分回避禁止城旦舂、鬼薪白粲举告他人的规定，因为据《二年律令·告律》134 简，官府不受理城旦舂、鬼薪白粲的举告，“诬告”云云本来无由说起；但《法律答问》111、112 简和 119、120 简针对实罪应处城旦舂、鬼薪白粲而狱未断时的诬告情形，在假定狱已断、其身份已是“刑徒”时，亦追究其诬告之罪，而非“勿听”。

过“限制吸收/加重”逻辑,一次性合并论刑而得出。

以此验诸诸简,其刑罚给定逻辑就极为明了了。《二年律令·具律》88、90、91简等规定了主体身份或身体状态不同时的耐刑和黥刑的替换执行方式,①上述诸简里的假定“刑徒”身份即可纳入其中。以下列出《法律答问》未明言“狱未断”的诸简和《二年律令·具律》规定的对比,并分别试探其内在逻辑:

《法律答问》117简(前句)载:“当耐司寇而以耐隶臣诬人,可(何)论?当耐为隶臣。”《二年律令·具律》90简载:“有罪当耐,其法不名耐者,庶人以上耐为司寇,司寇耐为隶臣妾。”司寇犯耐罪时,如系“有名之耐”,不论是“耐为司寇”或“耐为隶臣”,结果都会是耐为隶臣。②《二年律令·具律》90简仅言“法不名耐”,盖因“有名之耐”的替换逻辑实属不言自明,单规定“无名之耐”的替换方式即可。以此来看《法律答问》117简前句解答理据,实为先行处置前罪、拟定司寇之身份,再据此论断诬告反坐的耐隶臣刑罚,其逻辑就是司寇再犯耐隶臣罪,结果当然为“耐为隶臣”。

《法律答问》118简载:“当耐为隶臣,以司寇诬人,可(何)论?当耐为隶臣,有(又)毄(系)城旦六岁。”《二年律令·具律》90简亦记有:“隶臣妾及收人有耐罪,毄(系)城旦舂六岁。”《二年律令·具律》90简的逻辑不外是,对隶臣妾而言,不论所犯耐罪是耐隶臣妾还是耐司寇,都无法再施加其身,因此需以“系城旦舂六岁,复为隶臣妾”替换此一耐刑。以此来看《法律答问》118简解答理据,实为先行处置前罪、确定隶臣身份,再据此执行诬告反坐的耐司寇刑罚,其逻辑就是隶臣再犯耐司寇罪,结果当然为“耐为隶臣,又系城旦六岁”。

《法律答问》119简(前)载:“完城旦,以黥城旦诬人。可(何)论?当黥。”《二年律令·具律》91简载:“城旦舂有罪耐以上,黥之。”以黥城旦诬人,反坐黥城旦,黥城旦属于“耐以上”,故《法律答问》119简解答部分言

---

① 各简释文参见张家山二四七号汉墓竹简整理小组编著:《张家山汉墓竹简[二四七号墓]》(释文修订本),文物出版社2006年版,第21页。本节不再逐一注出。

② 司寇所犯耐隶臣之刑可以实现,盖因耐隶臣之刑不与司寇身份相同而冲突,又排除了新刑罚之执行效果轻于原身份的可能,所以具有合理性;新罪被判为“耐为隶臣”也就顺理成章。司寇所犯耐司寇之刑因身份/役使内容相同而不能执行,应替换为耐为隶臣之刑,可证之于《法律答问》8简:“司寇盗百一十钱,先自告,可(何)论?当耐为隶臣,或曰赀二甲。”对《法律答问》8简的解释,详见第四章。

"当黥"。①

《法律答问》120简载:"当黥城旦而以完城旦诬人,可(何)论?当黥劓(劓)。"《二年律令·具律》91简载:"城旦舂有罪耐以上,黥之。"以完城旦诬人属于"有罪耐以上",主体是城旦的,当黥。《二年律令·具律》88简载:"有罪当黥,故黥者劓之……"假定《法律答问》120简主体为受黥刑后的城旦,再有黥刑时替换为劓,故处"黥劓"。

余下明言"狱未断"诸简给定刑罚的理据与《法律答问》117简(前)等简相同。

二、"狱未断"刑罚叠加的类例与例外

《法律答问》109~112简"葆子狱未断"诸条以"当刑为隶臣"和"当刑为鬼薪"表述为问题点,诸条前部引文对实罪狱未断又诬告的情形给出了确定的处置方式("勿刑,行其耐,又如何如何"),这些方式与其他"狱未断"诸简有相同理据。这说明《法律答问》对"狱未断"再犯新罪者似已有统一态度。由此引申出的问题就是,"狱未断"诸简先行追究未断之狱,再据以追究新罪的数罪处置理据的逻辑为何?是否存有类例?其实,"甲罪狱未断又犯乙罪,刑罚叠加"的原理在秦及汉初律令和治狱文书简册中时有所见。

秦律有时规定,"狱未断"阶段发生的事件与"狱已断"后发生者,法律效果相反,如怀孕女性犯罪狱未断时产子,子的身份不受其母此后"刑徒"身份的影响;②但更不乏见的是,法律规定"狱未断"阶段发生事件比照"狱已断"后发生者来处置,如此则与上述"狱未断"诸简理据相同。如《法律答问》122简载:

---

① 此处可注意者,解答之"当黥"并非直接源于反坐之刑,而是根据《二年律令·具律》91简的立法规定。由此句表述的细微之处足可窥见,在律文中,如果主体尚非城旦舂"刑徒",犯罪应处黥刑时,将表述为"黥为城旦舂",强调肉刑和身份的同步变化;若已是城旦舂,犯罪应处黥刑时,则表述为"黥之"或"黥,复(为)城旦舂",强调仅受肉刑,身份不变。对"刑为"和"刑复"之别的辨析,可参见徐世虹:《"三环之"、"刑复城旦舂"、"系城旦舂某岁"解——读〈二年律令〉札记》,胡平生主编,中国文物研究所编:《出土文献研究》第6辑,上海古籍出版社2004年版,第83页。因此,如果解答的"当黥"系由"诬人黥城旦"直接反坐得来而未结合"当完城旦"的前句条件,那么也应表述为"当黥为城旦"。直言"当黥",说明解答已经考虑了前句"当完城旦"对于判定主体身份的意义。《法律答问》120简"当黥劓"解答亦应作如是解。

② 《岳麓书院藏秦简(肆)·傅律》161、162简载:"女子怀夫子而有辠(罪),耐隶妾以上,狱已断而产子,子为隶臣妾,其狱未断而产子,子各如其夫吏(事)子。"意即孕妇犯耐隶妾以上罪时,如果狱未断而产子,子之身份从其夫;若狱已断、女子成为"刑徒"而生子,子的身份受母影响而为隶臣妾。简文参见陈松长主编:《岳麓书院藏秦简(肆)》,上海辞书出版社2015年版,第121页。

甲有完城旦罪,未断,今甲疠,问甲可(何)以论? 当署(迁)疠所处之;或曰当署(迁)署(迁)所定杀。①

麻风病人犯罪的,会被“定杀”;②犯罪成为城旦、鬼薪后患有麻风病的,应迁到麻风病隔离区。③ 但如果是犯有城旦罪狱未断时患上麻风病,应如何处置? 该简解答提供了两种意见,一为迁到麻风病隔离区,二为迁到隔离区处死。显然,前一理据和前述“狱未断”诸简一致,是将“狱未断”之未决犯视为“狱已断”之既成“刑徒”城旦,按照城旦患麻风病的处置方式来执行;后一理据则是比照麻风病人犯罪处死的方式,先将患病罪犯迁到隔离区以示其病人身份,之后追究其犯罪,以“定杀”方式处死。

将“狱未断”假定为“狱已断”以确定主体特定身份,再按此一身份确定“狱未断”阶段发生的事件的法效果,在秦及汉初刑罚体系构造下有其内在逻辑:

一方面,与“未狱”情形不同,“狱未断”诸简的要义在于,一旦案件进入治狱程序(“已狱”“已告/劾”),就意味着该项犯罪已经被官府知悉,即使在犯罪逃亡后自出、主动投案于官府,也无法达到“有罪先自告减其罪一等”的减刑效果。④ 犯罪应处耐刑以上时还会涉及犯罪者身份的变化,一旦“已狱”,其人未来“刑徒”身份就已然确定。从程序来看,“狱未断”实罪已经进入治狱程序,继续追究理所应当;此际再犯新罪的,更属怙恶不悛。对实罪和诬罪均作出处断,也就具有合理性和必要性,此意甚明。在此意义上,前举彭浩、韩树峰等学者所言“二罪并论”“累犯从重”等数罪并罚思路有其道理。

另一方面,追究“狱未断”的数罪时,客观上必须区分此数罪,按逻辑顺序先处置未断之实罪,再以此为基础处置诬罪,而无法按照“吸收/限制加重”思路,同时综合数罪刑罚,“一次性”给出最终刑罚。盖因汉文帝刑制改革前,肉刑部分不可恢复,身份/役使部分无固定刑期,且名义上劳役

---

① 睡虎地秦墓竹简整理小组编:《睡虎地秦墓竹简》,文物出版社 1990 年版,第 122 页。

② 《法律答问》121 简载:“疠者有罪,定杀。”睡虎地秦墓竹简整理小组编:《睡虎地秦墓竹简》,文物出版社 1990 年版,122 页。

③ 《法律答问》123 简载:“城旦、鬼薪疠,可(何)论? 当署(迁)疠署(迁)所。”睡虎地秦墓竹简整理小组编:《睡虎地秦墓竹简》,文物出版社 1990 年版,122 页。“迁疠迁所”后需由主事者作具体处置,即《法律答问》122 简的“处之”。“迁”与“处”的程序意义,见后文第二章第三节。

④ 其原理大体同于唐律《名例》“犯罪未发自首”条第一节律疏:“若有文牒言告,官司判令三审,牒虽未入曹局,即是其事已彰,虽欲自新,不得成首。”参见(唐)长孙无忌等撰,刘俊文点校:《唐律疏议》,中华书局 1983 年版,第 101 页。

类型与特定身份相结合,各劳役/身份种类之间截然有别,所以客观上无法同时执行数罪刑罚:犯罪者受一种肉刑后无法在同一部位施加同种肉刑;受肉刑或耐刑后的身份/役使回复无日,既不能将两个身份/役使同时叠加于一身,也不能待一身份/役使执行完毕后再执行另一身份/役使,更不能将不同身份/役使进行折算后合并执行。因此秦及汉初律必须以《具律》"有罪当耐""有罪当黥"等诸条规定出各类"刑徒"犯罪的不同替换刑罚,并在"数罪以重"原则外,另行立法解决犯罪逃亡等复杂复数犯罪问题,区分"狱"之阶段,赋予自出等事项以特定效果。①

如前所述,除"狱未断"诸简外,尚可见其他规定了不同事项在不同治狱进程中有何法效果的条文或法律问答。② 其原因是,法律已对特定治狱进程中特定事件的法效果作出规定,但未规定其他进程中相同事件的法效果。此时产生的处置疑难或由立法弥补,即就新问题另作全新规定,或由有权解释弥补,即将新问题纳入既有规定框架解决。上述"狱未断"诸简即采取后一思路。

至迟到唐律,"狱未断"诸简的处置理据已由立法规定之:唐律《名例》"二罪以上俱发"条规定了"数罪以重"原则,同时《名例》"更犯(犯罪已发已配更为罪)"条前三节规定:

> 诸犯罪已发及已配而更为罪者,各重其事。
>
> 【疏】议曰:已发者,谓已被告言;其依令应三审者,初告亦是发讫。及已配者,谓犯徒已配。而更为笞罪以上者,各重其后犯之事而累科之。
>
> 即重犯流者,依留住法决杖,于配所役三年。

① 对犯罪逃亡的刑罚适用(数罪处置和自出效果)及不同类型亡罪的追缉程序,参见本书后文第六章。

② 以在不同治狱进程里犯罪者死亡的法效果为例。设若犯罪者死亡后才被告发,事属"未狱",对本人而言,官府不受理此一告发,不再追究其本人之罪,也不没收由其支配的家庭财产和成员(《法律答问》68简);对其家人而言,如罪犯系家长,在其死后有人意图追究其家人而告发犯罪,此类犯罪被称为"家罪",意即法效果限于家内,不及官府(《法律答问》106简);若犯罪者系葆子以上特殊身份者,亦不再追究(《法律答问》107简)。但若犯罪者死亡发生在已有告、劾但未及逮捕的阶段,即属于"已劾未论","收"的附随法效果并不随死亡湮灭,此即《二年律令·收律》180简所谓的"有告劾未逮死,收之"。若犯罪者死于"狱已断"但未及执行时,附随法效果的存留更具合理性。若有罪当迁者死于案件已审结、执行命令已下达但还未执行之际,迁者所包(原应跟随被迁者同往的人)仍应前往迁所(《法律答问》60简)。尤需注意者,《法律答问》60简之例为"廷行事",很可能此前律文尚未规定当迁者死于成行前时,被包之人如何处置;"廷行事"理据与"狱未断"诸简相似,即比照被迁者未死的情形来执行被包者。

【疏】议曰：犯流未断，或已断配讫、未至配所，而更犯流者，依工、乐留住法：流二千里，决杖一百；流二千五百里，决杖一百三十；流三千里，决杖一百六十；仍各于配所役三年，通前犯流应役一年，总役四年。若前犯常流，后犯加役流者，亦止总役四年。

若已至配所而更犯者，亦准此。①

唐律本条规制的是从前罪狱未断到狱已断但执行完毕前再有犯罪的情形，处置方式统一为先执行前罪，在此基础上再变通执行后罪，而不论前罪是狱未断还是狱已断。单就其中的“狱未断”情形而言，《法律答问》“狱未断”诸简与唐律处置逻辑相同：第一，唐律此条“犯罪已发”与《法律答问》“狱未断”诸条设置情境相同，治狱程序上的“狱未断”和“已被告言”正有相合之处。第二，唐律第二节律疏部分更为直白地将已发未断之前一流罪先行执行，而将后犯之流刑，依照《名例》“工乐杂户及妇人犯流决杖”条加以变通，在前罪的流配之地执行决杖配役之法。

但唐律与秦及汉初律有根本差异：唐律徒刑刑期、流刑里程和配役年限固定，并且以徒刑为中介，各刑等可折算，因此上述数罪可折算并累科。这是唐律得以通同处置“狱未断”和“狱已断”阶段再犯罪，并将新罪刑罚折算叠加于前罪执行基础上的原因。

另可注意者，有时“狱未断”并不导致数罪皆罚，例如身有数罪陆续被告发时，如果一罪已判罚而他罪“狱未断”，此一既判刑罚如系数罪中最重者，将适用“数罪以重”，他罪不论。岳麓秦简（叁）《为狱等状四种》“暨过误失坐官案”即为此例。该案犯罪主体暨因有履行职务不当行为而相继受到“八劾”，被判罚“羸（累）论”。暨认为八项罪名皆属“过误失及坐官”，而非故意违法（“端犯法令”），判决“相遝”，累论畸重。审理查明，“暨坐八劾：小犯令二，大误一，坐官、小误五。已论一甲，余未论，皆相遝”。判决意见是“赀暨一甲，勿羸（累）”。② 该案是举劾和判决时间产生罪数认定疑问的典型案例：

第一，所谓“言夬（决）相遝不羸（累）”，说明此前八劾中已有论断者之刑罚覆盖其他“狱未断”举劾之刑罚。“相遝”，整理者解为：“罪状相及、相关，罪状相关的‘过误失’都合并为一罪，仅判一刑。”③本书以为，“言决相

① （唐）长孙无忌等撰，刘俊文点校：《唐律疏议》，中华书局1983年版，第79页。
② 简文参见朱汉民、陈松长主编：《岳麓书院藏秦简（叁）》，上海辞书出版社2013年版，第145~149页。
③ 朱汉民、陈松长主编：《岳麓书院藏秦简（叁）》，上海辞书出版社2013年版，第150页。

遝”即“言决相及”,是“判决之刑罚得以相覆盖”之意,①即相继提出的举劾,若一罪“狱断”所给定刑罚得以覆盖其余“未断”之狱的刑罚,则为“相遝”,“已劾未断”之狱的刑罚就不再累加。②

第二,却语里“不当相遝”、诘语里“累论有令”所主张的是八劾应累论的理据。“有令”表面看是有“令”之制定法依据,如整理者就将“有令”解为“有明文规定”,③劳武利、史达先生英译“令”为“ordinance”,④可能也是制定法意义上的译法,但此处覆狱者所言“有令”或指上级机关的具体指令,未必指向文书缺简或本就未言及的某条令文;暨回应诘语的“过误失、不为私”等,也只是对“重”的回应,而非主张“累论”无据。⑤“八劾累论”的基础在于八劾发生在不同时间,即如果有劾即论,论后再犯再劾,以此重复,八劾八论,那么事后观之,这些八劾和八论就是“累论”。反推可知,若是八劾一次性提出,则为八罪俱发的一狱,应为“以重论”,或曰“不累论”。

以上两点重新解释了审理者和暨的审辩逻辑。从中可见本案关键点有三:八劾并非“俱发”;其中一劾“狱已断”并已执行,其余七劾则处于“狱未断”阶段;已执行刑罚可以涵盖其他“狱未断”刑罚。这与犯有数罪而“俱发”的情形不同,因此先前审理者认为不能以已决刑罚来覆盖未决刑罚,已提起的八劾均应追究,即所谓“不相遝,累论”。“赀暨一甲,勿羸(累)”的吏议意见则是刑罚相遝、不累论。

因此,“暨过误失坐官”案的疑难点不在于是否因八项罪行性质相关

---

① 里耶秦简8-1770简载:“☐各一甲,与此相遝。它如劾。”参见陈伟主编:《里耶秦简牍校释》第1卷,武汉大学出版社2012年版,第388页。此处“相遝”因简残缺不明其义,但可能与“暨过误失坐官”案相似,不宜解为“罪状相及、相关”,理解为“刑罚相覆盖”似更稳妥。

② 吴雪飞先生认为:“从‘八劾’内容来看,暨有部分犯罪被重复举劾……‘相遝’并非指罪状相及,而是指举劾相及,‘累论’并非指将多种行为合并为一罪,而是指将多种举劾逐一累加论罪。‘相遝’、‘累论’确是指定罪量刑中的‘罪数’问题,但是其主要含义是对同一行为只论一罪,而不应重复论罪。”参见吴雪飞:《读秦简杂识七则》,陈伟主编:《简帛》第12辑,上海古籍出版社2016年版,第113页。

③ 参见朱汉民、陈松长主编:《岳麓书院藏秦简(叁)》,上海辞书出版社2013年版,第295页。

④ Ulrich Lau & Thies Staack, *Legal Practice in the Formative Stages of the Chinese Empire: An Annotated Translation of the Exemplary Qin Criminal Cases from the Yuelu Academy Collection*, Leiden: Brill, 2016, p. 184.

⑤ 张伯元先生已指出,“‘八劾’缺乏应有的内在关联,不能视为‘累论’法律制度的存在依据”。参见张伯元:《“累论”与数罪并罚》,徐世虹主编,中国政法大学法律古籍整理研究所编:《中国古代法律文献研究》第8辑,社会科学文献出版社2014年版,第54页。对该案“相遝”原因,亦有论者联系岳麓书院藏秦简《行书律》以及当时未刊布令文,认为“是否是故意行为所造成的失当结果,可能是‘数罪问题’处罚所依据的一个重要标准”。参见陈松长、温俊萍:《论秦律的罪数处罚——以“岳麓书院藏秦简”为中心》,杨振红、邬文玲主编:《简帛研究 二〇一六(秋冬卷)》,广西师范大学出版社2017年版,第80~85页,尤其第84页。

而应合并为一罪,本案根本未提出数罪合并为一罪就此一罪量刑的问题,“累论”说的是分别处刑的总和;而在于本案本应适用“数罪以重”原则,但先前所犯数罪被分别举劾成狱,且其中有“已断”者亦有“未断”者,刑罚还存在轻重覆盖的关系,这与“数罪以重”原则的一般适用之例有别。最终的判决意见实际上确认了本案应予适用“数罪以重”原则。

从以上分析可见,《法律答问》“狱未断”诸简对实罪和诬罪均予以追究,追究时以“狱未断”之实罪的该当刑罚为基础去处置诬罪。区分复数刑罚的处置逻辑顺序,以在先刑罚的结果为基础落实在后刑罚的理据常见于秦及汉初律,尤以犯罪逃亡、“不会”某刑罚以及“加罪”的处置方式为典型,在后世律如唐律中亦有类例。

第二节 诬告的刑罚反坐与修正

“狱未断”诸简另一共同点是都以诬告为复数罪中之一罪。以诬告设例,首先是因为“狱未断”阶段最常见的犯罪大概就是诬告,问答设置情境可能源于实践;其次是诸简主体一般未予限定,但在“狱未断”阶段,某些刑罚除在“告不审及有罪先自告减其罪一等”情形下,亦似只有通过诬告反坐才能存在;①何况《法律答问》49 简的未断之狱是诬盗而非实盗之罪,117 简后句以及 109~112 简都涉及诬告反坐时的变通执行方式,甚或就是以此设置问答。因此可以说,各简所设置的“诬告”犯罪及其刑罚,皆有深意存焉。

一、《法律答问》109~112 简的问题

《法律答问》109~112 简设置了葆子犯有实罪狱未断时又犯诬告的三

① 对于“有名之耐”的耐司寇,似乎与部分官吏的职务犯罪有关,如《岳麓书院藏秦简(肆)》228、229 简有:“《具律》曰:……治所吏听行者,皆耐为司寇。”(陈松长主编:《岳麓书院藏秦简(肆)》,上海辞书出版社 2015 年版,第 143、144 页。)“知而听行”,是负有监管职责官吏的典型犯罪,常后接“与同罪”,标示与前部罪状主体所受刑罚相同。《岳麓书院藏秦简(肆)》229 简不书“与同罪”,而是以“皆耐为司寇”来总承前部不同主体的不同罪状表述,其功能或与“与同罪”相同,或是对知而听行者单立罚则。《岳麓书院藏秦简(伍)》182 简亦是治罪不审耐为司寇之例(“治道故塞徼外蛮夷来为閒(间)及来盗略人乚、以城邑反及舍者,死辠不审,耐为司寇;城旦舂辠不审,赀”,参见陈松长主编:《岳麓书院藏秦简(伍)》,上海辞书出版社 2017 年版,第 128 页),犯罪主体是治狱官吏。同时,《秦律杂抄·内史杂》193 简载:“侯(候)、司寇及群下吏毋敢为官府佐、史及禁苑宪盗。”将候与司寇、下吏并列提出。原因可能是,候、司寇和下吏的来源与其原官吏身份或其职务犯罪有关,所以法律特别提醒不得委任这类身份人成为佐、史和禁苑宪盗。因此刑徒乃至处于“耐罪以上狱未断”阶段之人可能无法再犯有名之耐司寇的实罪,只有诬告反坐时才能获此刑。对与“耐为司寇”类似的“耐为候”罪的说明,见第二章。

种情境。《法律答问》108简文字形态怪异，几个刑名也较罕见，刑罚构成原理有疑。从表面看，简文中“刑隶臣”“刑城旦”“刑鬼薪”都是实罪刑罚与反坐诬罪刑罚叠加时产生的，其中身体刑部分是施加反坐诬罪之刑罚时产生的应然肉刑，身份部分则是落实实罪的身份，即先行判定实罪的耐隶臣、完/黥城旦、耐鬼薪刑罚，之后考虑反坐诬罪的刑罚，反坐的刑罚导致实罪刑罚执行后隶臣、城旦、鬼薪本应遭受肉刑；如此就产生了“刑为隶臣”“刑为城旦”“刑为鬼薪”的状态。三条简文以陈述语气说明，三种状态均非实态，对葆子而言，最终刑罚回避了肉刑身体刑和城旦身份。不过，上述理解带来的直接疑问是，《法律答问》108、109简的“刑隶臣”若是用来表示实罪和反坐诬罪叠加后，对“耐隶臣”即将施加“肉刑”的状态，《法律答问》111简出现的“刑隶臣”何指就难以理解。因此另一思路是认为三个刑名的构成原理不完全一致，“刑隶臣”是曾经存在过的类似于《法律答问》174简“黥颜頯为隶妾”的规定刑，以此为基础讨论“刑鬼薪”的构成。如宫宅洁先生认为“以当刑隶臣及完城旦诬告人”中“及”是“或”之意，“刑鬼薪”是由“耐鬼薪”和“刑隶臣”或由“耐鬼薪”和“完城旦”复合而成的，“若死板地执行再犯而刑罚加重的原则，‘刑鬼薪’这样的刑罚理论上是可以存在的，不过，实际上它并未被施行过”；“刑隶臣”则“在秦律时代似乎确曾存在”。① 若然，一则“刑隶臣”和“刑鬼薪”的构成原理有异，不明其理；二则在实罪狱未断又犯诬罪的情形下如何生成“刑隶臣”，难以想象。

王伟先生认为此数条问答的结构是，先是对“狱未断”之罪与诬告之罪采取“以其重罪罪之”的“数罪以重”原则，即取“当刑为隶臣”、“当刑为鬼薪”和“刑为城旦”罪，然后在诬告反罪后考量葆子身份，替换为相应的优待刑罚。② 就此数简而言，其解释与前注引诸家“限制加重”“吸收”的数罪处置原则的认识一样可以圆融自洽，但前文已述，本书认为此数简与《法律答问》117~120简等一样是数罪刑罚叠加而非“数罪以重”。

陶安先生提出了另一复原方案：

> 葆子诬告答问①：
>
> ……·葆子□□未断而109诬告人，其辠(罪)当刑城旦，耐以为鬼薪而鋈足。耤(籍)葆子之谓殹(也)。110

① 参见〔日〕宫宅洁：《中国古代刑制史研究》，杨振红等译，广西师范大学出版社2016年版，第103页。

② 参见王伟：《秦汉简牍所见刑罚研究》，中国人民大学2013年博士学位论文，第77~80页。

葆子诬告答问②:

葆子狱未断而诬【告人,其罪】当刑鬼薪,勿刑,行其耐,有(又)毄(系)城旦六岁。可(何)谓“当刑为鬼薪”? ·当耐为鬼薪未断,以当刑〈隶臣〉[耐]及111完城旦诬告人,是谓当刑鬼薪。112

葆子诬告答问③:

葆子狱未断而诬告人,其辠(罪)当刑为隶臣,勿刑,行其耐,有(又)毄(系)城旦六岁……109……有收、当耐【隶臣】未断,以当刑[隶臣]罪诬告人,是谓当刑隶臣。108

对①,陶安先生复原实罪和诬罪刑罚皆为“完/刑城旦”。对②,陶安先生认为“以当刑隶臣及完城旦诬告人”中的“刑隶臣”三字,据《二年律令·具律》120简,应改为“耐”一字,不能存留“隶臣”两字而改为“耐隶臣”。对③,陶安先生认为《法律答问》108简“有收当耐未断”的“收”是“收人”之“收”,“耐”字下脱“隶臣”两字,此即“以当刑[隶臣]罪诬告人”中衍文“隶臣”的来源。进而陶安先生认为,“刑隶臣”和“刑鬼薪”是“狱未断”之“狱”的原审法定刑与诬告法定刑加起来所得到的量刑。其中②的原审法定刑是耐鬼薪,诬告罪为“耐及完城旦”,反坐于“耐鬼薪”时,依据《二年律令·具律》120简所载的“鬼薪白粲有耐罪到完城旦舂罪,黥以为城旦舂”,“黥城旦”为“刑”,因此“‘耐鬼薪’加‘耐及完城旦’等于‘耐鬼薪’加‘刑’,‘刑鬼薪’则是由‘耐鬼薪’与‘刑’加起来而得出的量刑”。③的“刑隶臣”也是在初期犯罪的“耐隶臣”上加了“刑”,“这两种量刑仅在理论上存在”。①

陶安先生消弭了“何谓‘当刑隶臣’”解答似乎陷于循环论证的疑问,复原方案颇为精彩。不过按照陶安先生之说,《法律答问》诸简抄好后经过校补,《法律答问》108简系校补简,那么与《法律答问》108简相接的此处,为何仍存在如此多的误写和脱衍文却未得校正,原因难明;笔者更认为,《法律答问》简册是先编联后抄写,插入校补简之说难以成立。

经陶安先生修正脱衍文后,文义与律意层面似仍存疑。

就简文字义来说,简牍常见“耐为司寇/隶臣/鬼薪”“完/黥为城旦舂”的结构,“为”字后接的是领受身体刑后的役使/身份,而不是领受身体刑之前的状态;简文“刑为鬼薪”和“刑为隶臣”的表述显得怪异,恐难解为

① 参见〔德〕陶安:《秦律刑罚等序研究序说》,徐世虹等:《秦律研究》,武汉大学出版社2017年版,第245~247页,尤其是第246页注3和第247页表7.3。

“对鬼薪/隶臣施加肉刑”或“施加肉刑后成为鬼薪/隶臣”。若认可葆子身份直接阻断了实罪所对应的身份贬抑变化,认可“其罪当刑为隶臣/鬼薪”中的“隶臣/鬼薪”已经相当于领受身体刑后的身份,那么为何“刑为隶臣/鬼薪”结构里,葆子身份反而没有直接阻断“刑”呢?

对①,陶安先生将《法律答问》110 简实罪部分列为“完/刑城旦”,与“耐鬼薪”“耐隶臣”并列;诬罪部分列为“完/刑城旦”。① 实罪刑罚是“完/刑城旦”时,诬罪刑罚是耐以上就将导致城旦遭受肉刑。按照陶安先生对“刑隶臣”“刑鬼薪”构成原理的解释,实罪刑罚是完城旦,诬罪刑罚是耐刑时就将形成“当刑城旦”的状态。不过,认定实罪和诬罪刑罚何以都是“完/刑城旦”的理由尚不清楚。

对②,一方面,如果简文在表述葆子实罪的“当耐为鬼薪”“有收、当耐”时未考虑葆子身份,耐鬼薪不是替换刑,那么以目前所见,耐鬼薪白粲似乎只能是因犯罪具备特别情节而在基准刑罚上加刑或减等后才得以存在,“不会”耐司寇刑罚的,可能在一定前提下处断为耐鬼薪或耐鬼薪白粲,那么此处“当耐鬼薪”将是较罕见的情形。《法律答问》何以如此设问,值得思索。另一方面,若耐鬼薪是基于葆子身份的优待替换刑,则《法律答问》110 简实罪刑罚也应考虑葆子身份特权效果,若实罪规定刑是完/黥为城旦,则应替换为耐为鬼薪。如此《法律答问》110 简和 111 简所设置的情境有何差异?为何最终处理不同?就不甚了了。②

对③,诬告之刑为“刑罪”时,目前所知的男性“刑罪”包括黥城旦、斩止城旦、腐宫隶臣,或是其身份导致的替换刑,如奴、城旦和鬼薪犯耐以上罪时应替换为肉刑。③ 上述情形中,只有最后一种是在一般主体诬告反坐时修正为“皆如耐罪然”,而与葆子狱未断之收、耐刑罚相当;但此时对未断的“有收、当耐”而言,又不足以导致肉刑后果,因此构不成“当刑为隶臣”的状态。其他“刑罪”即黥城旦、斩止城旦和腐宫隶臣均重于耐隶臣,常人犯耐隶臣实罪未断(甚或隶臣刑徒及由收人、降寇转变而来的隶臣)再诬告这些“刑罪”而反坐时,本应直接领受各“刑罪”之刑罚,有爵者或许受优待为耐鬼薪白粲,葆子身份特权效果本应在此基础上展开,如修正为耐鬼薪鋈足或耐鬼薪系城旦六岁等;但《法律答问》109 简给定的最终刑罚为耐隶臣系城旦六岁。这与《法律答问》111、112 简耐鬼薪诬人耐罪

① 参见〔德〕陶安:《秦律刑罚等序研究序说》,徐世虹等:《秦律研究》,武汉大学出版社 2017 年版,第 247 页表 7.3。

② 前注引陶安先生文中的制表把完城旦分别列入《法律答问》110 简和 111 简的诬告罪栏。

③ 对最后一种情形的规定参见《二年律令 · 具律》121、107~109 简。详见后文第五章。

或完城旦罪,获刑耐鬼薪系城旦六岁相比,刑罚失衡。

进一步的疑问就是,如果②③皆以实罪身份刑为基准,修正反坐诬罪的刑罚(回避诬罪导致的肉刑并替换身份/役使),则③似乎未遵循前文所揭示的刑罚叠加的一般规则,而且似乎区分了再犯同等刑罚的实罪和诬罪的效果。对此可在③语境下举例延展:设若葆子犯有耐隶臣实罪狱未断时再犯另一应处“刑罪”的实罪如黥城旦罪,其结果应当是假定以未断实罪的隶臣身份获得新犯实罪的黥城旦刑罚,再替换为“耐鬼薪鋈足”,而非③再犯诬罪时的“耐隶臣系城旦六岁”。若将上述现象归结为葆子身份特殊、处置别有逻辑,葆子诬告反坐时不考虑刑罚轻重而是机械地修正替换诬罪的刑罚,那么①中“刑城旦”被整体修正为“耐鬼薪鋈足”又与其他二例不同。

二、一种解决思路

综上,宫宅洁和陶安先生的解决方案是自洽的,也有一定合理性,但对读者而言仍存有上述疑问,这促使本书支持另外一种思路。

此四简没有任何脱、衍和误写;“刑鬼薪”“刑隶臣”“刑城旦”都不是原审法定刑和诬告法定刑加起来的量刑,而是诬告他人犯罪时他人的该当刑罚,这些该当刑罚本身与葆子身份无关;“当刑为隶臣”“当刑为鬼薪”“当刑城旦”强调的是诬告罪反坐时“当”字应然而未然的意味,这也是“当刑为鬼薪”和“当刑为隶臣”成为问题点的原因,因此《法律答问》108、109简问答均出现的“当刑为隶臣”不是循环论证,也无须视其为误写、衍文;对“以当刑隶臣及完城旦”一句,既不必将“刑隶臣”改写为“耐”后对应《二年律令·具律》120简“耐罪到完城旦舂罪”,也不必将“及”解为“或”。“及”字应依整理小组解为“和”,“刑鬼薪”是在诬告反坐的情境下,由“刑隶臣”和“完城旦”叠加而来的。

在此一思路下,“葆子狱未断”诸简已经给出的处置方式与《法律答问》117简(后)相同,即诸简“以当某刑罚之罪诬告人”或“诬告人,其罪当某刑罚”中的该当刑罚不能直接反坐于诬告者,修正其刑罚的方式已经确定(“勿刑,行其耐,系城旦六岁”“耐以为鬼薪而鋈足”)。不过,与《法律答问》117简(后)不同的是,葆子诸条诬告反坐需修正执行的原因不是被诬之罪具备特别构成要件,而是诬告者即“葆子”身份特殊。从“葆子狱未断”诸简可以看出,葆子与《二年律令·具律》82简的上造以上有爵者等类似,其身份既回避肉刑又回避城旦身份,且至少比上造爵位特权更进一步,此一特权贯穿葆子复数犯罪量刑的始终。① 据此,葆子在已犯罪狱未断,又诬告该当"刑隶臣"、"刑城旦"和"刑鬼薪"刑罚之犯罪时,得以修正反坐之该当刑罚。

具体而言,《法律答问》109～112 简就是针对三条关于葆子的刑罚修正规定中的"以当某刑之罪诬人"里的"当某刑罚"表达设置问答。表面上《法律答问》109、110 简前后对"当刑为隶臣"似乎并无针对性的解释,但究其设置原因,其一恐怕是,如前文所说,单看诬告之罪时,葆子诸条"当某刑罚"是诬告之罪的应然/该当刑罚,反坐时不能实际施加于葆子。鉴于"刑为隶臣"和"刑城旦"应与"刑为鬼薪"不同,不是诬告复数犯罪的叠加刑罚,所以"当刑为隶臣"成为问题点不会是因为"刑隶臣"刑罚本身难解,而是"当刑为隶臣"的应然而未及实然的情境含义;"当刑城旦"未被设置为问题点,但其理相同。其二恐怕是,若不考虑葆子回避肉刑和城旦役使/身份的因素,在诸简设置的情境里,实罪刑罚均不重于反坐诬罪时的刑罚,即"收、耐"不重于"刑隶臣","有罪"不重于"刑城旦","耐鬼薪"不重于"刑鬼薪",反坐诬罪刑罚时本可以实现,但此应然情况因葆子身份而不能落实。可能正是针对这两点原因,上述四简以"何谓'当刑为隶臣'"而非"何谓'刑为隶臣'"的形式提出疑问,解答部分则复述如何修正执行此三个该当刑罚,以明确"当某刑罚"的该当而被修正的意味。易言之,四简解释的正是上文已经提及的"当"字的"应然而未得实然"的含义,即"应处/匹配刑隶臣/刑城旦/刑鬼薪(但因葆子身份,最后不予执行肉刑)"之意。

"当某刑罚"仅指所诬告之犯罪的该当刑罚,从中可推知以下两点:

其一,此该当刑罚既未考虑葆子身份,又未考虑实罪对身份的影响,因此"刑鬼薪"是二诬告罪叠加而成的该当刑罚,与葆子前犯之耐鬼薪刑罚无关。

其二,此一该当刑罚是基于既有"罪—刑"结构法条的复合结果,而不是葆子犯罪的专有刑罚,因此,"刑鬼薪"可以依据既有刑罚体系推知,能够被宣判和实际执行,并非仅存于理论之中。

进而可推知葆子诸条如下信息:

1. "刑隶臣"、"刑城旦"和"刑鬼薪"的构成原理。

诸条"当"字后所接"刑隶臣"、"刑城旦"和"刑鬼薪"都是未考虑葆子身份的、在一般刑罚序列里存在的刑罚,或由此类刑罚以一般原理复合而成的刑罚形态,因此三种该当的刑罚样态均以既有刑罚种类为基础,不是

---

① 后文第五章将说明,《法律答问》50 简的上造盗羊狱未断又诬人盗猪的,最终判处为完城旦,这说明上造爵位在论刑的某个阶段已经"消耗",因此未能如《二年律令·具律》82 简的规定,回避城旦刑罚。

专门针对葆子的特别刑名。对三个刑罚样态的构成原因,试析如下:

第一,刑城旦。刑城旦是规定刑刑名,专指黥城旦和斩左止城旦。①

第二,刑隶臣。该刑名尚未得见他处。“刑”一般指肉刑,常与城旦舂搭配,“法不名刑”时一般指黥为城旦舂;已受过肉刑者再应受黥刑时,作为该黥刑替代刑的劓、斩止和腐,以及作为特定犯罪之规定刑的斩止城旦、腐宫隶臣等,都可称为“刑”。但“刑隶臣”之“刑”恐非泛指,“刑隶臣”可能与《二年律令·杂律》193简所载的“强与人奸者,府(腐)以为宫隶臣”中的“腐宫隶臣”有关。王伟先生指出:“这几条答问中的‘刑隶臣’,都可以用‘府(腐)以为宫隶臣’作出解释,而不必据此推断秦和汉初还存在‘府(腐)以为宫隶臣’之外的‘刑隶臣’之刑种。”②秦及汉初的“刑”作为肉刑总称也包括“腐”,这一点从《二年律令·具律》条文可以推知:

其一,《二年律令·具律》88简所排列的黥刑替换方式以腐刑结束,而91、122简分别说明,“刑尽者”再犯罪的“皆笞百”。“刑尽”一语,自然包括腐。

其二,《二年律令·具律》82简规定:“上造、上造妻以上,及内公孙、外公孙、内公耳玄孙有罪,其当刑及当为城旦舂者,耐以为鬼薪白粲。”“城旦舂”包括完城旦舂和刑城旦舂,条文不避重复嫌疑而将“当刑者”和“当为城旦舂者”并列,显因二者不能互相涵盖,“当刑者”还包括了腐刑,腐刑后接身份为宫隶臣而非城旦。因此,《二年律令·具律》82简所列特权身份亦足以回避腐刑,“刑隶臣”可指腐隶臣。再考虑到“腐以为宫隶臣”和《法律答问》109简“刑为隶臣”表述的一致,则“腐为宫隶臣”很可能就是“刑为隶臣”,或者是“刑为隶臣”的一种。③ 可资侧证的是,岳麓秦简(肆)33~

---

① 秦及汉初律偶见作为刑名的斩止城旦之例,如《法律答问》125、126简载“……群盗赦为庶人,将盗戒(械)囚刑罪以上,亡,以故罪论,斩左止为城旦……”,则群盗应处斩左止城旦刑;《二年律令·杂律》194简载“强略人以为妻及助者,斩左止以为城旦”;《津关令》488简载“一、御史言:越塞阑关,论未有□,请阑出入塞之津关,黥为城旦舂;越塞,斩左止为城旦”;等等。偶尔尚可见反坐时作为死刑替换刑之用的斩左趾城旦,如《二年律令·具律》93简载“鞠(鞫)狱故纵、不直,及诊、报、辟故弗穷审者,死罪,斩左止为城旦”。至于作为已受黥劓刑徒应处黥刑时的替换刑的斩止刑,亦见于《二年律令·具律》88简,存在两种形态,一是已黥劓者斩左止,二是已黥劓斩左止者斩右止。《二年律令·具律》88简的斩止并非规定刑,目前所见作为规定刑的斩止刑就是斩左止城旦。

② 王伟:《秦汉简牍所见刑罚研究》,中国人民大学2013年博士学位论文,第79页。

③ 宫宅洁先生认为“刑隶臣妾是曾经施行,但逐渐被废弃的刑罚”。参见〔日〕宫宅洁:《中国古代刑制史研究》,杨振红等译,广西师范大学出版社2016年版,第104页。宫宅洁先生提出简文里本不存在的“刑隶妾”名词,进而举《法律答问》174简作为“刑”与“隶妾”复合之例。《法律答问》174简载:

> 女子为隶臣妻,有子焉,今隶臣死,女子北其子,以为非隶臣子殹(也),问女子论可(何)殹(也)?或黥颜頯为隶妾,或曰完,完之当殹(也)。

36 简是对部分隶臣妾被免为士伍、隐官或庶人后仍附属其官者逃亡的规定：

释文参见睡虎地秦墓竹简整理小组编：《睡虎地秦墓竹简》，文物出版社 1990 年版，第 134 页。

陶安先生已指出，"不能依据此例得出'刑'与'隶臣妾'可以组合为'刑隶臣妾'的结论"。参见〔德〕陶安：《秦律刑罚等序研究序说》，徐世虹等：《秦律研究》，武汉大学出版社 2017 年版，第 249 页。本书认为，从"刑隶臣"到"刑隶臣妾"再到"刑隶妾"是概念指向的扩大和转移，未见文例支撑。不能排除刑名意义上的"刑隶妾"本就不存在的可能性。《法律答问》174 简问答有其独特性，"黥颜頯为隶妾"难被视为"葆子狱未断"诸简的"刑隶臣（妾）"之例。《法律答问》174 简涉及身份认定问题：依本简语气，是说女子先为隶臣妻，其后有子，其子很可能应继承隶臣身份。对此尚无直接佐证，不过事有类似的是，《岳麓书院藏秦简（肆）》89 简载："奴亡，以庶人以上为妻，婢亡，为司寇以上妻，黥奴婢顏（颜）頯，畀其主。以其子为隶臣妾L……"（陈松长主编：《岳麓书院藏秦简（肆）》，上海辞书出版社 2015 年版，第 68 页。）《二年律令・杂律》188 简载："民为奴妻而有子，子畀奴主。主婢奸，若为它家奴妻，有子，子畀婢主，皆为奴婢。"从非刑徒的身份角度看，隶臣妾与奴婢（秦时或称奴妾、臣妾）一为官奴婢，一为私奴婢，二者同处于其他权力支配下，类似于罗马法上所谓的"他权人"（personae alieni iuris）。上两简里，奴与民的婚生子，一则为隶臣妾，一则为奴婢，区别仅在于前者是私奴逃亡，触犯国法，以在逃犯身份缔结婚姻所生之子，即沦为官奴婢，不复为私人所属。那么，《法律答问》174 简之隶臣子就可能继承隶臣身份。若然，"今隶臣死，女子北其子以为非隶臣子"就是在说明，女子在夫死之际分异其子，使其子在女子夫死为户时得以隐瞒隶臣子的身份，以阻断隶臣身份的继承。

因此，《法律答问》174 简设置问答的关键信息在于，女子的行为非为改变自己的身份，而是改变其子的身份；且所欲改变的身份不是私家奴婢，而是作为官奴婢的隶臣妾。非刑徒的隶臣妾诈冒自由民身份应如何处置，目前未见法律规定，可能答问设置时并无此类规定。但若是私奴婢试图改变自己身份而不实的，则律有明文。《二年律令・告律》135 简载："奴婢自讼不审，斩奴左止，黥婢顏（颜）頯，畀其主。"释文参见张家山二四七号汉墓竹简整理小组编著：《张家山汉墓竹简［二四七号墓］》（释文修订本），文物出版社 2006 年版，第 27 页。《后汉书・光武帝纪》载："十二年三月癸酉，诏陇、蜀民被略为奴婢自讼者，及狱官未报，一切免为庶人。"（南朝宋）范晔撰，（唐）李贤等注：《后汉书》卷一《光武帝纪》，中华书局 1965 年版，第 59 页。冨谷至先生据以提出此为特指奴婢就其身份提起的诉讼，冨谷至编『江陵張家山二四七號墓出土漢律令の研究・譯注篇』（朋友書店，2006 年）88 頁参照。李安敦、叶山先生也提出"自讼"并非刑狱之告发，而是提起关于自身财产、身份的争议诉讼。See Anthony J. Barbieri-Low & Robin D. S. Yates, *Law, State and Society in Early Imperial China*, Vol. II, p. 549, note 36 at p. 556. 此二处"自讼"正是后世律如唐律所谓"自理诉"者，允许奴婢诉良，就自身身份提起诉讼。《二年律令・告律》135 简明言"自讼不审，如何如何"，可见不仅官府受理自讼，而且自讼"审"（属实）时，提起诉讼者无罪且其权益将得到维护。自"告发"与"自讼"的此一区别看，《二年律令・告律》135 简与 133 简所载的"子告父母，妇告威公，奴婢告主、主父母妻子，勿听而弃告者市"无关，因此难以结合 133 简和 127 简所载的"告不审及有罪先自告，各减其罪一等，死罪黥为城旦舂"来推测"奴婢自讼为告主，不审则从弃市死罪上减一等为黥城旦舂，黥城旦舂常刑对应奴婢的斩止城旦和黥颜頯刑"。而且，以睡虎地、岳麓秦简和张家山汉简所见文例，黥颜頯刑并不专门对应黥城旦舂或其他特定刑种。不仅如此，自讼也不包含在《法律答问》"非公室告"范畴内，盖因"非公室告"以奴婢身份确无争议为前提，而"自讼"恰是以奴婢身份本身之成立与否为争点。可见黥颜頯并非专一针对奴婢身份争议，但奴婢关于自己身份的主张，如果确属不实，将被处以黥颜頯之刑，确认其奴婢身份并归属主人。张家山汉简《奏谳书》案例二中媚"自当不当复为婢"，因而逃亡，亦被黥颜頯。

因此，《法律答问》174 简问答设置主旨不必归结为古老肉刑残存所致的适用疑难，该简或与《二年律令・告律》135 简有关，其疑问点有三：

> 寺车府L、少府、中府、中车府、泰官、御府、特府、私官隶臣,免为士五(伍)、隐官,及隶妾以巧及劳免为庶人,复属其官者,其或亡盈三月以上而得及自出,耐以为隶臣妾,亡不盈三月以下而得及自出,笞五十,籍亡不盈三月者日数,后复亡,軵数盈三月以上得及自出,亦耐以为隶臣妾,皆复付其官。①

该条前部简文单独列出男性隶臣被免为“士伍、隐官”的,其先前隶属的官署包括了“泰(大)官”“御府”“私官”等特定机构。隐官来自受肉刑后被平反或赦免的城旦,城旦一般由县司空管理,难以想象会被分置于简文所列官署中,况且此处明言先为“隶臣”后为“隐官”。因此此处被免为隐官者最有可能的就是曾承受过腐刑的宫隶臣。

此外,既然“刑鬼薪”是刑隶臣和完城旦的复合结果,若刑隶臣可以是黥、劓、斩止隶臣,那么与完城旦结合时,就没有理由“减等”为鬼薪,因为黥、黥劓、黥劓斩止和斩止城旦本系既有的独立刑名或替换刑系统里的肉

第一,其子是隶臣,既非受耐刑后的“刑徒”又非私奴,改变身份应如何处置法无明文,能否比之于奴婢自讼不审。

第二,在比照奴婢自讼处置时,女子行为类似于主使者,与“二人对议”之“谋”有别,而从盗罪的类例来看,《法律答问》4、5、67简和《二年律令·盗律》57简“谋遣人盗”的规则同为“与盗同法”,那么本简女子是否适用“与同罪”或“与同法”之刑罚参引规则。

第三,若适用“与同法”参引规则,女子非隶妾身份是否将导致黥颜頯刑罚的修正。

以此三者观察《法律答问》174简的问答逻辑,则较为顺畅:解答中的两种意见都将本简情形比照奴婢自讼不审处置,其理据可能包括:

第一种,被改变身份的是其子而非女子本人,因此与上述奴婢自讼不审不同,刑罚或有区别。

第二种,在比照“自讼不审”的意义上,女子不论是主使者还是同谋者,其行为应适用“与同罪”的刑罚参引规则。但是,可施加于其子的“黥颜頯复为隶臣”处置,因该女子本非隶妾而不能直接参引适用其肉刑部分。因此,作为非法改变隶臣身份的与谋者,在比照奴婢自讼不审的刑罚,通过“与同罪”参引刑罚时,隶妾身份落实,黥颜頯则得以回避。个中理据,正与《二年律令·具律》107、108简中“诸律令中曰与同法、同罪,其所与同当……刑界主之罪也,皆如耐罪然”同。“耐”相对于黥颜頯之肉刑,即“完”。对此韩树峰先生已指出,“‘不完者’专指受过刖、劓、黥等肉刑的人……与‘不完’相对,‘完’当然包括了‘耐’、‘髡’等刑”。韩树峰:《秦汉律令中的完刑》,《中国史研究》2003年第4期。

第三种,其子本非“耐隶臣”之刑徒,女子所改变的仅是“隶臣”身份而已,因此刑罚就是简单的对等处置,将身份降为“隶妾”,而不施加肉刑。

至此可对“刑隶臣”疑问源于时代差异下刑罚变迁的看法作一回应。黥颜頯从秦到汉初律都存在,难以证明之前曾与隶臣(妾)组成刑名,之后隶臣妾转为专与耐刑搭配,黥颜頯肉刑却保留在奴婢群体中。当以既有刑罚体系构造能够解释《法律答问》174简“黥颜頯为隶妾”的来源时,就无须诉诸时代差异,判定简文设置问答是为了解释废而不行的术语,也不必据此推测“刑隶臣”与黥颜頯有关。

① 简文参见陈松长主编:《岳麓书院藏秦简(肆)》,上海辞书出版社2015年版,第49~50页。

刑刑种，所以刑隶臣很可能只是"被腐之宫隶臣"。受腐刑者不与普通隶臣同列，其与完城旦刑罚复合时，或许也就不能成为城旦，而是成为鬼薪。

第三，刑鬼薪。"刑鬼薪"不是规定刑，而是由"刑隶臣"和"完城旦"在诬告的语境下复合而成的。不过，其复合原理根据诬告反坐的逻辑不同，尚有数种可能：第一种可能，若诬告罪情境符合"数罪以重"，那么被诬者是同一人且被同时诬告此二罪，刑隶臣和完城旦无法同时加诸被诬者一身，需择其重者论罪。无论何者为重，此时都可明言"其罪当刑隶臣"或"其罪当完城旦"，不会是"其罪当刑鬼薪"。第二种可能，若诬告罪情境符合"数罪从重"，那么被诬者是复数人，此时"刑鬼薪"应是葆子分别以"刑隶臣"和"完城旦"诬告复数人时，经反坐复合而成的。① 第三种可能，诬告情境不符合"数罪以重"，诬告之二罪直接复合。后两种可能性较大。

进而言之，无论被诬者是单数还是复数，"刑鬼薪"之形成似乎有逻辑顺序，即刑鬼薪是在刑隶臣上叠加完城旦刑罚而成的。先执行完城旦刑再施加腐刑的，据《二年律令·具律》88 简，本应处黥刑但已身受黥劓斩左右止之肉刑的城旦将承受作为黥刑替换刑的腐刑，行刑后其身份不会变为鬼薪，最后结果应是腐城旦而非"刑鬼薪"。因此"刑鬼薪"的构造逻辑更可

---

① "刑隶臣"和"完城旦"应系分别诬告复数人的推测，尚有讨论余地：首先，"数罪以重"原理应该适用于诬告同一人犯有数罪的情况。其原因大概是，诬告一人犯有数罪，对该人而言就是"一人有数罪"，应以重者论，诬告者反坐时亦应以此为限。其次，"数罪以重"原理可能不适用于诬告二人以上的情况。其原因大概是，诬告复数人时，将分别导致不同人、事面临刑事制裁，不能择一重者论处，否则将出现诬告一人以一罪的反坐效果与诬告数人以数罪的反坐效果相同的不合理情形。因此，在同时诬告复数人时，所诬告之罪可能是累加论刑而反坐。相似理据还可参考岳麓书院藏秦简(陆)32~34 简的一条令文：

> 廿七年三月乙卯御史言：留书，数书同日偕留，皆犯令殹。其当论者，皆不当相逮(遝)，其驾(加)者亦不当相遝，及皆不当与它论相遝，及论狱失者，其同狱一鞫，有数人者，皆当人坐之。

简文参见陈松长主编：《岳麓书院藏秦简(陆)》，上海辞书出版社 2020 年版，第 58 页。简文未刊布时对该条令文的分析，参见陈松长、温俊萍：《论秦律的罪数处罚——以"岳麓书院藏秦简"为中心》，杨振红、邬文玲主编：《简帛研究 二〇一六(秋冬卷)》，广西师范大学出版社 2017 年版，第 84 页。后句"论狱失者，其同狱一鞫有数人者，皆当人坐之"说明，论狱有失造成同案复数人刑罚出入的，"不当相遝"，而是"当人坐之"。按前文对"相遝"的理解，就是不应以数人所出入之刑的重者论处(数罪以重，相遝)，而是数人刑罚皆得累加。秦及汉初"论失"和"诬告"处置原理应都是"罪之"，诬告复数人时也就可能是"人坐之"。此外，唐律《斗讼》"诬告反坐"条第三节律文和律疏部分尚稍可解说，其律文明言"其告二人以上，虽实者多，犹以虚者反坐"，其理据在于，"告二人以上，罪虽实者多，犹以虚者反坐，以其人、事各别，故得罪不同"。不过依照唐律刑罚体系，诬告数人犯有数罪是择一重处还是合并反坐，合并反坐如何进行等问题还有疑问。

能是,先假定被诬者受肉刑成为隶臣,之后犯完城旦罪,因承受腐刑者不能成为城旦刑徒,故将完城旦替换为鬼薪。对被诬者来说,此一复合过程的结果就是"刑鬼薪"。

2. 诬告反坐时的刑罚修正:肉刑的回避和身份/役使的替换。

第一,对"刑隶臣"的反坐修正。

如前所述,陶安先生认为"耐"为"耐隶臣"脱"隶臣","收"为"收人"之"收",如此则与《二年律令·具律》120 简相合。① 作如此解,"收""耐"之实罪应落入耐刑序列。本书赞同"有收当耐"落入耐刑序列,不过"耐"不一定必为"耐隶臣"。因为既然《法律答问》111 简解答部分把简首"葆子狱未断"说明为"当耐为鬼薪未断",而耐鬼薪可能是基于葆子身份的优待替换刑,则"有收当耐"中实罪明言"当耐",且最终"行其耐",说明"当耐"已经考虑了葆子身份,如此就应考虑"有收当耐"之"耐"亦可能包括了《法律答问》111 简的"耐鬼薪"。据此可列出"有收当耐"的各种可能,如表 3 所示:

表 3 "葆子有收当耐"之"耐"的可能性

实罪刑罚	诬告之罪	免肉刑后身份	结果	符合问答
耐司寇	刑隶臣	可落实	耐隶臣	否
耐隶臣	刑隶臣	不可落实	耐隶臣系城旦六岁	是
耐鬼薪	刑隶臣	不可落实	耐鬼薪系城旦六岁	是

鉴于"收""耐"并列,收之效果不同于耐司寇,所以实罪规定刑为"耐司寇"的可能性应予排除。从逻辑上看,后两种情形符合问答结果,难以坐实究竟何者为正解,也有可能此处"当耐"本就未区分,类如"无名之耐",总指耐刑。

第二,对"刑城旦"的反坐修正。

就实罪而言,《法律答问》110 简"有罪"语焉不明,推测应非死罪,或即使是死罪,葆子也有减死特权,而简文未明言。若然,未断之罪最重者就是作为规定刑的斩止城旦之类或死罪减等而来的黥城旦,总之不脱出与所诬告之罪相等同的刑城旦范围。就诬告之罪而言,《二年律令·具律》126 简规定:"诬告人以死罪,黥为城旦舂;它各反其罪。"可见《法律答问》110 简中"刑城旦"是诬告得刑之最重者,已无《法律答问》111、112 简"鬼薪系城旦六岁"的余地。

以此观之,本条"耐鬼薪鋈足"亦应为对葆子执行刑城旦时的替换刑。

① 参见〔德〕陶安:《秦律刑罚等序研究序说》,徐世虹等:《秦律研究》,武汉大学出版社 2017 年版,第 246 页,注 3。

由此,即令本条实罪应处刑城旦并替换为耐鬼薪鋈足,在诬告反坐刑城旦时,利用葆子身份可以一以贯之地回避肉刑和城旦身份,仍应替换为耐鬼薪鋈足。由此可推论,"鋈足"是葆子该当肉刑的替代方式,很可能如整理小组的"一说","鋈足应为在足部施加刑械,与釱足、錔足类似",并且应是无限期佩戴刑械,以模拟施加肉刑后终身不可复属的效果。①

进而言之,葆子身份似乎划定了非死罪之刑罚上限是耐鬼薪鋈足,而无法像《二年律令·具律》88简那样为黥刑区分出不同替代方式。本条明白指示了诬告刑城旦反坐时的修正执行方式,不论其"有罪"之罪为何,甚或无罪,在诬告刑城旦之罪反坐时,都会替换为耐鬼薪鋈足。

第三,对"刑鬼薪"的反坐修正。

葆子实罪应处耐鬼薪,诬告刑隶臣和完城旦二罪,诬告之罪应复合为刑鬼薪。最终刑罚的构成逻辑有如下可能:

第一种可能是,"勿刑,行其耐"是诬告反坐时的修正执行,即将"刑鬼薪"替换为"耐鬼薪"。此时问答情境设定就转变为,实犯耐鬼薪复应处耐鬼薪之刑,最终执行为耐鬼薪又系城旦六岁。此一理解和《二年律令·具律》90简"隶臣妾有耐罪,系城旦舂六岁"的耐刑序列处理表现相同;其隐含意思应是耐鬼薪遵循与耐司寇、耐隶臣相类的刑罚替换规则。不过《二年律令·具律》120简指出,鬼薪所犯耐刑应替换为"黥以为城旦",即令以葆子身份回避,也应如《法律答问》109、110简葆子"刑城旦"条一样,替换为"耐鬼薪鋈足"。

那么本条刑罚结果的构成逻辑就有了第二种可能:实犯耐鬼薪,反坐刑鬼薪时回避肉刑,仅反坐身份/役使部分即鬼薪,但它与实罪的耐鬼薪刑冲突而无法实现,因此替换为"系城旦六岁",最终结果就是耐鬼薪又系城旦六岁。② 在这一逻辑里,身份/役使是被单独处理的,诬罪反坐的鬼薪刑

---

① 《法律答问》115简载:"失鋈足,论可(何)殹(也)? 如失刑罪。"释文参见睡虎地秦墓竹简整理小组编:《睡虎地秦墓竹简》,文物出版社1990年版,第120页。将在鋈足方面有失的行为(当鋈足而未鋈足,不当鋈足而鋈足)的法效果等同于在刑罪方面有失的行为(当判处肉刑而未判,不当判处肉刑而判),可见鋈足与肉刑的效果相当。

② 还可排除如下可能:按照实犯耐鬼薪,先将刑隶臣回避肉刑而替换为隶臣,此时因隶臣非耐罪,所以不能直接按照《二年律令·具律》120简"鬼薪白粲有耐罪到完城旦舂罪,黥以为城旦舂"对鬼薪犯耐罪的处理规则判罚为黥城旦,而是考虑在耐刑序列里,对隶臣而言,耐为隶臣的替换刑是"耐为隶臣系城旦六岁",因此已耐之鬼薪不能执行隶臣身份/役使时,应替换为系城旦六岁。在原耐鬼薪系城旦六岁的基础上,再考虑后一诬告的完城旦罪反坐时应替换为耐鬼薪,即系城旦六岁时再犯耐鬼薪者,无法替换,只能变换耐鬼薪的基准刑罚。此外,简文已将"刑隶臣"和"完城旦"复合为"刑鬼薪",诬告反坐、确定刑罚时不能分拆。因此此一可能性应予以排除。

与实罪相冲突而被替换,替换的仅是身份/役使部分,而不是“耐鬼薪”这一完整的刑罚,因此第二种可能不必遵循《二年律令·具律》120 简的替换规则。

以上葆子“狱未断”三条均涉及诬告罪有肉刑,反坐时回避执行肉刑的问题。从第一条和第三条简文可知,实罪本应处耐刑,因此“行其耐”是在强调葆子获耐刑的,耐刑应予执行;而回避诬告反坐之肉刑不是替换为耐。就诬告罪而言,回避肉刑后,只有其身份/役使部分有处置的可能。因此,“刑隶臣”之“隶臣”、“刑鬼薪”之“鬼薪”,都被单独对待。其执行规则实际上遵循了《二年律令·具律》90、91 简所体现的原理,即在葆子不能适用“为城旦”的前提下,鬼薪已经是身份最低、役使最重者,再有隶臣之身份贬抑,需和《二年律令·具律》所见“系城旦舂六岁”用于犯罪规定刑之耐刑已无法执行时的场合一样,用于鬼薪再犯罪本应带来的隶臣或鬼薪身份贬抑部分的替换。易言之,单从量上看,《二年律令·具律》“系城旦舂六岁”正是耐刑所对应的身份贬抑部分的替换。

综上,葆子“狱未断”诸条问答的引文规定了“反坐”参引刑罚时因参引者因素而需作出修正的情形。在古法上,此类修正不乏其例,不过葆子诸条似有其独特性:首先,诬告数罪时,似乎不考虑被诬者的单复数以及由此引发的数罪处理问题,而是直接以诬告之复数罪相复合,复合逻辑尚不完全明了;其次,针对葆子身份的“勿刑”,有可能导致身份贬抑不能归入耐刑序列,但单就隶臣或鬼薪之身份而言,可以根据《二年律令·具律》90 简的原理,替换为“系城旦六岁”;最后承上,《二年律令·具律》“系城旦六岁”是替换刑,且可以作为耐刑序列里的司寇、隶臣和鬼薪在身份部分的替换形式。

第三节 刑罚体系“三重构造”及其唐律参照

经前文梳理可见,“狱未断”和“诬告反坐,刑罚修正”是诸条的两个关键疑问点。诸简主要涉及某项犯罪的法定刑及其在个案中需予以修正的情形,个案情形包括特别主体如上造等“有爵者”和“刑徒”、“葆子”等,再犯罪与治狱阶段相结合导致的特殊罪数形态如“狱未断又诬人”等,刑罚的修正方式是以某项刑罚去替换犯罪的该当刑罚。诸简所讨论的都是在“狱未断”情境下,法定刑罚和将予替换的刑罚应如何确定。而问答提出背景是,当时已存在较明确的规定刑系统和替换刑系统及其适用规则。二者理据在秦及汉初不乏类例，且问答主旨和理据(数罪处置逻辑顺序、刑罚的减等或替换修正等)都围绕刑罚体系构造展开。本书因而提出，秦及汉初刑罚体系呈现三重结构。

刑罚“三重构造”之说并非臆想，唐律刑罚体系有类似构造，可资参证。

一、唐律刑罚体系三重构造

唐律源头可远追秦汉律令，本无异议，秦汉唐法律的源流关系历来为研读者所重，从律章归属、制度规定乃至概念术语等层面，学者目光经常逡巡于秦汉唐之间。在理解秦及汉初刑罚体系构造时，唐律亦为参照，《名例》篇规定了唐律刑罚体系的基本形态，从中可总结出与秦及汉初刑罚体系类似的分层结构。

首先，《名例》以五刑条开篇，规定了从笞刑到死刑的五刑二十等：笞刑五等，自笞一十起到笞五十，即一等笞十。同时规定，笞十赎铜一斤，一等加一斤。杖刑五等，自杖六十起到杖一百，即一等杖十。相应地，赎铜从六斤到十斤。徒刑五等，自徒一年起到徒三年，即一等半年。赎铜自二十斤起，一等加十斤，徒三年赎铜六十斤。流刑三等，自流二千里起到流三千里，一等五百里。流二千里赎铜八十斤，一等加十斤，流三千里赎铜一百斤。死刑二等，绞、斩，赎铜都是一百二十斤。唐律的五刑二十等极为分明，徒刑服刑期限、流刑放逐里数都明确固定，三等流刑配以徒役一年，加役流配以徒役三年。徒刑居作完成后还为庶人。[①]

唐律五刑二十等的规定，是《名例》余条刑罚适用法例和其余十一篇各罪条具体犯罪所对应刑罚的基础，各犯罪条文参引时，除特定身份犯罪主体外，几乎所有的出入罪的折算都是在五刑体系里完成的。戴炎辉先生界定出“本刑”“基本刑”，言“本刑系各本条所规定之刑。各本条对于犯罪行为，悉以五刑规定其主刑，即五刑系本刑”“律采取罪刑法定主义，即罪刑形影相随。各本条所规定之刑系基本刑”。[②] 戴先生所言“本刑”“基本刑”二者有一定差异，各具体罪条中的“基本刑”还包括了特殊身份主体犯罪时律文直接规定的刑罚类别等。

---

① 五刑各条律文，参见(唐)长孙无忌等撰，刘俊文点校：《唐律疏议》，中华书局1983年版，第3~6页。

② 戴炎辉编著：《唐律通论：2010年最新版》(第2版)，台北，元照出版有限公司2010年版，第183、184页。

本书使用“规定刑”概念①来界定唐律五刑条的五刑二十等体系,全书所指称的“规定刑”范围则主要借鉴戴先生对“本刑”之说,将“规定刑系统”限定为律令条文中不计主体、对应抽象犯罪的各个刑罚的整体。

其次,《名例》“称加减”条规定:

> 诸称“加”者,就重次;称“减”者,就轻次。惟二死、三流,各同为一减。加者,数满乃坐,又不得加至于死;本条加入死者,依本条。加入绞者,不加至斩。其罪止有半年徒,若应加杖者,杖一百;应减者,以杖九十为次。②

这是在规定刑系统基础上的加减法例,即加减刑系统原则上按照五刑二十等逐等去加重或减轻,同时附有加刑和减刑的限制规定。

《名例》篇另有“八议者(议章)”“皇太子妃(请章)”“七品以上之官(减章)”等条规定了“流罪以下,减一等”的减罪之制,《职制》《贼盗》等篇有多条规定了“加罪一等/二等”等加刑之制,“减罪一等/二等/五等”等减刑之制,此皆为加减刑系统的应用之例。

最后,《名例》还规定了特殊主体的刑罚替换形式。这类规定较繁复,一方面基于特别身份,包括特权群体与非良人群体:“应议请减(赎章)”规定“诸应议、请、减及九品以上之官,若官品得减者之祖父母、父母、妻、子孙,犯流罪以下,听赎”,③特殊主体依凭特权,得以将流罪以下刑罚替换为赎刑;“以官当徒”条更是对官吏犯罪以告身规避刑罚的规定。这些与前述“应议请减”者流罪以下例减一等的减罪规定一起构成特权群体犯罪的刑罚优待。官户、杂户和公私“贱人”等非良人群体犯罪时,犯罪的规定刑需替换执行,盖因其户籍管理和生产生活不同良人,不能直接执行徒、流之刑,其经济状态有时不能实现财产刑。“官户部曲官私奴婢有犯”“工乐杂户及妇人犯流决杖”条等就规定了各类特殊身份人犯罪时,部分刑罚的赎铜折杖、折杖留住等替换形式。究其根本,与特权群体的刑罚优待替换不同,这是客观条件限制导致犯罪的规定刑不能直接适用,故需替

---

① “规定刑”概念的使用有其先例,如朱红林先生在区分两种性质的赎刑时说道:“‘赎罪’在具体的运用过程中有两种性质。一是‘规定刑’。即针对犯罪内容本身的特点,依照法律直接判处的‘赎罪’。一是‘替换刑’……”朱红林:《竹简秦汉律中的“赎罪”与“赎刑”》,《史学月刊》2007 年第 5 期。此一“规定刑”近于戴炎辉先生所谓的“基本刑”。

② (唐)长孙无忌等撰,刘俊文点校:《唐律疏议》,中华书局 1983 年版,第 142 页。

③ (唐)长孙无忌等撰,刘俊文点校:《唐律疏议》,中华书局 1983 年版,第 34 页。

换修正。

另一方面规定刑执行不能的情况不是基于户籍或身份等其他规范要求，而是源于犯罪主体所处的特别身体或身份状态，包括老幼疾患，乃至所处的刑罚执行状态。还有则是出于对独力侍奉亲长的犯罪者家庭影响的政策考量，“犯死罪应侍家无期亲成丁”“犯徒应役家无兼丁”等条有所体现；前涉工乐杂户和其他专门户籍之人，以及已犯流罪未至配所之人，犯有流配之罪时，不能远走，只能通过折杖代替流刑。此时本应参引其刑罚者，就需要再行折算。

前述三点构成本书所谓刑罚体系的“三重构造”，即“规定刑系统”、“加减刑系统”和“替换刑系统”。唐律刑罚体系三重构造有诸多细节。

其一，替换刑形式较多，层次繁复。

替换用刑中以折杖法较为直观，《名例》乃至余篇中折杖条文所见不少。折杖法是犯罪主体特殊导致刑罚变动而参引者需相应作出修正时的常用用法，对于某些特殊身份犯罪主体，折杖法还与赎铜法有关联，如《名例》“官户部曲官私奴婢有犯”条载：

> 诸官户、部曲、官私奴婢有犯……应征正赃及赎无财者，准铜二斤各加杖十，决讫，付官、主；若老小及废疾，不合加杖，无财者放免。①

在上述身份人犯罪应赎但无财可赎时，折杖处置，且其折杖规则不同于在五刑体系下杖刑赎铜的额度——赎铜折杖为杖十（杖刑一等）折抵铜二斤，而以铜赎杖刑时，杖刑一等杖十折抵铜一斤。

在五刑体系中，赎铜毕竟不是规定刑，不能普遍适用，在条文参引修正中起到更重要作用的是徒刑。第一，徒刑连接笞杖刑和流刑，可以更好地起到居中换算的作用；第二，如上例所示，徒刑居作可以计庸，即换算为工钱，因此与赎铜和赋役可以相互折算，进而可以向下串联起笞杖刑；第三，徒刑的内容是居作劳役，其实也就是流刑的配作，因此，在为流刑按流放里程远近设置换算时，本加之徒刑就是媒介；第四，在身份特权折算刑罚时，徒刑意义重大，官当、除名的替换折算主要以徒刑为基准展开。

于后两点而言，突出例子就是以官当徒时徒刑和流刑的折算。《名例》“以官当徒”条载：

---

① （唐）长孙无忌等撰，刘俊文点校：《唐律疏议》，中华书局1983年版，第131～132页。

诸犯私罪,以官当徒者,五品以上,一官当徒二年;九品以上,一官当徒一年。若犯公罪者,各加一年当。以官当流者,三流同比徒四年。①

在官当时,三等流刑都折算为徒刑四年。正如上文第三点所提出的,四年之数的得出是在流刑之次的徒刑最高刑等——徒三年之上,再加三等流刑都会配加的居作一年徒。除名的折算基准仍是徒刑,《名例》“除免比徒”条载:

诸除名者,比徒三年;免官者,比徒二年;免所居官者,比徒一年。流外官不用此律。(小注:谓以轻罪诬人及出入之类,故制此比。)若所枉重者,自从重。②

治狱官员出入人罪的,计算其所出入之罪时更离不开上述换算方法,在刑名变化,尤其是出入之刑跨越徒刑和流刑,甚至在流刑内部不同刑等间变化时,都以徒刑为折算基准。

其二,赎铜规定是替换刑的重要纽带。在《名例》篇起首设置五刑,不容忽视的是其中赎铜的作用。唐律上的赎铜主要用于特定身份犯罪主体的特权赎罪、刑事责任能力欠缺者的赎罪、过失犯罪和疑罪。③ 对此论者多矣。此外,赎铜还被用于其他刑罚的换算。其具体方式既可以是作为中间量,计算不同刑种的加减;又可以是作为标准量,替代折算后的其他刑种之刑罚。

对前者而言,比如笞杖刑与徒刑的换算。假如共犯罪中被捕获者是首犯,本应处徒一年,但谎称为从犯,减一等杖一百。决杖后案情查明。此时即以赎铜为中间量,先分别将徒一年和杖一百折算为赎铜二十斤和赎铜十

① (唐)长孙无忌等撰,刘俊文点校:《唐律疏议》,中华书局 1983 年版,第 44~45 页。

② (唐)长孙无忌等撰,刘俊文点校:《唐律疏议》,中华书局 1983 年版,第 65 页。

③ 用于特权赎罪的,如《名例》“应议请减”条:“诸应议、请、减及九品以上之官,若官品得减者之祖父母、父母、妻、子孙,犯流罪以下,听赎。”用责任能力欠缺者的,如《名例》“老小及疾有犯”条:“诸年七十以上、十五以下及废疾,犯流罪以下,收赎。犯加役流、反逆缘坐流、会赦犹流者,不用此律;至配所,免居作。”用于过失犯罪的,如《斗讼》“过失杀伤人”条:“诸过失杀伤人者,各依其状,以赎论。”用于疑罪的,如《断狱》“疑罪”条:“诸疑罪,各依所犯,以赎论。”

斤,计算出其差额为赎铜十斤,赎铜十斤对应的应服剩余徒刑即半年。①对于后者而言,比如受官荫者有徒罪本可以铜赎刑,但被直接执行了徒刑,则以被执行的天数计算其居作的工钱,充作赎铜之资。② 以赎铜为中间工具,可以很便利地计算笞杖刑和徒刑间的差额,在出入人罪涉及此类刑种变化时就能够运用之。

此外,赎铜还可与加杖法换算,用于财产制裁的替换。如据前引"官户部曲官私奴婢有犯"条,在非良人群体犯罪应征没赃物乃至承受赎铜之替换刑时,若无财的客观原因导致财产处置和赎铜法不能执行,则以加杖为替换形式。对赎铜法而言,这是对替换刑的替换刑。

其三,唐律存在大量的条文间参引刑罚现象,规定较为周密整齐,存在不同的刑罚等级及其折算方式,更对出入罪跨刑种问题作出了明确而较为全面的规定。刑罚参引以规定刑为基准,有时会叠加加减刑和替换刑的形式。如唐律中有部分犯罪,其入律的可责难性基础是其行为牵连到他人的犯罪,这与现代法所谓事后共犯类似,律上有时称其为"因罪人以致罪"。③此类犯罪的刑罚通常需要参引"罪人"的基准刑罚,并可能在此基础上加减,如知人犯罪事发而藏匿犯罪人,或为其出逃提供款物,即属于"因罪人以致罪",《捕亡》"知情藏匿罪人"条"诸知情藏匿罪人,若过致资给,令得隐避者,各减罪人罪一等",则是以罪人之刑罚为基准,藏匿者刑罚减等。

至于替换刑,刑罚参引修正是其主要应用场景,包括除名、免官、免所居官等行政制裁的刑罚替换之法(除免比徒之法),也包括其他刑罚参引

---

① 《名例》"共犯罪有逃亡"条载:

> 诸共犯罪而有逃亡,见获者称亡者为首,更无证徒,则决其从罪;获亡者,称前人为首,鞫问是实,还依首论,通计前罪,以充后数……疏议曰:后捉获乙,称甲为首,鞫问甲,称是实,还依首坐,科徒一年。甲是庶人,前已决杖一百,即须以杖、笞赎直,准减徒年:一年徒赎铜二十斤,一百杖赎铜一十斤,以十斤杖铜,减半年徒罪,余徒半年,依法配役……

(唐)长孙无忌等撰,刘俊文点校:《唐律疏议》,中华书局 1983 年版,第 118~119 页。

② 《名例》"共犯罪有逃亡"条载:

> ……假有七品以上子,被枉徒一年,即以役身之庸,折其赎直。计庸折铜,不尽,更征余赎;或折铜已尽,仍有余庸,更亦不计。

(唐)长孙无忌等撰,刘俊文点校:《唐律疏议》,中华书局 1983 年版,第 120 页。

③ 如《名例》"犯罪共亡捕首"条律文规定,"即因罪人以致罪,而罪人自死者,听减本罪二等",律疏解为:"'因罪人以致罪',谓藏匿罪人,或过致资给及保、证不实之类。今罪人非被刑戮而自死者,又听减罪二等。"(唐)长孙无忌等撰,刘俊文点校:《唐律疏议》,中华书局 1983 年版,第 108 页。

规定中的修正替换规定("称反坐罪之"条之反坐法、"以/准某罪论"之刑罚参引等)。如《名例·斗讼》"诬告反坐"条第一节载:"诸诬告人者,各反坐。即纠弹之官,挟私弹事不实者,亦如之。"①又如《断狱》"官司出入人罪"条载:

> 诸官司入人罪者,若入全罪,以全罪论;从轻入重,以所剩论;刑名易者:从笞入杖、从徒入流亦以所剩论。从笞杖入徒流、从徒流入死罪亦以全罪论。其出罪者,各如之。即断罪失于入者,各减三等;失于出者,各减五等。若未决放及放而还获,若囚自死,各听减一等。即别使推事,通状失情者,各又减二等;所司已承误断讫,即从失出入法。虽有出入,于决罚不异者,勿论。②

"故出入人罪""失出入人罪"的各种情形都被列出,刑罚是参引出入罪,并有相应修正规定。参引刑罚时的修正现象主要出现在治狱过程中,尤其是在发生错判案件时。针对错判案件的参引刑罚一般以"(以所出入之罪)罪之"和"(减其罪若干等)坐之"为原则,但有时为达成罪刑均衡的要求,需对参引刑罚作出修正。

其四,唐律规定了加减刑和替换刑适用要件兼具时的适用规则,典型者如对取荫听赎与官当之制以及"议减""请减""例减"等要件兼具时的赎刑替换和减罪如何适用的规定。《名例》"赎章"条载:

> 诸应议、请、减及九品以上之官,若官品得减者之祖父母、父母、妻、子孙,犯流罪以下,听赎;若应以官当者,自从官当法。

"人兼有议请减"条载:

> 诸一人兼有议、请、减,各应得减者,唯得以一高者减之,不得累减。若从坐减、自首减、故失减、公坐相承减,又以议、请、减之类,得累减。③

---

① (唐)长孙无忌等撰,刘俊文点校:《唐律疏议》,中华书局1983年版,第428页。
② (唐)长孙无忌等撰,刘俊文点校:《唐律疏议》,中华书局1983年版,第562~565页。
③ 两条律文分别见(唐)长孙无忌等撰,刘俊文点校:《唐律疏议》,中华书局1983年版,第34、39页。

同一主体可能因身有多种特权而享有多项刑罚减等或替换优待。唐律对此规定了竞合适用规则,即赎罪的适用以官当法为主,减罪的适用既考虑身份因素又考虑犯罪情节,身份因素则以减罪力度最大者为据。此类条文的设立目的实际上正是协调加减刑和替换刑系统的动态适用。

综上,唐律刑罚体系的构建是以犯罪主体身份为基准的,规定刑系统是针对具体犯罪的各个刑罚的整体,其主体是五刑二十等。加减刑和替换刑系统主要表现为,基于犯罪构成中主体身份差异、主观或客观情节差异,乃至刑罚可执行性等考量,在个案中对规定刑系统作出修正,包括在刑等规定基础上作出加减规定,在刑种基础上作出替换规定。唐律刑罚体系的"规定刑—加减刑—替换刑"三重结构就此呈现出来。三重构造不仅为《名例》篇诸条所明示,也体现在诸多规定的细节中,彰显了唐律刑罚制度的体系完备、均衡协调和周密繁复的特点。

二、秦汉刑罚体系三重构造的框架

以唐律观看前举《法律答问》"狱未断"诸简乃至秦汉律令、治狱文书等所见刑罚名称和适用规则,很容易就能发现,刑罚体系的三重构造同样存在于秦及汉初律令中,且秦、汉初与唐刑罚体系构造之间有相近乃至相同的逻辑。秦及汉初刑罚体系三重构造可简述如下:

规定刑系统是《具律》(相当于唐《名例》)之外各律章中"罪—刑"结构条文里的"刑"之部分。规定刑系统有两种基本表现形式:一是针对无特别成立要件的一般犯罪,实际是假定为抽象主体或曰无爵平民(庶人、士伍),给定规定刑及附随处理措施,律令条文结构常表述为"犯罪行为→刑罚";二是对主体或犯罪之成立有特定要求者,直接明文规定其内容,条文结构通常为"特定主体+特定行为→刑罚"。以《法律答问》观之,诸条问答所见主体犯某罪而"当某刑"者,是规定刑。

加减刑系统是因犯罪主体或情节差异,在规定刑基准上进行刑罚加减的规定,呈现为"甲刑→乙刑→丙刑"的加减等排序,法律文本常表述为"加罪(一/二等)""减罪(一等)","害盗别徼而盗"等一罪加重的"加罪"和"囚遂""受赇鞫狱故纵不直"等有二罪但加重其一罪的"加罪一等/二等"可归为"加罪","有罪告不审及先自告"导致的"减罪一等"可归为"减罪"。

替换刑系统是主体因拥有特定身份要素(如有爵)而享有刑罚优待权益,或处于特定身体/役使状态而不能执行规定刑时,对规定刑予以替换执行的规定。

三者中,规定刑系统最为基本,加减刑系统和替换刑系统是落实规定刑时的修正规定。三者彼此间在呈现方式、排序原理等方面完全不同,内部刑罚名称也互有参差,不能混同讨论。

首先,三重构造内彼此刑罚类别既有部分重合又不完全一致,如据目前所见,“耐鬼薪白粲”不见于规定刑系统,仅是对刑或完为城旦舂和腐刑的替换用刑,但被纳入加减刑系统内的加等和减等排序;斩止城旦刑是规定刑系统内的正式刑名,却不见于加减刑系统的“加罪一等”“减罪一等”之制。

其次,三重构造的表现形式各不相同。目前所见,各规定刑刑名都是个别地体现于《具律》外的规定犯罪和刑罚的条文之中;加罪一等和减罪一等之制分别系于《囚律》《告律》两章中的专条律文,此外见有个别犯罪单独规定减罪之制;替换刑系统主要体现为《具律》内以爵位为基准的特权性优待替换规定,以及针对鬼薪白粲、城旦舂、人奴婢或已受肉刑、耐刑者等主体的执行不能的替换规定。

再次,三重构造的呈现方式和排序逻辑各不相同,即令加减刑系统内部,加刑和减刑排序的刑罚种类和加减原理也不一样。当一人犯罪兼有加减情节和替换因素时,刑罚加减和替换也有次序,有时会影响最终刑罚的给定,只有精细剖析刑罚构造才可能精准把握其间细节。

又次,中国古法以维护身份差异为前提,刑罚体系中刑种与刑等之间又不存在完全统一的换算方法,因此在参引刑罚时需考虑基准条文中的身份差异。在这一点上,秦汉律与唐律面临相同问题。秦汉律中对参引“刑徒”和奴婢的刑罚有明确的修正规定,而唐时官户部曲、官私奴婢同样会因身份修正替换刑罚,参引其刑时亦予承受。唐律以“称反坐罪之”条和“官司出入人罪”条等相关律文在立意、内容、结构和表述方式方面都暗合秦汉律,不仅“反坐”“罪之”“坐之”等术语所指一致,参引刑罚的逻辑也大体一致——原则上所参引的应为修正后的实际刑罚,但对官员身份或特权身份导致的刑罚减轻,非官身之人不能原样参引。反之,因贱人身份而享有刑罚变通之利的,凡人可以参引之。这是秦汉唐律共有的刑罚修正逻辑。同时,身份差异和个案情节的出入情形各异、头绪繁多,法律智识群体只能在司法、立法等多个层面有针对性地加以解决。

最后,若再加入时间维度,历史地观察秦汉及唐律刑罚体系三重构造,可知三重构造的产生有逻辑先后:春秋以来各诸侯国制定和公布成文法,刑罚制度是立法重点之一,立法逻辑当如《法经》“盗”“贼”“囚”“捕”“杂”“具”六篇次序般,先行规定盗贼伤杀等具有明显社会危害性的行为为犯罪并给定刑罚,这是规定刑系统的雏形;之后按照治狱过程规定“囚”“捕”事项;最后才会“具其加减”、纳入刑罚修正因素,规定出刑罚加减和替换形式,这是加减刑和替换刑系统的雏形。

本章小结

本章从探讨睡虎地秦简《法律答问》“狱未断”诸简理据开始,逐步揭示出秦及汉初刑罚体系具有三重构造:第一,以《法律答问》117(前)、118、119、120 简为对象,说明诸简以“狱未断”为问答主旨,给定刑罚遵循了“先未断之罪、后再犯之罪”的逻辑顺序,即先行追究未断之实罪,判定其受肉刑或耐刑后的身份/役使,在此基础上落实诬罪、叠加反坐的刑罚。数罪追究或刑罚叠加时区分逻辑先后顺序的现象常见于秦及汉初律以及唐律。第二,以《法律答问》49、117(后)、109~112 简为对象,说明诸简所见“诬告反坐”时刑罚修正替换现象和“刑隶臣”“刑鬼薪”等刑罚的生成原理:《法律答问》117(后)简不是以“狱未断”为前提的,而是单独成句,是诬告耐为候罪反坐时的刑罚修正规定,“刑隶臣”“刑鬼薪”等刑罚可能是被诬告者的该当刑罚而非对葆子的刑罚。第三,提出秦及汉初刑罚体系具备三重构造,即规定刑系统、加减刑系统和替换刑系统,三个系统内部各自刑罚种类、排序方式和原理均有异,不能混同。使用规定刑系统和替换刑系统的概念可以较好地解释“狱未断”诸简和《二年律令·具律》诸简的逻辑原理。

类似的三重构造在后世律如唐律里也存在:“规定刑系统”以《名例》篇首“五刑”条作汇总规定,形成五刑二十等体例;“加减刑系统”较目前所见秦汉律为发达,专设“称‘加减’”条,规定了刑罚加减的一般规则,确立“加者不加于死,本条入死依本条”“二死三流各同为一减”等加减方式;“替换刑系统”也存在于《名例》篇里。在诸简宗旨方面,秦及汉初刑罚体系也不为惩处累犯而加重刑罚,而是着眼于新犯罪之刑罚的实现,替换刑系统的主旨即在于此,这与唐律等后世律“罪—刑”固定、不加重惩治累犯的精神一致。这些都说明,秦及汉初刑罚体系构造的基本因素得到了延续。

第二章　三重构造之规定刑系统

在秦及汉初刑罚体系三重结构里，规定刑系统是律令中"罪—刑"结构条文里的"刑"之部分，加减刑系统和替换刑系统是个案中对规定刑的修正适用的规定。无论从律令条文的占比还是从规范内容的逻辑层次看，规定刑系统都是刑罚体系的基础。

目前所见，各规定刑不像唐律《名例》"五刑"条般明文规定出五刑二十等，也不像《汉律十六章・囚律》和《二年律令・告律》、《汉律十六章・告律》的加罪一等、减罪一等之制的排序般，被有意识地撰入一条，遵循明确的排序逻辑，而是分散在各具体"罪—刑"结构条文里，标示一项犯罪（通常不考虑主体情况）的该当刑罚。因此，本书所谓"规定刑系统"仅指由各规定刑构成的整体，标示着它们的种类差异而非彼此间的等级关系。

本书"前言"部分举要展示了"本体论"意义上的规定刑系统研究成果，即令挂一漏万，也已是非常丰富，涉及复合型刑名的结构、刑名来源、徒刑性质、徒隶群体的生产生活和日常管理等多个领域。本章的重心不再放在对各规定刑刑名做逐一梳理的重复工作上，而是专注于存疑较多的问题，包括某些规定刑刑名的特异之处、规定刑序列的文献记录和体现刑罚体系特点的"迁"刑等。

第一节　规定刑系统概说

如前所述，对"黥为城旦舂""耐为鬼薪白粲""耐为隶臣妾""耐为司寇/候"等表现为"身体处刑+特定役使"复合结构的秦汉常见刑名，学者已基本摈弃了现代刑法思维框架下"主刑+附加刑"的结构认识，转而将施于人身的"死/刑/耐"之身体刑与"赎死/赎刑/赎耐"和"赀/罚金"之财产刑作为刑名的基本序列（本书所谓规定刑系统者），再引入"身份（刑）/身份序列"概念，将秦汉社会不同身份人犯罪后的修正规定（多数落入本书所谓"替换刑系统者"）纳入刑罚体系研究视野。

一、规定刑分类、特点及其历史成因

睡虎地秦简及岳麓秦简、里耶秦简和张家山汉简等出现的主要规定刑刑名有：

死刑：腰斩、枭首（枭其首市）、磔、弃市；

肉刑并强制劳役：黥为城旦/舂，斩左止为城旦，完为城旦/舂，腐以为宫隶臣；

单纯肉刑：黥，斩左止，黥頯/黥颜頯，城旦黥之；

处理鬓须处毛发的耐刑并强制劳役：耐为鬼薪/白粲，耐为隶臣/隶妾，耐为司寇/候；

迁/徙：迁之承受者及其家庭的户籍、居住空间的迁移；

财产刑：对应前述各类刑罚的赎刑，赀甲、盾/罚金；

强制短期劳役：赀/罚戍；

一过性身体痛苦和耻辱：笞；

训诫：谇。

……

上述分类不过是今人按照自创标准对规定刑刑名所做的汇总和分类。秦汉立法自有分类，规定刑序列大体是“死—刑—耐—赎（—赀）”，对此，陶安先生等学者已有合理的复原方案，本章后文也将择其重点稍作申说。以汉初律来看，《具律》律章有个别条文能够展现部分规定刑。例如，下引《二年律令·具律》119 简在规定赎刑对应黄金数量时列举了所赎的各“刑”，侧证了从“死”至“迁”的规定刑种类，但赎刑本身就是财产刑之一种，无法全面对应所有刑罚种类。① 又如，下引《二年律令·具律》93～98 简般规定“鞫狱出入人罪”的条文，②因被出入之罪原则上针对所有罪名，而狱案论断的结果不限于刑罚，还及于附随措施，故而该条体现了自“死罪”到“笞罪”的规定刑系统，也包含了“系城旦舂”“作官府”“没入、负、偿”“爵戍”等“行政性”措施及各类替换形式，范围上大于一般意义的刑罚体系。因此，本书上文对各具体刑名的胪列也是为展现规定刑系统的

① 另有如下引《二年律令·具律》93～98 简般规定“鞫狱出入人罪”的条文，因出入人罪原则上针对所有规定刑对应的罪名，故该条体现了规定刑系统自“死罪”到“笞罪”以及“系城旦舂”“作官府”“没入、负、偿”“爵戍”等“行政性”措施及其替换形式的大体面貌。

② 睡虎地汉简和 336 号汉墓整理者将同文的本条归入《告律》。

一大特征，即各规定刑都是从《具律》之外各律章的具体罪条汇总而来，它们原本都落实在规定具体犯罪的条文中，对规定刑系统的整体观察需要从《贼律》《盗律》《告律》《亡律》等律章中作归纳分析。

整体检视律令条文，按照其所对应犯罪的特点，规定刑刑名大概有以下分类及特点：

第一，针对无特别成立要件的一般犯罪，给定其规定刑及附随处理措施，条文结构通常为“犯罪行为→刑罚”。① 这类犯罪具有普遍危害性和明显的可谴责性，如盗贼伤杀之罪，因此对主体无特别限定，条文表述通常不会言明其主体。对这类犯罪而言，“有爵者”“刑徒”“奴婢”等不同身份的人需按替换刑系统的规定去修正其刑罚，因此条文本身实际是假定了抽象主体或曰无爵平民（庶人、士伍）的。

可注意者，有些条文针对的本属一般犯罪，因主体特别而需另行规定刑罚，其条文表达形式是“特定主体+一般行为→特定刑罚”。例如秦汉律令对吏之犯罪多有重于凡人的特别规定，如奸盗之罪本为一般犯罪，官吏有犯将加重处罚，如吏“守县官金钱物而盗加罪一等”，又如吏与人妻和奸者以强奸论，《二年律令·杂律》192、193 简载：

> 诸与人妻和奸，及其所与皆完为城旦舂。其吏也，以强奸论之。强与人奸者，府（腐）以为官隶臣。②

司马迁言“最下腐刑，极矣”，一旦被腐，辱身辱先，是为刑辱之最极端者。将此刑致用于官吏与人妻和奸，重刑治吏的意味不言而喻。

又如律令见有规定了奴婢犯罪的若干专条，其行为本属一般犯罪，常人有犯者律令有罚则，但律令对奴婢这类特定主体单作规定。如据《二年律令·贼律》28 简“殴同死〈列〉以下，罚金二两”，庶人殴击庶人者，其刑罚为罚金二两。30 简则记有：“奴婢殴庶人以上，黥頯，畀主。”同为殴击庶

---

① 王伟先生区分出了“罪行类条文”，界定其“功用是规定某一具体罪行的罪状和刑罚，其结构为：罪状+罚则”。参见王伟：《秦汉简牍所见刑罚研究》，中国人民大学 2013 年博士学位论文，第 70 页。从结构看，“罪行类条文”包括了本书此处分出的两种条文结构。从同一犯罪的特殊主体及其对应的特别刑罚看，本书区分出“特定主体+一般行为→特定刑罚”的结构，用于说明刑罚替换与规定刑的关系。

② 二简释文参见张家山二四七号汉墓竹简整理小组编著：《张家山汉墓竹简［二四七号墓］》（释文修订本），文物出版社 2006 年版，第 34 页。

人,主体为奴婢的,其刑罚便为施加黥頯肉刑。① 这与《二年律令·具律》对奴婢替换刑的一般规定不同,是以专条规定奴婢犯罪特定刑罚的事例,其本质是,一般犯罪因系特别主体实施,律令直接规定出替换用刑而进入规定刑系统。

第二,对主体或犯罪之成立有特定要求者,直接以律令明文规定之,条文结构通常为"特定主体+特定行为→一般/特定刑罚"。有时这类规定刑的适用有一定特异性。

一方面,有的常见规定刑被用于有特异性的犯罪。有些刑罚常适用于一般主体的常见犯罪,如赀/罚金刑用于赃值低(百一十钱以下)的盗罪,制裁力度较轻,不涉及身份贬抑和身体毁损。但对某些有特异性的犯罪,律令也会使用这类刑罚,如赀/罚金类财产刑被大量用于惩处不胜任、文书制作有误、保任他人为吏而被任者有过失等官吏履行职事的行为,这类行为不具备一般犯罪的那种明显不当性,不具有普遍的社会危害性,若无职事履行的背景因素,本无可罚性。虽然财产性制裁是可适用于所有有财产者犯罪的刑罚,但用于官吏前述履行职事的行为,只能以违反职事履行要求为限。

另一方面,有个别刑罚本身具有特异性,只能适用于特定主体的特别犯罪。如前述"有名之耐"的"耐为司寇",又如"耐为候"。目前"耐为候"刑名仅数见于秦简牍材料,都存在疑点,需稍作说明。该刑罚似乎针对的是承担特定职使之人不当履行其职使的行为。如《秦律杂抄》4简"除吏律"和6简"除弟子律":

> 除吏律·为听命书,法(废)弗行,耐为侯(候);不辟(避)席立,赀二甲,法(废)。
>
> 当除弟子籍不得,置任不审,皆耐为侯(候)。②

《秦律杂抄》4简"为听命书"之"为",整理者作"伪"解,语译为"假装"。此解下,"假装听命书"要么与"废弗行""不避席立"并列,要么专限"废弗行",其后的"不避席立"总会欠缺前提,文义不畅。本书认为"为"通"如",表假设。在先秦秦汉文献中其例甚多,如《战国策·秦策》载:"秦为

① 二简释文参见张家山二四七号汉墓竹简整理小组编著:《张家山汉墓竹简[二四七号墓]》(释文修订本),文物出版社2006年版,第12、13页。

② 二简释文参见睡虎地秦墓竹简整理小组编:《睡虎地秦墓竹简》,文物出版社1990年版,第80页。

知之,必不救也。”①意为秦国如果知悉,必定不去救援。又如秦始皇会稽山刻石载:“夫为寄豭,杀之无罪,男秉义程。女为逃嫁,子不得母,咸化廉清。”②二句中“为”皆通“如”,表假设。③ 睡虎地秦简内亦有类例,如《秦律十八种·司空》130 简有“为车不劳称议脂之”,整理小组注“为,如果”,语译为“如车运行不快,可酌量加油”。④ 据此解,《秦律杂抄》4 简以“为(如)”假设出“听命书”,作为“废弗行”“不避席立”的共同前提,前者所规范的只是以“听”的形式领受命书后搁置未予履行的行为,简文未附随其他损害后果的描述,显系“耐为候”只针对未履行的行为本身,而不及造成损害后果者。因此“听命书废弗行”不是原释为“伪”般的具有主观恶意的严重罪行;与“听命书”时礼仪失当的“不避席立”并列,相较而言,“耐为候”刑罚也并不为重。

《秦律杂抄》二简所见“耐为候”的承受者是听受命书者和除弟子及置任者,同简其他罪状的刑罚是赀刑和附随之“法(废)”,也是针对保有特定职责者之犯罪的常见处置。⑤

岳麓秦简(叁)《为狱等状四种》“癸琐相移谋购案”是在秦王政二十五年(前 222 年),围绕的是校长、戍卒在履行职使、捕获逃亡罪人,领取官府购赏时的诈欺犯罪,24 简记有吏议意见之二是校长癸和戍卒(士伍)琐“耐为候”,与另一吏议意见“盗未有取”的“赎黥”相对,“耐为候”对应的罪名显然不会是“坐赃为盗”的赃罪,⑥应是违反职使要求的犯罪。⑦

---

① (汉)刘向集录,(南宋)鲍彪等注:《战国策》卷六《秦四》“秦取楚汉中”,上海古籍出版社 2015 年版,第 128 页。

② (汉)司马迁:《史记》卷六《秦始皇本纪》,中华书局 2014 年版,第 333 页。

③ 此数句应系始皇帝对嫪毐与赵太后私通生子事的再次泄愤,申明当初诛嫪毐、迁太后的正当性。前三句是说外来男子若私通家庭内女性而生子,男子可杀,即嫪毐当诛;后三句是说家庭内女性若不遵妇道背离家庭,子女不以其为母,则赵姬可迁。“为”皆表假设,而非动词“做出”“是”之意。

④ 睡虎地秦墓竹简整理小组编:《睡虎地秦墓竹简》,文物出版社 1990 年版,第 50 页。

⑤ 傅荣珂先生依据《秦律杂抄》二简指出,“‘候’之原来身份应为官吏,由于触犯刑律,而沦为刑徒,虽不得复为官府之佐吏,然其劳役则较司寇为轻”。傅荣珂:《睡虎地秦简刑律研究》,台北,商鼎文化出版社 1992 年版,第 178 页。对“耐为候”的解释,参见中国政法大学中国法制史基础史料研读会:《睡虎地秦简法律文书集释(五):〈秦律十八种〉(〈效〉——〈属邦〉)、〈效〉》,中国政法大学法律古籍整理研究所编:《中国古代法律文献研究》第 10 辑,社会科学文献出版社 2016 年版,第 69 页。

⑥ 《二年律令·捕律》155 简载:“捕罪人弗当以得购赏而移予它人,及诈伪,皆以取购赏者坐臧(赃)为盗。”张家山二四七号汉墓竹简整理小组编著:《张家山汉墓竹简[二四七号墓]》(释文修订本),文物出版社 2006 年版,第 29 页。

⑦ 24 简简文见朱汉民、陈松长主编:《岳麓书院藏秦简(叁)》,上海辞书出版社 2013 年版,第 102 页。

里耶秦简9-2287简记有秦王政二十六年(前221年),新武陵县男子“它”在迁陵县犯罪事发,治狱期间逃亡至酉阳县并被捕获的事例:

廿六年五月辛巳朔壬辰,酉阳齮敢告迁陵主:或诣男子它。辤(辞)曰:士五(伍),居新武陵軴Ⅰ上。往岁八月毄(击)反寇迁陵,属邦候显、候丞[不]智(知)名。与反寇战,丞死。它狱迁陵,论Ⅱ耐它为俟(候),遣它归,复令令史畸追环(还)它更论。它毄(系)狱府,去亡。令史可以书到时Ⅲ定名吏里、亡年日月、它坐论报赦(赦)辠(罪)云何,或覆问毋有。遣识者。当腾,腾为报,勿Ⅳ留。敢告主。/五月戊戌,酉阳守丞宜敢告迁陵丞主:未报,追。令史可为报,勿留。Ⅴ9-2287(正)

敢告主/尻手。Ⅰ六月癸丑,迁陵守丞敦狐以此报酉阳曰:已以五月壬寅、戊申报曰:它等Ⅱ未毄(系),去亡。其等皆狱迁陵。盗戒(械)传谒迁陵。/逯手。/即令走起以送Ⅲ移旁。Ⅳ有前在其前狱。Ⅴ癸丑水下三刻,平里士五(伍)颤以来。/逐半。尻手。Ⅵ9-2287(背)①

据本文书,酉阳县发文至迁陵县,称有人捕送男子它到官,它供称系新武陵县士伍,在迁陵县与反寇作战,获罪,迁陵县治其狱,论处它为“耐为候”,遣返它回乡,随即又指令令史畸抓捕它,重审其案。它是在履行其从军役使,与“反寇”作战时获罪,就刑罚言,它被论断为“耐为候”后被“遣归”,即遣返回原籍新武陵县,重审其狱时才将其拘禁。可见士伍受过耐刑成为“候”的,由其户籍所在地而非治狱县的仓官管理,刑罚未冲击其人身自由和身份。

综上,目前所见“耐为候”与履行职使犯罪有关,似是对特定主体或犯罪类型的刑罚“优待”,轻于或相当于耐为司寇。

第三,就条文表达形式看,规定刑系统与替换刑系统应有区分,主要是对鬼薪白粲、城旦舂“刑徒”和私人奴婢的犯罪而言。这类人群的刑罚替换的通则性规定由《具律》律章以专条给出,②将“死—刑—耐—赎—赀”序

① 陈伟主编:《里耶秦简牍校释》第2卷,武汉大学出版社2018年版,第453页。句读有修改。

② 王伟先生提出,与“罪行类条文”相对的“通例类条文的功用是规定根据犯罪人的身份对罪行类条文中规定的本刑进行调整而确定其换刑,其结构为:犯罪人身份+罪行类条文规定的本刑=换刑。故换刑一般是通例类条文中根据犯罪人量刑身份和本刑而规定的刑罚”。王伟:《秦汉简牍所见刑罚研究》,中国人民大学2013年博士学位论文,第70页。

列替换为“死—黥/黥颜頯—笞百”序列,《二年律令·具律》91、92、122 简即其文,对此,详见第五章。在《二年律令·具律》外的各律章中还存在不少以这类人为主体的刑罚,以前举奴婢犯罪为常见。这类罪刑条文的规定刑中,有的与依据替换刑系统的刑罚无别,如《二年律令·亡律》规定奴婢逃亡的处置是“黥颜頯畀主”,彼一“黥颜頯”即规定刑;而吏民亡罪的规定刑是耐,若据《二年律令·具律》,奴婢犯有耐罪的应替换为“黥颜頯”,此一“黥颜頯”即替换刑。

历史地看,《具律》此“替换刑”的一般规定应是来自对各律章中彼“规定刑”的概括,是将分散在各律章的规定刑汇总起来使之齐整统一,作为替换刑的通则性规定置于《具律》中。其发展过程大约是:在一事一罪、分散立法的时代,规定刑存在于各律章的具体罪刑条文中,奴婢等主体的刑罚需替换的,也是个别地规定其替换形式;之后逐渐抽离出替换刑的一般规定置于《具律》中作为通则性条文,但在各律章中还保留不同于一般替换形式的条文,个别情况下还保留了城旦舂、奴婢逃亡之类特定主体的特定犯罪的条文,其刑罚与依据替换刑的通则性规定换算得出的替换用刑相同,但在具体罪条中以规定刑形式存在。

以历史眼光看,因应不断出现的新情势,立法者随时将原非犯罪、本无刑罚的行为事项规定为犯罪,给出规定刑罚,有时还规定以特别身份为构成要件或刑罚加重因素。前述官吏和私人奴婢犯罪的刑罚表达异于一般规定刑,正是典型,它们反映了战国秦汉之际官僚制和家庭结构所经历的巨变、调整和定型的历史变迁。笔者已另文说明,此处申说大概。

一方面,秦及汉初官僚制度已然成型,进入完善阶段,其时律令中占比较大的部分正是对官吏群体的规范,其入手点就是规范职事履行。这在出土简牍尤其是秦令占比较大的岳麓秦律令简册中有突出反映,大量律令条文围绕对“枉事”的规制展开。传世文献所记从汉初开始就屡有诏敕规制和修订法律以整饬群吏,主旨也是督责官吏正当履行其“事”。在这一过程中,原本即犯罪、不限主体的行为,官吏有犯者则加重刑罚;原本不是犯罪的行为,因与履行职事有关,被不断纳入犯罪范畴,“耐为候”这类特殊的规定刑刑名被逐步纳入新罪条文中。在汉初《二年律令》之前,“耐为候”刑名消失,这大概是出于齐整刑罚、统一和简省律令体系的目的,立法者将原本在不同历史时期根据需要而随时制定的适用“耐为候”刑罚的各个犯罪条文,转以其他刑罚(可能即“耐为司寇”)代之。这大概就是《晋书·刑法志》言汉初律从“罪名之制”向“事律”扩展的历史逻辑。

另一方面,私奴婢犯罪的刑罚演进也有类似逻辑。下文第二节说明,《周礼·秋官·掌戮》和《商君书·境内》都存在契合“死—刑—耐”身体刑序列的记录,在先秦时期,这一序列是针对一般主体而非私人奴婢犯罪的刑罚形式,是专属“掌戮”职的职掌,即今日所谓“国家专属刑罚权”,区别于父子、主奴、上下级等个人关系间作为训诫手段的鞭笞。在秦代,奴婢犯罪而主人私自行使惩戒权的现象似较常见,父母/主笞子女/奴,若非致死,官府概不闻问,一过性身体刑之笞就保留在家内私人之手。但《法律答问》有多简言及“主擅杀、刑、髡其子及奴妾”已为法所禁,而“杀、刑、髡”大体对应“死—刑—耐”刑罚序列。这反映出其时立法者针对家庭内关系,在有意识地从家主手中将对奴婢的生命和身体刑罚权夺取过来,由国家独占。在此意义上,结合奴婢受刑后需归还其主人的现实因素,秦汉法律规定奴婢犯罪不适用“死—刑—耐—赎—赀”刑罚序列,专为其创设“死—黥颜頯—笞百”刑罚序列,就是自然而然的了。这是奴婢犯罪需在“死—刑—耐—赎—赀”的规定刑序列上进行替换的做法的历史背景,对此,详见后文第五章。

规定刑系统内,除有特殊性和较明确的历史发展脉络可循的刑名外,尚有部分刑名如“笞”“戍”等,尚不能完全确认其性质,①另有部分刑罚偶尔作为规定刑出现但有特殊适用前提,如“系城旦舂”“迁”等刑名。其中“迁”较特殊,本章第三节予以专节讨论。

此外,岳麓秦简还偶见以“赎城旦舂”制裁作为反者和舍反者的室人中的不知情者,是以令文特立规定之例;《为狱等状四种》又有以“赎舂”处理疑罪的记录,是秦代疑罪未断时暂且从赎之例。此前学者对秦汉赎刑讨论颇多,角谷常子先生区分秦代赎刑作为“规定之刑”的“正刑”和“换刑”的不同用法,②其说为学界所接受,成为对秦赎刑的基本认识。但前例皆为岳麓秦简所见,它们都不是依据身份作出的换刑,又非目前已知的秦代规定刑中的常规赎刑,也未出现在汉初规定刑系统中。对这类“赎城旦舂”刑罚应如何认识,恐怕还有深入探讨的余地。后文第五章第一节将从替换刑系统角度去梳理秦赎刑史料,以为呼应。

对前举规定刑系统内的有疑问的几个刑名,囿于材料欠缺,难以从细节上推想其制,上文所言仅为梗概而已。但这足以提示今人,秦及汉初刑

---

① 单字“戍”可能系“赀戍/罚戍”的省写。陶安先生认为“赀戍一岁”是劳役性的“赀”。陶安あんど『秦漢刑罰体系の研究』(東京外国語大学アジア・アフリカ言語文化研究所,2009 年)148 頁参照。

② 参见〔日〕角谷常子:《秦汉时代的赎刑》,陈青、胡平生译,李学勤、谢桂华主编:《简帛研究 二〇〇一》,广西师范大学出版社 2001 年版,第 587~594 页。

罚体系尤其是秦规定刑系统在历史上的变易频度和复杂性,恐怕超出现有材料在直观上能够显示的程度,未来研究需关注新材料,也需有意识地以更细腻的手法去处理和阐释既有材料。

以下对规定刑系统的几个方面稍作申说。

二、对"死—刑—耐"序列的认识

战国秦刑罚体系中"死—刑—耐"身体刑是主干,各刑名之间和其内部具体刑名构成成分有可说明之处。

其一,关于死刑与尸体制裁。简牍所见秦及汉初规定刑中死刑包括弃市、腰斩、枭首(枭其首市)和磔。前言引韦慕庭先生英译《汉书·刑法志》的段落时将"刑"译为"(肉刑)刑罚",注为"法定刑罚通常包含某种形式的肉刑:黥面,断鼻或足,阉割,或死刑";①其说将死刑归为肉刑的一种形式,这极具启发性。冨谷至先生就指出汉代死刑之腰斩与弃市是"身体的处刑",是究极的肉刑;磔、枭首、车裂是对尸体的处理,附加于作为究极的肉刑之死刑,即先执行斩首、腰斩,之后执行曝晒尸体、使其枯死、用车毁损等附加性措施。② 因此严格而言,枭首和磔不是处死方式本身,而是对尸体的制裁。

弃市和腰斩是造成剥夺生命效果的终极肉刑。《周礼·秋官》"掌戮"职有"掌斩杀贼谍而搏之",郑玄注"斩以斧钺,若今腰斩""杀以刀刃,若今弃市"。③ 腰斩含义大概明晰无疑议,"杀以刀刃"的弃市的具体执行方式为何,诸家则多有争议。《汉书·景帝纪》"改磔曰弃市"下颜师古注:"弃市,杀之于市也。谓之弃市者,取刑人于市,与众弃之也。"④张建国先生认为:"如果绞不仅仅指刑名而是指处刑方式,那么它的使用……至少秦汉时期可能已经存在,其刑名就是弃市。"⑤宋杰先生提出:"汉代死刑的常用刑

① Clarence Martin Wilbur, "Slavery in China during the Former Han Dynasty: 206B. C. –A. D. 25", *Anthropological Series Field Museum of Natural History* Vol. 34, January 15, 1943, p. 286, et note 2.

② 参见〔日〕富谷至:《从终极的肉刑到生命刑——汉至唐死刑考》,周东平译,范忠信、陈景良主编,中南财经政法大学法律文化研究院编:《中西法律传统》第7卷,北京大学出版社2009年版,第1~19页。

③ (清)阮元校勘:《十三经注疏》第3册《周礼注疏》卷三六,台北,艺文印书馆2001年版,第545页。

④ (汉)班固:《汉书》卷五《景帝纪》,中华书局1962年版,第146页。

⑤ 张建国:《秦汉弃市非斩刑辨》,张建国:《帝制时代的中国法》,法律出版社1999年版,第161页。

种应为枭首、腰斩和弃市,斩首包括在弃市刑种之内。"①何有祖先生据益阳兔子山九号井第三・二号秦牍"刑杀尊市,即弃死(尸)市"提出,此处"刑杀"很可能是指用刀剑斩杀头部,"那么该牍对尊的行刑方式应是斩杀头部于市,并弃尸于市。这应是秦弃市刑中对罪犯身体行刑采用斩首刑的直接证据"。② 陈侃理先生进而提出:"秦汉弃市之法使用刀刃,但不导致身首分离,而是以锋刃割颈而致死。"③总结诸说可知,弃市仅指在市场中公开执行死刑。《周礼・秋官》"掌戮"职有"掌斩杀贼谍而搏之",郑玄注"斩以斧钺,若今腰斩""杀以刀刃,若今弃市",④其具体执行方式为以刀刃斩首,或如陈侃理先生言,为割颈致死。

其二,关于肉刑。烈度逊于腰斩与弃市死刑的是一般称为"肉刑"的身体刑,以毁损肢体器官而不致死为限度。秦及汉初规定刑中的肉刑是黥、斩左止和腐,肉刑执行后皆与特定役使/身份搭配。黥刑适用的犯罪罪名最多,斩左止仅用于"鞫死罪狱故纵不直""强略人以为妻及助者""越塞"等特定犯罪,腐仅见于"强与人奸"罪。后文第五章将简要说明,睡虎地秦简时代乃至秦及汉初作为规定刑的肉刑可能仅此三种。

在今人看来,黥刑只刻画额面而已,毁损肢体器官的严重程度恐怕最低。张家山 336 号汉墓《汉律十六章・囚律》160 简记有:"黥罪人其大半寸,劓羡半寸。"⑤按汉制半寸不足 1.2 厘米,不影响身体机能。但包括黥刑在内的肉刑的功能是通过标记犯罪者肢体不全,将其排除出人民范畴,并导致其自身被官府完全控制、其所支配的家庭被没入官府等附随后果。可以说,虽然秦及汉初作为规定刑的黥之肉刑的毁损身体的作用不明显,其与斩左止和腐的总体适用范围也只限于律令明文规定的有数的犯罪类型,但其后果极严重。作为秦及汉初刑罚序列的主干,黥刑有足够的严酷性。

其三,关于"刑"与"耐"所在的复合式结构刑名。接受肉刑和耐刑的身体刑后,受刑者会被强制役使/贬抑身份为"城旦、舂;鬼薪、白粲;宫隶臣;隶臣、隶妾;司寇、候"。对此尚需申说一二。

(1)在"刑"之大类内部,"完为城旦舂"能否等同于"为城旦舂",以及

---

① 宋杰:《汉代"弃市"与"殊死"辨析》,《中国史研究》2015 年第 3 期。

② 何有祖:《再论秦汉"弃市"的行刑方式》,《社会科学》2018 年第 11 期。

③ 陈侃理:《弃市新探——兼谈汉晋间死刑的变迁》,《文史》2022 年第 1 辑。

④ (清)阮元校勘:《十三经注疏》第 3 册《周礼注疏》卷三六,台北,艺文印书馆 2001 年版,第 545 页。

⑤ 释文参见彭浩主编,荆州博物馆编:《张家山汉墓竹简[三三六号墓]》(上册),文物出版社 2022 年版,第 185 页。

"城旦舂刑"所指的问题。对此可从城旦舂刑对应之"赎"入手分析。陶安先生认为秦律上的赎先是作为"死—刑—耐"的换刑,后逐渐进入正刑体系,才形成汉初《二年律令》中所见赎刑等次。① 其说又认为,"完为城旦舂"与"为城旦舂"无异,"城旦舂"逐渐被视为"完为城旦舂"刑名中表示罪刑轻重的成分,造成诸如"赎城旦舂""城旦舂罪"等以"城旦舂"表示轻重的法律概念。这一变化在睡虎地秦简中仍未出现,目前所见资料,初例为岳麓秦简《为狱等状四种》所见"赎舂",并且汉初《二年律令》仍不将"城旦舂"当作刑项使用。②

在刑名简省意义上,"完为城旦舂"确乎即为"为城旦舂"。不过,"完为城旦舂"出现后,"城旦舂"是否仅作为"完为城旦舂"刑名中的表示刑罚轻重的成分,仍有疑问。仅从赎刑类别看,"赎城旦舂"已是赎刑独立一等,汉初《二年律令·具律》119简记有:

> 赎死,金二斤八两。赎城旦舂、鬼薪白粲,金一斤八两。赎斩、府(腐),金一斤四两。赎劓、黥,金一斤。赎耐,金十二两。赎署(迁),金八两。有罪当府(腐)者,移内官,内官府(腐)之。③

"赎城旦舂、鬼薪白粲"已独立于"赎死"、"赎各肉刑"和"赎耐"等,这正是陶安先生所说的秦律对更为古老的"死—刑—耐"序列细化后的现象。这一现象背后蕴含着一个历史变化过程:在刑罚等级中,"城旦舂"不再完全与黥之肉刑相系,出现了保持肉体完整的"完为城旦舂"。如前注引陶安、宫宅洁等学者所言,"完为城旦舂"是派生于"刑为城旦舂"的后起刑罚,宫宅洁先生更推测"完为城旦舂"产生在公士爵无法如上造般免除肉刑、科罚摇摆的历史时期。④

但"赎城旦舂"成为独立一等赎刑后,所赎的恐怕不仅是"完为城旦舂",也不仅是"刑/完为城旦舂"刑名中的"城旦舂"身份/役使部分,而是

① 陶安あんど『秦漢刑罰体系の研究』(東京外国語大学アジア・アフリカ言語文化研究所,2009年)114~116頁参照。亦可参见〔德〕陶安:《秦律刑罚等序研究序说》,徐世虹等:《秦律研究》,武汉大学出版社2017年版,第257页。

② 参见〔德〕陶安:《秦律刑罚等序研究序说》,徐世虹等:《秦律研究》,武汉大学出版社2017年版,第263页。

③ 张家山二四七号汉墓竹简整理小组编著:《张家山汉墓竹简[二四七号墓]》(释文修订本),文物出版社2006年版,第25页。

④ 参见〔日〕宫宅洁:《中国古代刑制史研究》,杨振红等译,广西师范大学出版社2016年版,第108~110页。

涵盖了“完城旦舂”和“刑城旦舂”。这一想法直接源于以下问题:若有“刑为城旦舂”需赎时,缴纳黄金数额是按“赎城旦舂”还是按“赎刑”再加“赎城旦舂”来计算? 譬如《二年律令·具律》93~98 简记有“鞫狱出入人罪”之犯罪的罚则:

> 鞫(鞫)狱故纵、不直,及诊、报、辟故弗穷审者,死罪,斩左止为城旦,它各以其罪论之。其当毄(系)城旦舂,作官府偿日者,罚岁金八两;不盈岁者,罚金四两。□□□□两,购、没入、负偿,各以其直(值)数负之。其受赇者,驾(加)其罪二等。所予臧(赃)罪重,以重者论之,亦驾(加)二等。其非故也,而失不审者,各以其赎论之……①

鞫狱故纵不直、刑有出入者,原则上反坐其出入之罪,“失不审”而造成鞫狱出入人罪者,是“各以其赎论之”,即依据前引《二年律令·具律》119 简,赎其出入之罪。若鞫狱失不审造成黥为城旦舂之罪有出入时,需以“赎黥为城旦舂”论;若“赎城旦舂”仅针对“完为城旦舂”或其刑名中“城旦舂”成分,则此“赎黥为城旦舂”是赎黥加赎城旦舂,共计金二斤八两,与赎死相等,恐不合理。若只赎黥,仅为金一斤,且不能与城旦舂、鬼薪白粲等“刑徒”犯耐、迁轻罪而易刑为黥的前提下的赎黥相区分,更难说通。

本书以为,这类对“刑为城旦舂”之赎实际只是“赎城旦舂”即金一斤八两;“赎城旦舂”也包括“完为城旦舂”之赎。意即,赎刑之“赎城旦舂”涵盖了“完为城旦舂”与“刑为城旦舂”。这与下析里耶秦简缀合简“当城旦舂”和汉惠帝即位诏、《二年律令·具律》律文中的“为城旦舂”类似,包括“刑为城旦舂”和“完为城旦舂”。相应地,“赎斩腐”“赎黥劓”等仅指狭义的各肉刑之赎,如城旦舂、鬼薪白粲犯耐罪以上之黥或其替换肉刑所对应的赎。

对此可从“完为城旦舂”的功能入手作一分析。相对于黥、劓、斩止和腐等“刑”,“完”意为“保持(肢体器官)完整”,应无疑义。不过亦可从刑罚的数量上去理解“完”,即“完”亦是肉刑,但是“零肉刑”。“零刑罚”的观念并不陌生,秦汉律上屡见“除罪”即是。岳麓秦简 43 简载:

---

① 张家山二四七号汉墓竹简整理小组编著:《张家山汉墓竹简[二四七号墓]》(释文修订本),文物出版社 2006 年版,第 22 页。

不会笞及除，未盈卒岁而得，以将阳癖（癖），卒岁而得，以阑癖：有（又）行其笞。

整理者认为岳麓秦简43简“除”意为“或为除刑徒任劳役”，[①]亦有观点认为“除，应是指免除其劳役或刑罚”。[②] 本书倾向于认为此“除”指“除罪”，取“免除刑罚”之意。目前所见，以“除罪”免除刑罚者多有过犯，出于法定事由或遇赦得以除罪。这种情形下的“除罪”不是自始无罪而不应处刑，而是应赋予刑罚但减为零刑罚。故岳麓秦简43简规定，犯罪者不在案，缺席治狱、论断其罪而除罪的，限令自出、接受此零刑罚，“不会”者以阑亡论断。[③]

岳麓秦简（叁）《为狱等状四种》137～141简记有“譊、妘刑杀人”案文书。因缺简和残断较多，不能详知本案案情，大概是说，譊、妘与受害人冲突，譊“以刀刑”受害人即故意毁损了其肌体，之后“弃刀”，受害人可能随后受妘攻击，最终死亡。譊、妘是否在案，不明。经勘验询问，治狱者确认事实（“鞫”）和作出论断（“论”）：“鞫：譊刑审，妘杀疑。●九月丙寅，丞相、史如论令妘赎舂。”[④]本案由佐竞告发譊“以刀刑人市舍”开启治狱程序，譊“刑人”之罪应有竞等现场目击者，故其刑人之罪“审”；但譊随后弃刀，而被害人最终死亡。本案未能坐实妘杀人之情，故其杀人之罪“疑”。可见此“疑罪”不是奏谳文书通常所见“法律适用之疑”，而是案件事实存疑。唐律《断狱》“疑罪”条规定：“诸疑罪，各依所犯，以赎论。”[⑤]这是断狱遇有案情不明时的慎刑规定，待案情明了后将更改论断。妘之疑罪是杀人，该案139简有“不可起，怒，以刀刑”，则本案受害方也可能曾下手，本案加害方罪名可能是斗杀伤或贼杀伤人；而无论是斗杀还是贼杀人，刑罚皆为弃市死刑，其疑罪，若按唐律则为“赎死”。本案所见，秦对此类疑罪似以“赎”暂作处理，且是用“赎城旦舂”而非“赎死”。妘应为女性，故为“赎舂”。此例中“赎城旦舂”不是“赎完为城旦舂”之义。

因此据本书看法，在刑名意义上笼统言“城旦舂”时，“完（肉刑减为零）为城旦舂”实际包含在“刑为城旦舂”之内；单论赎刑时就以“赎城旦舂”统之。这在“赎城旦舂”作为规定刑的罕见例证中有所体现。秦简牍

① 参见陈松长主编：《岳麓书院藏秦简（肆）》，上海辞书出版社2015年版，第77页。

② 参见刘欣欣：《秦汉〈亡律〉分类集释》，湖南大学2017年硕士学位论文，第43页。

③ 对岳麓秦简43简简文和“论令出会之”“不会”程序的理解，见后文第六章。

④ 朱汉民、陈松长主编：《岳麓书院藏秦简（叁）》，上海辞书出版社2013年版，第175～176页。

⑤ （唐）长孙无忌等撰，刘俊文点校：《唐律疏议》，中华书局1983年版，第575页。

偶见作为刑罚的“赎城旦舂”,如岳麓秦简(伍)170~172简载:

> ●捕以城邑反及非从兴殴(也),而捕道故塞徼外蛮夷来为间,赏毋律。└今为令└:谋以城邑反及道故塞徼外蛮夷来欲反城邑者,皆为以城邑反。智(知)其请(情)而舍之,与同辠。弗智(知),完为城旦舂。└以城邑反及舍者之室人存者,智(知)其请(情),与同辠,弗智(知),赎城旦舂。└典、老、伍人智(知)弗告,完为城旦舂,弗智(知),赀二甲。·廷卒乙廿一①

据汉初《二年律令·贼律》1~2简,“以城邑反”刑罚为腰斩,②秦亦应为死刑。反者及舍反者之人的同室之人,知情的与同罪,应处死刑;不知情的则为“赎城旦舂”,是汉初律上较“赎死”低一等的赎刑。此一赎刑不是承接前文不知情而舍反者之“完为城旦舂”罚则,因此无法言其所赎的是“完为城旦舂”,而应是独立的“赎城旦舂”赎刑。

在岳麓秦简所见以上二例“赎城旦舂”中,前者为“死罪有疑”之赎。张建国先生认为“疑罪从赎”是汉代赎刑存在的基础,③据此岳麓秦简所见,秦代已有“疑罪从赎”。这本不是其犯罪的规定刑,而是案情不明时,出于慎刑考虑的权宜处理程序。后者为“死罪不知情”之赎,则确乎是规定刑罚。

综合考虑以上因素,“赎城旦舂”之赎不是专对“完为城旦舂”,而是包含“刑为城旦舂”整体;它也就不是仅对其刑名中的“城旦舂”之赎。当将“刑”解为包括“零肉刑”之“完”时,“赎城旦舂”所赎的“城旦舂”之刑就包括了“刑为城旦舂”和“完为城旦舂”,此时“城旦舂刑”也就可被视为一个刑罚类别或序列。本书将在这个意义上使用“‘城旦舂刑’序列”的说法。

(2)关于“完为城旦”与“腐以为宫隶臣”之间的轻重问题。严格言之,规定刑的轻重比较和排序本无意义,但部分材料所见不同刑名的适用差异容易导致对刑罚轻重的歧见,对此可稍作说明。本书认为,在对应犯罪的意义上,“腐以为宫隶臣”刑罚轻于完城旦舂刑。此说恐怕与某些表

---

① 释文参见陈松长主编:《岳麓书院藏秦简(伍)》,上海辞书出版社2017年版,第124~125页。

② 《二年律令·贼律》1~2简载:“以城邑亭障反,降诸侯,及守乘城亭障,诸侯人来攻盗,不坚守而弃去之若降之,及谋反者,皆要(腰)斩。”张家山二四七号汉墓竹简整理小组编著:《张家山汉墓竹简[二四七号墓]》(释文修订本),文物出版社2006年版,第7页。

③ 参见张建国:《论西汉初期的赎》,《政法论坛》2002年第5期。

面史料相冲突,①以"毁肌肤"之黥为肉刑之轻者、以腐为肉刑之至重者的当代认识恐怕也不罕见。② 不过似有必要区分《二年律令·具律》88 简作为黥刑替换刑的"腐"和《二年律令·杂律》193 简作为规定刑的"腐以为宫隶臣":在单纯针对身体器官机能的层面上,作为黥刑替换刑的腐或许重于黥、劓和斩趾刑;但作为规定刑的"腐以为宫隶臣"未必重于未施加肉刑的完城旦,遑论施加肉刑的刑城旦。③

在规定刑系统里,腐以为宫隶臣适用于"强与人奸"(《二年律令·杂律》193 简),所强者包括人妻,而与人妻和奸的刑罚是完城旦(《二年律令·杂律》192 简);④强奸刑罚重于和奸,因此腐为宫隶臣似乎重于完城旦。⑤ 但是在秦及汉初人的观念里,和奸与强奸应是性质完全不同的犯罪,刑罚也各有针对性。与人妻和奸首先侵犯了婚姻关系及夫之专有性权利,处刑为完城旦;与非婚姻关系中的女性和奸的则无具体侵犯客体,处刑较轻,为耐隶臣。⑥ 强奸是对所有女性身体、人身自由以及性自主意志的侵犯,其刑罚体现为对等的肉体报复即毁损生殖器官之腐刑;而受腐刑者不能与一般刑徒为伍,身份将是宫隶臣。可见强奸与和奸的规定刑的性质有根本差异,本不能比较轻重。

不唯如此,城旦舂刑是身份/役使之最重者,宫隶臣应轻于城旦。综合身体刑和身份贬抑因素,难说腐以为宫隶臣重于完城旦。《二年律令·具

---

① 在日常经验层面,腐刑毁坏生殖机能,是所有肉刑中之最重者;在秦及汉初成文律令层面,《二年律令·具律》88 简中肉刑替换的递进次序似乎是一注脚;在汉文帝十三年(前 167 年)刑制改革废除肉刑后,腐刑尚曾作为代死之刑偶有复立,重于髡钳城旦舂之常规刑。详见本书后文第三章。

② 如孙闻博先生认为"宫刑实际仅次于死刑",参见孙闻博:《秦汉简牍中所见特殊类型奸罪研究》,《中国历史文物》2008 年第 3 期。在汉文帝废除肉刑后,这种说法是成立的。

③ 二者之别,学者多有述及,如宫宅洁先生作了类似区分,参见〔日〕宫宅洁:《中国古代刑制史研究》,杨振红等译,广西师范大学出版社 2016 年版,第 35~37 页。

④ 《二年律令·杂律》192、193 简载:

> 诸与人妻和奸,及其所与皆完为城旦舂。其吏也,以强奸论之。
> 强与人奸者,府(腐)以为宫隶臣。

张家山二四七号汉墓竹简整理小组编著:《张家山汉墓竹简[二四七号墓]》(释文修订本),文物出版社 2006 年版,第 34 页。

⑤ 类似理由参见丁义娟:《秦及汉初刑罚体系研究——以出土资料为主要依据》,吉林大学 2012 年博士学位论文,第 104 页。

⑥ 张家山汉简《奏谳书》182 简载:"奸者,耐为隶臣妾。"释文参见张家山二四七号汉墓竹简整理小组编著:《张家山汉墓竹简[二四七号墓]》(释文修订本),文物出版社 2006 年版,第 108 页。该案中,和奸发生在女性丈夫已经死亡后,所引此条针对的应是与已非人妻的女性和奸的行为。这与《为狱等状四种》"田与市和奸"案的"耐为隶臣妾"刑罚一致。

律》119简的赎刑轻重排布为"赎城旦舂、鬼薪白粲,金一斤八两。赎斩、府(腐),金一斤四两",在混杂身份之赎和肉刑之赎时,城旦身份之赎重于肉刑腐之赎,恰可说明作为规定刑的腐为宫隶臣刑轻于完城旦刑。

三、对徒隶的认识

进一步的问题是,执行身体刑之后的"城旦舂/鬼薪白粲、隶臣妾、司寇/候"的定性问题。除司寇外,这些群体在里耶秦简籍簿文书中被归类为"徒隶"。如据前言引钱大群等学者提出"身份刑"概念,前述"刑名+刑徒名"的形式就是身体刑叠加身份刑;冨谷至先生曾单就"隶臣妾"论证"身份刑"或"身份贬损制裁"说法的合理性;①若按鹰取祐司先生的看法,秦汉存在"爵刑一体"的身份序列,有爵者、无爵者、司寇、徒隶等全体社会成员都可纳入其中;各劳役刑的差异主要是待遇差异;司寇以下是身份刑,劳役作为属性附着于身份。② 陶安先生认为,"城旦舂/鬼薪白粲、隶臣妾、司寇和候"系身份,主要来源是刑徒。③

因罪(本将在未来)获得"刑徒"身份与某些犯罪或连坐的制裁之间有时出现"竞合",此时有的律文会直接将未搭配肉刑或耐刑的,标示身份/劳役的"城旦舂、鬼薪白粲"或"隶臣妾"作为刑罚类别,如《二年律令》就存在"有罪当城旦舂、鬼薪白粲以上"(《二年律令·贼律》35简)、"有罪……当为城旦舂者"(《二年律令·具律》82简)、"有罪隶臣妾以上"(《二年律令·盗律》70简)等表述。④ 表面看,其中的"城旦舂、鬼薪白粲""隶臣妾"是独立存在(至少是可独立称呼)的"身份刑/劳役刑"。而从社会活动和家庭支配能力受限、城旦舂/鬼薪白粲有对应的赎刑、无固定期限等特征看,徒隶与司寇确实在劳役性制裁外还有身份贬抑的"身份刑"意味。但历史地看,徒隶以"身份贬抑""身份刑"为根本属性的认识令人生疑。

一方面,从徒隶群体的构成成分看。秦籍簿文书自言"城旦舂、鬼薪白粲、隶臣妾"为"徒隶"。无论从名称字义、《汉旧仪》等传世文献与注家解说,还是从作徒簿等出土简牍来看,"城旦舂""鬼薪白粲""司寇""候"本

---

① 参见〔日〕冨谷至:《秦汉刑罚制度研究》,柴生芳、朱恒晔译,广西师范大学出版社2006年版,第22~28页。

② 参见〔日〕鹰取祐司:《秦汉时代的刑罚与爵制性身份序列》,朱腾译,周东平、朱腾主编:《法律史译评》,北京大学出版社2013年版。

③ 参见〔德〕陶安:《秦律刑罚等序研究序说》,徐世虹等:《秦律研究》,武汉大学出版社2017年版,第262页。

④ 诸简释文参见张家山二四七号汉墓竹简整理小组编著:《张家山汉墓竹简[二四七号墓]》(释文修订本),文物出版社2006年版,第13、18、20页。

身皆为役使形式，平民以徭役形式给事国家者也会参与这类役使，不限“刑”后之徒。沈家本先生就分辨了“徒”之“徒刑”“徒众”“徒役”等不同语例，指出输骊山修陵者亦有“徒众”义项之徒，非尽皆为服徒刑者。① 隶臣妾历来被认为是官府奴婢而具有明确的“身份刑”特征，前引冨谷至先生梳理了先秦秦汉文献中与“隶臣妾”相关的材料，认为隶臣妾与城旦舂等其他劳役形式不同，是隶属于吏的臣妾，而“臣、妾”又是私人奴婢的称谓，则隶臣妾指向身份贬损的官奴婢。本书以为，“隶”基本义项是“附属、隶属”，所“隶”者不限于“吏”即官府；②“臣”“妾”是与特定人构成相对关系而“给事”于此人的称谓，③大概类似于中世纪西欧封建关系中封臣向领主提供役务的形式，不能限定为社会身份意义上的“私人奴婢”。睡虎地秦简时代所见“某人之臣/妾”已是私人奴婢，但究其源恐非自始如此。又因秦及汉初隶臣妾本就有继承、收人转化等非“刑徒”来源，“身份贬抑”属性并不明确，所以对隶臣妾群体，仍可从“给事于君”的角度强调其役使属性。综上，“城旦舂”至“司寇/候”等受过“刑/耐”刑罚之人，其核心特征是他们为国家提供役使的形式不同于平民，有强制性，身份贬抑既不是强制提供役使的原因，也不是其结果，二者无必然联系。这从自隶臣妾到庶人以上的各类人“居赀赎债”（提供役使以折抵其所欠官府款项）时落实为“系城旦舂”形式，但其人又不是“徒隶”的事实④也可推知。故言“身份贬抑”因素并非全然内在于役使形式。

另一方面，从“徒隶”之“徒”的含义看。先秦文献中作为犯罪受刑后的“刑徒”之“徒”，强调的仍是从事役使者，而非身份贬抑的制裁。对此可从传世文献和出土简牍皆有所见的“白徒”切入观察。张家山汉简《奏谳书》174～175 简记有：

> ·异时鲁法：盗一钱到廿，罚金一两；过廿到百，罚金二两，过百到二百，为白徒；过二百到千，完为倡……白徒者，当今隶臣妾；倡，当

---

① 参见（清）沈家本撰，邓经元、骈宇骞点校：《历代刑法考·刑法分考十三》，中华书局 1985 年版，第 337～338 页。

② 《说文》载：“隶，附箸也。”（清）段玉裁：《说文解字注》，中华书局 2013 年版，第 119 页。秦及汉初简牍多见附籍于他人家庭户籍的“隶”，皆非家内奴婢，凸显“隶”作为独立个体附属某机构或家庭的意味。

③ 《说文》载：“臣，牵也。事君也。象屈服之形。凡臣之屬皆从臣。”“妾，有罪女子给事之得接于君者。”（清）段玉裁：《说文解字注》，中华书局 2013 年版，第 119、103 页。

④ 例如，里耶秦简 9-1861 简有“以书到时，令乘城卒及徒隶、居赀赎责（债）勉多取、积之”。释文参见陈伟主编：《里耶秦简牍校释》第 2 卷，武汉大学出版社 2018 年版，第 374 页。又如，9-2283 简亦将徒隶与居赀赎债者并列。释文见同书，第 448 页。城旦舂属于徒隶，则居赀赎债者非。

城旦……

整理者注:“白徒,鲁国刑徒名。”①《奏谳书》是汉初墓葬出土的,文中表述的形成时间应更早,有战国渊源。《管子·七法》载:“以教卒练士击敺(驱)众白徒。”尹知章注:“白徒,谓不练之卒无武艺。”②《吕氏春秋·仲秋纪》:“善用兵者,诸边之内莫不与斗,虽厮舆白徒,方数百里皆来会战,势使之然也。”高诱注:“厮,役。舆,众。白徒,白衣之徒。”③上博简(四)《曹沫之陈(阵)》32简有“乃[□]白徒,[illegible]飤(食)戕(輂)兵,各载尔贼(藏)”,整理者注:“白徒,没有受过军事训练的人。”④上举为诸文献“白徒”有注者,余下各书内文例用法大体无别。

《奏谳书》一出,论者始将“白徒”与刑徒身份联系起来。张全民先生提出,春秋时白徒是刑徒,战国时白徒出现在军旅中,干的是厮役之类的杂活,被释为“不练之卒”,又因地位低贱,有了“白徒”即“厮徒”的说法。⑤其说前提是将《奏谳书》“异时鲁法”当作实例,这不能成立,⑥白徒含义经历了从刑徒到地位低贱之人的演变过程的说法也就不可靠了,先秦文献中其含义可能并未变化过。张伯元先生根据《奏谳书》本条,上博简(四)白徒担负了繁重役使和《管子·七法》白徒受官兵欺凌、“成为被‘击殴’的对象”,认为“他们的身份是刑徒”。⑦ 上博简(四)《曹沫之陈(阵)》中的白徒役使是为战斗人员负载物资,他们类似于传世文献和出土简牍所见秦汉“从马”“从者”“私卒”等,⑧这些人并非官私奴婢,也不是刑徒。《管

① 张家山二四七号汉墓竹简整理小组编著:《张家山汉墓竹简[二四七号墓]》(释文修订本),文物出版社2006年版,第107页。据简文,“白徒”所对应的也包括女性之隶妾,但“倡”只包括男性。

② 黎翔凤撰,梁运华整理:《管子校注》,中华书局2004年版,第120页。

③ 许维遹撰,梁运华整理:《吕氏春秋集释》,中华书局2009年版,第188页。

④ 马承源主编:《上海博物馆藏战国楚竹书(四)》,上海古籍出版社2004年版,第263、264页。

⑤ 参见张全民:《“白徒”初探》,《社会科学战线》1997年第5期。

⑥ 对此则“异时鲁法”案例制作年代的讨论,可参见张忠炜:《读〈奏谳书〉春秋案例三题》,中国政法大学法律古籍整理研究所编:《中国古代法律文献研究》第3辑,中国政法大学出版社2007年版,第239~244页;张忠炜:《秦汉律令法系研究续编》,中西书局2021年版,第60~63页。

⑦ 参见张伯元:《出土法律文献丛考》,上海人民出版社2013年版,第99~101页。

⑧ 如睡虎地秦简《秦律杂抄》10~11简载:“吏自佐、史以上负从马、守书私卒。令市取钱焉,皆䙴(迁)。”释文参见睡虎地秦墓竹简整理小组编:《睡虎地秦墓竹简》,文物出版社1990年版,第82页。《史记·匈奴列传》“私负从马”《正义》云:“谓负担衣粮,私募从者,凡十四万匹。”(汉)司马迁:《史记》卷一一〇《匈奴列传》,中华书局2014年版,第3516页。《汉书·李广利传》“负私从者不与”颜师古注:“负私粮食及私从者,不在六万人数中也。”(汉)班固撰,(唐)颜师古注:《汉书》卷六一《李广利传》,中华书局1962年版,第2700页。“从者”文例,在从岳麓秦简到《二年律令》的秦汉简牍中多见。

子·七法》本句句式是“以甲击乙”,“敺(驱)众”数见于《管子》,是指当权者以决塞之术驱导民众,此处作名词解为“被驱导的民众”。本句应如前引张全民先生文之解,“白徒”与“驱众”并列,同为“击”的对象,“白徒”应近于尹知章原注和《曹沫之陈(阵)》李零先生注,指那些未成为士卒或未经训练的被征作徒役者,这类人亦非刑徒。《吕氏春秋》“白徒”注见在“决胜”条下,该条说的是战争中“益民气”“斗众”的决胜之法,“厮舆白徒”虽是“民”“众”中地位至低者,但属“来会战”,“会”有遵从召唤以履行要求的专门意思,“来会战”的是主动参战者,说的也不会是刑徒。

以此反观《奏谳书》“鲁法”上的“白徒”,也应解作从事役使者。至于“白徒”被比之于“隶臣妾”,在《奏谳书》覆盖的秦及汉初时段,隶臣妾的来源并非仅限受耐刑(或受腐刑的男性)的“刑徒”,此一比拟又系“异时鲁法”条的文中注,因此恐怕它只是秦乃至汉初出注人的认识。[①] 如此,“白徒当今隶臣妾”的意思只能较稳妥地揭示到“白徒从事的役使与隶臣妾相当”的地步,无法明确及于“刑徒”乃至“身份贬抑”意涵。

《说文》载:“徒,步行也。”[②]裘锡圭先生引《管子·立政》,认为此篇提到的“圈(眷)属群徒”的“群徒”包括了“臣妾属役宾客”,“可以用‘徒’字泛指隶属于家长的各种人”,“在战国时代的史料里,当‘徒’字所指的范围比较狭窄的时候,其意义往往与‘役’相当”,而“徒”“役”与春秋时代人身依附性不强的私家“臣”“徒”有关,[③]文霞先生据以提出“‘徒’重在强调役使的性质,而不是其身份。秦简中出现的作徒、徒卒、徒隶等,大都带有徒役的性质,其间的主要差别在于役使程度及与对主人依附程度的不同”。[④]在此意义上的“徒隶”可理解为,“徒”强调其提供役使,“隶”强调其附籍县官,“徒隶”实即由官府专籍管理的服役者,从而区别于编户民之服役者。

有时材料可侧证“徒隶”之“徒”侧重于提供特定役的意义,如里耶秦简 9-1581 简有“戍卒给徒隶事者廿三人”,[⑤]大概是平民服兵役时参与徒

① 案中人“佐丁”服儒服、伪冒君子行,李安敦、叶山先生认为该事例打趣了儒者,其撰写可能不会早于秦国的建立。See Anthony J. Barbieri-Low & Robin D. S. Yates, *Law*, *State and Society in Early Imperial China*, Vol. II, p. 1360.

② (清)段玉裁:《说文解字注》,中华书局 2013 年版,第 71 页。

③ 参见裘锡圭:《战国时代社会性质试探》,氏著:《古代文史研究新探》,江苏古籍出版社 1992 年版,第 388 页及第 400 页以下。

④ 文霞:《秦简所见徒隶生活》,《重庆师范大学学报(社会科学版)》2021 年第 3 期。

⑤ 释文参见陈伟主编:《里耶秦简牍校释》第 2 卷,武汉大学出版社 2018 年版,第 331 页。

隶役使的统计数据。此外,司寇仍属编户里民,①不是徒隶,②但亦需提供役使。汉初《二年律令·亡律》158简规定司寇逃亡"罪隶臣以上"时"输作所官",③说明司寇逃亡前作于官,但不知役使具体内容,是否为全时段冗作。不过岳麓秦简(肆)17、290、329简等,里耶秦简9-2283简等出现"司寇践更",④说明秦代司寇役使内容不同于践更,二者也不是互相排斥的关系。这似乎指向司寇役使有时限或自由度,提供役使时的人身受限程度小,以及役使强度较轻等可能性,暗示出司寇役使与平民普遍应服的践更役务之间存在足够大的差异。

因此,历史地看,役使而非身份是秦徒隶群体的根本属性,役使形式的不同是徒隶区别于司寇的要素;与其说身份贬抑是秦及汉初刑罚的本来宗旨,毋宁说是先秦以来刑人被指定职事役使的传统的延续;指定役使本身是否具有刑罚属性,就成为思考秦汉刑罚性质,思考诸如"刑徒国家"之类认识是否恰适的一个切入点。

至此可检讨另一则众所周知的材料。《史记·秦始皇本纪》载:"隐宫徒刑者七十余万人,乃分作阿房宫,或作丽山。"⑤沈家本先生认为此为"徒刑"初例,但认为秦汉不称役使为"徒刑",故认为此处文句有疑。⑥ 沈氏大概是认为"徒刑者"为服徒刑之人。苏家寅先生提出"隐宫"应当是宫内专门培训行政人员的机构,"隐宫徒刑者"应当断为"隐宫徒/刑者"而非"隐宫/徒刑者"。⑦ "隐宫"应为"隐官"之误,⑧不过"隐官徒刑者"何解,尚可推敲。目前所见,将"隐官徒刑者"理解为"隐官和刑徒/服徒刑者"两类人恐怕是普遍看法。但如此读来不仅不顺,而且"徒刑"或"徒刑者"存在沈

---

① 汉初律《二年律令·户律》312、316简记有司寇有田、宅,参见张家山二四七号汉墓竹简整理小组编著:《张家山汉墓竹简[二四七号墓]》(释文修订本),文物出版社2006年版,第52页。或可为秦侧证。

② 根据里耶秦简作徒簿册等材料,近来学者指出司寇不属于徒隶。参见沈刚:《〈里耶秦简〉(壹)所见作徒管理问题探讨》,《史学月刊》2015年第2期;孙闻博:《秦及汉初的司寇与徒隶》,《中国史研究》2015年第3期;张新超:《试论秦汉刑罚中的司寇刑》,《西南大学学报(社会科学版)》,2018年第1期;等等。

③ 参见张家山二四七号汉墓竹简整理小组编著:《张家山汉墓竹简[二四七号墓]》(释文修订本),文物出版社2006年版,第30页。

④ 释文分别参见陈松长主编:《岳麓书院藏秦简(肆)》,上海辞书出版社2015年版,第44、191、204页;陈伟主编:《里耶秦简牍校释》第2卷,武汉大学出版社2018年版,第448页。

⑤ (汉)司马迁:《史记》卷六《秦始皇本纪》,中华书局2014年版,第327页。

⑥ 参见(清)沈家本:《历代刑法考·刑法分考十三》,邓经元、骈宇骞点校,中华书局1985年版,第337页。

⑦ 参见苏家寅:《释"隐官"》,《史学月刊》2020年第2期。

⑧ 参见蒋非非:《〈史记〉中"隐宫徒刑"应为"隐官、徒刑"及"隐官"原义辨》,胡平生主编,中国文物研究所编:《出土文献研究》第6辑,上海古籍出版社2004年版。

氏所质疑的问题。

在无更新材料佐证的情况下，“隐官徒刑者”或可解为“隐官、徒、刑者”三者并列，如此将“徒刑者”断开，不致抵触《史记》多在“受过肉刑之徒”的狭义上使用“刑徒”的语例。“隐官、徒、刑者”中，“隐官”是受过肉刑，经平反、赦免等途径而“自尚”者，他们已非“徒隶”，是“过去之徒”；“徒”是正在提供国家役使者，自隶臣妾至城旦舂皆是，其中不仅包含犯罪受刑之“刑徒”，也包括因连坐或继承而有隶臣妾身份者，还可能包括平民服徭役者，是“现在之徒”；“刑者”则为犯罪受肉刑者，是在秦始皇三十五年（前 212 年）输作阿房宫、骊山陵的事件发生当时的犯罪受刑者，这类人受刑后本应作为徒隶被分配到各机构，是“未来之徒”，但此时被统一输送修陵。作如是解时，“隐官、徒、刑者”就涵盖了征发输作阿房宫、骊山陵之令下达时，过去、当时和将来为国家提供役使的人群。既然这 70 余万人本已是或应是国家劳力，那么为营建宫陵而征发徭役之事究竟在何种程度和以何种方式动摇秦国家统治根基，似乎是值得思考的问题。

总之，“死—刑—耐”作为刑罚序列的骨架，标记了先秦以来的身体刑传统。承受肉刑后的“城旦舂”“宫隶臣”和承受处理鬓须毛发的耐刑后的“鬼薪白粲”“隶臣妾”“司寇/候”，都是特定役使形式，难以称为制裁性的“劳役刑”；“城旦舂、鬼薪白粲、隶臣妾”等徒隶与司寇确是构成“爵—刑”身份序列的一部分，但这并不是身体刑罚本身的宗旨和效用，而是今人以“身份秩序”观念框套勾连出来的一个排序。

第二节　先秦文献中的“死—刑—耐”序列

先秦秦汉刑罚体系经历过以身体刑为主向以劳役刑为主的转向，研究成果不同程度地揭示了转向意义和汉代劳役刑体系形成过程。① 不过在汉文帝十三年（前 167 年）废除肉刑前，“死—刑—耐—赎—赀”仍然是秦及汉初尤其是秦代规定刑系统的核心序列。前引陶安先生是从秦赎刑的“赎死”、“赎刑”和“赎耐”的基本类别，以及《法律答问》所载父母对子女的“死、刑、髡”私刑所对应的国家刑罚来推断出“死—刑—耐”的基本序

① 参见〔日〕冨谷至：《秦汉刑罚制度研究》，柴生芳、朱恒晔译，广西师范大学出版社 2006 年版，第 227~230 页。冨谷至先生还提出了秦国为“刑徒国家”的认识。陶安あんど『秦漢刑罰体系の研究』（東京外国語大学アジア・アフリカ言語文化研究所，2009 年）第三部参照。另可参见〔日〕宫宅洁：《中国古代刑制史研究》，杨振红等译，广西师范大学出版社 2016 年版，第三章。

列,并补入"赎""赀""谇"等更轻的刑罚等级。陶安先生主张的"死—刑—耐"序列得到后出简牍材料的支持,例如里耶秦简缀合简 8-775+8-805+8-884+9-615+9-2302 记有:

> 上造、上造妻以上有罪,其当刑及当城旦舂,耐以为鬼薪白粲。其当【耐罪各】Ⅰ以其耐致耐之。其有赎罪各以赎读论之。Ⅱ①

该简前部是上造爵用于"当刑及当城旦舂"规定刑的替换规定,对上造以上爵位保有者及其妻,该规定刑将被替换为耐为鬼薪白粲,不仅肉刑得免,鬼薪白粲役使也有优待意味。单就爵位规定而言,这部分简文与《汉书·惠帝纪》所载汉惠帝即位诏"上造以上及内外公孙耳孙有罪当刑及当为城旦舂者,皆耐为鬼薪白粲"②和《二年律令·具律》82 简所载"上造、上造妻以上,及内公孙、外公孙、内公耳玄孙有罪,其当刑及当为城旦舂者,耐以为鬼薪白粲"③相同,应当说该简抄录的极可能是其时秦律令尤其是《具律》的律文。

该缀合简是对上造以上爵位的刑罚效果的一般规定,因此指向规定刑的主要刑罚序列。对死罪,爵位没有影响,未予规定。对刑罪和城旦舂罪,则规定替换为耐为鬼薪白粲。对此可稍作说明:"当刑"应作狭义解,即包括斩止和腐在内的身体肉刑,而不论受刑后的强制役使是城旦舂、宫隶臣还是其他处置;"当城旦舂"则包括"刑为城旦舂",按秦制包括黥为城旦舂和斩左止为城旦,也包括"完为城旦舂"。如前述及,"完为城旦舂"实即肉刑为零的"刑为城旦舂",因此,"耐为鬼薪白粲"实即针对"死—刑—耐"中的"刑"之身体刑而言。其后简文继续规定"当耐罪""有赎罪"的处置方式。如此,该简所列举的规定刑罚正是呈现为"(死—)刑—耐—赎"序列。

又如岳麓秦简(肆)216~217 简载:

> ……其任有辠:刑辠以上,任者赀二甲而废;耐辠、赎辠,任者赀一甲;赀辠,任者弗坐。④

---

① 陈伟主编:《里耶秦简牍校释》第 2 卷,武汉大学出版社 2018 年版,第 164 页。

② (汉)班固撰,(唐)颜师古注:《汉书》卷二《惠帝纪》,中华书局 1962 年版,第 85 页。

③ 张家山二四七号汉墓竹简整理小组编著:《张家山汉墓竹简[二四七号墓]》(释文修订本),文物出版社 2006 年版,第 20 页。

④ 陈松长主编:《岳麓书院藏秦简(肆)》,上海辞书出版社 2015 年版,第 139~140 页。为求更清晰展现律文逻辑,对原释文句读有改。

该条是关于保任官吏的连带责任的规定,被保任者若犯罪,保任者需承担相应责任。因被保任者犯罪类型不定,此处以刑罚指称时是涵盖自重而轻的基本刑罚类别,“刑罪以上”即“死”“刑”,余下则为“耐”“赎”“赀”,与陶安先生之说也正相合。

“死—刑—耐”是秦及汉初规定刑系统的核心序列,传世文献中对先秦身体刑之五刑的记录很多,对该序列的早期记载则少见,对此尚可补说一二。

一、《周礼》中的“死—刑—耐”序列

《周礼·秋官》“掌戮”职载:

> 掌戮掌斩杀贼谍而搏之。凡杀其亲者,焚之。杀王之亲者,辜之。凡杀人者,踣诸市,肆之三日。刑盗于市。凡罪之丽于法者,亦如之。唯王之同族与有爵者,杀之于甸师氏。凡军旅田役,斩杀刑戮亦如之。墨者使守门,劓者使守关,宫者使守内,刖者使守囿,髡者使守积。①

本段“掌戮”职掌行刑之文有其层次:

首先,说明了针对一般主体,列明“贼”、“谍”、“杀人”与“盗”严重犯罪,其他“罪之丽于法”即需比附论断者,则比照此类犯罪。

其次,列举了“贼”“谍”“杀人”“盗”等犯罪的刑罚执行方式和公开行刑、陈尸示众的要求,刑罚包括死刑和身体刑。据郑玄注,死刑包括“斩(以斧钺之腰斩)”“杀(以刀刃之弃市)”,对“贼谍”之罪,处死后以“搏”(磔。郑玄注“搏当为膊”,“膊谓去衣磔之”)形式制裁尸体,对杀亲和杀王之亲的犯罪,处死后以“焚”和“辜”(郑玄注“辜之言枯也,谓磔之”)制裁尸体,对杀人罪则在处死后陈尸三日。身体刑包括墨、劓、宫、刖、髡。“盗”罪的肉刑也执行于市,以示公开。

再次,规定了特殊主体即“王之同族及有爵者”犯罪时,修正其死刑公开行刑的要求。

复次,规定了“军旅田役”特殊情境下犯罪的死刑和身体刑的执行方式,是参引前述规定。

最后,规定了身体刑执行完毕后,对受刑者的不同役使处置。

---

① (清)阮元校勘:《十三经注疏》第3册《周礼注疏》卷三六,台北,艺文印书馆2001年版,第545页。

本段逻辑清晰，且与《周礼》其他制度描述形成衔接，其要点在于：

其一，掌戮的职掌是执行刑罚，掌戮所执行的是犯罪对应的刑罚即死刑与身体刑。对犯罪者的身体刑执行完毕后，掌戮的职掌即告完结；使受刑之人"守门、关、内、囿、积"等特定役使的描述，是《周礼》为叙述便利而附系于此处，已非掌戮职掌，故无刑罚之义。实际上，"守门、守囿"等职使另有主管者，如《周礼·天官·冢宰》载："阍人：王宫每门四人，囿游亦如之。"郑玄注："阍人，司昏晨以启闭者。刑人墨者使守门。囿，御苑也。游，离宫也。"①

掌戮所执行的刑罚是身体刑之五刑，这是其与圜土、嘉石之制的根本区别。《周礼·秋官》"大司寇职"载：

> 掌以五刑（野刑、军刑、乡刑、官刑、国刑）纠万民。以圜土聚教罢民，凡害人者，寘之圜土而施职事焉，以明刑耻之……以嘉石平罢民，凡万民之有罪过而未丽于法，而害于州里者，桎梏而坐诸嘉石，役诸司空。②

与掌戮负责执行犯罪者的刑罚不同，圜土之制是为聚教罢民，嘉石之制是为平（成之使善）罢民，其目的都是针对那些不必以身体刑和财产刑来惩罚的不当行为人，先激发其耻辱感（桎梏坐嘉石）、约束其自由（居于圜土），又经役使磋磨，使其改过、重返社会。可见圜土、嘉石之制并不仅是惩罚性处置，还是提供改过机会的"劳动教养"。圜土和嘉石之制既非大司寇职掌之"五刑"，也不能与身体刑/肉刑之"五刑"并列。因此可以说，"掌戮"条所集中反映的《周礼》的刑罚体系设想，不包括以强制人身自由、佩戴束缚器械和劳役为惩戒形式的圜土和嘉石之制，即从"掌戮"条可知圜土、嘉石之制实非《周礼》刑制内容，死刑及身体刑才是。

其二，"髡者使守积"是"死—刑—耐"序列中"耐"之起源，但与圜土之制无关。前文已述，掌戮职掌死刑和"墨、劓、宫、刖、髡"身体刑的执行，不过对"髡者使守积"一句，汉唐以来经师、注家和学者有不同理解：

> 郑玄注：郑司农云髡当为完。谓但居作三年不亏体者也。玄谓此

---

① （清）阮元校勘：《十三经注疏》第3册《周礼注疏》卷一，台北，艺文印书馆2001年版，第17页下栏。

② （清）阮元校勘：《十三经注疏》第3册《周礼注疏》卷三六，台北，艺文印书馆2001年版，第516~517页。

出五刑之中。而髡者必王之同族不宫者。宫之为翦其类，髡头而已，守积。积在隐者宜也。

贾公彦疏：先郑以髡为完，但居作三年，不亏体，以此为圜土罢民解之。不从者，掌戮所掌皆亏体，独以此为不亏体，于义不可，故后郑引《文王世子》解之也。“玄谓此出五刑之中。而髡者必王之同族不宫者”，此郑亦无正文，若合宫者宫之。今按《文王世子》据诸侯法，云公族无宫刑，不翦其类。王家同族犯淫罪者，亦当与诸侯同，不宫之，亦是不翦其类之色。按王同族犯余罪，刑于甸师氏，刑于隐处。今同族既不宫，亦当于隐处罪之。此守积亦是隐处，故知髡者使守积，是王同族，不言者必矣。是以郑云“守积，积在隐者宜也”。①

郑众认为在圜土之制“刑人也不亏体”意义上，本句当作“完者使守积”，如此可见郑众是在暗示“髡者使守积”与圜土之制有关，即“不亏体，居作三年”。连宏先生提出，郑司农注说明他认为髡不仅是毛发刑，本质还是劳役刑，且较轻。② 若考虑到各类肉刑执行完毕后，受刑者亦被指定役使，则自《周礼》所述周制以来刑罚体系的“劳役”要素被凸显出来，似乎构成了“死—刑—髡/劳役”刑罚序列；进而，作为刑名的“耐”自始指称劳役刑的认识就浮现出来了。这冲击了“耐”属于身体刑的传统认识。

不过郑众之说否认了掌戮对“髡”之身体处理的职掌，与前述大司寇职、司圜职有混淆，不可取。郑玄提出“髡”亦应出于五刑，是对“王之同族”犯罪对应的肉刑之规定刑的替换形式，具体而言即犯罪该当宫刑而“不宫者”。贾公彦疏解郑玄之说，即“守积”在“隐处”，正与“王之同族不宫；余罪刑于隐处”相合。郑玄、贾公彦之说将“髡者使守积”保留在“五刑”之中，合于《周礼》之义。不过，将“髡”解为“王之同族不宫者”的论证思路有瑕疵：

一方面，需以《礼记·文王世子》“公族无宫刑”推及“王之同族无宫刑”，再推及“无宫刑则髡”，实有跳跃，过于牵强。无宫刑不意味着王之同族需髡，更不必要去守积，将髡而守积作如此限定，恐亦不合《周礼》原义。

另一方面，“刑于隐处”是说身体刑之执行不公开，而非行刑后的人身束缚之处或役使场所限于隐处，何况“积”难称“隐处”。《说文》载：

---

① （清）阮元校勘：《十三经注疏》第 3 册《周礼注疏》卷三六，台北，艺文印书馆 2001 年版，第 545 页。

② 参见连宏：《秦汉髡、耐、完刑考》，《古代文明》2012 年第 2 期。

"积,聚也。"①传世文献和出土简牍皆见有"积、聚",睡虎地秦简《秦律十八种·仓律》21简有"入禾仓,万石一积",整理者注"积,堆,这里指贮藏谷物的单位"。② 张家山汉简《二年律令·贼律》4简有"贼燔城、官府及县官积寂(聚),弃市",整理者注引《汉书·荆燕吴传》"烧其积聚"注"仓廪刍稾之属"。③ 作为饲料或燃料的刍稾等贮藏于仓廥这类存储各类物资的建筑中。故而,"髡者使守积"是令受髡刑者主守仓廥。秦汉时县道遍设仓廥,贮藏各类物资,仓官是县官之一,其另有一项重要职能即管理隶臣妾;而隶臣妾的来源之一是犯罪受耐刑后,被剥离里民户籍、转由官府编入专门籍册的人,成为由仓官管理的徒隶群体之一部分,且作为官府隶臣妾,其身份和役使是无确定期限的。

至此,"髡者使守积"与秦及汉初耐刑之间的关联浮现出来:"髡"即"耐"刑在《周礼》语境下的执行方式。"髡"与"耐"有对应关系,前述陶安先生对"完""耐""髡"的关系和行刑方式的研究已有论证,尤其是《法律答问》72、103~104简见有"父母擅杀、刑、髡子(后子)奴妾"之例,"杀—刑—髡"是私刑而为法所禁止,陶安先生认为其对应国家刑罚的"死—刑—耐"序列。④ 如此,"髡"约略为"耐"之身体刑执行方式,"髡者使守积"约略等同于"耐为隶臣妾,给事于仓官"。

简言之,《周礼·秋官》"掌戮"职掌的是"死—刑—耐"之身体刑,与劳役、役使无关。

二、《商君书》中的"死—刑—耐"序列⑤

《商君书·境内》载:

> 其狱法。高爵訾下爵级。高爵能。无给有爵人隶仆。爵自二级以上。有刑罪则贬。爵自一级以下。有刑罪则已。小夫死以上至大夫,其官级一等。其墓树级一树。⑥

---

① (清)段玉裁:《说文解字注》,中华书局2013年版,第328页。

② 释文及注释参见睡虎地秦墓竹简整理小组编:《睡虎地秦墓竹简》,文物出版社1990年版,第25~26页。

③ 参见张家山二四七号汉墓竹简整理小组编著:《张家山汉墓竹简[二四七号墓]》(释文修订本),文物出版社2006年版,第8页。

④ 陶安あんど『秦漢刑罰体系の研究』(東京外国語大学アジア・アフリカ言語文化研究所,2009年)30~44頁参照。

⑤ 对《商君书·境内》本段文字,石佩学位论文有详细阐述。参见石佩:《秦及汉初公士爵研究》,中国政法大学2022年硕士学位论文,第二章。

⑥ 朱师辙:《商君书解诂定本》卷五《境内》,古籍出版社1956年版,第74页。

本段涉及犯罪治狱和爵制，表面看与秦汉低层爵爵级分化和以爵减罪特权的战国渊源有关，因而在爵制研究领域，这段材料也受到重视。① 不过《商君书》间有章句割裂或错简所致语句倒错和文字讹脱现象，《商君书·境内》亦然，本段亦然。

本段断句有疑。若后句自“小夫死”断开，则“小夫死以上至大夫。其官级一等。其墓树级一树”成一句。朱师辙注：“此树墓礼也。自小夫以至于大夫死。得立墓树。以官爵大小为等差。”②不过若作此解，此句读来不顺，“死”字本非必需。若按朱师辙注文，将“死”置于“大夫”后，语气更顺畅。蒋礼鸿注：“贬、已、死，三者刑罪之差次，孙诒让、朱师辙死字属下句，盖误。”③其说可取。进而，本段言“狱法”，下段言“攻城围邑”中的作战监察之法，“以上至大夫，其官级一等。其墓树级一树”文字与上下文都无关，恐系他简上的其他章句文字，错简于此，“以上”前有缺字或有讹误，④整理本另起一段处理为宜。

如此则“其狱法”本段文字是：

> 其狱法。高爵訾下爵级。高爵能。无给有爵人隶仆。爵自二级以上。有刑罪则贬。爵自一级以下。有刑罪则已。小夫死。

本段文字可逐层剖析。

“其狱法”。既言“狱法”，则应是专门针对犯罪而言，下文也都是犯罪及给予刑罚的说明。平时发生犯罪，治狱管辖由其时秦“国—县”结构下的官僚系统进行，⑤而非临事时才以高爵、下爵为标准组织人手治其狱，则本段“狱法”有专指。细读《商君书·境内》，以稽计境内民数起首，接续而言人民军役、军功赏爵之制，“狱法”本段之前是作战致劳爵（“以战故暴首

① 相关总结可参见贾丽英：《秦及汉初二十等爵与“士下”准爵层的剖分》，《中国史研究》2018年第4期。

② 朱师辙：《商君书解诂定本》卷五《境内》，古籍出版社1956年版，第74页。

③ 蒋礼鸿：《商君书锥指》卷五《境内》，中华书局1986年版，第120页。

④ 蒋礼鸿认为“此句疑当作公士至大夫”，即“以上”讹。参见蒋礼鸿：《商君书锥指》卷五《境内》，中华书局1986年版，第120页。

⑤ 对此可推想，《定分》篇设置“法官”以求“吏不敢以非法遇民，民不敢犯法以干法官”，是在县制下另设法官，日常治狱活动在县制下进行。

三乃校三日将军以不疑致士大夫劳爵"①)的军爵论赐之法,本段之后是作战("攻城围邑")中监察功劳、评定最殿之法。因此,《商君书·境内》这部分文字脉络是军事作战、军爵之制下的赏罚之法,"狱法"本段应是说人民在战时(服军役时)犯罪的治狱论罪原则,而非平时的一般治狱管辖。② 不过此处所涉犯罪不应限于军事犯罪,而是盗贼伤杀等一般犯罪,只因是在军队服军役,治狱程序和刑罚都无法按一般犯罪处理,故此专门说明。

"高爵訾下爵级"。据"訾"字可有二解。一解,"訾"即"赀",取"罚"义。《说文》载:"赀,小罚以财自赎也。"③陶安先生认为《商君书》《韩非子》等所见"訾"例有"罚"义,最初针对特殊规制对象,是军队内的制裁措施,"赀戍"的劳役之赀与"赀甲"的实物之赀同属赀罪范畴,因此赀刑最初不具备"以财自赎"的财产制裁意味。④ 据此解,本句对应秦规定刑序列中的"赀刑"。不过《商君书·境内》之"訾"例多不是惩戒手段,没有明确的"罚"义。二解,"訾"与《商君书·境内》他处各"訾"字义同,都取"量""裁断"之义。本篇下文"国司空訾莫城之广厚之数",朱师辙注:"訾量也。"⑤此解是说由高爵者裁量低爵者之罪刑。作如是解,则"高爵訾下爵级"是对服军役作战时期军中治狱权行使主体的规定。其历史背景大概是,在军队中,尤其是战时的不稳定状态下,无法组织特定人员、建立固定的治狱机构,只能临事从权,以爵高低确定治狱管辖权。

"高爵能。无给有爵者隶仆"。此句以下是关于刑罚的规定,此句本身是关于耐刑执行后的规定。"能"应为"耐"借字。《商君书·境内》前文有:"夫劳爵。其县过三日有不致士大夫劳爵。能。"朱师辙注:

> 孙诒让曰:能当作罢。言免其县令也……又疑能即耐之借字。汉书高帝纪应劭注。轻罪不至于髡。完其耏鬓。耐音若能。师辙按孙说是也。说文耏或体作耐。罪不至髡也。汉书光武纪。耐罪亡命。注耐轻刑之名、一岁刑为罚作。二岁以上为耐。先大父云。耏亦叚借

---

① 此处文字疑有讹错,蒋礼鸿先生认为:"'暴首三'之三字疑衍。谓已战之后使军士暴效所斩之首,而上以三日限校覈……致,使来致也。既来致而校之不疑,然后爵之也。"蒋礼鸿:《商君书锥指》卷五《境内》,中华书局1986年版,第119页。原文当近是"以战故暴首三日乃校。将军以不疑致士大夫劳爵",即战斗结束后论功时,需陈列斩首三日,无争议后校而上致其劳爵。

② 联系高亨先生之说和"狱法"部分出现的称谓的性质,论证"狱法"可能与军法有关的工作,可参见石佩:《秦及汉初公士爵研究》,中国政法大学2022年硕士学位论文,第45~46页。

③ (清)段玉裁:《说文解字注》,中华书局2013年版,第285页。

④ 陶安あんど『秦漢刑罰体系の研究』(東京外国語大学アジア・アフリカ言語文化研究所,2009年)158~160頁,163頁,315頁参照。

⑤ 朱师辙:《商君书解诂定本》卷五《境内》,古籍出版社1956年版,第74页。

为能。①

《商君书·境内》之“劳爵”的前提是“以战”，实即从军而以劳授爵。睡虎地秦简《秦律十八种·军爵律》153～154 简载：

> 从军当以劳论及赐，未拜而死，有罪法耐䙴(迁)其后；及法耐䙴(迁)者，皆不得受其爵及赐。其已拜，赐未受而死及法耐䙴(迁)者，鼠(予)赐。　　军爵律②

《秦律十八种·军爵律》本条正是“从军以劳论赐爵”的规定，可证《商君书·境内》之“劳爵”。③ 汉初县尉掌授爵，《商君书》所设定时代未知是否亦如此。不过据前注引《商君书·境内》所言“劳爵”程序是先由军队公示，将军者“致”其劳爵，④此后应是“关”于县(尤其是，可能要致送“致”文书于县尉)，最后由县确认其爵级并提供相应待遇。⑤ 若县在论赐劳爵时有迟延，三日以上者应予惩处，即“能”。“能当作罢。言免其县令也”之说不可从，盖因目前出土和传世文献都揭示出，军爵赐授是极严肃之事，延迟者必有重罚，而免职仅是附随刑罚的行政措施而已，何况应予免职者不应明指仅限为县令。故“能”为“耐”借字。

“能”借为“耐”之例不少，出土秦简牍亦有，如《秦律十八种·徭律》119 简有“其土恶不能雨”，⑥“能”即应为“耐”义。如此则“高爵能”是说高爵者被处以耐刑。原高爵者因罪获耐刑后失其爵，平时将沦为“隶臣”之类罪隶，但《商君书·境内》此处明言“无给有爵者隶仆”。对此句，学者理解有分歧，但不应解为“按照有爵者那样供给隶仆”，如有学者译为“爵

---

① 朱师辙：《商君书解诂定本》卷五《境内》，古籍出版社 1956 年版，第 72 页。

② 睡虎地秦墓竹简整理小组编：《睡虎地秦墓竹简》，文物出版社 1990 年版，第 55 页。

③ 对《秦律十八种·军爵律》与《商君书·境内》文字的联系，以及《秦律十八种·军爵律》本条断读的不同意见，可参见中国政法大学中国法制史基础史料研读会：《睡虎地秦简法律文书集释(四)：〈秦律十八种〉(〈金布律〉——〈置吏律〉)》，中国政法大学法律古籍整理研究所编：《中国古代法律文献研究》第 9 辑，社会科学文献出版社 2015 年版，第 101～102 页。

④ 此“致”应非前注引蒋礼鸿先生“使来致”之义，而是特定的文书登载形式。文书意义上的“致”，秦汉简牍多见。

⑤ 张金光先生据《商君书·境内》和《秦律十八种》、《秦律杂抄》，总结了秦军功赐爵的程序是暴首、验首，论，赐；由籍贯所在县论予功爵。参见张金光：《秦制研究》，上海古籍出版社 2004 年版，第 758～759 页。

⑥ 参见睡虎地秦墓竹简整理小组编：《睡虎地秦墓竹简》，文物出版社 1990 年版，第 47 页。

位高的人如果被罢免,就不再给他提供有爵位的人本应拥有的奴仆";①而应近如戴闻达先生英译"不应作为隶仆提供给有爵者"。② "给有爵者隶仆"实际上是"给某人事"句式,即"为某人提供某类役使"。此句说明,高爵者犯罪处耐刑后,不能像其他为有爵者提供隶仆的场合那样,为有爵者私人提供役使。

"爵自二级以上。有刑罪则贬。爵自一级以下。有刑罪则已。小夫死"。战国秦、汉初,犯罪与刑罚意义上的"刑"专指"肉刑"殆无疑义。朱师辙注:

> 《广雅》:"贬,减也。"《孟子》:"再不朝,则贬其爵。""已",止也,谓停止其职。"则已"吴本、程本、评校本作"刖矣"。范本作"则矣",俱误。绵𦍩阁本,"则"下作阙文。③

犯有刑罪甚或耐罪被执行刑罚后就是"刑"后之"徒",自然无爵,因此本段"有刑罪则贬"不是朱师辙注引《孟子》之"贬爵",无爵级递减之意,而是"身份贬抑"或"减罪"。"则已",朱师辙举"吴本、程本、评校本"作"刖矣",戴闻达引王时润《商君书斠诠》之说亦以为"刖",④本书从之。⑤ "小夫死",因《商君书·境内》前文有"爵自一级已下至小夫",知"小夫"在《商君书·境内》所列爵制序列中正是在"爵自一级以下",此处单言"小夫死",是承接上文"爵自一级以下。有刑罪刖矣",意即,"爵自一级以下有刑罪,刖",而"小夫"有刑罪则处死。整句是在说爵制对肉刑的影响:军队内的人服军役时犯有一般犯罪应处肉刑的需予替换,二级爵以上者身份贬抑,此处仅说"贬",其意是在强调"刑罪"不"刑",即不加肉刑;一级爵以下

---

① 参见(战国)商鞅著,张觉译注:《商君书全译》,贵州人民出版社1993年版,第214页。

② See Shang Yang, *The Book of Lord Shang, A Classic of the Chinese School of Law*, Translated from the Chinese with introduction by J. J. L. Duyvendak, Chicago University Press, 1963, p. 300.

③ 朱师辙:《商君书解诂定本》,古籍出版社1956年版,第74页。

④ See Shang Yang, *The Book of Lord Shang, A Classic of the Chinese School of Law*, Translated from the Chinese with introduction by J. J. L. Duyvendak, Chicago University Press, 1963, p. 300, note 5.

⑤ 对"则""刖"字是否讹误和各种解释的较细致说明,可参见石佩:《秦及汉初公士爵研究》,中国政法大学2022年硕士学位论文,第二章。

则执行肉刑,①应是将黥之常刑替换为“刖”;并补充规定,小夫犯肉刑之罪的直接处死。

至此可见,《商君书·境内》本段是对战时服军役者犯罪的处理规定,包括高爵审理下爵者的治狱管辖形式,犯罪高爵者处耐刑后不为私人给事,以及犯有刑罪时不同爵级者的刑罚替换规定。刑罚方面,涉及了“耐(能)”与“刑”两个刑罚类别,或许还涉及“赀刑”。至于犯有死罪,当然是处死,故无须说明。可以说,本段正展现了“死—刑—耐(—赀)”的刑罚序列。这是战国秦已存在类似于秦及汉初刑罚基本序列的又一文献线索。

不唯如此,本段还展示了“死—刑—耐”刑罚序列的替换规定。这说明本段“狱法”是针对一般犯罪而言的,但需替换常刑以适应军队战时要求。这种替换刑规定已经非常接近秦及汉初所见特殊身份人犯罪的刑罚替换方式,如《二年律令·具律》规定了城旦舂、鬼薪白粲“刑徒”和私人奴婢犯罪时需替换掉常规的规定刑,以“笞百”替换“赎以下”罪,以“黥颜頯”替换“耐至刑城旦舂”罪。② 故而《商君书·境内》也提供了溯源替换刑系统的文献线索。

第三节　“迁”刑专论

秦及汉初规定刑刑名繁多,汉文帝刑制改革后又屡经变易,多存有今人难明之处,迁刑即为一例。《史记》《汉书》中迁徙多以实边、管控六国贵族、地方豪强的政策手段被使用,但此外也有成蟜、嫪毐、吕不韦有罪而迁的事例。《汉书·高帝纪》记有韩信受拜大将军后答对刘邦所言“项羽背约而王君王于南郑,是迁也”,颜师古注引如淳云:“‘秦法,有罪迁徙之于蜀汉。’”③说明如淳是在以迁徙蜀汉为贬惩有罪者的刑罚措施的意义上去注解韩信所言之“迁”的。睡虎地秦简《秦律十八种·司空》151～152简载:

百姓有母及同牲(生)为隶妾,非适(谪)罪殹(也)而欲为冗边五

① 杨振红先生认为“有刑罪则已”应解释为“犯了刑罪一定要身受其刑”,参见杨振红:《从出土秦汉律看中国古代的“礼”、“法”观念及其法律体现——中国古代法律之儒家化说商兑》,《中国史研究》2010年第4期。

② 对此,详见后文第四章。

③ (汉)班固撰,(唐)颜师古注:《汉书》卷一《高帝纪》,中华书局1962年版,第30~31页。

岁，毋赏（偿）兴日，以免一人为庶人，许之。·或赎署（迁），欲入钱者，日八钱。　　司空

整理小组注"迁"："流放迁居边境。《汉书·高帝纪》注引如淳云：'秦法，有罪迁徙之于蜀汉。'"①其注引针对的也是规定刑意义上的迁刑。

文献所见"迁"颇具特殊性：

一方面，秦汉迁/徙本非单纯针对犯罪的刑罚，也用于实边、管控地方势力等治理目的，因此史籍多见秦汉迁徙记载，其与后世流刑有源流关系，历来受法律史家关注，沈家本《历代刑法考》就专设"迁""徙"条目，搜罗事例。②

另一方面，出土秦及汉初简牍可见大量迁之记录。睡虎地秦简《秦律杂抄》《法律答问》《封诊式》都有"迁"作为规定刑、一般徙户之称，乃至作为传染病隔离措施的适用之例，岳麓秦简所见秦律令有不少迁刑适用规定，汉初律令简牍也有迁刑内容。张家山336号汉墓《汉律十六章》更收有《迁律》一章如下：

诸侯人有罪当署（迁）者，赵、齐署（迁）燕，楚署（迁）吴，淮南、燕、长沙各署（迁）及处边县雠（稠）害所，其与蛮夷、边县民，令赎署（迁）。（318~319简）

诸当署（迁）者，已署（迁）涪陵、成都、新都、雒、涪、梓潼署（迁）阳陵，郫、临邛、武阳署（迁）葭明，葭明、阳陵各调处之其偻竘（句）禔（是）阳乡。它郡皆署（迁）上郡，上郡守处广衍。广衍、云中郡、涪陵、下隽、成纪、冀、襄武、狄道、临洮、氐道、羌道、武都道、葭明、阳陵及蜀六道、涪之氐部民也，令赎署（迁）。诸当署（迁）者皆包妻子、同居，入其田宅县，署（迁）所县予田宅。其女出为人妻、数虽在父母所，勿包。（320~323简）

诸不幸病疠者，乡部官令人将诣狱，狱谨诊、审疠，署（迁）句章（障）（涅）乡，其夫、妻、子欲与偕者，许之。（324~325简）③

① 睡虎地秦墓竹简整理小组编：《睡虎地秦墓竹简》，文物出版社1990年版，第54页。据前注引中华书局版《汉书》，句读有改。参见前注（汉）班固撰，（唐）颜师古注：《汉书》卷一《高帝纪》，中华书局1962年版，第31页。

② 参见（清）沈家本撰，邓经元、骈宇骞点校：《历代刑法考·刑法分考八》，中华书局1985年版，第247~259页。

③ 释文参见彭浩主编，荆州博物馆编：《张家山汉墓竹简［三三六号墓］》（上册），文物出版社2022年版，第208~209页。

这是目前所见秦汉律令简册中以专章规定一项措施的罕见之例。①

出土秦及汉初简牍揭示出其时已有较系统的关于迁的规定。迁可作为规定刑，独立或附加适用于特定犯罪，有时还可适用于不构成犯罪的不当行为；迁之适用还可基于刑罚或其他制裁目的之外的法定事由，如强制迁徙“疠者”即传染病人至指定地点（“疠所”）隔离；作为规定刑的迁不必然关联身体毁损和身份贬抑，而是体现为居所地点变化、家庭和户籍转移，因此秦令所见的迁多与徙有关联。

文献记载和制度规定的特殊性使迁刑成为理解秦汉刑罚体系的一个切入点，研究成果丰富，对迁作为治理手段和常规刑罚的多面形象皆有讨论。② 本节拟围绕《法律答问》61简“啬夫以奸为事，迁”、《封诊式·迁子》“迁子，太守处”和《奏谳书》“奴顺等亡，自处彭阳”等材料，尝试讨论其间的罪、刑疑问与程序问题。

一、“罪”与“刑”：“啬夫以奸为事”之迁

睡虎地秦简《法律答问》61简记有：

> 啬夫不以官为事，以奸为事，论可（何）殹（也）？当䙴（迁）。䙴（迁）者妻当包不当？不当包。③

对本条中“以奸为事”之“罪”和“迁”之“刑”，所论者不少，但仍有可探讨之处。从本条也可思考官吏履行职事时犯罪的连坐问题。

本条言“不以官为事”，“官”，整理小组解为“此处所担当的职务”。④ 但啬夫一般指县辖机构的某官之长，则此“啬夫”与此“官”对应，可落实为有具体指向的官啬夫。对本条前句的理解，诸家多关注“奸”是指“一般意义上的‘奸邪’”还是特指“性犯罪”，中国政法大学中国法制史基础史料研读会在归纳诸说后，语译前句为“啬夫不尽责于官职，而做奸邪之事”或“啬夫不尽责于官职，而犯奸罪”，并总结了二说的理由和未安之处：

---

① 另一例是《收律》，在汉文帝元年（前167年）十二月除《收律》之前，收制的适用规定曾单独成篇，汉初《二年律令》有《收律》篇。

② 较晚近的总结和研究成果可参见温俊萍：《秦迁刑考略》，《湖南大学学报（社会科学版）》2017年第5期；黄海：《由“迁”至“迁刑”——秦“迁”入刑考》，《交大法学》2019年第4期；齐伟玲：《简牍所见秦及汉初迁刑考论》，王沛主编：《出土文献与法律史研究》第8辑，法律出版社2020年版。

③ 睡虎地秦墓竹简整理小组编：《睡虎地秦墓竹简》，文物出版社1990年版，第107页。

④ 睡虎地秦墓竹简整理小组编：《睡虎地秦墓竹简》，文物出版社1990年版，第107页。

> 对“以奸为事”中的“奸”有两种认识：一是如整理小组与何四维先生，将“奸”作宽泛理解，“奸”指一般意义上的“奸邪”，包括多种不法行为。这样也可以使“以奸为事”对应于前文的“以官为事”。但是这样理解，又使“当迁”这种明确具体的处置方式难与泛指的多种不法行为相匹配。二是将“奸”作限定理解，“奸”指性犯罪。这种理解与目前所见秦汉律令简中绝大多数“奸”的内涵相合，也符合律令的罪刑表现方式。只是迁是否啬夫犯奸罪的该当刑罚，还不好确定。①

本书以为“为事”限定了本条基调，“为事”之“为”宜理解为实义动词，取“做”“从事”“履行”之意，“为事”之“事”指职事。② “为事”即履行职事，在本条中专指官啬夫履行其职事。本条讨论的是官啬夫履行职事的出发点是“奸”而非“官”时的处置措施。

对啬夫之“奸”，歧见颇多。冨谷至先生提出“奸”有邪恶、不正的一般意思，不限指男女性犯罪，而秦汉时期未婚男女间的性行为本身不构成犯罪，③在他处，冨谷至先生总结了未婚者构成“奸罪”的“越界”性交类型，并提出《法律答问》61 简之“奸”是表示恶行或恶人的“奸”字用例。④ 刘欣宁先生则以“奸”字用法和秦汉治狱文书（《奏谳书》案例二一，《为狱等状四种》“田与市和奸案”，《奏谳书》案例三）论证非婚姻状态下的性关系皆为“奸”，行文中将《法律答问》61 简视为“啬夫犯奸”。⑤

本条之“奸”既不宜解作宽泛的“恶行”“奸邪之事”，也不宜直接认定为犯罪意义上的“性犯罪”。“奸”指男女关系无疑，但未落入律令上的奸之犯罪，如不满足《奏谳书》182、183 简所记“捕奸者必案之校上”⑥的捉奸

① 对诸家之说的梳理分析和简文语译，可参见中国政法大学中国法制史基础史料研读会：《睡虎地秦简法律文书集释（八）：〈法律答问〉61～110 简》，中国政法大学法律古籍整理研究所编：《中国古代法律文献研究》第 13 辑，社会科学文献出版社 2019 年版，第 3～5 页。

② 《说文》载：“事，职也。”（清）段玉裁：《说文解字注》，中华书局 2013 年版，第 117～118 页。

③ 冨谷至『漢唐法制史研究』（創文社、2016 年）第 3 部、第 2 章「男女の性犯罪」参照。

④ 参见 Itaru Tomiya，“The Conception of Fornication—From the Han Code to The Tang Code”，（附）〔日〕冨谷至：《奸罪的观念——从汉律到唐律》，赵晶译，中国政法大学法律古籍整理研究所编：《中国古代法律文献研究》第 8 辑，社会科学文献出版社 2014 年版，第 142、145 页。构成奸罪的“越界”性交包括“A. 强奸已婚妇女或与之和奸；B. 居父母丧时犯奸；C. 近亲之间的性交；D. 庶人与奴婢或主、奴之间的性交”。

⑤ 参见刘欣宁：《秦汉律令中的婚姻与奸》，“中央研究院”历史语言研究所集刊第九十本第二分，2019 年，第 225、227～229 页。更详细地表示奸罪类型，见第 240～241 页。

⑥ 彭浩、陈伟、〔日〕工藤元男主编：《二年律令与奏谳书：张家山二四七号汉墓出土法律文献释读》，上海古籍出版社 2007 年版，第 374 页。

程序要求。① 作如是解(时),本条前句是说,官啬夫不以其官为出发点去履行职事,而是为照拂男女私情之“奸”去履行职事。此时对啬夫的处理是“迁”,即从原户籍地迁徙到其他地方。

值得注意的是本条中啬夫的行为定性与“迁”的性质:

啬夫“以奸为事”是操守之“过”非律令之“罪”。“以奸为事”说明其履行职事的出发点不纯,但是正常履行职事,对啬夫所在之官而言,“以奸为事”的结果是无损失的,甚或是客观上有助益的。本条问句是“论何也”,据《法律答问》他例,回答部分会言明刑罚或确定刑罚的方式。正如中国政法大学中国法制史基础史料研读会所提疑问,“迁”不会是啬夫犯奸罪的该当刑罚。而如果啬夫“为事”时有其他犯罪或造成损失,至少会落入“误”“废令/犯令”“枉事”“考课殿”等罪名下,其刑罚就不会是单独的“迁”,至少会辅以针对渎职罪的常见的赀刑和“废”“免”等行政措施。若将“奸”认定为“性犯罪”,则如前所述,不论和奸还是强奸,因啬夫的“吏”之身份,皆将“以强奸论之”而被处以腐刑。

《二年律令》不见与未处于婚姻状态中女子有性关系的规定,这应该是学者推测秦汉与未婚女子和奸不构成犯罪的依据之一。不过亦有他例似可说明秦奸罪不限于与已婚女性发生关系者。前引刘欣宁先生文使用的《奏谳书》案例二一记有“奸者,耐为隶臣妾”,②案中与人通奸的女子甲之夫死亡,甲已非“人妻”;“耐为隶臣妾”刑罚指向男女双方,说明此“奸”为一般主体的和奸。学者多认为本案是秦代案例,③则“奸者,耐为隶臣妾”反映了与非婚姻状态下女性和奸的秦法规定。此外本书第三章将析的岳麓秦简(伍)291 简记有官吏的随从人员即“从者”,“从而奸,皆以强与人奸律论之”,与奸者未限定为人妻。“皆以强奸论”涵盖了强奸与和奸,可见其奸罪比照了官吏奸罪。④

本条之“奸”若为奸罪,官啬夫将以强奸论为“腐以为宫隶臣”,腐后身份和去处是固定的,不会“迁”。据《二年律令·收律》174 简“罪人完城旦

---

① 对本案及《封诊式·奸》《为狱等状四种》“田与市和奸案”的“案校上”要求的讨论,可参见邬勖:《论〈奏谳书〉“和奸案”中的法律推理》,《法律方法》2018 年第 1 期。

② 参见张家山二四七号汉墓竹简整理小组:《张家山汉墓竹简〔二四七号墓〕(释文修订本)》,文物出版社 2006 年版,第 108 页。

③ 参见彭浩:《谈〈奏谳书〉中秦代和东周时期的案例》,《文物》1995 年第 3 期;陈治国:《张家山汉简〈奏谳书〉“杜泸女子甲和奸”案年代探析》,《中国历史文物》2009 年第 5 期。但李学勤先生认为本案发生于汉初,参见李学勤:《〈奏谳书〉解说(下)》,《文物》1995 年第 3 期。

④ 简文“从而奸”中“从”为动词,意指随从官吏。本简只对从者,此处“皆”字不针对复数主体,应是针对不同类型奸罪,暗示犯奸包括强奸、和奸两类,规定不论合意与否,皆以强奸论处。

舂、鬼薪以上，及坐奸府（腐）者，皆收其妻、子、财、田宅”，其妻会被“收”，①无“包”适用与否的问题。如此一来本条就无疑问，本问答就无意义。

因此，本条之“迁”与其说是针对犯罪的刑罚，毋宁说是针对违反为吏操守的行政制裁和为阻断不当男女关系及其潜在影响的措施。迁是空间变换，客观上会破除原有不当关系（如同僚、邻伍、男女、同行，等等），本条问答就是对男女关系与官吏操守的规制手段。

由此引发的问题是究竟应如何看待“迁”的性质。史籍所见秦汉之“迁”具有迁徙的一般意义，无须赘言。秦及汉初法律文本将“迁”列入主要由刑罚构成的加罪、减罪和赎刑排序，似乎法律文本上的“迁”就是刑罚，但迁的适用场景很复杂。在刑罚需对应犯罪的角度上，迁即便被列入某些排序而出现在律令文本里，其适用之例也很难全部被视为刑罚。此外，有的材料可见与“迁”类似、有制裁性质的“徙”之措施，如岳麓秦简（陆）的“史学童诈不入试令”记有故为诈避不为吏者将被遣往潦东作为县官佐四年，期间若有迁罪则“处之”潦东，有耐罪则“徙之”潦东并强制其家庭随从；②但秦及汉初律令中“徙”未取得“迁”般的地位。这说明作为空间处置方式的“迁”具有刑罚和非刑罚的多面性。

官吏“为事”即履行职事时犯罪的，常会导致职务连坐。但“啬夫以奸为事”是否犯罪，若是犯罪会导致何种连坐，尚有疑问。就连坐形式而言，在秦汉律令中，职务连坐的基本处置方式是“减罪一等”，条文撰写时可能直接说明各级连坐者的刑罚，③也可能概言“减罪一等”。④ 如果“迁”是啬夫“以奸为事”的唯一制裁措施，那么若导致令、丞的职务连坐，其连

---

① 本条后175简有“坐奸略妻及伤其妻以收，毋收其妻”，整理者以“奸、略妻”分为二事，彭浩等学者认为“奸略”似为一词。参见彭浩、陈伟、〔日〕工藤元男主编：《二年律令与奏谳书：张家山二四七号汉墓出土法律文献释读》，上海古籍出版社2007年版，第160页。

② 图版、释文参见陈松长主编：《岳麓书院藏秦简（陆）》，上海辞书出版社2020年版，第179、180页。对此令“迁”“处”“徙”，下析。

③ 如睡虎地秦简《秦律杂抄》9简载：“蓦马五尺八寸以上，不胜任，奔挚（絷）不如令，县司马赀二甲，令、丞各一甲。”龙岗秦简152/77A/76A/188A简载：“部主者各二甲，令、丞、令史各一甲……”张家山汉简《二年律令·津关令》488、489简载：“一、御史言，越塞阑关，论未有令。·请阑出入塞之津关，黥为城旦舂；越塞，斩左止为城旦；吏卒主者弗得，赎耐；令、丞、令史罚金四两……”

④ 新出岳麓秦简（伍）19~29简构成一条关于搜求穷治“从人”犯罪的令文，其中23、24简明白显示，职务连坐的刑罚递减被表述为“罪减焉一等”：“……所求在其县道官畍中而脱，不得，后发觉㇗，乡官啬夫、吏及丞、令、令史主者，皆以论狱失辠人律论之㇗。执灋、执灋丞、卒史主者，辠减焉一等。当坐者或偏捕告，其所当坐者皆相除。”参见陈松长主编：《岳麓书院藏秦简（伍）》，上海辞书出版社2017年版，第45~48页。

坐减等形式难以落实。《二年律令·告律》127~131简是“减罪一等”的规定,其中129简有“司寇畧(迁)及黥顔頯罪赎耐,赎耐罪罚金四两”之语,①则“迁”减一等为“赎耐”,转易为财产刑。但《二年律令·告律》本条前部提示以“告不审及有罪先自告”为前提列出减罪一等排序,②职务连坐的减等之例多在财产刑序列内部,循“赎耐—赀二甲/罚金四两—赀一甲/罚金二两—赀一盾/罚金一两”结构向下减等,目前未见“迁”减为“赎耐”的职务连坐减等事例。就职务连坐的犯罪类型而言,秦官吏以“奸”这样的不纯目的去履行职事时,可能不会导致令、丞连坐,盖因啬夫“为事”本身没有构成犯罪,且其受到制裁是因事涉“奸”私,这都不符合职务连坐之制本身的要求。在罪与非罪的意义上,本条是“办公而涉私”的情形,是职务连坐基础的例外。对应唐律,稍可比拟的是“同职犯公坐”条另一节律文“若同职有私,连坐之官不知情者,以失论”的规定。③

对官吏履行职事时犯罪的性质和官吏间的公私关系进行区分,是判断连坐责任是否成立的标准之一,《法律答问》180简记有:

> “使者候(诸侯)、外臣邦,其邦徒及伪吏不来,弗坐。”可(何)谓“邦徒”“伪使”? ·徒、吏与偕使而弗为私舍人,是谓“邦徒”“伪使”。④

据本条可知,出使诸侯、外臣邦时,邦徒、邦伪使滞留不归的,使者不受连坐。随同使者出使的徒、吏,即使属于公派徭使之人,也有可能与使者亲近(如同居于一舍)而成为使者的“私舍人”,此时若其滞留,使者恐怕会被连坐。履行职事时“舍人”承担某种形式的连坐责任之例,亦见于《睡虎地秦简《秦律十八种·工律》101简:

> 邦中之繇(徭)及公事官(馆)舍,其叚(假)公,叚(假)而有死、亡者,亦令其徒、舍人任其叚(假),如从兴戍然。 工律

---

① 参见彭浩、陈伟、〔日〕工藤元男主编:《二年律令与奏谳书:张家山二四七号汉墓出土法律文献释读》,上海古籍出版社2007年版,第144页。

② 后部“减罪一等”不会限于“告不审及有罪先自告”,参见拙文《秦及汉初减罪之制管窥》,王捷主编:《出土文献与法律史研究》第9辑,法律出版社2020年版,第432页。

③ 若按唐律处置,连坐者应先按“失”后依次减等。在秦汉律上如何处置尚不明确,若处置规则相同,则连坐者将受赎迁以下的财产刑,因为犯者本人处迁,连坐者无论是直接减等还是按过失以赎论,都会是赎或罚金刑,上限不超过赎迁的金八两。

④ 睡虎地秦墓竹简整理小组编:《睡虎地秦墓竹简》,文物出版社1990年版,第136页。

整理小组注“舍人”:“《汉书·高帝纪》注:‘亲近左右之通称也,后遂以为私属官号’。此处指有官府事务者的随从。”①不论本条“舍人”的来源是随从还是其他非服徭而同居于官舍者,都需对死亡或逃亡的服徭或办公者之前“借于公”的行为承担连带责任。以此对照《法律答问》180简“私舍人”可以推测,对私舍人滞留外邦不归的,使者很可能需承担连带责任。而徒、吏不是使者私舍人的,则为“邦徒”“邦伪使”,这类人滞留的,使者不受连坐。“邦徒”为一般随从,不会引起疑问;简文前后“伪吏”“伪使”并存,稍有疑惑。据后问答中的两个“伪使”可知,前一“伪吏”应为“伪使”。整理小组注:“伪,疑读为为,《诗·凫鹥》笺‘犹助也’。伪使,使者的助手。”本书以为“伪”即本字,取“人为”义,②“邦伪使”本是回答中提及的“徒吏”之“吏”,随同出使期间,在“外交”层面被人为地视为“邦使”,即“邦伪使”,是暂时性身份而已。

作如是解时,出使外邦时的随行徒、吏,如果不是使者的私舍人,则具有“邦徒、邦伪使”身份,滞留外邦不归的,使者无连坐之责;若随行徒、吏系使者“私舍人”,就不能被视为“邦徒、邦伪使”,滞留时使者需连坐。此例中使者与随同出使的徒、吏的连坐基础不是出使职事,因为就使者与“邦徒、邦伪使”角色而言,后二者滞留不归是“私自犯”,不是“公坐”。相反,在构成“私舍人”这种亲近关系时,使者才承担徒、吏滞留的连坐责任。

二、“迁”与“处”:迁的徙户移籍意义

在涉及“迁”的秦汉简牍文本中,“处”屡次出现,此前多被理解为“安置”“处置”。覆案各处语境可知,在“安置”“处置”的宽泛含义背后,“处”还意味着以更改户籍为核心的身份信息的变动,因此在法律层面,“处”具有较专门的用法,这一点有助于发现和理解某些原本被忽略的问题。

睡虎地秦简《封诊式》46~49简“迁子”爰书记有:

> 罨(迁)子 爰书:某里士五(伍)甲告曰:“谒鋈亲子同里士五(伍)丙足,罨(迁)蜀边县,令终身毋得去罨(迁)所,敢告。”告法(废)丘主:士五(伍)咸阳才(在)某里曰丙,坐父甲谒鋈其足,罨(迁)蜀边县,令终身毋得去罨(迁)所论之,罨(迁)丙如甲告,以律包。今鋈丙

① 《秦律十八种·工律》101简释文及注释,参见睡虎地秦墓竹简整理小组编:《睡虎地秦墓竹简》,文物出版社1990年版,第44页。

② 《荀子·性恶》载:“人之性恶,其善者伪也。”段玉裁《说文解字注》引徐锴“伪者,人为之,非天真也”。(清)段玉裁:《说文解字注》,中华书局2013年版,第383页。

足，令吏徒将传及恒书一封诣令史，可受代吏徒，以县次传诣成都，成都上恒书太守处，以律食。法（废）丘已传，为报，敢告主。①

简文大意是，咸阳士伍甲赴官府请求鋈其亲子丙足，迁往蜀边县并终身不得离开，官府允其所请，实施迁输时通知废丘县，丙以其父所求而被迁，近亲属依律随迁（"以律包"），现已鋈丙足，由吏徒携传文书与恒书交给令史，请更换吏徒，逐县传诣到蜀郡并处置，途中依律给予丙饮食。

前引整理者释文的标点或可调整。一是"以律食"以上是逐县输运被迁者的内容，"以律食"则是对废丘县言，因此"太守处"语义已尽，断以句号为宜。二是"以县次传诣成都成都上恒书太守处"调整为"以县次传诣成都，②成都上恒书，太守处"。按整理者标点，恒书逐县传递，到达蜀郡郡治所在的成都后，由成都上交太守，这是将"处"理解为"处所"，在本条即"太守府"。

作此解时，本条缺少对被迁的丙如何处置的说明，因此"成都上恒书太守处"断句有疑，"处"非指"处所"而是"处置"，应将"太守处"断出，理解为"由太守处置（迁者、迁者所包）"。"以县次传诣成都，成都上恒书，太守处"强调了被迁者由蜀郡太守处置。

"处"作动词"处置""安置"之解，秦简牍与"迁"有关的文例不少。前析《法律答问》122 简载："甲有完城旦罪，未断，今甲疠，问甲可（何）以论？当䙴（迁）疠所处之；或曰当䙴（迁）䙴（迁）所定杀。"③甲犯罪应处完城旦刑，案件未审结即患麻风病，处理意见之一是将其"迁"到麻风病隔离区"处之"。"处"为动词，整理小组译为"居住"。值得注意的是，《法律答问》122 简设定了"完城旦"的该当刑罚，并不施加肉刑，论断执行完城旦刑罚后迁往疠所与中断治狱程序直接迁往疠所，对完城旦罪而言并无不同，将"处"解为"居住"亦无不可，甚或因迁到疠所后必然会被指定居住地点，解为"居住"让"处之"显得可有可无，本句也会被理解为甲与其他无罪的麻风病人一样迁居隔离区了事，无法体现其该当罪刑是否有后续处理。④ 疑问部分若设定为刑城旦罪，"处之"的程序意义会更明确。

---

① 睡虎地秦墓竹简整理小组编：《睡虎地秦墓竹简》，文物出版社 1990 年版，第 155 页。

② 何四维先生将"以县次传"与"诣成都"断开处理。See A. F. P. Hulsewé, *Remnants of Ch' in Law*, Leiden E. J. Brill, 1985, p. 195.

③ 睡虎地秦墓竹简整理小组编：《睡虎地秦墓竹简》，文物出版社 1990 年版，第 122 页。

④ 《法律答问》123 简有"城旦、鬼薪疠，可（何）论？当䙴（迁）疠䙴（迁）所"，是对"狱已断"（犯罪已经论断执行）后的城旦、鬼薪患疠的处置，《法律答问》122 简第一种意见大概是以"狱未断"比照"狱已断"得出的。对此可参见前文第一章。

更凸显"迁""徙"事例中"处"的程序意义的，可见岳麓秦简诸例，如岳麓秦简(伍)12简记有：

【●】自今以来，有诲传言以不反为反者，辄以行訞律论之。其有不□者，徙洞庭，洞庭处多田所。·十三

注19："处，或为'均处'之省。参见本组0898简'均处'。""均处"之例在岳麓秦简(伍)16、17(0898)简：

……已论轮〈输〉其完城旦舂洞庭，洞庭守处难亡所苦作，谨将司，令终身毋得免赦，皆盗戒(械)胶致桎传之。其为士五(伍)、庶人者，处苍梧，苍梧守均处少人所……

注34："均处，均，均匀。处，处置、安置。"①

岳麓秦简(伍)12简"洞庭处"与16简"洞庭处难亡所"一样，不必解为"均处"之省。"均处"之"均"解为"均匀"，"在人少之处均匀处置"难以理解。"均"可解为"调整"，②"苍梧守均处少人所"是说将本为士伍、庶人者安置于苍梧郡，由苍梧郡守在人口少的各处调整安置。

前已提及的岳麓秦简(陆)"史学童诈不入试令"的253、254简记有著令之文：

·臣请，令泰史遣以为潦东县官佐四岁，日备免之。日未备而有署(迁)辠，因处之潦东└。其有耐辠，亦徙之潦东，而皆令其父母、妻子与同居数者从之，以罚其③

前列诸条"迁"与"处"有一共同点，即"处"之主体无论是"洞庭""苍梧""潦东"，皆系郡为之，"苍梧守均处"更说明系由郡守"处"。岳麓秦简(伍)82简还有"诸相与奸乱而署(迁)者，皆别署(迁)之，勿令同郡"，似也说明"迁"以郡为单位划分区域。以此观看《封诊式·迁子》，"太守处"意

① 岳麓秦简(伍)12简图版释文参见陈松长主编：《岳麓书院藏秦简(伍)》，上海辞书出版社2017年版，第42页；岳麓秦简(伍)16、17简图版释文见该书第44页；注19、34见该书第74页。

② 《周礼·天官冢宰》载："宫伯。月终则均秩，岁终则均叙。""均"强调的是调整禄廪和次第。

③ 图版、释文参见陈松长主编：《岳麓书院藏秦简(陆)》，上海辞书出版社2020年版，第180页。

为由蜀郡太守“处”迁者的理解就颇为合理。这暗示出，至少部分迁者、迁者所包逐县传输到迁所所在郡后，由郡来直接调配；《封诊式·迁子》条还暗示需传输迁者到郡治所在县，郡守可能需核验迁者信息后才会“处”。因此，虽然“迁所”与“处所”大概都可表示“要迁往的安置之处”，但一起出现时，二者似有差别：“处所”是一具体位置，是郡守所指定的具体去处；“迁所”可能指向更宽泛的范围，即在郡守“处之”之前所获“迁刑”之地域范围，类如“令终身毋得去迁所”之“迁所”，就显然不会是某一具体方位。

在地的“迁者、迁者所包”有时还会受到不得随意移动的特别限制，如《封诊式·迁子》有“令终身毋得去䙴(迁)所”之语，是应其父所求；又如岳麓秦简(伍)45、46 简言及取“有罪迁输及处蜀巴者”为葆庸及送道的禁令，①说明“迁”“处”者本身的活动范围受限。至于迁者、迁者所包逃亡的，其刑罚和追究程序也不同于一般逃亡者。岳麓秦简(肆)71、72 简记有：

> 诸䙴(迁)者、䙴(迁)者所包去䙴(迁)所亡，□□(它县?)得；䙴(迁)处所，去亡而得者：皆耐以为隶臣妾，不得者，论，令出、会之。复付䙴(迁)所县。②

对“皆耐以为隶臣妾”之前句，华东政法大学出土法律文献研读班试补□□为“及未”，言“今据残划，暂如此补释”，释文作“诸䙴(迁)者、䙴(迁)者所包去䙴(迁)所亡，及未得䙴(迁)处所，去亡而得者，皆耐以为隶臣妾”，语译此句为“各种应迁徙者、应跟随应迁徙者一并迁徙的人，离开迁徙地逃亡，以及未能迁徙至应居住的地方，离开所在地逃亡，而被抓获者，都要被处耐为隶臣妾”，③其说解决了整理者释文的部分问题。不过在此方案下，后一“去亡而得”更应在“及”后限定“未得迁处所”，“去迁所亡”后缺少“得”(捕获)的后续说明，如此，则“皆耐为隶臣妾”之“皆”似乎难以解释。

本条后有“复付迁所县”，这似乎说明前部有逃出迁所县、为它县得之语，因此□□或为“它县”。岳麓秦简(肆)71 简简文后有“不得”，则前文应是对“得”的规定，前两个“得”都指“拿获逃亡的迁者或其所包者”；又据“皆”字用以标示两种以上情况并列，第一句“去迁所亡”和“迁处所，去亡”就应为不同情形，亦即，“皆耐为隶臣妾”针对迁者及随迁者在迁所逃亡和

---

① 参见陈松长主编：《岳麓书院藏秦简(伍)》，上海辞书出版社 2017 年版，第 53、54 页。

② 陈松长主编：《岳麓书院藏秦简(肆)》，上海辞书出版社 2015 年版，第 62 页。本书对标点有修改。

③ 参见华东政法大学出土法律文献研读班：《岳麓秦简律令释读(一)》，王沛主编：《出土文献与法律史研究》第 8 辑，法律出版社 2020 年版，第 236、237 页。

到达“处所”后逃亡这两种情形。此类人的亡罪刑罚是耐为隶臣妾,其刑罚较一般吏民为重,①也说明迁者此前身份高于隶臣妾。其程序“论,令出,会”的程序也有别于一般吏民之亡。②

岳麓秦简“史学童诈不入试令”还有两点可予注意,一是诈伪避为吏者“遣为县官佐四岁,日备免之”,已被遣至潦东从事县官佐四年期满可得免归,即回到原籍地,③这可视为空间变换的暂时效果;但如果期间犯迁罪,不再迁往他处,而是“因处之潦东”,说明此“处”有长久效果。二是“处”与“迁罪”对应,而同样表示长久效果的“徙”对应“耐罪”。对诈避为吏者而言,耐罪之“徙”更强制要求父母、妻子与同居数者随从共徙,强制随行者的范围不同于“迁者”之妻、子,还包括基于亲缘之父母与基于户籍之“同居数”者。④ 简牍材料所见民众“移徙”意味着户籍变动,官府需及时办理落户、更换户籍信息。《二年律令·户律》328简记有移户规定:“恒以八月令乡部啬夫、吏、令史相杂案户籍,副臧(藏)其廷。有移徙者,辄移户及年籍爵细徙所,并封。”⑤看来对诈避为吏、遣于潦东后再犯耐罪之“徙”,同样需更改户籍,且其父母、妻子、同居数皆需从徙移户,范围恐怕大于“迁者”与“迁者所包”,后者似乎主要及于家庭内户主与户人,支配与被支配的关系下的妻、子、同居数者,不包括父母。因此从徙移户与迁者所包随迁都是主要体现于户籍变动的制裁方式,但从徙移户更类似于连坐,强制随迁则类似于维持家庭户籍完整移徙的需要。前引张家山336号墓汉简《汉律十六章·迁律》322~323简记有:“诸当䙴(迁)者皆包妻子、同居,入其田宅县,䙴(迁)所县予田宅。其女出为人妻、数虽在父母所,勿包。”⑥或可为此说侧证。

据此,对与“迁”“徙”相应的“处”,与其理解为宽泛的“使居住”或“处置”,不如视其为迁、徙程序的正式环节,涉及户籍变动等长久效果。至此

---

① 非一般吏民亡之“赎耐”(不盈卒岁)或“耐”(盈卒岁之“不名耐”)。

② 参见张传玺:《秦及汉初逃亡犯罪的刑罚适用和处理程序》,《法学研究》2020年第3期。另参见本书第六章。

③ 论者已指出,本条“日备免之”是说“即满四年后免去这些新地吏的官职,令其返回原籍地”。参见朱锦程:《秦对新征服地的特殊统治政策——以“新地吏”的选用为例》,《湖南师范大学社会科学学报》2017年第2期。以里耶秦简“日备归”材料申说的,可参见吴方基:《里耶秦简“日备归”与秦代新地吏管理》,《古代文明》2019年第3期。

④ 前引《封诊式·迁子》爰书言“以律包”,迁子是应其父之请,则至少排除父母。

⑤ 张家山二四七号汉墓竹简整理小组编著:《张家山汉墓竹简[二四七号墓]》(释文修订本),文物出版社2006年版,第54页。

⑥ 释文参见彭浩主编,荆州博物馆编:《张家山汉墓竹简[三三六号墓]》(上册),文物出版社2022年版,第209页。

可见，睡虎地秦简《封诊式·迁子》爰书揭示了“迁”的“非刑罚”一面。对其中的“太守处”，解为“太守所在的处所”固然通顺，但遮蔽了“处”常与“迁”共同出现时所具有的空间与户籍转移的程序意义。

着意“处”的程序意义或可发现某些此前被忽略的问题，如《奏谳书》案例七“女子甗、奴顺等受行赇枉法”案的罪与刑。《奏谳书》51、52简记有：

●·北地守瀸（谳）：女子甗奴顺等亡，自处彭阳。甗告丞相，自行书。顺等自赎甗所，臧（赃）过六百六十。不发告书，顺等以其故不论，疑罪。·廷报：甗、顺等受、行赇狂（枉）法也。[①]

该案概要是甗之奴顺等逃亡，“自处彭阳”。甗已告发并自行办理文书手续。顺等向其自赎，自赎之资超过六百六十钱。甗未发出告书，顺等因此未受制裁。诸家多认为本案廷复“受行赇枉法”罪名指的是甗收取其奴顺等的自赎钱赃导致逃亡的顺等未受制裁。笔者已另文简析该案成为疑罪和廷报“受行赇枉法”罪名的原因，提出作前述解时，本案无从成疑。据《二年律令·亡律》159、160、162简，奴婢自赎放免本是法所不禁之事，甗受自赎钱也非犯罪，[②]甗没有主动违反法律，“不发告书”是消极的不

---

① 张家山二四七号汉墓竹简整理小组编著：《张家山汉墓竹简［二四七号墓］》（释文修订本），文物出版社2006年版，第95页。本书修改了标点。

② 《二年律令·亡律》记有：

☐□頯畀主。其自出殹（也），若自归主，主亲所智（知），皆笞百。（159简）

奴婢亡，自归主，主亲所智（知），及主、主父母、子若同居求自得之，其当论畀主，而欲勿诣吏论者，皆许之。（160简）

若有奴婢为善而主欲免者，许之，奴命曰私属，婢为庶人，皆复使及筭（算），事之如奴婢……（162简）

释文参见张家山二四七号汉墓竹简整理小组编著：《张家山汉墓竹简［二四七号墓］》（释文修订本），文物出版社2006年版，第30页。

159简上段残缺，据图版，现存简长约为整简的1/3。残缺简文应包含奴婢逃亡被捕获的内容。“頯”字上有残存笔画，“頯”与前部简文应是适用于奴婢逃亡被捕获后的肉刑刑名。岳麓书院藏秦简（肆）98简载：

奴婢亡而得，黥顏（颜）頯，畀其主。●其自出吏及自归□☐

释文参见陈松长主编：《岳麓书院藏秦简（肆）》，上海辞书出版社2015年版，第71页。

“黥颜頯”是秦及汉初肉刑时代针对奴婢犯罪的常见刑罚，亦见于《二年律令》多简，但《二年律令》另有“黥頯”刑名，《二年律令·贼律》30简载：“奴婢殴庶人以上，黥頯，畀主。”“黥頯”亦是针对男女奴婢，因此不能确知159简“頯”前是“黥颜”还是“黥”。

作为，且以文书启动对顺等的刑狱程序也非甑之权或责，因此本案“行受赇”与“枉法”是否成立，有其疑问。①

不过前说皆未触及顺等的罪、刑问题。实际上，这件文书提出的“疑罪”还包括了对顺等罪、刑之疑，廷报“顺等行赇枉法”是对顺等罪刑之疑的回答。但顺等是否仅犯有亡罪和行赇枉法罪，尚有思考余地。关键在于，文书述及顺等亡后并非隐迹潜行、保持逃亡状态，而是“自处彭阳”。文书用此四字，不仅说明顺等定居于彭阳，其下落为甑所知，而且按照前述“处”的程序意义，此四字更暗示出顺等在彭阳非以他人之奴的身份生活，可能已改头换面，在此地以自由人面目示人。从顺等得知甑告发于丞后以“自赎”补救的事实也可推知，此前顺等已以非奴身份在彭阳生活。顺等“自处彭阳”时若有错误登记户籍之事，主事官吏将受惩处。《法律答问》147简记有：“甲徙居，徙数谒吏，吏环，弗为更籍，今甲有耐、赀罪，问吏可（何）论？耐以上，当赀二甲。”②此为徙居更籍时对官吏的规定，也反映出更籍时有核验徙居者是否犯罪的要求。类似规定还见于岳麓秦简（肆），岳麓秦简（肆）94简有“作其数，及命者旞（遂），盗贼亡，司寇、隶臣妾、奴婢阑亡者，吏弗能审而数，其县道啬夫”，“及”字后规定了官吏未能核验逃亡者身份信息即登录户籍的情形，其中单列“奴婢阑亡”一项。③《二年律令 · 户律》规定对主管官吏留存户籍、年细籍等时负有核验之责，若籍册有造假、增减之处而未发觉，将处赎耐。④ 诸例都说明，核实有无犯罪、是否亡人是徙居更籍书名数的必要环节，本案顺等既得“自处”，应已非法漂白身份。

虽然奴婢自赎合法，《二年律令 · 亡律》也给予主人选择权去处理逃亡奴婢，但在处理顺序上，本案自赎的效力能不能溯及“自处彭阳”所涉犯罪，还存有疑问。

第一，涉及顺等作为逃奴诈冒为良的罪刑规定，目前秦汉律令未见，但如果是私奴婢试图改变自己身份提起诉讼而不实的，则见于《二年律

① 参见《秦及汉初赃罪构造试探——以张家山247号汉墓竹简为中心》，中国政法大学法律古籍整理研究所编：《中国古代法律文献研究》第15辑，中西书局2021年版，第62~65页。

② 睡虎地秦墓竹简整理小组编：《睡虎地秦墓竹简》，文物出版社1990年版，第127页。

③ 参见陈松长主编：《岳麓书院藏秦简（肆）》，上海辞书出版社2015年版，第70页。对本条的律意梳理，参见华东政法大学出土法律文献研读班：《岳麓秦简律令释读（一）》，王沛主编：《出土文献与法律史研究》第8辑，法律出版社2020年版，第260、261页。

④ 《二年律令 · 户律》333简有“其或为詐（诈）伪、有增减也，而弗能得，赎耐”。参见张家山二四七号汉墓竹简整理小组编著：《张家山汉墓竹简［二四七号墓］》（释文修订本），文物出版社2006年版，第54页。

令·告律》135简：

> 奴婢自讼不审，斩奴左止，黥婢顏(颜)頯，畀其主。①

"自讼"类如唐律所谓"自理诉"，可由奴婢针对自身身份提起，《后汉书·光武帝纪》所载"十二年三月癸酉，诏陇、蜀民被略为奴婢自讼者，及狱官未报，一切免为庶人"即其例。② 至于非经诉讼、径自认为自己拥有非奴婢身份的，还可见《奏谳书》案例二中媚"自当不当复为婢"而逃亡，吏当意见亦为黥颜頯、畀主。③ 顺等为男性，若诈冒良人比照"自讼不审"，则为斩左止。

第二，"行受赇枉法"的罪刑规定见于《二年律令·盗律》60简：

> 受赇以枉法，及行赇者，皆坐其臧(赃)为盗。罪重于盗者，以重者论之。④

甑受赇，坐赃为盗，赃过六百六十钱，应处黥为舂。行赇的该当刑罚是黥为城旦。但顺等刑罚的确定需考虑其身份，若据前注引《二年律令·亡律》162简主人放良的规定，以顺等自赎后的"私属"身份来考量刑罚时，甑有罪则顺等为庶人，行赇则为黥城旦；若不认可自赎有追溯效力，或是按案发时的旧主与私属关系，则顺等需以奴之身份将黥城旦刑替换为黥颜頯刑并畀主。⑤ 但鉴于甑将被处以黥舂或耐白粲替换刑，估计顺等无法按私奴身份行黥颜頯畀主之刑。

因此，廷报"顺等行赇枉法"，其刑罚可能是黥城旦(自赎有追溯力)；

---

① 张家山二四七号汉墓竹简整理小组编著：《张家山汉墓竹简[二四七号墓]》(释文修订本)，文物出版社2006年版，第27页。

② 如前所述，冨谷至、李安敦和叶山等学者已据此指出《二年律令·告律》135简"自讼不审"是奴婢对自己奴婢身份提起的诉讼。

③ 参见张家山二四七号汉墓竹简整理小组编著：《张家山汉墓竹简[二四七号墓]》(释文修订本)，文物出版社2006年版，第92页。

④ 张家山二四七号汉墓竹简整理小组编著：《张家山汉墓竹简[二四七号墓]》(释文修订本)，文物出版社2006年版，第16页。

⑤ 《二年律令·具律》122简记有"人奴婢有刑城旦舂以下至䙴(迁)耐罪，黥顏(颜)頯畀主"，参见张家山二四七号汉墓竹简整理小组编著：《张家山汉墓竹简[二四七号墓]》(释文修订本)，文物出版社2006年版，第25页。

未取诈冒良人之类的罪名,恐怕是因其刑罚不重于黥城旦。①

综上,秦汉"罪""刑"问题较复杂,同一字词有时兼有通常含义与法律专门含义,理解时难拘一义。如"迁"就有刑罚与非刑罚的多义:一方面,如"迁"般被视为刑名专门术语者可能仍保留其通常含义;另一方面,如"处"般的常见用语或蕴含特别的程序意义,强调其一义时或许会忽视其另一义的特别意味,进而失去提出和讨论更深层次问题的机会。以此观看相关材料或有新见:睡虎地秦简《法律答问》61 简"啬夫以奸为事,当迁"中的"以奸为事"是"过"而非"罪","迁"非"刑"而是行政措施,不引发职务连坐;秦汉简牍中"迁""处"常有关联,"处"是"迁"措施之一环节,具有户籍信息变动的程序意义。《封诊式》"迁子"爰书"太守处"为"蜀郡守处置"之意,据此应重新断句、释义;岳麓书院藏秦简所见"处"为"迁"的最后环节,由迁所所在郡的郡守"处"迁者及随迁者;《奏谳书》案例七奴顺等"自处彭阳"一语暗示出本案尚存在顺等逃亡、诈冒为良与行赇枉法的罪、刑竞合疑问。简牍文本"迁""处"诸例展示出秦汉法律"罪/非罪""刑/非刑"判断问题的复杂性。

本章小结

秦及汉初规定刑刑名繁多,材料零碎,较多见的刑罚包括肉刑后服特定役使(黥为城旦/舂,斩左止为城旦,完为城旦/舂,腐以为宫隶臣)和处理鬓须毛发的耐刑后服特定役使(耐为鬼薪/白粲,耐为隶臣/隶妾,耐为司寇/候);针对生活空间和户籍的迁徙;对应"刑""耐""迁"的赎和赀/罚金之财产刑。在刑罚序列的构成、起源和早期记载,各刑名性质、界定和行刑方式,刑后强制役使的性质与身份等基本问题上,多少都还有难明之处。

"死—刑—耐"是秦及汉初规定刑序列的主干部分,是先秦以来"刑"指身体刑的体现,应从国家役使角度去理解秦"徒隶"和司寇等承受身体刑后指定劳役的情况,今人构建的"爵—刑"身份序列恐非刑罚本身的立意。"死—刑—耐"序列在《周礼·秋官》"掌戮"职的记载里有所体现,据此可知"死—刑—耐"序列应与圜土、嘉石之制无关,也不能推及周制已有劳役刑之说。"死—刑—耐"序列同样体现在《商君书·境内》关于战时服

① 《二年律令·具律》99 简载:"一人有数◪[罪]殴,以其重罪罪之。"参见张家山二四七号汉墓竹简整理小组编著:《张家山汉墓竹简[二四七号墓]》(释文修订本),文物出版社 2006 年版,第 22 页。

役者犯罪的治狱规定部分,据此可知《商君书》时代已有“死—刑—耐”序列,可能亦有赀刑,战时犯罪的,需按爵制组织治狱,刑罚需替换,这应该就是替换刑系统的早期形态。

秦及汉初的迁具有特殊性,秦简偶见规定刑之“迁”被单独用作处置“不从令”(如岳麓秦简(肆)115 简)或“以奸为事”,职务履行不当的吏、民之例,但“迁”常与耐、赀刑并施,在刑罚排序里又常与耐刑列入同一等级或轻于耐刑,因此常表现为对官吏或黔首特定犯罪的附随处置措施。迁之实质是剥夺身份相对自由者本人及其所支配家庭的居住原籍地的权利,是对生活空间、家庭和户籍的处置,不是身体刑,也没有身份贬抑的附随效果。睡虎地秦简《法律答问》61 简有“啬夫以奸为事,迁”,啬夫之“奸”不是性犯罪,“以奸为事”之“迁”也难以被等同于刑罚意义上的“迁”刑,而是类似于行政措施。讨论与“为事”相关的职务连坐问题也会涉及“罪刑”判断,《法律答问》180 简提供了犯罪性质是否构成连坐标准的例证。

第三章　三重构造之加减刑系统：加罪

加减刑系统是在规定刑基础上的刑罚加减规则的汇总。中国古法上，出于对犯罪主体特别身份、身体状态以及特别情节的考量，在犯罪的规定刑上作出加重修正，被称为“加罪”。唐律以来律典多规定出规定刑为五刑二十等，加罪之法呈现为“加罪若干等”，即依此二十等施行，明白无疑。秦汉律令也常规定，当犯罪主体有特定身份或具备特定情节时，需在规定刑基础上进行“加罪”。近年来记载“加罪”之制的简牍材料不断出土，今人理解也随之深入。

目前所见的秦及汉初“加罪”类型有仅言“加罪”，具体“加罪”形式需特作说明的，如睡虎地秦简《法律答问》1、2 简“害盗别徼而盗，驾（加）罪之”，《龙岗秦简》44 简“盗同灋（法），有（又）驾（加）其罪，如守县【官】金钱□☑”；①有明言“加罪一/二等”，表现为刑罚加等排序的，如《二年律令·具律》95 简有受赇鞫狱故纵不直“加罪二等”，114 简有乞鞫不审“加罪一等”；还有既言“加罪一等”又言“耐罪以下又迁”的，如岳麓秦简（伍）291 简。② 这些材料佐证了学界此前对加罪的一些推测。张家山 247 号墓所出汉初《二年律令》未见《囚律》，未见“加罪一等”的排序规定，年代稍后的 336 号墓《汉律十六章·囚律》有“加罪一等”的规定，且不同于秦治狱文书所见“加罪一等”之制。

学界对秦及汉初“加罪”或“加罪一/二等”的研究已有一定成果。③ 本

---

① 参见陈伟主编，李天虹等撰：《秦简牍合集（贰）·龙岗秦墓简牍》，武汉大学出版社 2014 年版，第 42 页。

② 参见陈松长主编：《岳麓书院藏秦简（伍）》，上海辞书出版社 2017 年版，第 195 页。此外，公事迟滞可能会按照滞留日期加罚罚金，《岳麓书院藏秦简（肆）》多见“辄加赀一/二甲（盾）”等，这与后世律如唐律中常见的“稽程”递进式加刑相似。

③ 围绕秦汉律刑罚原则的著述多会涉及加减刑问题，参见刘海年：《秦律刑罚的适用原则（上）》，《法学研究》1983 年第 1 期；张伯元：《〈秦简·法律答问〉与秦代法律解释》，《华东政法学院学报》1999 年第 3 期；李均明：《张家山汉简所反映的适用刑罚原则》，《郑州大学学报（哲学社会科学版）》2002 年第 4 期；韩树峰：《秦汉徒刑散论》，《历史研究》2005 年第 3 期；彭浩：《谈〈二年律令〉中“鬼薪白粲”加罪的两条律文》，陈伟主编：《简帛》第 2 辑，上海古籍出版社 2007 年版；鲁家亮：《关于〈二年律令·具律〉90—92 号简等三条律文的关系》，陈伟主编：《简帛》第 2 辑，上海古籍出版社 2007 年版；鲁家亮：《张家山汉简〈具律〉中所见影响“减刑”的几个因素》，《社会科学》2008 年第 3 期；邬文玲：《汉代的减罪与赎罪》，吴荣曾、汪桂海主编：《简牍与古代史研究》，北京大学出版社 2012 年版；〔日〕藤井律之：《“罪”之加减与两性差别》，李力译，卜宪群、杨振红主编：《简帛研究 二〇〇九》，广西师范大学出版社 2011 年版；齐伟玲：《秦汉刑事法律适用研究》，北京大学出版社 2018 年版，第 233~243 页。

章拟跟从既有研究脉络，先以学界最早讨论的睡虎地秦简《法律答问》所见“加罪”为对象，梳理“加罪”形式、原因和刑罚加等排序的方式，之后分析秦及汉初材料所见“加罪一/二等”适用之例，讨论加等排序的逻辑，然后对《汉律十六章》所见“加罪一等”之制的疑问稍作申说。

第一节　《法律答问》1~2简“加罪”的形式与原因

秦汉律上“罪”常可解作“刑罚”，“加罪”的字面意思就是“加刑”，即“加重/增加刑罚”。但对“加罪”原理是“额外附加一项刑罚”还是“递进加重为一等级刑罚”，单言“加罪”与“加罪某等”中的“加罪”是否同义、二者关系如何等问题，尚需讨论。① 以下即从《法律答问》1、2简展开讨论。

> “害盗别徼而盗，驾（加）罪之。”·可（何）谓“驾（加）罪”？·五人盗，臧（赃）一钱以上，斩左止，有（又）黥以为城旦；不盈五人盗，过六百六十钱，黥劓（劓）以为城旦；不盈六百六十到二百廿钱，黥为城旦；不盈二百廿以下到一钱，䙴（迁）之。求盗比此。②

---

① 冨谷至先生认为“‘加罪’是加罚即附加刑罚的意思”，并把《法律答问》1、2简和111、112简“刑城旦”“刑鬼薪”和120简“当黥城旦而以完城旦诬人，可（何）论？当黥劓（劓）”等都作为“附加刑罚”之例。参见〔日〕冨谷至：《秦汉刑罚制度研究》，柴生芳、朱恒晔译，广西师范大学出版社2006年版，第20~21页。冨谷至先生对“加罪”的解释，尤其是对“肉刑叠加”的解释的类似观点还可参见吕利：《律简身份法考论：秦汉初期国家秩序中的身份》，法律出版社2011年版，第225~227页。不过，在冨谷至先生所举上述诸例中，《法律答问》1、2简明言“加罪”，是因违反特定职责而加刑的一罪处理；而《法律答问》111、112、120等简反映的是对有罪狱未断再犯新罪时的数罪处理，其要旨在于，先行确定未断之狱的刑罚，再在此刑罚基础上确定新罪的刑罚。（对《法律答问》120简以及《法律答问》“狱未断”诸简的刑罚原理的讨论，参见前文第一章。这两种附加刑罚的原理有异，《法律答问》111简等不是与《法律答问》1、2简相同的“加罪”之例，不宜以“加罪”这一有较专门含义的概念称呼之。鉴于此，在本书看来，冨谷至先生提出的“附加刑罚”是在字面上描述了“加罪”这一动作，但“附加刑罚”难以完全等同“加罪”；此外，冨谷至先生是以《法律答问》1、2简和《法律答问》111、112、120简等肉刑叠加之例来说明“加罪”系附加刑罚之意的，但未对耐刑和赀刑序列的“加罪”作出例解，在分栏标示《法律答问》1、2简的“加罪”内容时，对“盗窃集团不足五人、赃值未满220钱”之盗，即应处耐刑和赀刑之凡盗的加刑标示为“迁”，不同于其上所列的“斩左趾+黥城旦”“劓+黥城旦”“黥城旦”的加刑形式（参见〔日〕冨谷至：《秦汉刑罚制度研究》，柴生芳、朱恒晔译，广西师范大学出版社2006年版，第20页），也就不符合“附加刑罚”的意思。故而，诸简“加罪”原理究竟是“递进加重刑罚等级”还是“额外附加刑罚”，尚需澄清。

② 睡虎地秦墓竹简整理小组编：《睡虎地秦墓竹简》，文物出版社1990年版，第93页。

一、"害盗别徼而盗"的"加罪"形式

二简覆盖了害盗犯盗的,在城旦舂刑和耐、赀刑序列内的不同加刑方式:①

第一,城旦舂刑序列内的加刑,是在常人的城旦舂刑罚上加黥。其中,常人五人盗为群盗,应处斩左止城旦,②害盗参与群盗的,加黥刑为斩

---

① 本章"城旦舂刑序列"实指"刑(肉刑和零肉刑)城旦舂"序列,对此用法,参见前文第一章第二节。

② 《法律答问》1、2简未明言五人盗为群盗。《二年律令·盗律》62简载:"盗五人以上相与功盗,为群盗。"对此"群盗"定义,可联系《法律答问》136、137简"共盗"来理解:

> 夫、妻、子五人共盗,皆当刑城旦,今中〈甲〉尽捕告之,问甲当购〇几可(何)?人购二两。
> 夫、妻、子十人共盗,当刑城旦,亡,今甲捕得其八人,问甲当购几可(何)?当购人二两。

释文参见睡虎地秦墓竹简整理小组编:《睡虎地秦墓竹简》,文物出版社1990年版,第125页。

此二简有三点可予留意:

一是购赏数额的特点。《法律答问》134简载:"甲告乙贼伤人,问乙贼杀人,非伤殴(也),甲当购,购几可(何)?当购二两。"贼伤人当黥城旦舂,告者购二两。《二年律令·捕律》139简载:"詗告罪人,吏捕得之,半购詗者。"捕者加倍,即四两。《二年律令·捕律》137简载:"……刑城旦舂罪,购金四两。"但《法律答问》136、137简捕告"刑城旦"之购金为二两,仅为捕"黥城旦"购金的半数,即"夫、妻、子共盗,皆当刑城旦"之赏格尚不及普通窃盗过六百六十钱者,遑论一般群盗。购赏上的特殊性只能归结为二简中五人以上共盗者之间存在家庭关系这一因素。此处"共盗"不会是与"群盗"处在同一层面上的"罪名",而只是描述"共同盗窃行为"之词。因而二简尚不能排除"夫妻子五人/十人共盗"就是群盗、但购赏有别于一般群盗的可能。

二是"夫妻子共盗"的刑罚特点。二简描述共盗的该当刑罚是"刑城旦"而无"舂",且二简均如此,漏写的可能性较低;但参与者有女性("妻"必为女性,"子"可能包括女性)。鉴于在睡虎地秦简、岳麓书院藏秦简(肆)和《二年律令》等文献所见"刑城旦"和"刑城旦舂"之例都有明确的性别区分,"刑城旦"就可能专指男性犯罪,落实到《法律答问》136、137简时,就是夫、妻、子犯罪的该当刑罚,而尚未考虑犯罪者身份及性别。在规定刑系统里,一般盗罪的该当刑罚已经明确区分"耐为隶臣妾"和"完/黥为城旦舂"的性别特征,在二简语境下,没有理由排除"舂";只有群盗罪的该当刑罚是斩止城旦,而无"舂",盖因群盗之女性共犯并不执行斩止肉刑,而是以黥代之(《二年律令·具律》88、89简载:"女子……当斩为城旦者黥为舂……")。因此,若认可二简遣词严格的前提,那么从字面看,"当刑城旦"恰说明存在如下可能:二简"夫妻子五人/十人共盗"就是"群盗",参与者该当刑罚是"刑城旦"(斩止城旦),捕获者的购赏尚不及捕获一般窃盗者的原因是群盗存在家庭关系。

三是"共盗"可能与"相与功盗"同义。"共盗"显然强调了共同下手盗窃的事实,而"相与功盗"可按字面意思解作"共同加功于窃盗行为"。支强先生指出,"'功'指实施某种行为,'相与功'强调'五人'必须存在共同实施犯罪的意思表示并共同实施了犯罪行为"。参见支强:《秦汉律所见"群盗"犯罪的构成》,王捷主编:《出土文献与法律史研究》第6辑,法律出版社2017年版,第238页。中国法制史基础史料研读会在讨论长沙五一广场东汉简牍CWJ1③:135简"三人以上相与功盗,为群盗"(释文参见长沙市文物考古研究所等编:《长沙五一广场东汉简牍选释》,中西书局2015年版,第211页)时提出,彼处亦用"功"字;"功"取本字,意为"下手实行",亦通。《汉书·薛宣传》载:"况首为恶,明手伤,功意俱恶,皆大不敬。""功"即指杨明"手伤"申咸。此外,唐律称"共犯罪"的下手参与行为为"加功"。作如是解时,"相与功盗"其实就是"共盗",群盗就是五人以上共盗者,《法律答问》136、137简所指的就是主体同属一个家庭的特殊形态的群盗。

左止黥城旦；常人非群盗应处黥城旦的，害盗为黥劓城旦；常人非群盗应处完城旦的，害盗为黥城旦。此时劓刑是黥刑的替换刑。

第二，耐刑和赀刑序列内的加刑，是在耐、赀刑上加迁，迁与原赀耐刑一并执行。对此需稍作说明。其一，害盗加刑排序里没有完城旦一级，这意味着害盗盗没有按照常人盗的规定刑那样从耐隶臣升格为完城旦。其二，作为加刑的迁较为特殊。如前所述，虽然秦简偶见迁被单独用作处置“不从令”“以奸为事”的吏民之例，但迁常与耐、赀刑并施，无身份贬抑后果。① 迁不能附加适用耐鬼薪白粲以上刑，只能独立适用于吏、民（甚或耐后的“刑徒”，不能确证），或附加适用于赀和耐刑的承受者。

在此需指出《法律答问》1、2 简“加罪”与“加罪一等”的关系。彭浩先生认为害盗“‘加罪’就是‘加罪一等’，与《二年律令》X2 号简‘加其罪一等’相同……如其盗窃管辖范围内的财物，属监守自盗，情节恶劣，处罪自然要比外人加重……X2 号简……有可能是针对官吏‘主守自盗’制定的”。② 陶安先生也提出：“与普通盗犯相比，加重盗犯的‘黥为城旦’和‘黥劓以为城旦’分别与普通盗犯之‘完为城旦’和‘黥为城旦’相对，很明显含有罪加一等的意思。”③表面看，在城旦舂刑序列内，“完城旦→黥城旦→黥劓城旦”确是加罪一等的表现；在赀耐刑序列内，如果迁是赀耐刑加重一等后的形态，则“不盈二百廿以下到一钱，迁之”一句就是在说明，常人

综上，《法律答问》136、137 简“夫、妻、子共盗”的“共盗”可能不是如“群盗”般的既有罪名，而是对群盗的事实描述；该两条能说明“夫妻子五人/十人共盗”不是以一般群盗罪来购赏捕告之人，但难以推论出，该两条是“群盗要件限于人数为五人以上”的反证；以该两条出现“五人以上共盗”来否定群盗以人数为要件，也就未必完全稳妥。其实不难想见，“群盗”罪名必然强调较稳定的集团结构和共同犯意，而不论对“相与攻盗”作何解，“相与”都明示“群盗”应具备共同下手行为。因此本书认为，群盗是“五人以上共同行盗”，人数而非暴力手法是其必要要件；《法律答问》1、2 简所述的“五人盗”是群盗。

① 从前文第二章第三节引岳麓书院藏秦简（肆）71、72 简可见“迁”之承受者（迁者）和强制随迁者（迁者所包）的亡罪刑罚是“耐为隶臣妾”，这说明承受者受刑前后的身份都高于隶臣妾。隶臣妾刑徒尚可保有家庭，迁刑是否具有身份贬抑效果颇可疑。但无论如何，“迁”本身不必然导致常规刑罚的效果，而仅是上文所说的户籍和居住地的改变，“所包”者同样如此。这也说明，“包”不是一般意义的缘坐，而是基于家庭结构的概念，“迁者所包”用以指称与“迁者”有同户籍关系因而被强制随迁的家庭成员。

② 彭浩：《谈〈二年律令〉中“鬼薪白粲”加罪的两条律文》，陈伟主编：《简帛》第 2 辑，上海古籍出版社 2007 年版，第 439~440 页。

③ 〔德〕陶安：《秦律刑罚等序研究序说》，徐世虹等：《秦律研究》，武汉大学出版社 2017 年版，第 250 页。

盗应处赀耐刑的，害盗盗加重一等为迁刑。① 不过问题在于，迁不是刑罚加等排序的一等级，如将“迁之”理解为改耐赀刑为迁，则意味着此时“加罪”不是在耐赀刑上“附加”迁而只能是“加重”为迁，这与其他“加罪”用于描述刑罚叠加的语例不符。前章所言迁本身的特点本就使其难以被视作刑罚加等排序的一等级，更重要的是，前引岳麓秦简（伍）291 简有“加罪一等”和加迁并用之例：

> ●令曰：诸从者有卖买而绐（诒）人，与盗同法，有（又）驾（加）其辠（罪）一等，耐辠（罪）以下有（又）䙴（迁）之；从而奸，皆以强与人奸律论之。②

“从者”，官吏的随从。《二年律令·传食律》232～237 简规定了国家提供给出差官吏的饮食待遇，官吏随行人员即“从者”列于其中，③说明官府认可符合规格要求的随从人员。此类人倚势欺压官吏所监临者，与之交易诈欺取利甚或渔色。对从者“卖买而诒人”即交易时有诈欺行为的，参引盗罪计赃量刑规定并加刑一等，耐刑以下的加迁。令文将“与盗同法，又加罪一等”和“耐罪以下又迁之”并列。此时存在三种可能的理解：第一种理解为，“加罪一等”仅针对城旦舂序列，耐、赀刑序列的加罪不是加罪一等，而是加迁。第二种理解为，“耐罪以下又迁之”是对“加罪一等”的解释，即“耐罪以下加罪一等的，是加迁刑”，若取此一理解，则《法律答问》1、2 简之加迁可被视为与岳麓秦简（伍）相同的“加罪一等”之例。第三种理解为，“耐罪以下又迁之”是对“加罪一等”的递进，即“耐罪以下加罪一等以后再加迁”。

第三种理解最为可能。首先，“又迁之”的“又”字暗示出，“与盗同法”、“加罪一等”和“耐罪以下又迁之”逐级递进，耐刑以下的“加罪一等”和“迁”并列施行，秦汉简牍常见“又”的此用法；其次，“与盗同法”之犯罪

---

① 前引冨谷至先生将五人以下盗而赃值未满二百二十钱的加罪内容标示为迁，此外彭浩先生认为是“改耐、赀为迁”，参见彭浩：《谈〈二年律令〉中“鬼薪白粲”加罪的两条律文》，陈伟主编：《简帛》第 2 辑，上海古籍出版社 2007 年版，第 439 页。陶安先生似亦同意彭浩先生之说。对后两位学者之说的看法，参见拙文《睡虎地秦简〈法律答问〉“狱未断”诸条再释——兼论秦及汉初刑罚体系构造》，徐世虹主编，中国政法大学法律古籍整理研究所编：《中国古代法律文献研究》第 12 辑，社会科学文献出版社 2018 年版。

② 陈松长主编：《岳麓书院藏秦简（伍）》，上海辞书出版社 2017 年版，第 195 页，291 简正。

③ 参见张家山二四七号汉墓竹简整理小组编著：《张家山汉墓竹简［二四七号墓］》（释文修订本），文物出版社 2006 年版，第 40 页。

的规定刑在耐刑以下的只有耐为隶臣妾、赀二甲和赀一盾，其中耐为隶臣妾加刑一等的，据岳麓秦简（叁）"得之强与弃妻奸"和"田与市和奸"二则治狱文书所见，应是系城旦舂六岁复为隶臣妾，不是《法律答问》1、2简的迁；最后，张家山汉简《二年律令·关市律》261、262简载：

> 诸詐（诈）给人以有取，及有贩卖贸买而詐（诈）给人，皆坐臧（赃）与盗同法，罪耐以下有（又）䙴（迁）之。①

《二年律令·关市律》该条针对交易诈欺取利犯罪，在城旦舂刑序列内不加刑，在耐、赀刑序列内加迁。对比可知，本条秦令规定的是"从者"交易诈欺取利的，是在常人同类犯罪的基准刑罚上加一等，耐刑以下额外加迁。由此可见，上引秦令是"加罪一等"和"加迁"同处之例，《法律答问》1、2简"加迁"就不会是"加罪一等"的内容，意即，迁作为耐、赀刑的附加刑时不是"加罪一等"。② 故此，在盗罪对应的耐刑和赀刑序列内，害盗"加罪"是除了承受常人盗该当的耐、赀刑外，再"附加"迁，"加罪"未跨入城旦舂刑序列。

二、"害盗别徼而盗"的"加罪"原因

《法律答问》1~2简"加罪"在耐赀刑序列内不是"加罪一等"之例，但在城旦舂刑序列内，害盗参与非群盗的加罪符合"加罪一等"的规则，因此将"害盗别徼而盗加罪"视为"监守自盗加罪一等"之例，可以较清晰地解释《法律答问》1~2简的加罪原因。不过检视现有论据，此说尚需澄清几点。

第一，从犯罪危害性和刑罚轻重的比较角度看，《法律答问》1~2简不会是监主自盗之例。对吏而言，交易诈欺取利之刑罚轻于或至少不会重于监主自盗，《法律答问》1~2简"加罪"又轻于交易诈欺取利，因此《法律答问》1~2简就不可能是监主自盗。

第二，常被作为《法律答问》1、2简系"监主自盗加罪一等"的论据的

---

① 张家山二四七号汉墓竹简整理小组编著：《张家山汉墓竹简［二四七号墓］》（释文修订本），文物出版社2006年版，第45页。

② 对本简可能还会延伸出进一步疑问，即赃值在一百一十钱到二百二十钱之间时"与盗同法"为耐隶臣，加刑一等又附加迁刑的，迁刑的执行应发生在何种阶段？对"系城旦舂六岁复为隶臣妾"的刑徒而言，是至迁所后系城旦六岁，还是系城旦六岁后输往迁所？若系后者，被强制随迁的人（"迁者所包"）在6年内的状态又是如何，是否先于刑徒本人到迁所？此类疑问尚待考实。

《二年律令》X2 号竹简残片简文理解尚有疑问，其简文原释读为：“☑□□□盗之罪完城旦舂鬼薪白粲以上，驾(加)其罪一等。”整理者道：“今按：此残简原与三三六号简粘黏，现已分离。简文据红外线影像读得。简文仅存下部，似指某种人如犯有当处‘完城旦舂鬼薪白粲以上’盗窃罪时，加罪一等。”并提示可参考《汉书·刑法志》“守县官财物而即盗之”的记载。① 年代稍晚的《汉律十六章·盗律》79 简载：“自今以来，主守县官金钱、它物而即盗之，罪完城旦舂、鬼薪白粲以上，驾(加)其罪一等。”②二简或可互证，使用汉初律“加罪一等”之例去佐证相应秦制时需考虑二者所指是否相同和汉初立法异于秦法的可能性，本条就存疑。

从罪名看，《二年律令》X2 简系汉代稍后史料所称的“主守盗”，但《法律答问》1~2 简“害盗别徼盗”的含义不确知。从《法律答问》1~2 简看，这种犯罪的加罪形式有疑，这反面说明它不是其时应已存在的“主守盗”。二者既非同种犯罪，刑罚未必相同，何况秦汉间可能有异。从主体看，《二年律令》X2 简有“罪完舂、白粲”，包括了女性主体，但通常理解的监守自盗犯罪主体一般应为担任官职的男性。《法律答问》1、2 简所见“害盗”“求盗”尤为如此，必为男性。这不仅是因为秦汉“求盗”是成年男子才承担的国家役使，还因为《法律答问》1、2 简所设定的“害盗/求盗别徼而盗”加罪的结果分别是“斩左止，有(又)黥以为城旦”、“黥劓(劓)以为城旦”和“黥为城旦”，肉刑后所附役使皆为“城旦”，专限男性。这与汉初律“主守县官金钱物而盗”需加罪的刑罚包括了专限女性的“完舂、白粲”有别，说明二者“加罪”情境有差异。

第三，秦律上官吏主守盗必定加罪，但可能不是“加罪一等”，而是“加罪一等，耐罪以下又迁之”。简牍所见“加罪”之例甚多，据此细加揣度秦及汉初加罪方式(尤其是赃罪的加罪方式)，秦主守盗加罪之法或有四种可能。其一，如《法律答问》1~2 简般区分规定城旦舂刑序列和耐刑以下序列的加刑形式。但如害盗别徼盗与主守盗处置相同，则《法律答问》1、2 简直言“加罪如主守盗”即可，不必详解如斯。其二，“加罪一等”。鉴于上引秦令仅是规范“从者”诈欺，在耐刑以下加迁，已经重于单独的“加罪一

① 参见彭浩、陈伟、〔日〕工藤元男主编：《二年律令与奏谳书：张家山二四七号汉墓出土法律文献释读》，上海古籍出版社 2007 年版，第 326 页。

② 释文参见彭浩主编，荆州博物馆编：《张家山汉墓竹简［三三六号墓］》(上册)，文物出版社 2022 年版，第 175 页。

等”，那么官吏主守盗者不会较之为轻。[①] 其三，“加罪二等”。目前仅见于受赇枉法裁判者，本以其所枉罪之刑罚上加二等，只有赃罪重于所枉罪时是在赃罪之刑上加二等。仅以身份加重的主守盗应轻于（或至少不重于）受赇枉法裁判者，不应是“加罪二等”。其四，“加罪一等，耐以下又迁之”。从反面言，前三种可能性较低。从正面言，上引秦令应是对官吏随从犯罪的规定，鉴于奸罪是比照官吏犯奸，则此令对诈欺取利的规定也可能比照了既有的官吏诈欺之罪；而且如前所述，常人交易诈欺取利者本就是“坐赃与盗同法，耐以下又迁之”，官吏在常人基准刑罚上加一等，耐刑以下加迁，极为合理。意即，官吏交易诈欺的，也应是“与盗同法、加罪一等，耐罪以下又迁之”。监临交易诈欺之赃罪，有可能与主守盗之赃罪处置相同，[②] 进而，主守盗者可能也是“加罪一等，耐罪以下又迁之”而非“加罪一等”。

目前难以考实“害盗别徼而盗”的含义，也不清楚加罪原因是它属于类似于汉初《二年律令》X2简的“主守盗”，还是比照“主守盗”，抑或另有比附罪名。如果秦法存在对监临主守的特别规定以规制窃盗官府财物的行为，那么是否存在类似于唐律“盗所监临”“于监临外盗”的针对窃盗私人财物的规定？《法律答问》1～2简设置问答的背景就值得推敲：

一方面，害盗、求盗具体职掌不明，如果不因职责列入监临主守，其窃盗处置似与常人无异，“别徼”与否就无关刑罚。《法律答问》1～2简既然提出“加罪”，要么说明“别徼”确与“非别徼”有别，职责应该是加罪考虑的因素；要么是在“别徼盗”语境下，“加罪”仅源于“害盗/求盗”身份，而非对职责的违反。

另一方面，若害盗、求盗属于“监临主守”之吏，鉴于其“别徼盗”的加

---

① 上引《龙岗秦简》44简可能侧证监主自盗之刑罚非“加罪一等”。该简读作“盗同灋（法），有（又）驾（加）其罪，如守县【官】金钱□☑”。李天虹先生等认为“本句疑指监守自盗一类的犯罪行为”，参见陈伟主编，李天虹等撰：《秦简牍合集（贰）·龙岗秦墓简牍》，武汉大学出版社2014年版，第43页。其说近是。但《龙岗秦简》44简所惩治的不会是窃盗行为本身：该简必前接他简，该他简应描述了负有监管职责者犯有非窃盗的侵犯官物行为，本简则规定对此一行为比照“守县官金钱【而即盗之】”的规定来“加罪”。“守县官金钱而即盗之”应即所谓的“监守自盗”或“主守盗”。《龙岗秦简》44简不言“与盗同法，又加罪一等”，却舍简就繁写作“与盗同法、又加罪如主守盗”，更像是强调了“加罪如主守盗”不是“加罪一等”。

② 目前秦及汉初材料尚无法证实这一点，但唐律《诈伪》“诈欺官私财物”条律文有“诸诈欺官私以取财物者，准盗论”。小注有：“若监主诈取者，自从盗法。”律疏有：“‘若监主诈取’，谓监临主守诈取所监临主守之物，自从盗法，加凡盗二等，有官者除名。”明言监主诈取所监临财物，以监主盗所监临加凡盗二等处置相同。唐律“监守自盗”加凡盗二等，《贼盗》“监临主守自盗”条载：“诸监临主守自盗及盗所监临财物者，加凡盗二等，三十匹绞。”“诈欺官私财物”条和“监临主守自盗”条分别参见（唐）长孙无忌等撰，刘俊文点校：《唐律疏议》，中华书局1983年版，第465、358页。

刑方式不同于主守盗,“别徼盗”的对象不会是其所主管的官府财物,此时“别徼盗”要么是“盗所监临”,要么是“于监临外盗”。进一步的疑问在于:首先,若当时对“盗所监临”处置并无特别规定,则“别徼”与否都将同于凡盗,《法律答问》1~2简的设问就不必出现。其次,若当时对“盗所监临”的处置已有特别规定,那么“别徼盗”之成为设问题目,说明“别徼盗”不是在所监临部内行盗,“别徼”当指在害盗职责范围之外,类似于“于监临外盗”。唐律“于监临外盗”同于凡盗,但《法律答问》1~2简是“加罪”,又轻于主守盗的“加罪”。这暗示出,害盗在监临外盗的需加罪,且加罪方式不同于主守盗。若其处置比照了“盗所监临”,则意味着“盗所监临”也不同于“主守盗”。

综上,最为可能的是,《法律答问》1~2简问答是为解决“害盗别徼盗”的加刑方式是否同于“盗所监临”的问题,其隐含前提是秦律对“盗所监临”已有特别规定,但目前不能确证其与“主守盗”是否处置相同;“别徼盗”不是“盗所监临”,更不是“主守盗”;“别徼盗”按凡盗计赃的刑罚在耐刑以下时轻于主守盗/官吏诈欺取利,后者与其职务直接相关;“害盗别徼盗”可能是指害盗不在自己职务管辖范围内盗窃,类似于唐律“于监临外盗”的情形,但不同于唐律按常人盗处理的方式,“害盗别徼盗”需加罪,加罪应是基于其身份而非对其害盗具体职责的违反。

第二节 秦简所见秦“加罪一等”的逻辑

整体而言,“害盗别徼盗加罪”不是“主守盗加罪一等”之例,在城旦舂刑和赀、耐刑序列内的加罪形式也有区别,作为对照的秦“加罪一等”之制也值得探究。

一、秦城旦舂刑序列内的“加罪一等”

如果认为秦及汉初刑罚加等排序是递进加重式的,那么对害盗犯非群盗罪、盗赃在二百二十钱以上的情形而言,在完城旦和黥城旦刑罚基准上分别加黥和劓后会呈现出“完城旦→黥城旦→黥劓城旦”的排序,表面上就符合“加罪一等”的印象。不过二简仍存疑问:害盗参与群盗的“加罪”是斩左止城旦上加黥,这是否也是“加罪一等”之例?进而,“加罪一等”是否有轻重刑等明确的参照系?“加罪一等”的逻辑是“递进加重一等级”还是“额外附加一刑罚”?

张伯元先生认为,《法律答问》1~2简乃“根据行盗人数和所盗财物的多少，处以‘斩左趾’‘黥以为城旦’‘黥劓以为城旦’等不同的刑罚。这些不同的刑罚与后代的‘刑等’相类”；①吕利先生认为“刑等即刑罚的轻重等级”，秦汉律简所见刑罚等级关系有“抽象的刑罚等级”和“具体的刑罚等级”两种。② 李安敦和叶山先生还提出从司寇到隶臣是“加刑一等”（an increase in one degree of punishment）。③ 恐怕将秦及汉初律“加罪一等”之“等”视为与后世“刑等”概念相类的“刑罚轻重之等级”的学者不在少数。本书揣测，此说依据或许包括直观感受、法律规定和历史连贯性表象。

第一，直观感受方面，黥、劓、斩止、腐的肉刑是递进加重的，对此可能不存在异议。司马迁在《报任安书》中列举了身受象征刑、人身强制及不当待遇、刑具服饰、肉体摧残等刑辱情状：

> 太上不辱先，其次不辱身，其次不辱理色，其次不辱辞令，其次诎体受辱，其次易服受辱，其次关木索、被箠楚受辱，其次剔毛发、婴金铁受辱，其次毁肌肤、断肢体受辱，最下腐刑，极矣。④

对不同刑罚尤其是肉刑轻重排序的认识，今人和司马氏应无差别，当代学者恐怕都以“毁肌肤”之黥为肉刑之轻者，而以腐为至重者。

第二，法律规定方面，《二年律令·具律》88 简载：“有罪当黥，故黥者劓之，故劓者斩左止，斩左止者斩右止，斩右止者府（腐）之。”徐世虹先生提出：“无论‘刑复城旦舂’者还是‘刑为城旦舂’者，当他们又犯当判肉刑之罪时，则在原犯肉刑上加重一等，即如《具律》89 简所示：‘故黥者劓之，故劓者斩左止，斩左止者斩右止，斩右止者府（腐）之。’”⑤也有论者提出：“按照张家山汉律所提到的刑种，死刑之下为‘斩刑’，‘斩刑’之中，‘斩右趾’又重于‘斩左趾’。‘腐刑’或者说‘宫刑’是一种特殊的刑罚，只在特殊场合使用，重于‘斩刑’而轻于‘死刑’。《二年律令·具律》此处强调的刑罚原则是‘重复犯罪，罪加一等’。”⑥而赎刑所对应的肉刑中，斩止和

---

① 张伯元：《〈秦简·法律答问〉与秦代法律解释》，《华东政法学院学报》1999 年第 3 期。

② 吕利：《律简身份法考论：秦汉初期国家秩序中的身份》，法律出版社 2011 年版，第 250～252 页。

③ Anthony J. Barbieri-Low & Robin D. S. Yates, *Law, State and Society in Early Imperial China: A Study with Critical Edition and Translation of the Legal Texts from Zhangjiashan Tomb no. 247*, Leiden: Brill, 2015, Vol. Ⅱ, p. 520, note 38.

④ （汉）班固撰，（唐）颜师古注：《汉书》卷六二《司马迁传》，中华书局 1962 年版，第 2732 页。

⑤ 徐世虹：《“三环之”、“刑复城旦舂”、“系城旦舂某岁”解——读〈二年律令〉札记》，胡平生主编，中国文物研究所编：《出土文献研究》第 6 辑，上海古籍出版社 2004 年版，第 83 页。

⑥ 朱红林：《张家山汉简〈二年律令〉集释》，社会科学文献出版社 2005 年版，第 79 页。

腐刑也确与黥和劓刑有差异，前引《二年律令·具律》119简记有“赎斩、府(腐)，金一斤四两。赎劓、黥，金一斤”。

第三，历史连贯性表象方面，从强调《二年律令·具律》88简的“累犯加重”意味和轻重等级之别出发，还容易勾连出肉刑一直具有轻重等级的表象——传世文献对先秦秦汉肉刑体系记载颇多，出土秦及汉初法律简牍对肉刑有所呼应，汉文帝刑制改革在髡钳城旦舂基础上以笞三百和笞五百分别代替劓和斩左止肉刑，似乎也印证了肉刑本有轻重等级的看法。如此，秦及汉初“黥→劓→斩左止→斩右止→腐”的递进式轻重等级似乎具有历史连贯性。

综上，直观感受、法律规定和连贯性表象三方面都支持肉刑本有轻重等级的认识，《汉律十六章·囚律》“囚遂”条附有“加罪一等”之制，其中“黥为城旦舂”加罪一等为“加其刑”，亦为印证。不过在本书看来，此说尚可补强。

第一，《二年律令·具律》88简不是累犯加重之例，不能标示肉刑的轻重等级。该条只是黥之肉刑不可重复施行的现实困难的解决之道：在规定刑系统下，城旦舂刑序列内的常规肉刑是黥刑，但已被施行肉刑者犯罪应处黥刑时，黥刑不可执行，只能依次替换为其他身体部位的肉刑。[①]《二年律令·具律》119简赎刑金额的排序规定不是刑罚体系内部具有有意识递进衔接的轻重排序，而是将分散于各具体罪条的规定刑刑名汇总后，以相应的黄金数额加以对应而已，黄金重量之差仅可反映各肉刑自身的轻重程度，但不能进一步推论说，存在与赎刑黄金数额排序一致、前后相衔接的肉刑轻重排序。

第二，即使从直观感受看，《二年律令·具律》88简也未严格呈现为递进加重。首先，斩左止和斩右止在对身体机能的损害程度上并无不同，无所谓轻重递进。其次，单看黥、劓、斩止肉刑时，劓重于黥，斩止重于黥、劓，替换黥、适用单一的劓、斩止，就已符合对黥的加重要求，但实际上“加罪”“加罪一/二等”都是复数肉刑叠加而非单数肉刑替换。最后，“加罪”并不严格遵循“黥→劓→斩左止→斩右止→腐”的顺序。例如，观念上重于斩左止的是斩右止和腐刑，但《法律答问》1~2简害盗犯群盗罪时是在斩左止城旦刑上附加黥，而非斩右止刑；又如，据《二年律令·具律》95简，鞫狱故纵死刑囚，反坐斩左止城旦，如系受赇，加罪二等，其加刑方式大概不会是直接在斩左止城旦上加斩右止和腐刑，而是会加黥刑和劓刑；又设若

① 对于替换刑系统，参见本书第五章。

反坐黥城旦刑，受赇加罪二等，则黥、劓、斩左止三种肉刑皆施加于一身。

第三，以史迁之说或汉文帝刑制改革的加笞数之不同来倒推秦及汉初肉刑轻重等级的做法有年代错误（anachronic）之嫌。且不说《报任安书》是在抒发感受而非描述制度，即令考虑到汉文帝改革的暂时针对性，也能发现笞三百和笞五百都是对已犯罪但未决肉刑者的替换刑，所取代的劓和斩左止本都是黥刑的替换刑，笞数差异不能反映同一刑罚之替换刑的轻重，改革之后犯罪的不会再适用劓和斩左止，笞三百和笞五百就更无对应肉刑轻重的意味。① 因此不能以改革后的笞刑轻重等级反推改革前的肉刑轻重等级。

第四，不仅《二年律令・具律》88、89 简所见替换刑系统没有严格的递进式轻重等级，而且如前章所示，规定刑系统本身就不存在轻重等级排序的汇总规定，也就不能为刑罚加等排序提供轻重参照。虽然《二年律令・告律》127～129 简规定了明确的刑罚递减等级排序，但“加罪”和“减罪”排序的表现形式截然不同，内在逻辑也有差异。就目前看来，刑罚加等排序内的刑罚种类以规定刑系统为主，也有部分替换用刑，不能以递进加重的等级指称之。

城旦舂刑序列“加罪一等”的逻辑既然不是递进加重，就应是额外附加刑罚。如前所述，《法律答问》1～2 简城旦舂刑序列的“加罪”形态分别如下：斩左止城旦和完城旦所加者是黥，黥城旦所加者是劓，劓当是黥的替换刑。由此，城旦舂刑序列内所加之刑皆为黥。疑问是，此一黥刑的来源为何？回答可能有三：其一，作为加刑基准的具体犯罪的规定刑，即原该当刑罚；其二，不考虑具体犯罪及其规定刑，概括附加城旦舂刑序列里的完城旦舂刑；其三，不考虑具体犯罪及其规定刑，概括附加城旦舂刑序列里的黥城旦舂刑。不过，《二年律令・具律》92 简载：“城旦舂有罪耐以上，黥之。”②城旦舂犯耐以上罪的该当刑罚将替换为黥。鉴于秦及汉初刑罚叠加方式是假定逻辑在前的刑罚已经执行，在此基础上执行逻辑在后的刑罚，③那么“加罪一等”也应适用《二年律令・具律》92 简的规定。如此，城旦舂刑序列的附加之刑无论是原刑罚、完城旦舂刑还是黥城旦舂刑，都是“耐以上”，均应替换为黥；最终结果都是在城旦舂的身份/役使基础上附加黥刑及其替换刑。如表 4 所示。

---

① 汉文帝刑制改革的暂时针对性和革命性，学者早有详论，笔者亦已撰文评价，此处从略。

② 张家山二四七号汉墓竹简整理小组编著：《张家山汉墓竹简[二四七号墓]》（释文修订本），文物出版社 2006 年版，第 21 页。

③ 对复数刑罚执行方式的讨论，参见本书第一章。

表 4 害盗别徼盗的城旦舂刑序列加罪形式

基准刑罚	附加原刑罚后	附加完城旦舂后	附加黥城旦舂后
完城旦舂	黥城旦舂	黥城旦舂	黥城旦舂
黥城旦舂	黥劓城旦舂	黥劓城旦舂	黥劓城旦舂
斩左止城旦	黥斩左止城旦	黥斩左止城旦	黥斩左止城旦

三个结果完全相同。稍需说明者:

其一,城旦舂刑序列内的“加罪”形式以不同种肉刑叠加于一身为特征。其逻辑则是,对城旦舂而言,身份/役使已经是最重形态,无法替换,因此犯罪应处耐以上刑罚时,此刑罚需以肉刑方式执行;一种肉刑执行后该部位损毁不可恢复,加刑为复数的就只能表现为不同种肉刑的叠加。

其二,犯罪规定刑为斩左止城旦的,附加原刑罚时,一方面,原刑罚属于“有罪耐以上”,可替换为黥刑;另一方面,斩右止和原刑罚斩左止城旦的效果相同,附加斩右止也有合理性。不过《法律答问》1~2 简“加罪”例中斩左止城旦是附加黥,推测斩左止城旦“加罪一等”时也是加黥。①

其三,进而,在包括但不限于“加罪一等”的肉刑附加适用情形下,因所加肉刑必为“耐以上”,均应替换为“黥”;附加遵循“黥→劓→斩左止→斩右止→腐”的顺序;当受刑者本身已经领受过某种肉刑时,上一顺序不变,再犯罪时肉刑以此顺序叠加,跳过原受肉刑即可。设若强奸人被处腐刑,后贼伤人当黥,则直接处黥;后又犯当耐的窃盗,又应“黥之”,替换为劓。以此类推。

此外,目前未见秦及汉初“加罪”在三等以上之例。因此,即使是对肉刑规定刑中最重的斩左止城旦的加罪二等,也将是黥劓斩左止城旦,难以设想出导致升入死刑的情景。

综上,城旦舂刑序列内的“加罪一等”逻辑是在基准刑罚上附加一项

---

① 若如此,则牵涉斩止城旦刑的反坐、“罪之”或“与同罪”问题。鞫狱故纵、不直,译人诈伪,隐匿罪人等犯罪的量刑需以“反坐/反罪”“罪之”“与同罪”等术语参引规定刑罚,当规定刑是斩左趾城旦时,参引后的刑罚应替换为黥城旦舂。若不替换,在“死罪,黥为城旦舂;它各以其所出入罪反罪之”(《二年律令·具律》110 简,又见于 111 简)或“死罪,黥为城旦舂,它各与同罪”(《二年律令·亡律》167 简)等规定下,参引死刑时替换为黥城旦舂,若参引斩左趾城旦刑时仍为斩左趾城旦,刑罚轻重似嫌失衡。陶安先生认为两种反坐刑规定的存在应与时代演变有关,参见〔德〕陶安:《秦律刑罚等序研究序说》,徐世虹等:《秦律研究》,武汉大学出版社 2017 年版,第 251 页。不过此说给人的印象是《二年律令》简册制作时条文未经全部规整,彼此有差异。在本书看来,《二年律令》中诬告人死罪和鞫狱出入人死罪存在刑罚差异,以及诬告死罪与诬告黥城旦舂罪刑罚等同、鞫狱出入人死罪与出入人斩止城旦罪刑罚等同,更应归结为在立法者视野里,两种犯罪本身存在差异。

刑罚；所加刑罚的来源可能是原基准刑罚，或该序列内的完城旦舂或黥城旦舂刑；加刑的确切来源暂无法确定，但加刑形式都可落实为黥刑或其替换刑。

二、秦耐刑序列内的“加罪一等”

耐刑序列“加罪一等”的逻辑可能同样是额外附加一项刑罚，加刑的来源和形式也不全然明了。如果其“加罪”与城旦舂刑序列一样，也是附加本序列内的一项刑罚，那么就能推测出耐刑序列“加罪一等”的具体形态。推测前提有二：

其一，目前所见耐刑序列内的规定刑主要是耐为司寇和耐为隶臣妾。睡虎地秦简和岳麓秦简数见“耐为侯（候）”刑名，但不见于汉初简。如前章所述，“耐为候”刑名特殊，不能明确其加罪场景是否存在，暂存疑。

其二，耐刑序列的特征是，一方面，耐之身体刑以毛发为对象，而毛发可复生，这与城旦舂刑序列内作为加刑的肉刑不同。因此，复数“耐之身体刑”的叠加执行没有意义。另一方面，耐之身份/役使部分没有确定期限，因此无法在数量（时长）上直接累加；但在身份高下、劳役轻重和后续效果上有司寇和隶臣妾之分。因此，复数耐刑的叠加是通过身份/役使的替换形式实现的。

依据上述前提和上文所言刑罚叠加规则，可知耐司寇“加罪一等”的加刑形式不论是耐司寇原刑罚还是耐隶臣妾，抑或“法不名耐”的概称“耐”，结果都是耐隶臣妾。而耐隶臣妾“加罪一等”将是“系城旦舂六岁（复为隶臣妾）”。①

对耐隶臣妾的“加罪一等”，岳麓书院藏秦简（叁）“得之强与弃妻

① 《二年律令·具律》90简载：“有罪当耐，其法不名耐者，庶人以上耐为司寇，司寇耐为隶臣妾。隶臣妾及收人有耐罪，毄（系）城旦舂六岁。”张家山二四七号汉墓竹简整理小组编著：《张家山汉墓竹简［二四七号墓］》（释文修订本），文物出版社2006年版，第21页。宫宅洁先生认为该简是“加重刑的情况”，“刑徒再犯耐罪时，依次加重刑罚为：隶臣妾→以隶臣妾身份服六年系城旦舂的劳役→完城旦舂”，“（系城旦舂六岁）多数都是以附加某刑的方式使用”。参见〔日〕宫宅洁：《中国古代刑制史研究》，杨振红等译，广西师范大学出版社2016年版，第86页。认为“系城旦舂六岁”是“用作加刑”，还可参见徐世虹：《“三环之”、“刑复城旦舂”、“系城旦舂某岁”解——读〈二年律令〉札记》，胡平生主编，中国文物研究所编：《出土文献研究》第6辑，上海古籍出版社2004年版，第85页。“系城旦舂六岁”执行完毕后复为隶臣妾，再犯耐罪仍为“系城旦舂六岁”，即该有期限城旦舂刑可反复施加，并未体现“加重”意味；并且从“系城旦舂”升入完城旦舂的条件并非一般性的再犯耐罪，而是对“临时城旦舂”犯耐罪的处置。因此本书认为，该二简与《二年律令·具律》88简“有罪当黥”条一样，不是“累犯加重”之例，仍属替换刑规定。在耐刑序列内，刑罚的身份/役使部分与原刑徒身份相同时不能累加，需予替换。其中隶臣妾犯有耐罪的即以“系城旦舂六岁”替换。

奸”案和“田与市和奸”案均为“乞鞫不审，加罪一等”的应用之例，罪名一为强奸未遂，另一为和奸，该当刑罚均为耐隶臣；两案“加罪一等”都是“加”了“系城旦六岁”：“得之强与弃妻奸”案中，得之强奸其弃妻未遂，被判处耐为隶臣。得之第一次乞鞫，被判定为不审，“系城旦六岁”；之后逃亡，又被判罚“系城旦六岁”；此后第二次乞鞫，又被判定为不审，判罚“系城旦六岁”；通计系城旦十八岁。其中前后二次乞鞫不审，均处以“系城旦六岁”，这两个“系城旦六岁”是分别以耐隶臣为基准加罪一等而来的。① “田与市和奸”案中，隶臣田与市和奸。市非人妻，《奏谳书》182简载：“奸者，耐为隶臣妾。”②因田本系隶臣，所犯耐罪就被替换为“系城旦六岁”。田就此和奸案乞鞫，被判定为不审而“系城旦六岁”，累计“当毄（系）城旦十二岁”。③

尤需提出者，“乞鞫不审”面对所有犯罪，因此“系城旦舂六岁复为隶臣妾”应是耐隶臣妾“加罪一等”的一般形式。在秦刑罚加等排序里，“系城旦舂六岁复为隶臣妾”和“完城旦舂”之间还存在诸如“耐鬼薪白粲”等其他刑罚等级的可能性极小；并且“系城旦舂六岁（复为隶臣妾）”的刑罚加一等后仍为“系城旦舂六岁”，而不升至城旦舂刑序列。至此可以设想，如果存在耐隶臣妾加罪二等的情形，先是加一等为系城旦舂六岁，再加一等时仍为系城旦舂六岁，合计系城旦舂十二岁。即使存在加罪超过二等之例，在耐刑序列内也将是系城旦舂六岁刑的累加，而不会升入城旦舂刑序列。

虽然如表4所示，“加罪一/二等”是附加原规定刑、附加序列内较重或较轻之刑罚及附加概指本序列之刑罚这三种可能的结果相同，但其中附加原规定刑的可能性最大。在“乞鞫不审加罪一等”之例中，“乞鞫不审”附加的应是所乞鞫犯罪之刑罚，即原规定刑罚。乞鞫不审时附加原判刑罚的理由似乎是，乞鞫后再审得到相同判罚时，将此一判罚施加于乞鞫者。在上文所讨论的乞鞫案里，规定刑罚是耐隶臣，落实到隶臣刑徒身上，就被替换为“系城旦六岁”。如果赀刑序列和城旦舂刑序列内“加罪一/二等”的“加罪”意义相同，那么所附加的都应是原规定刑。

综上，秦简牍所见“加罪一/二等”形式可示如表5：

---

① 本案文书释文参见朱汉民、陈松长主编：《岳麓书院藏秦简（叁）》，上海辞书出版社2013年版，第196~201页。

② 张家山二四七号汉墓竹简整理小组编著：《张家山汉墓竹简［二四七号墓］》（释文修订本），文物出版社2006年版，第108页。

③ 本案文书释文参见朱汉民、陈松长主编：《岳麓书院藏秦简（叁）》，上海辞书出版社2013年版，第205~211页。

表 5　秦简牍所见“加罪一等/二等”形式

基准之规定刑		“加罪一等”后	“加罪二等”后
赀		原刑罚双倍	原刑罚三倍
耐	耐司寇	耐隶臣妾	系城旦舂六岁（复为隶臣妾）
	耐隶臣妾	系城旦舂六岁（复为隶臣妾）	系城旦舂十二岁（复为隶臣妾）
城旦舂	完城旦舂	黥城旦舂	黥劓城旦舂
	黥城旦舂	黥劓城旦舂	黥劓斩左止城旦舂
	斩左止城旦	黥斩左止城旦	黥劓斩左止城旦

需说明者，表5“加罪二等”后本应形成的“黥劓斩左止舂”可能不存在。目前所见如《二年律令·具律》93~95 简关于受赇鞫狱出入人罪“加罪二等”之例极少，其例中鞫狱故纵不直、诊报辟故弗穷审之犯罪主体应限于男性；《二年律令·捕律》146 简所载的“群盗、盗贼发，告吏，吏匿弗言其县廷，言之而留盈一日，以其故不得，皆以鞫狱故纵论之”亦限男性。因此，女性适用“加罪二等”的条文可能不存在；即使存在，按《二年律令·具律》88 简所载的“当斩为城旦者黥为舂”，①肉刑替换后可能就已是“刑尽”，无法再附加他种肉刑了。

据此，在规定刑系统内，女性犯罪者在参引专为男性设置的“斩左止城旦”时需替换为黥舂；那么在作为黥刑替换刑时，斩左止和斩右止是否施加于女性，尚不明确；至于腐刑，则只能施加于男性。故此，是否存在女性主体的“加罪二等”的犯罪，黥舂“加罪二等”是附加劓和斩左止，还是以笞百代替斩止，此类疑问尚待考实。

第三节　汉初律“加罪一等”的问题

秦简牍反映出秦法“加罪一等”之制是基准刑的累加，累加方式以《二年律令·具律》“有罪当黥”“有罪当耐”诸条的逻辑为据，应是其时不言自明的制度，无须明文。新近刊布的张家山 336 号汉墓《汉律十六章·囚律》169~171 简记有“加罪一等”之制：

---

① 所引《二年律令》诸简释文参见张家山二四七号汉墓竹简整理小组编著：《张家山汉墓竹简［二四七号墓］》（释文修订本），文物出版社 2006 年版，第 21、22、28 页。

> 囚遂驾(加)其罪一等,【当】笞者罚金一两,罚金一两者罚二两,罚二两者罚四两,罚四两者赎耐,赎耐者赎黥,赎黥者赎斩,赎斩者赎城旦舂,赎城旦舂者赎死,赎死、署(迁)及当耐为司寇者耐为隶臣妾,耐为隶臣妾者　　完为城旦舂,完为城旦舂及鬼【薪】白粲者黥为城旦舂,黥为城旦舂者驾(加)其刑,刑尽者弃市。罪罚有日数者各倍之。①

《汉律十六章·囚律》本条的制定时代,其与《二年律令》的关系,本条适用对象,本条与简牍所见秦制之间的差异等问题都有讨论空间,本节稍作试探。

一、"加罪一等"之制的制作年代

岳麓秦简律令简册和《为狱等状四种》治狱文书简册所见秦"加罪一等"之制与《汉律十六章·囚律》本条有较明显差异,此处需要讨论的是,同为汉初律令简册但制作时间有异的《二年律令》与《汉律十六章》在律章和律条层面的异同问题。前者为汉高后二年(前186年)之时或稍后某一时点的律令的汇抄本,后者编写在汉文帝元年(前179年)十二月之前,但其后不久就经过二次处理,汉文帝二年(前178年)二月前即废置不用,因此两个简册编制和抄写(而非律令条文制定)的时间差异大概在六七年内。在如此短的时间段内,二者"加罪一等"之制有何同异,颇引人遐思。

首要问题是,《二年律令》简册既存部分不见《囚律》,亦不见"加罪一等"之制。究其原因,是《二年律令》简册本有《囚律》但因墓葬环境、物理毁损而尽数灭失不存,还是其时律令本有《囚律》而《二年律令》抄本不全未予抄录,抑或《二年律令》章目齐全,本就没有《囚律》?

整理者认为"《二年律令》是全部律令的总称",但学者多认为《二年律令》简册是"节选本""摘录"。各时代、各出处的律令简册的编纂、选取和随葬目的是否相同,尤其是在律章和律条层面上是否全为"节选摘抄",似无定论。《晋书·刑法志》记有《囚律》章沿革,一枚引有"囚律"章名的汉武帝时期的悬泉汉简简文与《二年律令·具律》一枚简同文,有学者据以

---

① 彭浩主编,荆州博物馆编:《张家山汉墓竹简[三三六号墓]》(上册),文物出版社2022年版,第187页。

认为《二年律令》简册本有《囚律》但多已毁损不存，现被编入《具律》的涉及告劾、治狱管辖而与唐律《断狱》条文相类的部分条文应归入《囚律》。①336 号墓《汉律十六章·囚律》含 35 枚简（150~184 简），内容无一出现在《二年律令》既存简文中。若《二年律令》有《囚律》一章，《汉律十六章·囚律》条文可拟移至《二年律令》简册毁损严重的第二、三层的《具律》和《告律》近旁，但这就意味着《囚律》毁损彻底，见于《汉律十六章》者一条不能幸存，这种可能性较小。那么以下可能性无法排除：《二年律令》原简册无《囚律》章，悬泉汉简引作《囚律》之文的，在《二年律令》时代可能在《具律》或《告律》章中。以目前所见，认为在既有简册所见之外还存在其他律章，尤其是存在通则性条文的假定，还需补强论证。

《二年律令》中适用"加罪一/二等"的有前析的 X2 简，《二年律令·具律》93~98 简"受赇鞫狱故纵不直"和 114 简"乞鞫不审"条。② 据睡虎地 77 号墓汉简和张家山 336 号墓汉简整理者意见，《二年律令·具律》93~98 简归入《告律》，睡虎地 77 号汉墓整理者言"确知属《告律》"，但未知其依据；③"乞鞫不审，加罪一等"之制在秦简牍中未见明文，但前析秦治狱文书中有体现，应为汉初立法撷取秦制而来。

《二年律令》X2 简应归入《盗律》。《二年律令》X2 简简文原释读为："☑□□□盗之罪完城旦舂鬼薪白粲以上，驾（加）其罪一等。"整理者道："今按：此残简原与三三六号简粘黏，现已分离。简文据红外线影像读得。简文仅存下部，似指某种人如犯有当处'完城旦舂鬼薪白粲以上'盗窃罪时，加罪一等。"并提示可参考《汉书·刑法志》"守县官财物而即盗之"的记载。④ 查看图版，《二年律令》X2 简首字残，左部笔画有类"盗"字左下部；简文"驾（加）其罪一等"也符合"主守盗加罪一等"的推测。张家山 336 号汉墓《汉律十六章·盗律》79 简载：

① 参见李均明：《〈二年律令·具律〉中应分出〈囚律〉条款》，张家山汉简研读班：《张家山汉简〈二年律令〉校读记（上）》，彭浩：《谈〈二年律令〉中几种律的分类与编连》，收入张家山二四七号汉墓竹简整理小组编著：《张家山汉墓竹简［二四七号墓］》（释文修订本），文物出版社 2006 年版，第 193 页以下。另可参见王伟：《张家山汉简〈二年律令〉编联初探》，陈伟主编：《简帛》第 1 辑，上海古籍出版社 2006 年版，第 360~361 页。

② 《二年律令·具律》93~98 简、114 简释文分别参见张家山二四七号汉墓竹简整理小组编著：《张家山汉墓竹简［二四七号墓］》（释文修订本），文物出版社 2006 年版，第 22、24 页。

③ 参见熊北生、陈伟、蔡丹：《湖北云梦睡虎地 77 号西汉墓出土简牍概述》，《文物》2018 年第 3 期。

④ 参见彭浩、陈伟、〔日〕工藤元男主编：《二年律令与奏谳书：张家山二四七号汉墓出土法律文献释读》，上海古籍出版社 2007 年版，第 326 页。

自今以来,主守县官金钱、它物而即盗之,罪完城旦舂、鬼薪白粲以上,驾(加)其罪一等。①

《二年律令》X2 简字距疏阔,从上端裂损、无字可识的部分的长度看,应可容纳"自今以来主守县官金钱它物而"等字;易言之,《二年律令》X2 简应有"自今以来"以下的文字。秦汉文献多见"自今以来"表述,是诏、令引出新创设规则的标志语,因此本条不应是《汉律十六章》时代所新设的,《二年律令》编写前,立法者就应已针对"守县官钱财物而即盗之"单独设立了加罪规定,律文保留了"自今以来"的格式用语,《二年律令》简册制作者以单简书写新设单条律并编入《盗律》章,稍后的《汉律十六章》沿袭之。简言之,《二年律令》X2 简和《汉律十六章》79 简应是作为汉初新设规则直接入律。

可注意者,前已言及秦律应已有主守盗加罪的规定,《龙岗秦简》44 简所载的"盗同灋(法),有(又)驾(加)其罪,如守县【官】金钱□☑",就是某种赃罪参引主守盗加罪形式的规定。但在刘邦入关、蠲除秦法时,主守盗加罪的独立规定可能被废止,主守盗不再是独立罪名,刑罚同于凡盗。可能至迟在汉高帝七年(前 200 年)时主守盗仍不加罪。《奏谳书》案例十五"醴阳令恢盗县官米"案(69~74 简)记有:

·七年八月己未江陵丞言:醴阳令恢盗县官米二百六十三石八斗。恢秩六百石,爵左庶长。恢曰:诚令从史石盗醴阳已乡县官米二百六十三石八斗,令舍人士五(伍)兴、义与石卖,得金六斤三两、钱万五千五十,罪,它如书。兴、义言皆如恢。问:恢盗臧(赃)过六百六十钱,石亡不讯,它如辞(辞)。鞫:恢,吏,盗过六百六十钱,审。当:恢当黥为城旦,毋得以爵减、免、赎。律:盗臧(赃)直(值)过六百六十钱,黥为城旦;令:吏盗,当刑者刑,毋得以爵减、免、赎,以此当恢。恢居郦邑建成里,属南郡守。南郡守强、守丞吉、卒史建舍治。②

本案上谳原因或许是恢有左庶长的十级高爵,又是秩六百石的县

① 释文参见彭浩主编,荆州博物馆编:《张家山汉墓竹简[三三六号墓]》(上册),文物出版社 2022 年版,第 175 页。

② 张家山二四七号汉墓竹简整理小组编著:《张家山汉墓竹简[二四七号墓]》(释文修订本),文物出版社 2006 年版,第 98 页。

令，地方不得径行论断其罪。① 就恢的罪名而言，有值得思考之处。

恢为醴阳令，县官米应属其主守之县官财物，因此有观点认为本案中恢的罪名是“主守盗”，刑罚加重。② 但恢的该当刑罚“黥为城旦”对应的是赃六百六十钱以上，这是盗罪量刑的一般规定，与主守盗加罪不合。③ 此类观点无论是否主张主守盗需加罪，都是将本案视为盗罪。张铭先生提出“审判机关认为即使恢未直接实施窃盗行为，其在作案过程中之可非难性实与亲犯盗行所差无几……考虑恢在整个犯罪计划中的参与程度，应属于‘谋遣人盗’而非‘教人可（何）盗所’为合理”，认为审判者的判决依据是对官吏监守自盗的律令规定。④

其间问题有二：其一，若恢的确切罪名是“谋遣人盗，与分”，但文书起首言“恢盗县官米”，下文也数言恢“盗”，可能治狱者另有考虑。其二，恢的从史与舍人盗卖县官米，不是“主守盗”，也不是主人谋而奴婢盗，而是凡盗。红外本整理者道：“按：从史，从吏。《汉书·兒宽传》‘除为从史，之北地视畜数年’颜师古注：‘从史者，但只随官僚，不主文书’。”⑤兒宽从张汤主持的廷尉府被以从史身份排挤到北地郡管理畜产。据颜注，从史不主文书，则其在官僚系统内的职事为侍从其主官，可能属于前章言及的“从者”范围。舍人，《汉书·高帝纪》“其舍人陈恢曰”颜注：“文颖曰：‘主厩内小吏，官名也。’师古曰：‘亲近左右之通称也，后遂以为私属官号’。”简牍所见“舍人”身份恐怕多不是吏，如岳麓秦简（叁）《为狱等状四种》“识劫娓”案中，沛生前为大夫，建等五人是其舍人，在沛死后向沛的免妾娓借贷；“学为伪书”案中，学亦有舍人。二例中沛与学皆非吏，其舍人亦当非

① 邬勖先生认为本案是“闻”“请”类案件，“闻请”原因是犯罪者“有五大夫以上的‘高爵’”，“且都被判了耐以上的罪”。参见邬勖：《〈奏谳书〉篇题再议——以文书类型和案件性质的考察为视角》，武汉大学简帛研究中心 2013 年 12 月 10 日，http://www.bsm.org.cn/?qinjian/6140.html。其说亦可由岳麓秦简（伍）53 简所引秦律律文佐证：“●定阴忠言，律曰：‘显大夫有辠当废以上勿擅断，必请之。’……”参见陈松长主编：《岳麓书院藏秦简（伍）》，上海辞书出版社 2017 年版，第 56 页。

② 如“由此看来，对官吏‘主守盗’的判罚要比一般的‘盗’罪严重的多，张家山汉简《奏谳书》中‘醴阳令恢盗县官米’案就是‘主守盗’的典型案例。”参见靳腾飞：《秦汉简牍所见吏治问题研究》，武汉大学 2016 年博士学位论文，第 131 页。

③ 周波先生指出本案是“依据盗窃罪而非‘主守自盗，加罪一等’量刑的”。参见周波：《张家山汉简〈二年律令〉与〈汉书〉诏令比较研究》，李学勤主编：《出土文献》第 15 辑，中西书局 2019 年版。

④ 参见张铭：《〈奏谳书〉中的秦汉财产犯罪案件》，王沛主编：《出土文献与法律史研究》第 2 辑，上海人民出版社 2013 年版，第 102～107、121～122 页。

⑤ 彭浩、陈伟、〔日〕工藤元男主编：《二年律令与奏谳书：张家山二四七号墓出土法律文献释读》，上海古籍出版社 2007 年版，第 353 页。

吏。另如前述,从与官吏关系的角度看,舍人也与从者有相似之处,应指同居舍中的亲近随侍之人,仅一般性地标示私属关系;其是否为吏则取决于是否因其主而得官、有秩,如太子太傅、少傅属官即有舍人。据此而言,秦汉法律文书中所见舍人多是吏之私人随从。那么本案中恢与其从史、舍人之间存在私人关系,但非主奴;从史、舍人盗米、销赃是独立行为,恢是否如主指使奴行盗般承担盗的责任,①尚待落实。不过无论如何,本案未专门提出“主守盗”罪名,援引法条时无“加罪”文字,因此可能其时尚无加罪规定。

至于前引《二年律令·盗律》X2简和下析《汉律十六章·盗律》79简对主守盗的规定本身,引人注意的是,“加罪一等”仅限“完为城旦舂、鬼薪白粲以上”,未及耐以下刑罚序列是否加罪、如何加罪的问题。这与《法律答问》1~2简“害盗别徼盗加罪”相似,但与秦令和汉初律中,那些参引盗罪“与盗同法/坐赃为盗”并“加罪一等,耐罪以下又迁之”或只有“耐罪以下又迁之”的规定有所不同。一个可能的解释是,秦律令中“主守盗加罪一等”之制也用于耐、赀刑并附加迁,因此从者、舍人诈欺取利者参引主守盗加罪一等时也涵盖了耐、赀刑;到汉初,早在《二年律令》之前的重新立法中,这类参引盗罪的律文也被采用,但因秦主守盗加罪一等的规定被废除,《二年律令·关市律》等律章参引盗罪时无法参引主守盗加罪,遂单独规定耐刑以下附加迁;在《二年律令》简册编写前的某一时点,立法者就主守盗加罪新创律文,夹入《二年律令·盗律》,但仅规定了“罪完城旦舂、鬼薪白粲以上”的加罪之制,无耐、罚金刑加罪一等和加迁的规定。故而形成了特定赃罪参引盗罪并在耐以下附加迁,本属盗罪的主守盗加罪一等之制反而欠缺耐以下加罪规定的现象。

二、“加罪一等”之制的理解问题

至迟到《二年律令》时代,《盗律》已经以“自今以来”起首的新律条规定了主守盗加罪的内容,此即《二年律令》X2简。该简应是被编在《盗律》章内,可能排在章尾。如此一来,《二年律令》中记有“受赇鞫狱故纵不直,加罪二等”的《告律》和“乞鞫不审加罪一等”的《具律》排在《盗律》“主守盗加罪一等”后,②但因“主守盗加罪”是后设律文,无碍于同样适用“加

① 岳麓简秦令对从者、舍人犯赃等单独规定的事实已说明,这类人如官吏亲属般承担独立的犯罪责任。

② 王伟先生认为《盗律》排在《具律》后,参见王伟:《张家山汉简〈二年律令〉编联初探》,陈伟主编:《简帛》第1辑,上海古籍出版社2006年版,第360页。

罪”之制的律文间，创设时间靠前者反而排在简册靠后位置。若《二年律令》时代无《囚律》和“囚遂加罪一等”具体方式规定，则其加罪方式恐与秦律相近。

《汉律十六章》“加罪一等”之制的出现位置涉及该简册的章次排布。《晋书·刑法志》言魏文侯师李悝撰《法经》六篇，“又以《具律》具其加减……魏律序略曰……旧律因秦《法经》，就增三篇，而《具律》不移，因在第六。罪条例既不在始，又不在终，非篇章之义”①。以《汉律十六章》看，实则“囚遂加罪一等”之制不在《具律》。该简册适用“加罪一/二等”之制的条文分别出现在《盗律》79 简“主守盗”条，《告律》93～99 简“受赇鞫狱故纵不直”条，《具律》121 简“乞鞫不审”条和《囚律》158～159 简“真罪城旦舂、鬼薪白粲以上解脱盗械”条，167 简“囚遝人若引证桉（案）盈三百里来而不审，毋出入其罪者”条，以及 169～171 简“囚遂”条。② 其中“乞鞫不审加罪一等”条应否移入《囚律》，若应移入，其条文是在“囚遂”条之前还是之后，都有讨论空间。《汉律十六章》章次确定依据不明，整理本无详细出土信息尤其是“出土位置示意图”，殊为可惜。若其编次可信，则“加罪一等”具体规定出现在编次最后的条文中，不仅不利时人对“加罪一等”之制的翻查使用，而且与通则性规定附于首次出现之处的认识逻辑有落差。若《囚律》位于《盗律》后，《告律》《具律》前，则较易理解：先是《囚律》规定“加罪一等”之制的具体内容，其后《告律》有“加罪二等”之例，《具律》有“加罪一等”之例，《盗律》新设“主守盗加罪一等”之例，则其编次逻辑清晰。

前述理解尚存可予说明之处。

第一，从“加罪”观念看。如前所述，“加罪”有二解，一是单数刑罚的逐级“加重”，二是复数刑罚的“叠加”。若将“加罪一等”理解为如唐律《名例》“称加减”条所谓“称‘加’者，就重次”般逐等加重，则需有事先明定的规定刑系统内的轻重等级，以存在唐律《名例》“五刑”条般规定刑种和刑等的条文为前提，在此基础上才能言逐等加重（“就重次”）或减轻（“就轻次”）。但目前所见，汉文帝十三年（前 167 年）刑制改革前的规定刑系统并无齐整的刑种和刑等规定。

此处可注意者，前举“加罪”之制诸条中，《汉律十六章·囚律》“囚遂”“解脱械具”“遝召人引证案不审”及《汉律十六章·具律》“乞鞫不审”等

① （唐）房玄龄等：《晋书》卷三〇《刑法志》，中华书局 1974 年版，第 922、924 页。
② 93～99 简、121 简、158～159 简、167 简释文分别参见彭浩主编，荆州博物馆编：《张家山汉墓竹简［三三六号墓］》（上册），文物出版社 2022 年版，第 177、181、185、186 页。

适用"加罪一等"的犯罪,与《汉律十六章·盗律》"监主自盗加罪一等"及《汉律十六章·具律》"受赇鞫狱故纵不直加罪二等"等不同:前一类实为二罪,即实犯一罪,关押时又犯有脱逃、解脱械具或传唤人证有误之罪,以及论狱后又犯有申请再审有误之罪;而后一类本是一罪,因特别主体或犯罪情节而加重。因此,前者能够更明显地体现出"加罪一等"之制的实质是刑罚叠加,故而"加罪一等"就应理解为同一刑罚的二次叠加。按耐刑和肉刑的替换规则以及前述《为狱等状四种》所见秦制实例,若是复数刑罚叠加,耐刑和城旦舂刑就将在各自序列内叠加,不会跨越刑种。但《汉律十六章·囚律》本条"加罪一等"规定在财产刑(赎刑)、耐刑、城旦舂刑和死刑的边界,尽皆跨越刑种,而与秦"加罪一等"之制形成显著差异。因此,附系于《汉律十六章·囚律》"囚遂"条下的"加罪一等"之制的创设可能有特别考量。

第二,从律文结构看。"囚遂加罪一等"的加罪排序是"加罪一等"的通则性规定,还是仅针对《汉律十六章·囚律》内"囚遂""囚遝人若引证案不审"而言?本条与其他概言"加罪一等"而未列明具体加罪方式的条文的关系如何?可明确者,"囚遂"或可针对全部规定刑名。整理者注引《说文》"遂,亡也",①"囚遂"即在押未决犯逃亡。在押囚的本罪刑罚可以是自"罚金""作官府"至"死"的所有刑罚种类,即包括了所有规定刑,因而可适用所有需加罪一等的罪名。包括《汉律十六章》所见"受赇鞫狱故纵不直""乞鞫不审""解脱盗械""囚遝人及引证案不审"等"加罪一等"之制的适用范围也皆如此,任一规定刑的加罪一等形式都可落实。

第三,部分"加罪一等"之制可能无法适用本条。在前述"加罪一等"之例中,作为加罪基准而需要参引的规定刑对应的都是类型不特定的犯罪,本质上是犯罪者本人的与其犯罪有关的另一行为或与他人刑罚有关的行为导致了加罪,作为加罪参引基准的刑罚是不特定的。但如果是某一犯罪本身因特别情节而需加罪,其本罪刑罚的特征就将影响加罪一等规则的适用范围,典型者即盗罪"加罪一等"。因盗罪本身的规定刑依盗赃区分等级,若据以加罪就不会出现赎刑序列内的加等,也无赎刑加罪至耐为隶臣的情形,这与"囚遂加罪一等"之制不合。但若据秦治狱文书所见盗罪

---

① 参见彭浩主编,荆州博物馆编:《张家山汉墓竹简[三三六号墓]》(上册),文物出版社2022年版,第187页。岳麓秦简(肆)60简有"盗贼旞者",整理小组注:"旞,通遂。《说文·辵部》:'遂,亡也。'"参见陈松长主编:《岳麓书院藏秦简(肆)》,上海辞书出版社2015年版,第78页。石洋先生认为此"旞"字强调因失控而逃逸,指向的是成功逃脱。参见石洋:《岳麓秦简肆〈亡律〉所见"旞"字补说——兼论几则关联律文的理解》,邬文玲、戴卫红主编:《简帛研究二〇二〇(春夏卷)》,广西师范大学出版社2020年版,第82~83页。

未遂的“盗未有取，赎黥”规定，有加罪情节之盗而未遂的，有可能是从赎黥上加一等，按“囚遂”本条则为“赎斩”。此外，罚金刑本不改变身份，“加罪一/二等”后本不应升入耐刑序列，本条规定“罚四两者赎耐”，但盗罪刑罚等级中，罚金四两以上即耐为隶臣妾。因汉初《盗律》主守盗加罪一等仅针对“完为城旦舂、鬼薪白粲以上”，目前暂不知是否有其他特别盗罪适用加罪一等之制，如果有，也不知是按“囚遂”加罪之制，还是按盗罪刑罚等级进行加罪。另外，目前所见适用赎刑的多为过失犯罪、监管者的连带责任、轻微的卑犯尊、犯罪未遂、特定犯罪的自告、自出或告不审等，另有加罪一等情形的皆需明文规定，可能不存在赎刑适用“加罪一/二等”的一般情形。

第四，本条规定“完为城旦舂及鬼【薪】白粲者黥为城旦舂，黥为城旦舂者驾(加)其刑，刑尽者弃市”，印证了本章前节的认识，即城旦舂刑内的加罪一等实际是附加黥之肉刑，按照肉刑替换规则将黥刑依次替换为劓、斩左止、斩右止和腐，直至弃市死刑。

第五，本条未规定斩左止为城旦、腐以为宫隶臣和黥颜頯的加罪形式。如前所述，实际上汉初有数种犯罪的规定刑为斩左止城旦，强奸罪的规定刑是腐以为宫隶臣，奴婢犯有迁耐以上至城旦舂罪需替换为黥颜頯肉刑。这些犯罪者作为未决犯在押时，若“遝人及引证案不审”“遂”乃至狱已决后乞鞫不审，都应加罪一等，但本条未排入这些规定刑的加罪一等形式。这与后文第四章所讨论的“减罪一等”之制类似，二者不同之处是，“减罪一等”之制中列入了黥颜頯肉刑。

第六，就汉初律言，以现有“加罪一等”规定为基础，“加罪二等”之制如何展开尚存疑。耐刑和城旦舂刑序列或可按本条递进两个等级，但罚金刑、赎刑和罚日的加罪二等形式有疑问。这类有具体数量的刑罚是按本条所见等级递进二等，还是按二倍加倍其数？本条最后句“罪罚有日数者各倍之”，若为“加罪一等”则是加倍，“加罪二等”是原罚日数的三倍还是四倍？仍需讨论。

第七，秦及汉初加罪一等之制或许有别，据秦制，耐为隶臣妾罪“乞鞫不审”的加罪一等则为系城旦舂六岁复为隶臣妾，汉初耐为隶臣妾罪“囚遂”加罪一等则为完为城旦舂。究竟是“乞鞫不审”与“囚遂”本有不同适用规定，还是秦汉有别，尚不可确知，但很有可能的是秦汉加罪一等之制在整体上有差异。侧证是，秦制至少部分参引盗罪的赃罪在加罪一等时会在耐罪以下附加迁，如上引岳麓秦简(伍)291简文言“耐罪以下又迁之”，因迁刑不能适用于城旦舂，耐隶臣加刑一等后必不会升入城旦刑序列。进而,如果此“耐罪”是加刑一等前的耐隶臣刑,那么加刑后将是耐隶臣系城旦舂六岁;如果此“耐罪”是加刑一等的结果,那么要么是耐隶臣加刑后的耐隶臣系城旦六岁,要么是据盗罪计赃等级,是由赀二甲刑加一等升入耐刑序列。鉴于赀刑是财产刑,而耐刑涉及身份降等,两个刑罚序列间存在本质差异,赀刑加等可能也发生在其序列内部,不会升入耐刑序列。

综上,《汉律十六章·囚律》“囚遂加罪一等”之制与目前所见秦制“乞鞫不审”“从者诈欺取利”等加罪一等之制不同,这恐怕是汉初制定“加罪一等”之制时有所更易的结果。汉初《囚律》章尤其是“囚遂加罪一等”之制的规定有可能是汉初《二年律令》甚至其后新设立的刑罚加等排序,未必全然承袭秦制。“囚遂加罪一等”是否为《汉律十六章》“加罪一等”各条的通则性规定尚有疑问,其适用方式本身,尤其是加罪二等的加等形式,不无可探讨之处。

本章小结

秦及汉初“加罪”表现为“附加刑罚”,本质是复数刑罚的叠加而非单数刑罚意义上的以重代轻。《汉律十六章·囚律》“囚遂加罪一等”条规定了类似于刑等依次递进的加罪形式,但观其适用情境与加罪效果,实为从刑罚叠加的结果简省而来。《法律答问》1~2 简害盗别徼盗之加罪,在城旦舂刑序列是加黥,在耐、赀刑序列是加迁(而非改耐、赀为迁);秦主守盗的加罪形式可能是“加罪一等,耐罪以下又迁之”,而张家山 247 号墓汉简 X2 号简和 336 号墓同条律文都应保留了“自今以来”的新设律文痕迹,本条是在整体废除秦法统后,汉初立法者对“主守盗”重新作出的加罪规定,与其他参引盗罪并加罪的赃罪律文的制定时间存在倒错式的差异;秦耐刑序列内加罪落在“系城旦舂六岁”,未见升格进入城旦舂刑序列之例。秦及汉初不同来源和形式的材料所反映的“加罪一等”之制彼此多有不合,这或许有时代差异因素。此为“秦汉间加罪一等之制有时代差异”之说。

秦及汉初简牍各具体语境中“加罪”的具体形式需单作说明,构成刑罚加等排序的“加罪一/二等”的加罪形式也可能不尽相同。目前所见秦“加罪”未跨越“死—刑—耐”序列,城旦舂刑序列的加罪是依照一定次序施加不同肉刑,因此表现为复数肉刑的叠加;耐刑序列的加罪则因所加刑罚为不同种身份/役使,耐司寇或耐隶臣妾加一/二等时不能同时施加一身,而只能替换为耐隶臣妾和耐隶臣妾系城旦舂六岁。汉初《汉律十六章》"囚遂加罪一等"之制已跨越赎刑、耐刑和城旦舂刑序列,这是与简牍所见秦加罪一等之制的根本差异。这应归结为汉初制律时对"加罪一等"通则性规定的创新,还是归结为"囚遂"有特殊性,需为其设置规定跨越刑种的专条,尚不可确知。更为可能的是,《汉律十六章·囚律》"囚遂"条"加罪一等"之制系专对未决囚的特定犯罪而言的;奸、盗等犯罪有特别的规定刑或刑罚等级,在"乞鞫"等特定场景中的"加罪"形式可能不同于"囚遂"。此为"'囚遂加罪一等'之制非通则性规定"之说。

第四章　三重构造之加减刑系统：减罪

中国古法上，出于对犯罪主体特别身份、身体状态以及特别情节的考量，在犯罪的规定刑上做出减轻修正，即“减罪”。唐律等古代律典的减罪之法呈现为“减罪若干等”。秦汉简牍多见“减罪一等”的适用，另有直接规定减轻刑罚后的具体结果的“有名减罪”。张家山汉简《二年律令·告律》127～129简是“减罪一等”之制，呈现出诸多刑名的有序排列，常被视为刑罚减等排序的具体规定。整理者原将130～131简接排在127～129简后，其编联方案为：

告不审及有罪先自告各减其罪一等死罪黥【=】为【=】城=旦=舂=罪完=为=城=旦=舂=罪☐$_{127}$

☐鬼薪白粲及府罪耐【=】为【=】隶=臣=妾=罪$_{128}$

耐为司=寇=䙴及黥顏頯罪赎=耐=罪罚金四两赎死罪赎=城=旦=舂=罪赎=斩=罪赎=黥=罪赎耐=罪$_{129}$

☐金四两罪罚=金=二=两=罪罚金一两令丞令史或偏先自$_{130}$

得之相除$_{131}$①

释文为：

告不审及有罪先自告，各减其罪一等，死罪黥为城旦舂，黥为城旦舂罪完为城旦舂，完为城旦舂罪☐$_{127}$ ☐鬼薪白粲及府（腐）罪耐为隶臣妾，耐为隶臣妾罪$_{128}$ 耐为司寇，司寇、䙴（迁）及黥顏（颜）頯罪赎耐，赎耐罪罚金四两，赎死罪赎城旦舂，赎城旦舂罪赎斩，赎斩罪赎黥，赎黥罪赎耐，耐罪$_{129}$ ☐金四两罪罚金二两，罚金二两罪罚金一两。令、丞、令史或偏（徧）先自$_{130}$ 得之，相除。$_{131}$

---

① 张家山二四七号汉墓竹简整理小组编著：《张家山汉墓竹简〔二四七号墓〕》，文物出版社2001年版，第151页。下文称此2001年版本为“整理本”。在127简首个“黥为”二字下，整理本释文未标注重文符，彭浩先生等据红外照相图版和文例补出，参见彭浩、陈伟、〔日〕工藤元男主编：《二年律令与奏谳书：张家山二四七号汉墓出土法律文献释读》，上海古籍出版社2007年版，第144页。下文称此2007年版本为“红外本”。图版分别见整理本图版第17页，红外本图版第15页。

《二年律令·告律》127、128简残断较严重。据整理本图版比例，127简下段缺失约三分之一，128简上段缺失约三分之二；据红外本图版比例，127简下段缺失约五分之一，128简上段缺失约五分之三。整理本和红外本图版呈现的127简和128简简长有较大差异，其中至少有一个的图版比例有误。而二简长度是确认能否缀合的前提，只有据整理本的长度比例，二者才应缀合。① 127简由残简缀合而成，据整理者给出的出土编号和整理编号，上段出土编号为F18A简，下段出土编号为残八简。F18A简简文为"告不审及有罪先自告各减其罪一等死罪黥【=】为【=】"。残八简简文为"城=旦=舂=罪完=为=城=旦=舂=罪"，顶端有突出茬口，红外本图版上，茬口尖似尚有文字残划。底部字残，可判定为"罪"字。缀合后，127简不计重文符共存字29个。128简简文为"鬼薪白粲及府罪耐=为=隶=臣=妾=罪"，上端尚有一字残划，但无法判定是何字。128简不计重文符共存字13个。

本条是理解汉初"减罪一等"之制的关键材料，但残损过甚，其文字写法、符号使用又有特异之处，因此在编联释读和律意梳理方面都存在疑问，学者持论各异：对现有编联方案，有认可者也有否认者；对二简是否属于"减罪一等"之制的具体规定，意见也有不同；对缺失简文的推测也各异。

336号汉墓《汉律十六章·告律》90~92简应是同条律文：

> 告不审及有罪先自告，各减其罪一等，死罪黥为城旦舂，黥【为】城旦舂罪完为城旦舂，完为城旦舂鬼薪白粲及府（腐）罪耐为隶臣妾，隶臣妾罪耐为司寇，司寇、𨚵（迁）及黥顔（颜）頯罪赎耐，赎耐罪罚金四两，赎死罪赎城旦舂，赎城旦舂罪赎斩，赎斩罪者赎黥，赎黥罪赎耐，罪罚有日及金钱数者各半之。②

《汉律十六章》90~92简各简相对完整，编联可信，廓清了部分争议。据此，《二年律令》130、131简不应接排在本条，系误接。

不过依目前所见材料，尚有若干问题未得解决，如本条律文"减罪一等"之制的适用范围（是否为减罪的通则性规定），《二年律令》和《汉律十六章》简文写法和符号使用的差异，二者内容是否完全相同，部分规定刑刑名、盗罪等自有刑罚等级的减等排序方式为何缺失，等等。此类问题涉及本条的写法和律意两个层面，有必要检讨。本章以对《二年律令·告律》

① 王伟先生认为红外本图版有误，简长应据整理本图版。参见王伟：《秦汉简牍所见刑罚研究》，中国人民大学2013年博士学位论文，第114页。

② 彭浩主编，荆州博物馆编：《张家山汉墓竹简[三三六号墓]》（上册），文物出版社2022年版，第176~177页。

127~131 简的认识为线索,从《二年律令》与《汉律十六章》中本条的律文结构和文字符号写法入手,先讨论《告律》"减罪一等"之制的适用范围、两条律文之间的差异,之后检讨 130、131 简与"减罪一等"之制的关系问题,最后讨论《告律》"减罪一等"之制条文之外的与"减罪一等"之制有关的规定。

第一节 《二年律令·告律》127~129 简:内容与写法

诸家对《二年律令·告律》127、128 简编缀分歧的焦点涉及竹简外在形态和简文内容梳理两方面,二者交织在一起,凸显了问题的复杂性。

诸家争议首先聚焦于以两简外在形态为参考的编缀方案。就缀合而言,关于竹简外在形态的疑问主要有三:

第一,127 简中 F18A 简和残八简的缀合问题。如图 1 所示,F18A 简最下"为"字完整,下端断口较齐平,但残八简上部"城旦"上的尖茬似有文字残划,因此水平平移的话,二残简无法直接拼接。此外"黥为"二字下难以看到重文符,如此则简文无法通读。王伟先生就认为 F18A 简与残八简不应拼缀,残八简应与 128 简拼缀。①

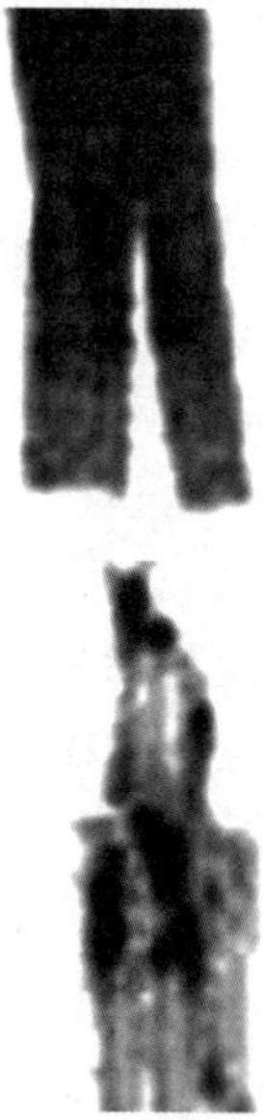

图 1 F18A 简和残八简的邻近处

(资料来源:彭浩、陈伟、〔日〕工藤元男主编:《二年律令与奏谳书:张家山二四七号汉墓出土法律文献释读》,上海古籍出版社 2007 年版,图版第 15 页)

① 参见王伟:《秦汉简牍所见刑罚研究》,中国人民大学 2013 年博士学位论文,第 113~114 页。

第二，127 简的残八简与 128 简的缀合问题。128 简上端残缺，整理本和红外本整理者均给出独立的整理编号。王伟先生认为整理者在编排图版时将残八简下端“舂罪”残片倒置，移正后残八简最下的残文和 128 简最上的残文可复原出“罪”字，且二者断茬相接，因此残八简应与 128 简缀合。① 主张 127 简与 128 简缀合的学者应都有类似看法。

第三，127 简和 128 简的缀合问题。有学者否认二简可缀合，例如，李力先生认为“从简形及简文考虑，可以排除简 128 与简 127 是一支的可能性”②。又如，宫宅洁先生认为缀合 127 简和 128 简后整简长度过长，因此二简不应缀合。③ 据红外本图版，127 简和 128 简缀合后确实“过长”；但如按整理本图版，二简缀合后符合整简简长，藤井律之先生就认为 127、128 简有缀合的可能性。④ 二简缀合与否，影响对 127、128 简简文是否齐全的判断：如果二简不能缀合，则缺失简文；如果能够缀合，且 F18A 简与残八简缀合，则 127、128 简实为一支简，简文不缺。

在此可先行指出，F18A 简与残八简拼接上的疑问似乎源自图版视角的局限：整理本和红外本的图版在处理断茬可直接拼合的断简时，是将它们置于同一水平面，这样从正面俯视视角制图时会摆出距离，以展现断简全貌。F18A 简和残八简应即如此。如果从侧面看，残八简上部尖茬不一定与 F18A 简正面处于同一平面，该尖茬可能是 F18A 简底部简背的缺肉，茬口不应与 F18A 简平面相接，而是应叠合到 F18A 简简背上。残八简上端尖茬底部与 F18A 简下端都较平齐，二者叠合拼接时可吻合。如此则茬口尖端的“残划”也就不是其他残字。因此，F18A 简与残八简拼合为 127 简的现有方案是成立的。

一、《告律》本条定位

不同编缀意见背后是对简文性质和内容的不同认识，尤其是对刑名和刑罚减等排序的不同认识：本条是否是减罪一等之制的具体规定？如果是，本条撰写方式有何特点？

按整理者编联方案，本条先是由 127 简规定“告不审及有罪先自告”减罪一等，之后顺承展述自“死罪”直至“罚金一两罪”减罪一等的具体方式。

---

① 参见王伟：《秦汉简牍所见刑罚研究》，中国人民大学 2013 年博士学位论文，第 114 页。
② 李力：《“隶臣妾”身份再研究》，中国法制出版社 2007 年版，第 559 页。
③ 参见〔日〕宫宅洁：《中国古代刑制史研究》，杨振红等译，广西师范大学出版社 2016 年版，第 86 页。
④ 参见〔日〕藤井律之：《罪之“加减”与两性差别》，李力译，卜宪群、杨振红主编：《简帛研究 二〇〇九》，广西师范大学出版社 2011 年版，第 329～330 页。

但如此认识并非当然成立。宫宅洁先生认为减罪一等之制的律文作为"告不审及有罪先自告"条文的附记出现,佐证了"'减其罪一等'的轻重关系,细节部分尚未经过合理的整合、斟酌作为大前提确定下来,只有部分内容确定下来,这种轻重关系可能只是最初临时构架起来的"。① 王伟先生认为此数简并非一条,也不是对减罪一等之制的完整规定。减罪一等之制不应规定于此:"如果'各减其罪一等'之后的文句是'各减其罪一等'的具体叙述,那么其实'各减其罪一等'之语本身就可以阐明其含义,对'各减其罪一等'再逐项加以叙述本来就没有必要,汉律向称简洁,不应如此繁赘";本条不是对减罪一等的等次的专门规定,因为"秦汉简牍中出现'减罪一等'的条文并非仅此一条,此条文并无任何特殊性",没有理由在此详作规定;"'各减其罪一等'之后的文句不应理解为是对'各减其罪一等'的具体叙述,反而应该理解为是对不能用'各减其罪一等'加以概括的例外情况的规定";四简缀合和编联有疑,客观上不构成减等等次的规定。②

宫宅洁先生和王伟先生的意见值得回应。尤其是,虽然F18A简确应与残八简缀合为127简,但不能说127简和128简就应拼合为一简;更不能说从127简到130简应顺次编联,127简"死罪黥为"至130简"罚金一两"承接127简"告不审及有罪先自告各减其罪一等",是减罪一等之制的具体规定。这就需要探究为何将"减罪一等"之制系于"告不审及有罪先自告"之前提。

其一,秦及汉初律令多见"减罪一等"的参引式罚则,而在文帝刑制改革前,肉刑不可复属,身份/役使无固定期限,如何减罪需予说明,因此"减罪一等"之制当有明文。睡虎地秦简、岳麓秦简和张家山汉简所见"减罪一等"之例不都是以"告不审及有罪先自告"为前提,暗示其文不是临时架构起来的。

其二,在《二年律令・告律》本条附系"减罪一等"之制有其合理性。首先,律上的其他减罪一等之例多是针对特定犯罪,待减等刑罚也相对确定,不必随文列出全部刑名的减等排序;其次,令上的减罪一等之例可直接参引律上"减罪一等"之制的规定;再次,"告不审及有罪先自告"是需经常处理的事件,"减罪一等"之制在此随文说明具有合理性;最后,告发犯罪没有犯罪类型的限制,因此"告不审及有罪先自告"涵盖所有犯罪。

其三,127简"死罪黥为"以下简文承接着"告不审及有罪先自告各减

---

① 〔日〕宫宅洁:《中国古代刑制史研究》,杨振红等译,广西师范大学出版社2016年版,第43页。
② 参见王伟:《秦汉简牍所见刑罚研究》,中国人民大学2013年博士学位论文,第109~110页。

其罪一等”，是对减罪一等之制的具体展开。理由是：《二年律令·亡律》166简记有“诸亡自出，减之；毋名者，皆减其罪一等”，《具律》100简记有“……其自出者，死罪，黥为城旦舂；它罪，完为城旦舂”，据此二条，犯死罪亡而自出减一等后是黥为城旦舂，与《告律》127简“死罪黥为【城旦舂】”相同。① 如果《告律》127简“死罪黥为【城旦舂】”是减罪一等之制的例外规定，就不会与《具律》100简相同，其理甚明。至于《告律》127简所见黥为城旦舂减一等为完为城旦舂的减等等次，不仅《具律》100简是为其例，其他简牍材料中也多见，殆无疑义、无须赘举。

其四，“减罪一等”之制规定于“告不审及有罪先自告”之前提下，而这一前提至少对应着两个层面的罪与刑：一方面，不论是告发他人（告不审）还是告发自己（自告），所告罪名都应是既有“罪——刑”律文结构里的罪名。这意味着告不审及自告对应着所有犯罪及其规定刑，此处就有必要具体说明各规定刑减罪一等的方式，即本条附系“减罪一等”之制有其必要性。另一方面，具有特定主体或情节的犯罪需在规定刑基础上加罪或替换刑罚，此时告不审及自告的减罪一等就可能是在加罪或替换后的刑罚上减等。

综上，《二年律令·告律》本条先规定涵盖了所有犯罪和刑罚的“告不审及有罪先自告”适用减罪一等之制，后规定减罪一等之制的具体内容，符合律令条文撰写逻辑。汉律固然简洁，但制定律令时互相引述必不可少，不同律条之间存在补充说明的关系，如后析《二年律令·亡律》166简“诸亡自出，减之；毋名者，皆减其罪一等”，是对“亡自出减罪”的概括规定，《二年律令·具律》100简“……其自出者，死罪，黥为城旦舂；它罪，完为城旦舂”规定的是有完城旦舂、鬼薪白粲罪以上亡而自出减罪的具体方式。不同律条间尚且存在“概括规定——具体说明”的关系，《二年律令·告律》本条先规定减罪一等之制的最常见和全面的适用情境，后展述减罪一等之制的具体等次，具有合理性。与此相对的是，连坐责任递减、自行补救失误等罪过虽也适用减罪之制，但无法涵盖所有规定刑，也就不能将减罪一等之制系于这类条文后。综上，《二年律令·告律》本条确是刑罚减等排序的规定，排序顺承了“告不审及有罪先自告”这一前提。

不过这仍不足以说明本条减罪一等之制是通则规定，其他减罪一等的场合皆需参引适用本条。如果特定犯罪基于刑罚或犯罪本身特点而另有减等方式，恐怕各该特定犯罪的罚则会不同于《二年律令·告律》本条排

① 《二年律令·具律》100简是自出减罪一等之例，即犯有完城旦舂、鬼薪白粲以上罪逃亡被“命”的，自出减罪规则是“死罪，黥为城旦舂；它罪，完为城旦舂”，所谓“它罪”应指叠加亡罪刑罚后生成的刑城旦舂。详见第六章。

序，如盗罪和亡罪的自出减等排序就不同于本条减等规定，亦非所有“告不审”的减等排序皆同于本条规定。详见本章第三节。

从撰写目的和条文适用范围来看，《二年律令·告律》“告不审及有罪先自告减罪一等”的规定与前章所析《汉律十六章·囚律》“囚遂加罪一等”条相类似：二者都是一个犯罪或行为（囚遂，告不审/先自告）的效果需参引另一个犯罪（导致被囚之罪，所告发的他人或自身的犯罪）的刑罚，被参引之罪的范围是未受限定的所有犯罪，因此二者都具有普遍适用性；但特定犯罪类型或情节有相应的特别规定刑时，其加罪或减罪方式可能另有规定。因此，本条确为减罪一等之制，可适用于他处，但存在与之相异的其他减罪一等方式。本条与其他有不同的减罪排序方式的条文之间的差异和所在律章的创设先后逻辑，恐怕也类似于《汉律十六章·囚律》章和“囚遂加罪一等”条。

二、《二年律令·告律》本条撰写形式

《二年律令·告律》127~129 简对刑罚减等排序的撰写方式前后一致：三简存字所见刑名排布均以“甲（A 及 B）罪乙=（C 及 D）罪丙=”方式书写，其中“=”为重文符，标示“甲罪——乙罪——丙罪”的减等排序。对此可注意：

第一，观察此三简写法，每一等级结尾处皆以表“刑罚”义的“罪”字总括此一等级内的所有刑罚。当此一等级里刑罚只有一个时，其后直接接“罪”字，而当待减等刑罚为复数排列时，前一个或数个刑名表述后不接“罪”字，最后那个刑罚名称后才接“罪”字。以“罪”字总括一个刑罚等级，恐怕不是本条独有写法，相同写法还见于《二年律令·具律》96~98 简：

> 爵戍四岁及毄（系）城旦舂六岁以上罪，罚金四两。赎死、赎城旦舂、鬼薪白粲、赎斩宫、赎劓黥、戍不盈四岁，毄（系）不盈六岁，及罚金一斤以上罪，罚金二两。毄（系）不盈三岁，赎耐、赎䙴（迁）、及不盈一斤以下罪，购、没入、负偿、偿日作县官罪，罚金一两。①

其中，治狱时“不盈一斤以下”与“购、没入、负偿、偿日作县官”论断有误的，罚金皆是一两，但“不盈一斤以下”之前是财产刑，“购”之后则是刑罚或购赏的附随措施，如不用“罪”字隔开“不盈一斤以下”和“购”，前后之

① 张家山二四七号汉墓竹简整理小组编著：《张家山汉墓竹简［二四七号墓］》（释文修订本），文物出版社 2006 年版，第 22 页。

别难明。除此一“罪”字外，其余“罪”字皆是总括其前部各刑罚。因此可判定，在递进式展述刑罚种类时，“罪”字具有标示前部刑罚已列举完毕、总括被列入同一等级的刑罚种类的作用。

第二，《二年律令·告律》127～129 简重文符的使用有规律。一方面，各刑名一般以重文符递进衔接出现，写作“甲罪乙＝罪丙＝”，读作“甲罪乙，乙罪丙”。这是因为减等后的结果刑罚通常成为下一级待减等刑罚，此时使用重文符。当某一减等等级有复数刑名时，则以重文符代表上一等级刑罚减等后的刑罚，在其后将其他嵌入的刑名并列写出，再以“罪”字总括。因此，某一刑名下使用了重文符，是判别该刑名直接上接“罪”字，既作为上一等级刑罚减等的结果又作为待减等刑罚的一个指标。另一方面，在撰写一等次内的某一具体刑名时，重文符可能仅出现在刑名后部而不见于前部；在“身体刑＋身份”的复合结构里，标示身体刑的部分可能省去重文符，标示身份的部分则会写出。127 简中的“黥为”，128 简“耐为隶臣妾”中的“耐为”和 129 简“耐为司寇”中的“耐为”即是。以 128 简观之，整理本和红外本释文皆在“耐为”二字下注出重文符，但如图 2 所示，“耐”字右下残缺，不能确定是否有重文符；“为”字下则应无重文符，盖因他处重文符一般写在简文右下方，占据一定空间，但此处“为”和“隶”二字紧连，其间并无空间，可知“为”字下本无重文符。

图 2　《二年律令·告律》128 简“耐为隶臣妾”红外图版

（资料来源：彭浩、陈伟、〔日〕工藤元男主编：《二年律令与奏谳书：张家山二四七号汉墓出土法律文献释读》，上海古籍出版社 2007 年版，图版第 15 页）

另一处重文符使用有疑的是在减等排序中靠前的"黥为城旦舂"。红外本整理者认为F18A简"黥为"有重文符:"细审图版,'黥为'下隐约有重文符,疑原释文'城旦舂罪'前脱'黥为'二字。从律文'各减其罪一等'的排列次序看,'死罪'之下应是'黥为城旦舂',而非'城旦舂'。如此也与'黥城旦舂'减罪一等为'完为城旦舂'相合。"①但图版上"黥为"二字下看不出有重文符。如无重文符,"死罪黥为"四字就不能被当然解释为"死罪减一等为黥为城旦舂",尚需论证以排除此处二者被并列写为一等的可能性。对此前文已经说明:其一,"罪"字标示一刑罚等级的结束,"死罪"是独立一等,不与黥为城旦舂刑并列。其二,《二年律令·具律》100简亦有犯罪逃亡自出减罪一等时"死罪,黥为城旦舂"的规定,可为死罪减一等为黥为城旦舂的侧证。②

顺带可讨论336号墓《汉律十六章》90简"黥为"的重文符问题。整理者认为"为"字"右下部分磨灭,不能判断是否有重文符,现按脱字处理"。③ 其释文"黥"字则按重文写出。查看图版,"黥"字右下痕迹不明显,对比本条和他简重文符写法,该痕迹下端斜向右下,④与基本水平走向的重文符不相合。本书认为其与《二年律令·告律》127简一样,"黥为"二字皆无重文符。

上述两点可验证于F18A简与残八简缀合后的简文和重文符写法。二枚残简缀合后构成"死罪黥【=】为【=】城=旦=舂=罪",黥为城旦舂刑既是死刑的减等后刑罚,又是待减为完为城旦舂刑的待减等刑罚,刑名下本应有重文符。一方面,黥之肉刑与城旦舂之身份/役使相结合,死罪又施于男女二性,因此F18A简"死罪黥为"之下必接"城旦舂"三字。另一方面,残八简上端"城旦舂"各有重文符,"舂"字下重文符尤为明显。"城=旦=舂="只可能是完整刑名的一部分,该刑名不会是"刑为城旦舂",⑤只

---

① 彭浩、陈伟、〔日〕工藤元男主编:《二年律令与奏谳书:张家山二四七号汉墓出土法律文献释读》,上海古籍出版社2007年版,第144页。

② 进而可明确,只有死罪减一等是"黥为城旦舂",不会再有其他刑罚减一等后也是"黥为城旦舂"。易言之,这是在排除以下可能:F18A简"黥为"下无重文符,简文先规定死罪减一等为黥为城旦舂,再规定其他刑名的减等,之后再接残八简,形成"死罪黥为【城旦舂X罪黥=为=】城=旦=舂=罪完=为=城=旦=舂="的排序。据目前材料,X刑罚并不存在;而且据"罪"字用法,即使存在X刑罚,减等时也应与"死罪"并列,写为"死及X罪黥为"。

③ 彭浩主编,荆州博物馆编:《张家山汉墓竹简[三三六号墓]》(上册),文物出版社2022年版,第177页,注释1。

④ 图版见彭浩主编,荆州博物馆编:《张家山汉墓竹简[三三六号墓]》(下册),文物出版社2022年版,第120页。

⑤ 残八简上端"城旦舂"三字下有重文符,说明其既是上一刑名减等后的结果,也是待减等刑名。加罪形成的"刑为城旦舂"是一个统称,包括了不同肉刑与城旦舂的复合形态,不能作为减等结果。

能是"黥为城旦舂"。同时亦可排除 F18A 简"黥为"有重文符,但下接其他未知简的可能,因为若有重文符,则 F18A 简之下简文必定紧接着规定了"黥为城旦舂"的减等;如下所言,"黥为城旦舂"减一等为"完为城旦舂",而这正是残八简简文内容。如此,F18A 简应与残八简缀合。依照前文所述,一个刑名既作为上一等次减等后刑罚、又作为待减等刑罚时,其名称下应有重文符,F18A 简最后的"黥为"下亦应有。F18A 简最后"黥为"二字下本应有重文符,但在前述复合结构的刑名中,遵从了身体刑部分略去重文符的习惯写法。F18A 简与残八简缀合后构成"黥【=】为【=】城=旦=舂=罪完=为=城=旦=舂=罪",黥为城旦舂减一等为完为城旦舂。对此前已提及的《二年律令·具律》100 简简文"……其自出者,死罪,黥为城旦舂;它罪,完为城旦舂"可为侧证,其中"它罪"包含了本犯完城旦舂、鬼薪白粲之罪而逃亡者应得的黥为城旦舂刑,黥为城旦舂罪减一等必为完为城旦舂。因此,仅从"罪"字和符号使用规律看,整理者缀合 F18A 简与残八简是合理的,《二年律令·告律》127 简简文包含"死罪—黥为城旦舂罪—完为城旦舂罪"的减等排序。顺带一提,有这种情形的释文不应直接标注重文符,要么不标,要么以补释形式"【=】"标出为宜,本书做后一处理。

第三,无重文符,以"及"(甚或"若"等表并列的字眼)连接的刑名常是在某一待减等等次嵌入的刑名,是待减等刑名而非减等后刑名。这可见于《二年律令·告律》本条中的"腐""迁""黥颜頯"等刑名,它们均是或均可作为特定犯罪或特定主体的规定刑,因而必须列入减等排序,但本身不是减等后的一级。《二年律令·告律》128 简就是在"鬼薪白粲"后以"及"字连接"府(腐)",129 简在"(耐为)司寇"后列出"署(迁)",之后以"及"字连接"黥颜頯"。这是理想的简省书写方式。

第四,观看《二年律令·告律》127 简"……各减其罪一等死罪黥为城旦舂"简文,"罪"字前是待减等刑名,"罪"字后是减等后刑名,死罪减一等应为"黥为城旦舂"。这同样说明"各减其罪一等"后的文字并不是"各减其罪一等"的例外规定。

第五,大体可判定,按现有编联方案,各简所见刑名是自重至轻排布的,符合减罪一等的刑罚递减次序。

综上,《二年律令·告律》127~129 简简文撰写方式前后一致,刑罚依等级递减,虽然简有残缺,但存字部分没有刑罚轻重矛盾或违碍之处。因此可判定诸简确应是对"减罪一等"的规定,可顺次编联在一起。

三、《二年律令》《汉律十六章》的差异

由《汉律十六章》可见,90 简“完为城旦舂”“鬼薪白粲”直接相连,“完为城旦舂”下无“罪”字,①二者与“腐”处于同一减等排序。从“罪”字和重文符使用规律看,《汉律十六章》90 简无任何问题。本条中的减等排序前部是“死罪—黥为城旦舂罪—完为城旦舂、鬼薪白粲、腐罪—耐为隶臣妾”,“完为城旦舂”与“耐为鬼薪白粲”和“腐”刑列于同一等次,减一等后都是“耐为隶臣妾”。

在此需检讨的是《二年律令》127 简和 128 简缀合的方案。前引王伟先生认为残八简下端断茬与 128 简上端相合,且能复原“罪”字,因此残八简应与 128 简缀合,而 F18A 简既然与残八简缀合,则 127、128 简在形式上有缀合的理由。127 简和 128 简拟缀后,简文是“死罪黥【=】为【=】城=旦=舂=罪完=为=城=旦=舂=罪鬼薪白粲及府罪耐【=】为【=】隶=臣=妾=罪”,从表面上看,其“死—黥为城旦舂—完为城旦舂、鬼薪白粲、腐—耐为隶臣妾”的减等排序与《汉律十六章》90 简一致,这容易让人直接将二者等同起来。但实际上二者写法存在差异。

《二年律令》127 简下端残八简简尾残字的上半部较清晰,如图 3 所示;128 简简首如图 4 所示。

图 3 《二年律令》残八简简尾

图 4 《二年律令》128 简简首

(资料来源:彭浩、陈伟、〔日〕工藤元男主编:《二年律令与奏谳书:张家山二四七号汉墓出土法律文献释读》,上海古籍出版社 2007 年版,图版第 15 页)

---

① 图版取自彭浩主编,荆州博物馆编:《张家山汉墓竹简[三三六号墓]》(下册),文物出版社 2022 年版,第 120 页。

对照观察后不难发现：

首先，残八简下端残字上部笔画与“鬼薪白粲”之“鬼”字上部不同，与“罪”字一致，应即“罪”字上部。但 128 简上端“鬼”字完整，且字上尚有空间，左上似有另一字右下部的残存笔画，而此残字不类“罪”字。残八简与 128 简缀合缺乏进一步的形态依据。

其次，残八简下端“罪”字应可证明原简文上三个刑名未并列写出。如前所述，“罪”字标示前部刑罚种类列举完毕，因此“罪”字隔断了残八简的“完为城旦舂”与 128 简的“鬼薪白粲”。对照《二年律令》简文，两个刑罚被并列写为“（当完）城旦舂、鬼薪白粲”之例并不罕见（如 35、123、124 简），标示身份的“鬼薪白粲”前无标示身体刑的“耐为”，但诸例均未在“舂”后加“罪”字。这是因为，在不施加肉刑、保持肢体器官完好的意义上，“耐为鬼薪白粲”之“耐”也可视作“完”，两个刑名并列写出时“完为”可及于“鬼薪白粲”；但“完为城旦舂”后加“罪”字时标示身体刑意义上的“完为”仅及于“城旦舂”，从而隔断了“完为”与“鬼薪白粲”的联系。如果残八简与 128 简缀合，将三个刑名并列写出，也应写作“完为城旦舂、鬼薪白粲及腐罪”，不会在“舂”下加“罪”字。如此，128 简“鬼薪白粲”前必须有标示身体刑的“耐为”二字，以构成完整刑名。但残八简与 128 简缀合后又无此二字。①

因此 127 简写为“完为城旦舂罪”，说明完城旦舂刑至少在此处是被独立列出的、有待减等的刑罚一等级，不应直接与 128 简“▨鬼薪白粲”并列；127 简和 128 简不能直接缀合。进而需考虑，127 简“完为城旦舂”刑名可能并未与 128 简“鬼薪白粲及腐罪”并列写出，而是先写完为城旦舂减等为耐为隶臣妾，中间嵌入其他减等规定（如斩左止为城旦和加罪为刑城旦舂刑减为完为城旦舂），再接着写（完为城旦舂）耐为鬼薪白粲及腐罪减为耐为隶臣妾，形成类如“完为城旦舂罪耐为隶臣妾；加罪为刑城旦舂、斩左止为城旦罪完为城旦舂；完为城旦舂、鬼薪白粲及腐罪耐为隶臣妾”的等次结构。此种写法可以解释 127 简简尾“罪”字的存在；但分隔了同一减刑等级内的“完为城旦舂”“耐为鬼薪白粲”和“腐”，写法臃肿又不必要，不类汉律律文风貌，可能性较低。

---

① 若 128 简“鬼薪白粲”前缺失简文是“耐为”二字，与残八简简文连为“完＝为＝城＝旦＝舂＝罪耐为鬼薪白粲”，则完为城旦舂减一等为耐为鬼薪白粲，意味着三刑不能并列于一等次。

第二节 “减罪一等”之制的表达：《二年律令·告律》130、131简

在《汉律十六章》刊布之前，学者对《二年律令·告律》130简和131简的连排方案和归属有不同看法，争议背后涉及一些基础问题，包括：129简财产刑减等排序的完整形态，职务连坐刑罚递减是否为“减罪一等”之制的具体表达？各方观点背后是关于简册编联释读和律意阐释的不同主张，值得做一梳理。

一、对129、130和131简连排的不同看法

根据图版，129简简长接近完整简，或许短少2字左右。① 简的左下部纵裂、文字略有残缺但可辨识。129简前后皆应接有他文，原简满字，若不计重文符，存字共34个，若下端残缺2字，则原简应为36字，这在《二年律令》满字简中不算字数多者。简文为“耐为司=寇=畧及黥顏頯罪赎=耐=罪罚金四两赎死罪赎=城=旦=舂=罪赎=斩=罪赎=黥=罪赎耐=罪”。130简残损严重，据图版，缺失约三分之一到一半。既存简文为“☐金四两罪罚=金=二=两=罪罚金一两令丞令史或偏先自”，不计重文符共21字。131简完整，有4字“得之相除”。129~131简主要疑问包括：

其一，129简和130简是否应顺次编联，是否为减罪一等之制？此疑问之提出，是因为：一方面，127、128、129简三简呈现减等排序，尤其是127、128简应可判定为减罪一等之制；另一方面，130简“令、丞、令史”是秦及汉初职务连坐责任的常见主体，此类连坐通常是直接给出犯罪主体和连坐者的各自具体刑罚，而非表述为连坐者刑罚减犯罪主体若干等，那么130简似乎就不是减罪一等之制了。

其二，如130简确应与127、128、129简三简连排，系减罪一等之制的内容，则130简缺失的部分简文应包含哪些减等规定？127、128、129三简简文包含两个减等排序，一为实刑减等排序，即“死—黥为城旦舂—完为城旦舂、鬼薪白粲、腐—耐为隶臣妾—耐为司寇、迁、黥颜頯—赎耐—罚金四两”，二为赎刑减等排序，即“赎死—赎城旦舂—赎斩—赎黥—赎耐—【罚金四两？】”。而130简上端残损，既存简文从“【罚】金四两”开始，至“罚金一两”结束。那么，是否存在129简与130简不连排、之间另有他简的可能？缺损简文又可能包括哪些内容？

---

① 整理本和红外本均未以残断之例来处理。

其三,130 简和 131 简连排是否适当?对照"或徧告""先自告/劾""得之""相除"语例,结合职务连坐的原理和方式或可推知,130 简"令、丞、令史或徧先自"应承接前文,但规定的是犯罪者本人先自告的减等方式,还是连坐者的除罪规定?

以上问题是理解《二年律令·告律》129~131 简的关键。

首先是 129 简与 130 简的连排问题。此前学者多在 129、130 简残断处补出赎刑或罚金刑的减等方案。129 简简尾"赎耐罪"之"赎"字下未见重文符,张小锋先生指出,"依原文文例,该处漏一'赎'字"。[①] 此方案下最后一句是"赎=黥=罪赎=耐=罪",读为"赎黥,赎黥罪赎耐,赎耐罪"。130 简残断,张小锋先生认为 129 简"司寇、迁及黥颜頯罪赎耐,赎耐罪罚金四两"中"罚金四两"系"罚金八两"之误,"赎耐罪减其一等为罚金八两。因为赎迁'金八两'与'罚金八两'在量刑上是相等的",[②]立法未直接规定赎耐减一等为赎迁而是规定为罚金八两是出于统治政策考虑:赎迁的"犯罪者要么缴纳赎金八两,要么接受'迁刑'而流放他乡。如果是这样,那就难免会出现许许多多选择'迁刑'处罚而流放他乡的犯罪者",因此"汉初统治者更希望人们选择罚金八两,而不是赎迁"。据此其在 130 简残断处补出"罚金八两,罚金八两罪罚金四两。罚"。[③] 宫宅洁先生依据《二年律令·具律》119 简,在"赎耐"后补出"赎迁"一级。[④] 藤井律之先生同样引用《二年律令·具律》119 简,认为赎耐是金十二两,与罚金四两之间的罚金刑只有罚金八两,《二年律令·告律》129、130 简残断约半根简长度,"因此只抄写罚金八两罪的话,就可能留下大段的空白。所以,130 简残缺的部分,应是有关罚金从斤以下递减的赎罪规定"。[⑤] 上说很好地解决了张建国先生提出的赎刑减等排序不见"赎迁"一级的疑问,[⑥]从结构上衔接了 129、130 简的律文内容。不过问题在于:

其一,迁本非规定刑系统里的常规刑罚,不宜将其赎刑形式列为赎刑减等排序的一等级,何况《二年律令·具律》119 简只是将各独立刑罚对应

---

① 张小锋:《释〈二年律令·告律〉第 126—131 简及汉初的"迁"与"赎迁"》,胡平生主编,中国文物研究所编:《出土文献研究》第 6 辑,上海古籍出版社 2004 年版,第 146 页,注 8。

② 《二年律令·具律》119 简载:"赎耐,金十二两。赎䙴(迁),金八两。"

③ 参见张小锋:《释〈二年律令·告律〉第 126—131 简及汉初的"迁"与"赎迁"》,胡平生主编,中国文物研究所编:《出土文献研究》第 6 辑,上海古籍出版社 2004 年版,第 145、146 页,注 9 及正文。

④ 参见〔日〕宫宅洁:《中国古代刑制史研究》,杨振红等译,广西师范大学出版社 2016 年版,第 43 页。

⑤ 〔日〕藤井律之:《罪之"加减"与两性差别》,李力译,卜宪群、杨振红主编:《简帛研究 二〇〇九》,广西师范大学出版社 2011 年版,第 330 页。

⑥ 参见张建国:《论西汉初期的赎》,《政法论坛》2002 年第 5 期。

的赎刑金额加以汇总,不具备减等排序规定的性质,赎耐金十二两下列有赎迁金八两,不意味着赎耐与赎迁形成二等级。因此,《二年律令·告律》129 简赎刑减等排序中本就不应该出现独立的“赎迁”一等,从同等量刑角度提出罚金八两这一等并非必要。其二,赎刑作为规定刑时,无法缴纳的应“居赎”,不存在统治政策的因素。其三,赎刑与罚金刑的性质和表现形态不同,作为规定刑的赎刑一般是针对特定情节如过失、连带责任等,对基准犯罪的实际刑罚做“赎”之处理,因此是在死刑以下、迁刑以上排布。而罚金刑则是独立的财产刑,与赎刑存在质的区别,二者间不存在赎迁和罚金八两的重合部分。① 其四,张家山汉简无“罚金八两”作为规定刑之例。其五,更根本的是,即使认可张先生的复原方案,考虑到不循例补出重文符,补文计有 14 字;若补出“罚金八两”字重文符,计有 10 字(罚=金=八=两=罪罚金四两罚);若 130 简起首“金四两”有重文符(图版未见),则补字应为“罚=金=八=两=罪罚=”,计有 6 字。但 130 简上段断缺部分较长,远超 14 字。因此仅就字数而言,130 简就无法合理衔接第二章所见规定刑系统内的财产刑序列。

笔者原本猜测 130 简上段断缺处应有单独的盗罪减罪一等排序规定。336 号墓《汉律十六章》刊布后,其《告律》减罪一等之制不见 130、131 简的内容,130、131 简简文系《捕律》律文。由此可知王伟先生推测《二年律令·告律》130 简以下不应与 129 简连排的意见是正确的,《二年律令》129 简下应接已经灭失的、规定了财产刑减等排序的他简。

其次是对 130、131 简二简相接处的“令、丞、令史或偏(徧)先自得之,相除”一句的理解:130 和 131 简是否连排?若连排,此句与之前简文的关系如何?认可 130、131 简连排者,对此句与之前简文关系的看法各异。主要看法包括:

其一,此句可能是错简文字或抄写错误。整理本提出:“自‘令丞令史’至‘相除’一段文字疑为它简粘连于此。”②红外本整理者认为“不能排

---

① 但确实存在秦汉简“赎黥”“赎迁”在文帝刑制改革后改为“罚金一斤”“罚金八两”之例,宫宅洁先生已指出“奊詢詈”兄姊等尊长亲属,《二年律令》处赎黥而悬泉汉简处罚金一斤的现象,将此作为讨论律文时代差异的材料。参见〔日〕宫宅洁:《中国古代刑制史研究》,杨振红等译,广西师范大学出版社 2016 年版,第 21~23 页。不过总体而言,赎刑与罚金刑的性质来源不同,虽然存在上述连坐责任下将赎黥改为罚金一斤之刑的可能性,但在文帝刑制改革废除肉刑之前,赎刑与罚金刑之间的区别是明确的。赎刑常用于过失犯罪(如过失、戏杀人,鞫狱不审而出入人罪等),罚金则不具备这样的功能。文帝废除肉刑后,“黥”“耐”的刑罚已经不复存在或已与之前所匹配的无期限劳役/身份的严重程度有别,财产刑形式统一为罚金。

② 张家山二四七号汉墓竹简整理小组编著:《张家山汉墓竹简〔二四七号墓〕》,文物出版社 2001 年版,第 151 页。

除一三〇——一三一号简原文本存在错简或抄写错误的可能”。[①] 戴世君先生进而提出此句可以置入《二年律令·津关令》489 简“丞、令史罚金四两”与“知其情而出入之”之间。[②] 作如是解时，此句与前文无关。

其二，《二年律令·告律》130、131 简不是减罪一等之制的规定，不应与 129 简相接，应上接其他未知简，此句之前的简文是在说明职务连坐刑罚减轻的方式，此句则规定了消除犯罪后果的刑罚减免。[③] 前文已述，从条文表述、结构和职务连坐与减罪一等之制的关联方面来看，此句之前的简文（“【罚】金四两”到“罚金一两”）与 127~129 简减罪一等之制的表述相同，“令、丞、令史”职务连坐刑罚减轻也应适用减罪一等之制。130 简与 127~129 简内容有一定联系。如此，此句与之前简文的关系又面临疑问。

其三，此句承前“告不审及有罪先自告”之前提，但针对的是犯罪者自告前被有关官吏捕获的，罪责互免。李安敦和叶山先生将此句译为“当令、丞、令史自己【在犯罪者自告前?】将他们全部捕获的，【他们的罪责】相互免除。”[④]如此则将此句与“告不审及有罪先自告”联系起来。不过令、丞、令史除罪前提是职务连坐，但此句之前简文和此句本身均没有提及，上下文不能贯通。此外律令简牍中“得”常指“捕获”罪犯，但简牍多见的情形是，犯罪事发前应受连坐者有效举发犯罪的即可免罪，无须捕获；[⑤]“得”亦可指“察觉”犯罪，对罪犯而言其效果同于告或劾，但“弗得”构成连坐的前提是有直接的职务监管责任，[⑥]因此作如是解时此句仍缺乏对这类前提的说明。

---

① 彭浩、陈伟、〔日〕工藤元男主编：《二年律令与奏谳书：张家山二四七号汉墓出土法律文献释读》，上海古籍出版社 2007 年版，第 145 页，本条注五。

② 参见戴世君：《张家山汉简〈二年律令〉研读六则》，《杭州师范大学学报（社会科学版）》2010 年第 2 期。

③ 类似意见参见王伟：《秦汉简牍所见刑罚研究》，中国人民大学 2013 年博士学位论文，第 112~113 页。

④ Anthony J. Barbieri-Low & Robin D. S. Yates, *Law, State and Society in Early Imperial China: A Study with Critical Edition and Translation of the Legal Texts from Zhangjiashan Tomb no. 247*, Leiden: Brill, 2015, Vol. Ⅱ, p. 547.

⑤ 《二年律令》多见各类型连坐者捕获部分犯罪者或告发全部犯罪者皆得除罪的规定，如《贼律》2 简，《盗律》64、69、71、73 简，《钱律》201、207 简，《户律》323 简等。

⑥ 睡虎地秦简《语书》8 简记有“有（又）且课县官，独多犯令而令、丞弗得者，以令、丞闻”，整理小组引《吕氏春秋·君守》“此则奸邪之情得”注“得犹知也”，注“弗得，没有察觉”。参见睡虎地秦墓竹简整理小组编：《睡虎地秦墓竹简》，文物出版社 1990 年版，第 14 页，注 24。此例中犯令者为县官，作为监管者的令、丞失于察觉即为“弗得”。秦汉简牍中“得”意为觉知犯罪的文例多见，如《二年律令·户律》333 简“其或为訛（诈）伪、有增减也，而弗能得，赎耐”等语例中“得”的意思与《语书》一致，指察知属于本人监管职责内的犯罪情状，而不是强调对犯罪者人身的捕获。

观看图版,130简应写满,《二年律令》满字简多在36至40字;考虑到字距疏密程度,本简或许与同样写满的《二年律令·告律》132简相近,容字在40字左右。① 130简上段缺失部分占整简的五分之二到一半左右,则应容字16字以上。本简存字起首是“金四两”,整理者释文以无重文符处理。不过“金四”二字右部简残缺,“两”字下模糊不清,“金四两”三字下也可能本有重文符。

笔者原本推测130、131简不连排,130简断缺之处简文应为“罚金四两”,缺失简文若为财产刑减等排序,则上接“赎耐”,但无法直接与129简简尾“赎耐罪”连排,故130简不会是关于罚金刑减等排序的规定,可能是关于盗罪减等的单独规定。336号汉墓《汉律十六章·告律》90~92简和《捕律》203~204简共同说明,《二年律令》130、131简应连排,但不是盗罪减等规定。

二、130、131简系“减罪一等”的具体表达

336号墓《汉律十六章·捕律》203~204简载:

> 官啬夫坐官,有罪赎以上,令、丞、令史弗得,罚金四两;罚金四两罪,罚二两;罚二两罪,罚一两。令丞、令史或偏先自得之,相除。②

---

① 《二年律令·告律》132简为“杀伤大父=母=及奴婢杀伤主=父母妻子自告者皆不得减告人不审所者有它罪与告也罪等以上告者不为不审”。参见张家山二四七号汉墓竹简整理小组编著:《张家山汉墓竹简[二四七号墓]》(释文修订本),文物出版社2006年版,第26页。

② 彭浩主编,荆州博物馆编:《张家山汉墓竹简[三三六号墓]》(上册),文物出版社2022年版,第191页。本书将“令丞”断为“令、丞”。需说明者,整理者将203简释文直接接排在202简之下,但201~202简是关于群盗、盗贼发匿不言于县廷的规定,其罪刑较重,在《二年律令》中独立为一条,即《捕律》146简。参见张家山二四七号汉墓竹简整理小组编著:《张家山汉墓竹简[二四七号墓]》(释文修订本),文物出版社2006年版,第28页。203~204简则是“坐官”的连坐规定。“坐官”应有特别含义,并非一官之内所有工作过错都会导致吏“坐官”。《二年律令·效律》350简载:“吏坐官当论者,毋遝免、徙。”综合秦汉效律律文可知,官计有劾,与前条效律一样,官长为直接责任者,参与会计的令史、司马令史受连坐。而岳麓秦简《为狱等状四种》“暨过误失坐官”案记有:“●鞫之:暨坐八劾:小犯令二,大误一,坐官、小误五。”八劾中“坐官”与“犯令”“误”并列,可见三者不同。至于“犯令”“大误”“小误”为何,律令有明文,可知“计脱实”时会有“误”。因此,同为会计时出现差错,差错性质有“大误”“小误”“坐官”之别。“坐官”的常见情形是,官啬夫为直接责任者,令、丞和参与工作的令史受连坐;而目前所见“误”“犯令”文例中多有啬夫单独承担责任,不连坐他吏之例。“小误”和“误自重”的直接责任者刑罚是赀一盾,而赀一盾已是最轻的财产刑,作为连坐形式的“减罪一等”无从实现。或许“坐官”是存在官吏连坐责任的标志之一。无论如何,官啬夫“坐官”所导致的监管者“令、丞、令史”的职务连坐责任是轻微的,这不是令、丞、令史自身的具有直接危害的行为,明显与“知盗贼发不言县廷”有别。因此,《汉律十六章·捕律》201~202简和203~204简的释文应分条列出。

至此可知《二年律令》130、131 简连排，是关于官啬夫“坐官”时令、丞、令史承担罚金刑的连坐形式的规定。

既然《二年律令》130～131 简和《汉律十六章》203～204 简“罚金四两罪”以下到“罚金一两”的简文构成关于职务连坐责任及其免除条件的规定，且与《告律》减罪一等之制中罚金刑减等规定相同，那么接下来的问题就是，职务连坐责任被表达为罚金刑递减排列是否为减罪一等之制的具体落实？

唐律将官员犯罪划分为“公罪”和“私罪”。“公罪”亦为“犯公坐”，是指非出于个人故意（“无私曲”），而是发生在履行职务过程中（“非私自犯”“非私罪”），是因公事而坐罪（“缘公事以致罪”）。唐律《名例》“同职犯公坐”条规定：

> 诸同职犯公坐者，长官为一等，通判官为一等，判官为一等，主典为一等，各以所由为首……①

该规定意即与“犯公坐”者有职务关联者（“同职”“连署之官”）应受连坐；按照被连坐者与犯罪主体的职务监管关系远近，连坐刑罚被区分出四等；以犯罪主体的刑罚为基准，连坐刑罚按此四等逐级递减一等。由此可见，唐律上职务连坐采取了减罪一等之制。

简牍所见秦及汉初律令中类似“同职犯公坐”的职务连坐规定不少，但不是概言适用“减罪一等”，常呈现“犯罪主体获 A 罪，不同层次连坐者分获 B 罪、C 罪”形式，A、B、C 皆为具体、确定的刑罚，多为赀或罚金。其中连坐者范围与《二年律令》130 简“令、丞、令史”相同的规定亦不乏见，如睡虎地秦简：

> 官啬夫赀二甲，令、丞赀一甲；官啬夫赀一甲，令、丞赀一盾。（《效律》52 简）
>
> 驀马五尺八寸以上，不胜任，奔挚（絷）不如令，县司马赀二甲，令、丞各一甲。（《秦律杂抄》9 简）
>
> 臧（藏）皮革橐（蠹）突，赀啬夫一甲，令、丞一盾。（《秦律杂抄》16 简）
>
> ·漆园殿，赀啬夫一甲，令、丞及佐各一盾，徒络组各廿给。漆园三岁比殿，赀啬夫二甲而法（废），令、丞各一甲。（《秦律杂抄》20、21 简）

① （唐）长孙无忌等撰，刘俊文点校：《唐律疏议》，中华书局 1983 年版，第 110 页。

马劳课殿，赀厩啬夫一甲，令、丞、佐、史各一盾。（《秦律杂抄》29、30简）①

汉初《二年律令》中亦有此类规定，且有令文之例：

一、御史言，越塞阑关，论未有令。·请阑出入塞之津关，黥为城旦舂；越塞，斩左止为城旦；吏卒主者弗得，赎耐；令、丞、令史罚金四两……（《二年律令·津关令》488、489简）②

诸例中职务连坐范围均指向“令、丞、令史（佐）”，且多见犯罪者赀二甲/罚金四两时“令、丞、令史”赀一甲/罚金二两，犯罪者赀一甲/罚金二两时“令、丞、令史”赀一盾/罚金一两的结构，这与《二年律令·告律》130简的“罚金四两”“罚金二两”“罚金一两”刑罚排布及“令、丞、令史”主体范围一致。如果诸例与130、131简所言相同，则大体可判定，诸例与二简是对职务连坐刑责及其免除的规定，限于特定主体和赀/罚金刑，与127~129简无关；那么无论127~129简是否应连排为“减罪一等”之制，130、131简均不应与129简连排。王伟先生举出包括前述睡虎地秦简和《二年律令》中关于下属犯罪时令、丞、令史连坐规定在内的诸例，提出130、131简顺次编联，“简130、131应是一条缺失上接简且律篇归属不明的单独律文，大致是规定：与‘令、丞、令史’有关联的某犯罪人（譬如‘令、丞、令史’的属吏）因某罪而被处以罚金四两、罚金二两时，‘令、丞、令史’虽然也要受到处罚，但却比被处以罚金四两、罚金二两的犯罪人减轻处罚，分别处以罚金二两罪与罚金一两。而‘令、丞、令史’如果能够对此犯罪人‘或偏先自得之’，则可以免罪”。③

但使用诸例来论证130、131简编联问题时似有必要追究：仅从句式结构看，诸例皆为主体犯罪获A刑，连坐者获B刑、C刑的结构，但130简并不是这样，如此就难以使用诸例框套130简。更重要的是，新出岳麓秦简（伍）19~29简构成一条关于搜求穷治“从人”犯罪的令文，其中职务连坐刑罚递减被表述为“罪减焉一等”：

---

① 释文分别见睡虎地秦墓竹简整理小组编：《睡虎地秦墓竹简》，文物出版社1990年版，第75、81、83、84、86页。

② 张家山二四七号汉墓竹简整理小组编著：《张家山汉墓竹简[二四七号墓]》（释文修订本），文物出版社2006年版，第83页。

③ 王伟：《秦汉简牍所见刑罚研究》，中国人民大学2013年博士学位论文，第112~113页。

●诸治从人者，具书未得者名族、年、长、物色、疵瑕，移谳县道，县道官谨以谳穷求。得，辄以智巧谮（潜）$_{19}$讯其所智（知）从人、从人属、舍人。未得而不在谳中者，以益谳求，皆捕论之└。敢有挟舍匿者，皆与同辠。$_{20}$同居、室人、典老、伍人，见其挟舍匿之，及虽弗见└，人或告之，而弗捕告：皆与挟舍匿者同辠。其弗$_{21}$见及人莫告，同居、室人，辠减焉一等└，典老、伍人皆赎耐└。挟舍匿者人奴婢殹（也），其主坐之如典老、$_{22}$伍人└。所求在其县道官畍中而脱，不得，后发觉└，乡官啬夫、吏及丞、令、令史主者，皆以论狱失$_{23}$辠人律论之└。执灋、执灋丞、卒史主者，辠减焉一等。当坐者或偏捕告，其所当坐者皆相除。或能$_{24}$捕若诇告从人、从人属、舍人及挟舍匿者，死辠一人若城旦舂、鬼薪白粲辠二人，购钱五千└。捕城旦舂、$_{25}$【鬼薪白粲辠一人若署（迁）耐辠二人】，购钱二千五百└，捕署（迁）耐辠一人，购钱千二百。皆先予，毋以次。·从人$_{26}$之属、□人或能枸（拘）捕，捕从人死辠一人若城旦舂、鬼薪白粲辠二人者，除其辠以为庶人└。捕城旦舂、$_{27}$鬼薪白粲辠一人若署（迁）耐辠二人，皆减其辠一等└。谨布令，令黔首、吏、官徒隶、奴婢明智（知）之，毋$_{28}$巨（歫）辠。·十五$_{29}$①

令文层次分明：第一，规定捕拿从人的程序和方法；第二，规定挟舍匿从人之罪和针对挟舍匿罪的地域连坐责任；第三，规定从人脱逃之地主管者的责任和职务连坐责任；第四，规定捕告从人的购赏，以及从人捕得其他从人的减、免罪优待；第五，指示将令文内容广而告之。令文中出现了连坐责任的减罪一等和罪人相捕立功的减罪一等。

该令文所见连坐责任包括以地域上共同居住为前提的地域连坐责任和以上下级监管统摄关系为前提的职务连坐责任。在地域连坐责任下，挟舍匿从人者的同居、室人若亲见挟舍匿行为的发生或没有亲见但由他人告知而知情，即需捕告，否则与挟舍匿从人者同罪；但如果没有亲见也无人告

① 陈松长主编：《岳麓书院藏秦简（伍）》，上海辞书出版社 2017 年版，第 45~48 页。本书对原释文点断有部分修改。稍可注意者，21 简“见”后有一钩识符，仅提示“见”“人”分读。实际上，“见”“人”同属“及”字后的成分，“及”字前成分是在叙明“同居、室人、典老、伍人，见其挟舍匿之，弗捕告”，即亲见挟舍匿之犯罪，当时即知情但未捕告；“及”字后成分是在叙明“同居、室人、典老、伍人，虽弗见其挟舍匿之，人或告之，而弗捕告”，即未亲见挟舍匿之犯罪但经他人告诉，嗣后知情而未捕告。不论当时还是嗣后知情，凡知情而不捕告者“皆与挟舍匿者同辠”。在简文书写时，钩识符等符号与“及”等特定字在标示文义分层方面的关系如何，值得进一步研究。

知，同居、室人“减罪一等”。此一“减罪一等”的适用条件是对同居和室人挟舍匿从人的行为完全不知情（行为发生时和嗣后均不知情）。在职务连坐责任下，有从人自管辖地界脱逃的，乡和县官的主管者将按照“论狱失罪人律”处置，执法、执法丞等“减罪一等”。此一“减罪一等”适用于非直接责任者的连坐责任递减。令文另有对从人相捕减免自身罪责的规定，如果捕获罪当城旦舂、鬼薪白粲的从人一人或当耐、迁罪的从人二人，则自身“减罪一等”。此一“减罪一等”是针对从人这一特殊群体，罪人相捕立功的减罪方式。

此秦令职务连坐刑罚减轻被表述为“罪减焉一等”，不同于明确规定出减罪后具体刑罚的上引诸例。其原因恐怕在于，上引诸例中责任主体的刑罚确定，负连坐责任者的刑罚也就确定，主体和连坐者的刑罚皆可直接写明；而秦令中责任主体的刑罚并不确定唯一，如果连坐者刑罚与主体刑罚没有固定的比照关系，立法者就需逐一列举主体刑罚和连坐者刑罚，令文将过于冗赘。主体和连坐者的刑罚不唯一时，最简省的条文撰写方式就是确定主体刑罚和连坐者刑罚之间的固定比照关系，如“减罪一等”。

以从人自管辖地脱逃的事例观之，正是如此。乡和县官的主管者为责任主体，是以“论狱失罪人律”处断。“论狱失罪人”的确切含义和处断方式尚不明确，可能是《二年律令·具律》107简提及的“论而失之”之一种。① “论而失之”应指《二年律令·具律》93～96简“鞫（鞫）狱故纵、不直，及诊、报、辟故弗穷审者，死罪，斩左止为城旦，它各以其罪论之。……其非故也，而失不审者，各以其赎论之……”中的“鞫狱非故而失”，其处断为“以其赎论之”。落实到秦令，就是以从人犯罪脱逃的刑罚所对应的赎刑来处断直接责任主体。《二年律令·具律》119简规定了从赎死到赎迁的金额，而从秦令本条对从人相捕立功减罪的规定可知，从人犯罪包括从死刑到迁耐刑，可知从人脱逃之地责任主体的刑罚至少包括从赎死到赎迁。在从人犯罪脱逃之例中，执法、执法丞作为职务连坐者，其刑罚从责任主体刑罚上减一等，大概是照《二年律令·告律》129、130简的赎刑减等排

① 整理者指出：“论狱失罪人：指断案不得当。”并举睡虎地秦简《法律答问》33～34简“失刑”为例。参见陈松长主编：《岳麓书院藏秦简（伍）》，上海辞书出版社2017年版，第75页。“论狱失罪人”固然是指“断案不得当”，但其所指及处断仍需说明。“论狱失罪人”表述结构与《二年律令·具律》107简“鞫之不直，故纵弗刑，若论而失之”中的“论而失之”相似，二者之“失”均有直接对象，或指向案件结果，或指向犯罪者，可能所指相同。在本条秦令中，“以论狱失罪人律论之”的法条参引指示用语意味着犯罪从人脱逃的，效果类于但不是真正的论狱时有失导致罪人逃脱刑罚制裁的情形；那么狭义的“论狱失罪人”就是“论而失之”，或其中一种（致使犯罪者逃脱）。

序来减等。本条秦令中责任主体刑罚落入赎刑序列内（至少包括从赎死至赎迁），连坐者刑罚表述为减罪一等，应落入赎刑乃至罚金刑序列，二者皆非唯一确定。

进而言之，《二年律令·告律》130简"罚金四两罪罚金二两，罚金二两罪罚金一两"大体对应秦"赀二甲罪赀一甲，赀一甲罪赀一盾"；[①]鉴于上引睡虎地秦简《效律》52简"官啬夫赀二甲，令、丞赀一甲；官啬夫赀一甲，令、丞赀一盾"等是职务连坐刑罚递减形式，自然就能推论出，《二年律令·告律》130简也应是职务连坐刑罚递减的规定。又鉴于上引岳麓秦简（伍）秦令明示职务连坐适用减罪一等之制，自然又能推论出，"A 赀二甲，B 赀一甲；A 赀一甲，B 赀一盾"就是减罪一等之制的具体化而已。也就是说，"B 减 A 罪一等"是作为减罪基准的 A 罪之刑罚不确定、不唯一时的写法，而"A 赀二甲，B 赀一甲"是 A 罪之刑唯一且确定时的写法。二者的适用场景、逻辑、结构与效果均相同。

综上，130简"罚金四两罪……罚金一两"应是减罪一等的具体落实。《告律》规定出"减罪一等"的整体排序，各罪条又规定出减罪一等的具体刑名等次的情形在秦及汉初律令中不乏其见。这至少带来两点提示：

其一，《告律》"减罪一等"之制不一定被统一适用于所有减罪情形，在下节盗罪之外，另有其他罪刑规定是直接写明减罪形式而无"减罪一等"的表述，如《亡律》所谓"有名减罪"，条文就未用"减罪一等"字样，而是直接规定出笞五十、笞百等具体刑罚。

其二，至少在前举从"赎耐"到"赀/罚金"序列的财产刑减等诸例中，其减等方式正合于《告律》"减罪一等"之制，但只在前引岳麓秦简（伍）秦令般极少数材料中明言其系"减罪一等"之制的具体适用。这恐怕不仅是律令为求语言简省，因为略去"减罪一等"字样的话就需要明言各具体等次的刑名，反而较概言"减罪一等"为繁。其背后的历史逻辑应当是，各条文制定年代不同，有的具体化表达"减罪一等"之制的条文可能先于《告律》"减罪一等"之制的汇总规定，或者说，《告律》的规定是对既有具体化表达"减罪一等"之制条文的总结；而在《告律》汇总规定制定完成后，又没有修订所有适用"减罪一等"之制的既有条文，规定它们统一参引《告律》"减罪一等"之制。在秦频繁立法、汉初律令变动不居的状态下，这种情形不难理解，律令条文彼此间的疏离感也就油然流露出来。

---

① 于振波先生指出，秦时赀二甲换算黄金为四两二锤，赀一甲为二两一锤，赀一盾为三分之二两。参见于振波：《秦律中的甲盾比价及相关问题》，《史学集刊》2010年第5期。

第三节 《告律》"减罪一等"之制的延展

336号墓《汉律十六章·告律》减罪一等之制中自"死罪"至"罚日"的减等排序等次明白无疑。但年代稍早的《二年律令·告律》尚存诸多疑点,如127、128简不能直接缀合,127~129简的减等等次是否与《汉律十六章》相同的问题不能完全落实,依据《二年律令》复原减等排序时就会受到这些疑点的影响。如127、128简不能接排、之间存在他简,就无法据此数简复原减等排序。在尝试复原减等排序的学者中间,一部分认为简文有缺,但仍按既存简文排序,方案也有不同,有的认为完为城旦舂减一等为耐为鬼薪白粲,①有的推测完为城旦舂与耐为鬼薪白粲处于同一等级。② 另一部分学者认为简文可能不缺,完为城旦舂与耐为鬼薪白粲和腐罪三者为一等。③ 据此复原出的死罪至耐为隶臣妾罪的减罪一等之制大体有两种:第一种包含4等,即"死→黥为城旦舂→完为城旦舂+耐为鬼薪白粲+腐→耐为隶臣妾";第二种包含5等,即"死→黥为城旦舂→完为城旦舂→耐为鬼薪白粲+腐→耐为隶臣妾"。在律章、律条和律文文字各层面,《二年律令》与《汉律十六章》都存有差异,要更深入讨论《二年律令·告律》"减罪一等"之制,恐怕还需要材料和研究思路的更新。

文本疑问之外的问题主要是,其一,目前不论是《二年律令》还是《汉律十六章》,待减等刑名范围与规定刑系统和加罪后的刑罚范围有差异,部分刑名缺失;其二,在《告律》"告不审及有罪先自告"的"减罪一等"之制具体方式之外,还存在其他减罪一等的方式。因此需延展对《告律》"减罪一等"之制的认识。

一、《告律》缺失的待减等刑名问题

《二年律令·告律》127、128简残缺较多,不排除"减罪一等"之制若干内容因简断缺而遗漏的情况,且《汉律十六章·告律》已无其文。目前所见,两个出处的《告律》"减罪一等"之制中缺失若干待减等刑罚:

首先,在死刑与完为城旦舂刑之间,除黥为城旦舂刑外,还存在斩左止

---

① 如韩树峰:《秦汉徒刑散论》,《历史研究》2005年第3期。

② 如丁义娟:《秦及汉初刑罚体系研究——以出土资料为主要依据》,吉林大学2012年博士学位论文,第104~105页。

③ 如〔日〕藤井律之:《罪之"加减"与两性差别》,李力译,卜宪群、杨振红主编:《简帛研究 二〇〇九》,广西师范大学出版社2011年版,第330页。

为城旦的规定刑，应列入“告不审及有罪先自告”针对的刑罚中。

其次，加减刑系统中存在在规定刑上叠加其他刑罚的情形，如“加罪”和“加罪一/二等”。“告不审及有罪先自告”涵盖了被告之罪需加罪的情形，此时减等就存在一种可能，即不是在加罪前的规定刑上减等，而是在加罪后的刑罚上减等。这类刑罚叠加在身体刑、身份贬损和财产刑等序列内都存在，但是否应置入减罪一等排序中作为待减等的一个等次，尚有疑问。

最后，尚需考虑奴婢犯罪的刑罚类型。律令偶尔以专条限定犯罪主体为奴婢、刑罚为“黥颜頯”或“斩左止”，此外对主体无限定的犯罪，奴婢有犯者都是将犯罪的规定刑予以替换，因此奴婢犯罪的常规刑罚是“死—黥颜頯—笞百”。死刑和黥颜頯刑均已纳入《告律》减罪一等排序，从对亡罪自出的判罚来看，笞百之刑减一等可能是笞五十；三种刑罚如何减等均不存在问题。但在秦及汉初简牍里还有数条关于奴婢犯罪的特别规定，涉及的刑名包括“城旦黥之”①和“斩左止”②。此二刑名系肉刑，皆重于黥颜頯刑，若置于减罪一等排序中，应处在完为城旦舂以上的等次。但是上述“城旦黥之”和“斩左止”之例皆有特殊性，有的无法“告不审及有罪先自告”（如奴自讼不审），有的不一定是其时成文规范而进入减罪一等排序（如出现在《法律答问》中者就不一定已为当时律令所载）。而且，奴婢犯罪施以肉刑后其身份不是成为城旦舂，而是“畀主”，其身份并未改变，就此而言，“城旦黥之畀主”、“斩左止畀主”与“黥颜頯畀主”大体处于同一等次。对这类奴婢犯罪刑罚的减等排序问题，目前所见秦及汉初不同来源的律令简册均无完整规定。

具体而言，不见于既存简文的完为城旦舂以上的待减等刑罚应当包括（但不限于）作为规定刑罚的“斩左止为城旦”和作为加罪形态的“刑城旦舂”。

（一）作为规定刑的“斩左止为城旦”刑名

在完城旦舂刑以上、死刑以下，规定刑以肉刑和城旦舂身份/役使相结合的复合形态存在，其类型可参照《二年律令·具律》88简。88简虽然是对黥刑替换刑的规定，但其中所列出的“黥”、“劓”、“斩左止”、“斩右止”和“腐”已经涵盖了头面、肢体和生殖器官等身体部位，且符合“五”之常

① 如睡虎地秦简《法律答问》5、73简，释文见睡虎地秦墓竹简整理小组编：《睡虎地秦墓竹简》，文物出版社1990年版，第94、110页；岳麓秦简（肆）38、100、103简，释文见陈松长主编：《岳麓书院藏秦简（肆）》，上海辞书出版社2015年版，第51、72、73页。

② 如岳麓秦简（肆）37简，释文见陈松长主编：《岳麓书院藏秦简（肆）》，上海辞书出版社2015年版，第51页；《二年律令·告律》135简，释文见张家山二四七号汉墓竹简整理小组编著：《张家山汉墓竹简[二四七号墓]》（释文修订本），文物出版社2006年版，第27页。

数,因此在规定刑系统里,肉刑类别大约不会超出这一范围。① 《告律》既存简文里已经出现了“黥为城旦舂”和“腐”的规定刑,因此需要考虑规定刑系统里是否存在其他刑名:

第一,可排除“斩右止为城旦”。就对身体功能的损害程度而言,斩右止城旦和斩左止城旦没有区别;同时,替换刑的逻辑是,只能以观念上属于相同或较重形态的肉刑替换较轻的肉刑,《二年律令·具律》88简表明,在观念上“斩右止”不轻于“斩左止”。但《二年律令·具律》93简载:“鞠(鞫)狱故纵、不直,及诊、报、辟故弗穷审者,死罪,斩左止为城旦,它各以其罪论之。”②此即因鞫狱故出入人罪的,将反坐之死刑修正为斩左止城旦而非斩右止城旦;与同为反坐适用之例的诬告罪相比,诬告死罪反坐修正为“黥城旦舂”,在观念上尚轻于斩左止城旦。可见规定刑系统既然已有斩左止城旦,就不会存在斩右止城旦。

第二,可排除“劓为城旦/劓为舂/劓为城旦舂”。《二年律令·具律》88、89简规定:

> 女子当磔若要(腰)斩者,弃市。当斩为城旦者黥为舂,当赎斩者赎黥,当耐者赎耐。③

该条系对女性的刑罚优待,当犯罪该当刑是专限男性的斩止城旦时,女性的刑罚需予替换为黥舂;该当刑是耐刑的,女性替换为赎耐。如果存在适用于男性的劓城旦刑,鉴于在观念上斩止肉刑重于劓刑,既然女性犯罪者的该当斩止刑尚且可以优待替换为黥刑,那么劓刑也应当受有相同或类似优待。但是88、89简没有提及劓刑及其替换刑。此一现象不能简单归结为简文有所省略,而更应考虑劓城旦/舂刑作为规定刑存在的可能性究竟有几何。88、89简未提及女性犯罪的劓刑及其替换刑,有三种可能原因:一是根本不存在作为规定刑的劓城旦、劓舂;二是劓城旦、劓舂是特别针对男女两性的规定刑,女性犯罪者不能替换,需予执行;三是不存在劓城旦之规定刑,劓舂是只针对女性犯罪的规定刑,不能替换,需予执行。秦汉共同犯罪的刑事责任不分首从,参与对议之“谋”的共犯与实行犯处刑

---

① 除针对奴婢等特定主体犯罪的黥颜頯肉刑外,难以看到不在《二年律令·具律》88简内的其他肉刑类型。

② 张家山二四七号汉墓竹简整理小组编著:《张家山汉墓竹简[二四七号墓]》(释文修订本),文物出版社2006年版,第22页。

③ 张家山二四七号汉墓竹简整理小组编著:《张家山汉墓竹简[二四七号墓]》(释文修订本),文物出版社2006年版,第21页。

相同，因此若存在劓城旦之规定刑，那么除非女性不能构成共犯，否则都会存在女性共犯的劓舂或其替换刑。既然88、89简没有劓城旦的女性替换刑规定，那么，要么是不存在劓城旦及其对应的劓舂（第一种可能），要么就是与劓城旦对应的劓舂不能替换（第二种可能）。

第三，《二年律令·告律》128简已经出现了"腐"刑，因其为待减等规定刑，故应指"腐为宫隶臣"刑而非《具律》88简作为黥刑替换刑的腐。

第四，在刑罚减等排序中需嵌入与"腐"刑经常并列提出的斩左止为城旦。目前所见，斩止城旦刑对应着秦之"群盗"，汉初之"强略人为妻及助者"、"越塞"和"鞫狱故纵不直致死而反罪"，其正是规定刑系统里的既有刑名，本应出现在减等排序里。

（二）作为加罪形态的"刑城旦舂"刑名

秦及汉初律上的复数刑罚叠加是指在某项刑罚上附加另一刑罚。在完城旦舂、鬼薪白粲刑上叠加耐以上刑罚时，将形成单数或复数肉刑加城旦舂的结构，根据规定刑的不同，刑罚叠加后的形态各异：对完/黥城旦舂、斩左止城旦及耐为鬼薪白粲而言，身份/役使已是最重，因此所加之刑需替换为肉刑，依照一定身体部位次序施加不同肉刑，表现为单数或复数肉刑叠加的刑为城旦舂（单数肉刑的是黥为城旦舂；复数肉刑的是黥劓为城旦舂、黥劓斩左止为城旦、黥劓斩左右止为城旦、黥劓斩左右止腐为城旦、斩左止黥城旦）。① 在死刑和完为城旦舂之间，"刑城旦舂"可被用以统称这类复数肉刑叠加而成的刑罚形态。

秦及汉初简牍所见的复数刑罚的叠加途径主要有两种：一种是基于单数犯罪（一罪），有"加罪"的确定表述，包括"加罪"和"加罪一/二等"；②另

① 对"加罪"形态的讨论，可参见第三章。

② 《二年律令·具律》91简记有"城旦舂有罪耐以上，黥之"，120简记有"鬼薪白粲有耐罪到完城旦舂罪，黥以为城旦舂"；88简记有"有罪当黥，故黥者劓之，故劓者斩左止，斩左止者斩右止，斩右止者府（腐）之"。这类替换刑规定适用于加罪时的刑罚替换。基准刑是斩左止城旦的，再叠加耐以上刑罚或加罪一、二等时，则将构成斩左止黥城旦和斩左止黥劓城旦。岳麓秦简（伍）176~178简记有：

> ●吏捕告道徼外来为间及来盗略人、谋反及舍者，皆勿赏。·隶臣捕道徼外来为间者一人，免为司寇，司寇为庶人。道故塞徼外蛮夷来盗、略人而得者，黥劓（劓）斩其左止以为城旦。前令狱未报者，以此令论之。└斩为城旦者，过百日而不死，乃行捕者赏。县道人不用此令。·廷卒乙廿一

释文见陈松长主编：《岳麓书院藏秦简（伍）》，上海辞书出版社2017年版，第126~127页。该条秦令直接规定了"黥劓斩左止为城旦"刑名。揆其形态，不论县道人来盗或略人的基准刑是黥为城旦还是斩左止为城旦，道故塞徼外蛮夷来盗、略人的"黥劓斩左止为城旦"均应是在基准刑上"加罪二等"的落实。

一种则是基于复数犯罪(数罪),如犯罪事发逃亡的本罪和亡罪均予追究,逻辑上是以亡罪刑罚叠加在实犯之罪刑罚上。有的复数犯罪刑罚叠加也被称为"加罪一等",如前举"囚遂""囚遝引证案不审""囚解脱盗械"等实为二罪,但治狱时以其前罪为基准"加罪一等"。但这类刑罚叠加都是以犯罪事发逃亡为据,只是一为犯罪后即逃亡,一为犯罪已在押而逃亡,此时他人告不审和自己先自告的情形都不存在,只有犯罪在城旦舂刑以上逃亡后自出的是在本罪与亡罪叠加后的刑罚上减罪一等。因此,目前能设想的存在告不审和先自告前提的复数刑罚叠加形态只有基于一罪的"加罪"。不论是适用于特定情境的"加罪"还是作为常规形式的"加罪一/二等",都可能形成刑城旦。①

讨论"减罪一等"之制时应把加罪为刑城旦舂纳入考量。理由包括:

一方面,从立法旨趣看,《二年律令》之《告律》127、128 简有必要规定复数刑罚叠加形态的减等方式。虽然其简册未见《囚律》章,因而不知是否有"囚遂""囚解脱盗械""囚遝引证案不审"等实为二罪而加罪一等的规定,但其《亡律》166 简和《具律》100 简共同规定了犯有完城旦舂、鬼薪白粲以上罪事发逃亡后自出减罪一等的方式,待减等刑罚包括复数刑罚叠加形态的"刑城旦舂"。对此,详见第六章。没有理由认为,规定了适用面窄的"自出"的《具律》100 简有对复数刑罚叠加形态减等的规定,规定了适用面广的"告不审及有罪先自告"的《告律》127、128 简却无类似减等规定。

另一方面,从法理逻辑看,"告不审及有罪先自告"的是加罪案件时,应"先加后减",即减等应以加罪结果为基准,此时需将加罪形态纳入减等排序。"先加后减"的理由有:其一,如"先减后加"(减等以加罪前的规定刑为据),或会导致刑罚轻重有畸。例如,受赇枉法裁判耐鬼薪白粲的,加罪二等为黥劓为城旦;告不审者,如果是在基准的耐鬼薪白粲上减一等则为耐隶臣,在加罪二等后的黥劓城旦刑上减一等则为完城旦。二者差异过大,以耐鬼薪白粲为基准减等的刑罚畸轻。② 故理应以加罪后的结果

---

① 如根据睡虎地秦简《法律答问》1、2 简,害盗别徼盗的加罪就包括:参与群盗,盗赃过一钱的斩左止黥为城旦,参与非群盗,盗赃在二二〇和六六〇钱之间的黥城旦,过六六〇钱的黥劓城旦;根据《二年律令·具律》93~95 简,受赇枉法裁判加罪二等,所枉之罪是完为城旦舂、鬼薪白粲的,加二等为黥劓城旦,所枉之罪为黥城旦舂、斩左止为城旦和死罪的,加二等为黥劓斩左止为城旦。

② 与此类似的是,诬告反坐刑罚的原理也需要解决被诬者因其特别身份而附加刑罚的问题。以唐律观之,前引《名例》"除免比徒"条规定,诬告官吏轻罪而导致除名、免官、免所居官时,除名等附随措施应分别折算为徒三年、二年、一年。参见(唐)长孙无忌等撰,刘俊文点校:《唐律疏议》,中华书局 1983 年版,第 65 页。

为基准来执行减罪一等。其二，后世律如唐律《斗讼》“诬告反坐”条小注有“反坐致罪，准前人入罪法”，①如参引的前人入罪法系加罪而来，诬告反坐者应在加罪后的刑罚上反坐；秦及汉初“告不审”与“诬告”参引刑罚的原理一致，“减其罪一等”大约就是准前人入罪法减一等的形式。如此看来，在“告不审及有罪先自告”之罪是“加罪”为刑城旦舂的场合下，减罪一等是在刑城旦舂上减一等。

故此，加罪为刑城旦舂的，也有必要列入“减罪一等”之制。

对“斩左止为城旦”和加罪为“刑城旦舂”的“减罪一等”，可稍作申说。

斩左止为城旦减一等应为完为城旦。秦及汉初斩左止为城旦与黥为城旦舂同属一等，减等后应为完城旦。除《二年律令·具律》100简的侧证外，斩左止为城旦减一等为完为城旦，还可从以下方面推知：斩止城旦的女性替换刑是黥为舂，②黥为舂减一等为完舂；公士爵对刑城旦舂的优待可被视为减一等为完城旦舂，③刑城旦舂又包括了斩左止为城旦，那么斩左止为城旦减一等即应为完为城旦。

加罪为刑城旦舂的减罪一等是完为城旦舂，理由包括：

首先，复数肉刑与城旦舂身份复合后减一等的，不是减去一项肉刑。就以规定刑为基准的加罪而言，目前未见“加罪三等”以上之例，男性犯罪者的加罪二等，最重也只是在黥为城旦或斩左止为城旦刑基准上加两项肉刑，均为黥劓斩左止为城旦；鉴于死罪减一等就已是黥为城旦舂，黥劓斩左止城旦减一等若只减单项肉刑，则为黥劓为城旦或黥斩左止为城旦，均重于死罪减一等为黥为城旦，于理不合。

其次，刑罚叠加形态的刑城旦舂减一等为完为城旦舂，对此可参照《二年律令》本身对犯罪事发（“已狱”）逃亡自出的减等规定。犯罪事发逃亡的，本罪与亡罪均予追究时的最终刑罚是本罪叠加亡罪，二罪刑罚叠加方式与刑罚加等方式一致。详见第三章及第六章。因此，加罪后再减罪一等的，与本罪与亡罪叠加后减罪一等方式相同。

综上，从死刑到完城旦舂刑，减罪一等排序是“死罪→黥为城旦舂+斩左止为城旦+加罪为刑城旦舂→完为城旦舂”。

---

① （唐）长孙无忌等撰，刘俊文点校：《唐律疏议》，中华书局1983年版，第428页。

② 《二年律令·具律》88简载：“女子……当斩为城旦者黥为舂，当赎斩者赎黥……”参见张家山二四七号汉墓竹简整理小组编著：《张家山汉墓竹简［二四七号墓］》（释文修订本），文物出版社2006年版，第21页。

③ 《二年律令·具律》83简载：“公士、公士妻及□□行年七十以上，若年不盈十七岁，有罪当刑者，皆完之。”参见张家山二四七号汉墓竹简整理小组编著：《张家山汉墓竹简［二四七号墓］》（释文修订本），文物出版社2006年版，第20页。

至此，秦及汉初死刑和城旦舂刑序列“减罪一等”之制可示如表6：

表6 秦及汉初死刑和城旦舂刑序列“减罪一等”形式

顺承减等的刑名（兼为待减等刑罚和减等后刑罚）	嵌入减等排序的刑名
死	
黥为城旦舂	加罪为刑城旦舂，斩左止为城旦
完为城旦舂	耐为鬼薪白粲、腐
耐为隶臣妾	

（三）作为刑罚累加的财产刑的减等形式

财产刑累加后“减罪一等”的问题较复杂。秦简中存在公务迟滞计日赀甲盾的规定，有时会呈现财产刑累加的效果。① 如岳麓秦简（肆）记有：

【·】具律曰：有狱论，徵书到其人存所县官，吏已告而弗会及吏留弗告、告弗遣，二日到五日，赀各一盾；过五日到十日，赀一甲；过十日到廿日，赀二甲；后有盈十日，辄驾（加）赀一甲。（230~231简）

□会狱治，诣所县官属所执灋，即亟遣，为质日，署行日，日行六十里，留弗亟遣过五日及留弗传过二日到十日，赀县令以下主者各二甲ㄴ；其后弗遣复过五日。弗遣过二日到十日，辄驾（加）赀二甲，留过二月，夺爵一级，毋（无）爵者，以卒戍江东、江南四岁。（234~236简）

·兴律曰：发徵及有传送殹（也），及诸有期会而失期，事乏者，赀二甲，废。其非乏事【殹（也），及书已具】☐留弗行，盈五日，赀一盾；五日到十日，赀一甲；过十日到廿日，赀二甲；后有盈十日，辄驾（加）一甲。（238~239简）

☐□下县道官而弗治，毄（系）人而弗治，盈五日，赀一盾；过五日到十日，赀一甲；过十日到廿日，赀二甲，后有盈十日，辄驾（加）一甲。（283简）②

上述诸条都是对公事稽程时日分段、分别规定财产刑，各段财产刑得累加。“有盈十日”“留过二月夺爵，无爵者戍”都说明这些财产刑累加有

① 除累加外，尚有重刑覆盖轻刑之例，如岳麓秦简（伍）133简记有：“●令曰：邮人行书，留半日，赀一盾；一日，赀一甲；二日，赀二甲；三日，赎耐；过三日以上，耐。·卒令丙五十”，其是以迟滞较长时日的重刑来覆盖先前经历的时日之轻刑，而非累加。释文见陈松长主编：《岳麓书院藏秦简（伍）》，上海辞书出版社2017年版，第112页。

② 诸条释文见陈松长主编：《岳麓书院藏秦简（肆）》，上海辞书出版社2015年版，第144~147、162页。

类似唐律的"罪止"上限，诸条累加上限皆为四甲一盾，计黄金三十锤，即十两。[①] 如此则形成赀一盾（三分之二两，接近金一两）、赀一甲一盾（金三两）、赀三甲一盾（金七又三分之二两，接近金八两）、赀四甲一盾（金十两）的等次。

秦律令中是否还存在其他类型的财产刑累加规定，尚不明了；《二年律令》则至少部分地以固定的罚金数额取代了分段累加的财产刑形式，如内容与上引岳麓秦简（肆）238~239简类似、可对读的《行书律》269简记有：

> 发致及有传送，若诸有期会而失期，乏事，罚金二两。非乏事也，及书已具，留弗行，行书而留过旬，皆[②]

"非乏事"承前"失期"，刑罚不以公事宕误时长为据；"过旬"则限定"书具留弗行"和"行书而留"两种情形，是对非失期但迟滞发传公文的规定。可见"皆"字前承三种罪状，刑罚依据不同，后应接一固定罚金刑。鉴于"乏事"为罚金二两，则针对"非乏事"的此罚金刑可能为最低的"罚金一两"。若然，发传文书延误10天以内的就可能不会处以罚金刑。相较岳麓秦简（肆），《二年律令》不仅减轻了对"乏事"的刑罚（赀二甲重于罚金二两），而且对发传文书延误之罪规定了更轻又唯一的罚金刑，不再采用财产刑累加的方式。

虽然不能将此数条推及汉初律令全体，但至少可知此时已有财产刑累加方式被修正为固定罚金刑的现象；那么《告律》减罪一等之制制定时是否纳入财产刑累加情形就值得思考。如果纳入，就需探究汉初律令财产刑累加上限为何，累加等级又如何，减等是按原累加等级还是另有规定。前引336号墓《汉律十六章·告律》90~92简"减罪一等"之制最后句规定"罪罚有日及金钱数者各半之"，对该句中罚戍、居作等有日数和罚金、罚钱有数量的减罪方式的理解，或许需要将日数或金钱数累加的情形也纳入

---

① 甲盾与黄金的比例，参见于振波：《秦律中的甲盾比价及相关问题》，《史学集刊》2010年第5期。

② 整理者以《二年律令·行书律》270简"盈一日罚金二两"接排于269简后，将二简作为一条。但"盈一日"与269简"非乏事""书具留弗行过旬""行书留过旬"文义有冲突，不应连排。冨谷至先生指出，269、270简出土位置相对较远，且二简连排的简文意思与273~275简有违，因此将二简分作两条处理。李安敦、叶山先生遵循了冨谷至先生之见。See Anthony J. Barbieri-Low & Robin D. S. Yates, *Law, State and Society in Early Imperial China: A Study with Critical Edition and Translation of the Legal Texts from Zhangjiashan Tomb no.* 247, Leiden: Brill, 2015, Vol. Ⅱ, p. 740, note 13.

考量。

二、《告律》“减罪一等”之制的例外

《二年律令》《汉律十六章》“减罪一等”之制有“告不审及有罪先自告”前提，不过睡虎地秦简、岳麓秦简和张家山汉简所见“减罪一等”之例不是都以此为前提，“减罪一等”也不是唯一减罪形式，有时还是其他减罪形式的补充规定。故曰《告律》“减罪一等”之制存在若干适用例外。

（一）秦盗罪刑罚减等排序

盗罪是古法首重也是最常见的犯罪，对盗罪告不审及犯盗而先自告者必不少见，睡虎地秦简《法律答问》有多条问答就是以告盗为背景，且告盗不审的刑罚减等排序不同于汉初律《告律》规定。如果秦及汉初告盗刑罚减等的形态未变，《告律》胪列减等排序时就应有其一席之地；但汉初简册存字都没有关于盗罪刑罚减等的特别规定。

盗罪减等排序不同于一般减等规定的现象是对睡虎地秦简《法律答问》相关简文综合考量后推得的。据《二年律令·盗律》55、56简：

> 盗：臧（赃）直（值）过六百六十钱，黥为城旦舂；六百六十到二百廿钱，完为城旦舂；不盈二百廿到百一十钱，耐为隶臣妾；不盈百一十到廿二钱，罚金四两；不盈廿二钱到一钱，罚金一两。①

盗罪刑罚是“黥为城旦舂→完为城旦舂→耐为隶臣妾→罚金四两→罚金一两”。秦律盗罪刑罚与此相类似，为“黥为城旦舂→完为城旦舂→耐为隶臣妾→赀二甲→赀一盾”。秦告盗不审或盗先自告可能大致循此次序减等。例如，《法律答问》8简载：

> 司寇盗百一十钱，先自告，可（何）论？当耐为隶臣，或曰赀二甲。②

两种意见均是对司寇犯有应处耐为隶臣妾刑的盗罪时，先自告如何减

① 张家山二四七号汉墓竹简整理小组编著：《张家山汉墓竹简［二四七号墓］》（释文修订本），文物出版社2006年版，第16页。句读有改，参见张传玺：《秦及汉初赃罪构造试探——以张家山247号汉墓竹简为中心》，张雨主编，中国政法大学法律古籍整理研究所编：《中国古代法律文献研究》第15辑，中西书局2021年版，第13~14页。

② 睡虎地秦墓竹简整理小组编：《睡虎地秦墓竹简》，文物出版社1990年版，第95页。

等的解释。其疑问涉及盗罪减等时是依照《二年律令·告律》127简以下所示的“有罪先自告”的一般性减刑排序来减等,还是依照盗罪本身的计赃等级和刑罚类型减等。第二种意见的理由可能是,盗罪对应的刑罚种类排序中,耐隶臣妾之下直接就是赀二甲,因此新犯耐隶臣罪又自告减一等的,对除城旦舂、鬼薪白粲、奴婢之外的任何主体而言都是赀二甲;也可能是,司寇盗百一十钱应为耐隶臣,自告减一等,若按盗罪计赃的刑等,耐隶臣减一等即为赀二甲。虽然从《法律答问》8简语气和奏谳文书所附吏议意见的主次排序看,8简倾向于“耐为隶臣”的第一种意见,但“赀二甲”的第二种意见被提出来本身就说明当时已经存在盗罪耐隶臣妾减一等为赀二甲的思路。① 又如,《法律答问》38~39简载:

> 告人盗百一十,问盗百,告者可(何)论?当赀二甲。盗百,即端盗驾(加)十钱,问告者可(何)论?当赀一盾。赀一盾应律,虽然,廷行事以不审论,赀二甲。②

据此二简,告盗加赃十钱至百一十钱而应处耐隶臣妾的,廷行事以不审论减罪一等为赀二甲。可见在盗罪语境下,耐隶臣减一等直接为赀二甲,而非按《二年律令·告律》128~129简,由耐隶臣减一等为耐司寇。③

进而需考虑秦汉时代差异导致规定差异的可能性。陶安先生认为本条答问与“耐—赎—赀”的等级序列相矛盾,答问依据“先自告减罪一等”原则从“耐”减为“赀二甲”,可知答问当时“耐”下即为“赀”,“赎”介于“耐”与“赀”之间在当时未成通例。④ 本条问题点当不在此,不过历史地来看,此说未必不成立。对于本条适用规则的年代差异问题,藤井律之先生有详细说明:据《法律答问》8简,盗窃应处耐隶臣妾又自告的应减一等为耐司寇,但若系司寇刑徒所犯,则为累犯,处刑为耐为隶臣;而据38、39简,告应处耐隶臣妾盗窃罪不审的,减一等为赀二甲,可见在盗窃应处耐隶

① 两种意见的其他理据及诸家看法,可参见中国政法大学中国法制史基础史料研读会:《睡虎地秦简法律文书集释(七):〈法律答问〉1~60简》,中国政法大学法律古籍整理研究所编:《中国古代法律文献研究》第12辑,社会科学文献出版社2018年版,第66~69页。8简涉及的司寇犯耐的刑罚替换与自告减罪一等的替换刑与加减刑适用顺序问题,详见第五章。

② 睡虎地秦墓竹简整理小组编:《睡虎地秦墓竹简》,文物出版社1990年版,第102页。

③ 对这两简的理解,另可参见中国政法大学中国法制史基础史料研读会:《睡虎地秦简法律文书集释(七):〈法律答问〉1~60简》,徐世虹主编,中国政法大学法律古籍整理研究所编:《中国古代法律文献研究》第12辑,社会科学文献出版社2018年版,第96页。

④ 参见〔德〕陶安:《秦律刑罚等序研究序说》,徐世虹等:《秦律研究》,武汉大学出版社2017年版,第256页。

臣妾刑罚的前提下，告不审或先自告时，“《二年律令》则处以较耐隶臣妾低一等的耐司寇，而睡虎地秦简则除司寇累犯这样的极少情况外，被科以赀二甲，远比《二年律令》的量刑要轻”，秦法告不审、先自告的减等可能“不是降低一等而是三等（耐隶臣妾→耐司寇→赀二甲）。虽然这样的解释或许也有可能，但是降低三等还是过轻”。藤井先生进一步的解释是，睡虎地秦简反映的盗罪不是从刑罚出发，而是从犯罪（罪状）出发，即“一百一十钱的盗窃罪被降低一等，即作为二十二钱以上不满一百一十钱的盗窃罪”，此时刑罚即为赀二甲。藤井先生进而推测，盗窃罪分有等级，但有的犯罪不存在等级。睡虎地秦简对告不审和先自告的处理大概是，“如果是有等级的犯罪，就减轻一等罪来量刑；如果是没有等级的犯罪，就按照具体情况改变量刑”；《二年律令》的处理原则则是“采取将应科处的刑罚降低一等的方式。这可以看作是来自睡虎地秦简的质的转变之一。……在修改先自告、告不审规定的基础上，将‘一等之罪’——正确地说是一等之刑罚——明文化，或许表明在《二年律令》中刑罚的排列顺序被大大加强了”。① 藤井先生之说提出了秦及汉初减罪的时代差异，可以用以解释睡虎地秦简和《二年律令》所见刑罚减等方式的不同，其说颇具启发性。

不过，也有可能在睡虎地秦简时代，盗罪刑罚减等排序和其他刑罚减等排序有差别，《法律答问》8简仅是针对特定身份人盗窃并自告时产生的刑罚畸轻疑虑的解决方法，是个别之例，不能说明秦盗罪减等与《二年律令》不同，也不能说明秦到汉初律令中的刑罚减等排序已经有了差异。既无反证，秦及汉初盗罪刑罚减等不同于一般犯罪减等的看法就暂可成立。以此来看《二年律令·告律》，128、129简的一般减等规定里有“耐为司寇”之一等，但盗罪减等排序无此，因此至少欠缺盗罪的“耐为隶臣妾→赀二甲”规定。

《汉律十六章》罚金刑减等中有“罚金二两”一等。目前未见盗罪“赀二甲/罚金四两”减等之例，因此不明了罚金四两减一等后的罚金二两对应秦律的何种赀刑（赀一甲或赀二盾对应黄金的比价均有参差），而且盗罪减等是否应在规定刑的罚金四两和罚金一两之间夹入不见于规定刑的罚金二两，尚不可知。若夹入此一等，则盗罪减等排序为“黥为城旦舂→完为城旦舂→耐为隶臣妾→罚金四两→罚金二两→罚金一两”。稍可作为侧证的是岳麓秦简（肆）19简“不盈廿二钱者，赀一甲。其自出殹（也），减罪一

① 参见〔日〕藤井律之：《罪之“加减”与两性差别》，李力译，卜宪群、杨振红主编：《简帛研究 二〇〇九》，广西师范大学出版社2011年版，第332~333页。

等”和22简“乚臧不盈廿二钱,赀一甲,耐罪以下,令备前毄(系)日”。① 19简有“自出”,22简有“备前系日”,可见二简都是关于某类身份人逃亡的,计其亡日,以每日若干钱计赃“与盗同法”的规定。不过二简都规定赃在二十二钱以下时,刑罚不是盗罪对应此赃值的赀一盾,而是赀一甲,19简还规定自出减罪一等。不论赀一甲的原因如何,也不论19简减一等结果为何,二简似乎说明,在可比照盗罪的逃亡计赃犯罪中,赀二甲和赀一盾之间尚可能存在赀一甲的刑罚。因此,盗罪刑罚减等排序中在“赀二甲”和“赀一盾”之间,有可能存在“赀一甲”(或“赀二盾”)的刑罚等级;对应汉初《告律》即为“罚金二两”。

进而还应考虑如下可能性:除盗罪外尚存在其他犯罪,其刑罚也自有等差,《二年律令·告律》127简、128简残断处,乃至129简后接的未知简有对此类犯罪减罪一等时按照自身刑罚等级减等的规定。到了《汉律十六章》制定之时,这类规定被减省,没有了按照自身刑罚等级排序减等的空间。据目前材料,秦及汉初律令上以“计赃”区分刑罚、从而构成刑罚等差的犯罪大都通过“坐赃为盗”、“与盗同法”和“加罪一/二等”术语引用盗罪规定,对公事迟滞导致的财产刑累加形态也有独立规定。前者应当适用盗罪的减等之制,后者则不一定全部纳入减等之制;此外暂难设想其他独立减等排序的可能。

(二)“告不审”减罪方式的明文例外规定

在《告律》所见“减罪一等”之外还存在某些独立的减刑规定,其是“告不审及有罪先自告”减刑方式的例外,如岳麓秦简(肆)19~21简载:

> 不盈廿二钱者,赀一甲。其自出殹(也),减罪一等。乚亡日钱过六百六十而能以钱数物告者,购金二两,其不审,如告不审律。六百六十钱以下及不能审钱数而告以为亡,购金一两,其不审,完为城旦舂到耐罪,赀二甲;赀罪,赀一甲。②

岳麓秦简(肆)19简钩识符后的律文规定,对以亡日计赃的逃亡犯罪的“告不审”,区分计赃超过六百六十钱(应处黥城旦舂)者和六百六十钱以下(应处完城旦舂、耐隶臣妾或赀)者,分别量刑。告黥城旦舂罪不审的,适用“告不审律”,减一等应为完城旦舂刑;告应处完城旦舂以下刑而

---

① 二简释文见陈松长主编:《岳麓书院藏秦简(肆)》,上海辞书出版社2015年版,第45、46页。

② 陈松长主编:《岳麓书院藏秦简(肆)》,上海辞书出版社2015年版,第45~46页。

不审的，则直接规定具体刑罚，其中告应处完为城旦舂到耐刑而不审的，赀二甲；告应处赀刑而不审的，赀一甲。对比告盗罪不审刑罚减等排序可见，上引19~21简中告完城旦舂刑不审的不是减一等为耐隶臣妾，而是赀二甲，减等排序里缺少了耐隶臣妾一等。不唯如此，19简前句以亡日计赃不是严格的“与盗同法”；赀刑序列中，本罪不论是赀二甲还是赀一甲，告不审的减等都是赀一甲。综上，19~21简给出的该条特定情形下（计亡日赃与盗同法，至少二十二钱以下赀刑需单独量刑）告不审的刑罚减等排序是“完城旦舂→赀二甲→赀一甲”，不同于一般的告盗罪不审减等排序。

（三）逃亡自出的“有名减罪”和“无名减罪”

逃亡自出的减刑效果规定于《二年律令·亡律》166简：

> 诸亡自出，减之；毋名者，皆减其罪一等。①

《汉律十六章·亡律》253简亦有相关规定：

> 诸以亡为罪自出，减之；毋名者，皆减其罪一等。②

从字面来看两条适用范围有异，“诸亡”包含单纯逃亡，也包含犯罪后逃亡，对此详见第六章。“诸以亡为罪”仅限于逃亡构成犯罪，即单纯逃亡者。《汉律十六章》本条未涉及犯罪逃亡者，暂且不论；在二者重合的“单纯逃亡”事件中，将遵从同一减罪原则。此处以《二年律令》166简为据展开。

该简区分了逃亡自出的两种减刑方式：一为律文明确规定如何减刑，可谓之“有名减刑”；一为律文未明确规定如何减刑时则为减刑一等，可谓之“无名减刑”。逃亡自出一般是有名减刑，无名减刑是有名减刑的例外。

有名减刑一般适用于不涉及犯罪的单纯逃亡行为，对此类逃亡，《二年律令·亡律》和岳麓秦简（肆）有较系统规定，几乎所有身份人（城旦舂、鬼薪白粲，隶臣妾、收人，奴婢，吏民）逃亡自出的，都是处以笞百或笞五十的刑罚，此时笞刑即“亡自出，减之”的“有名减刑”之例。一般逃亡自出的有

① 张家山二四七号汉墓竹简整理小组编著：《张家山汉墓竹简［二四七号墓］》（释文修订本），文物出版社2006年版，第31页。

② 彭浩主编，荆州博物馆编：《张家山汉墓竹简［三三六号墓］》（上册），文物出版社2022年版，第198页。

名减刑效果大体可区分如下：首先，主体为吏、民的，不分其自出行为发生在治狱程序的何种阶段，处刑皆为笞五十；其次，其他主体逃亡，概言“自出”的，应是以自出前已进行“论，命之”/“论，令出、会之”程序为基准，确定减刑为“笞百”；最后，明言在“论”前自出的，则减半为“笞五十”。逃亡者在官府尚不知晓逃亡发生时投案的其实就是先自告，但有名减刑方式涵盖了逃亡行为的先自告情节，此时先自告的不是减刑一等，而是适用有名减刑的笞百或笞五十。对逃亡自出减刑效果的详细说明，详见第六章。

特别的逃亡自出之例，如岳麓秦简（伍）92简载：

> ●工隶臣妾及工当隶臣妾者亡，以六十钱计之，与盗同灋（法），其自出殹（也），减辠（罪）一等。[1]

“工隶臣妾”或“当隶臣妾之工”的逃亡行为造成的损失较普通隶臣妾为大，故按照赃罪处理，逃亡四日计赃过二百廿钱已是完城旦舂，较一般隶臣妾逃亡处以系城旦舂三岁或六岁的刑罚为重。

无名减刑常见于犯罪逃亡自出的场合，因犯罪类型、主体身份和自出发生的治狱阶段不同，自出的减刑效果也不同，因此无法以有名减刑的形式给出确定的减刑刑罚，而是统以“减罪一等”概称。根据上述因素的不同，犯罪逃亡自出的减刑效果也不一样。

其一，对本罪该当刑罚在完城旦舂、鬼薪白粲以上的犯罪逃亡者而言，其最终刑罚是在本罪基础上叠加亡罪，即在逻辑顺序上先确定本罪该当之“刑徒”身份，再以该身份逃亡之刑罚作为实际刑罚。

其二，对本罪该当刑罚在耐隶臣妾以下的犯罪逃亡者而言，先是启动“狱”之程序，确定罪刑（“论”），命令逃亡者自出（“令出”）并在规定时空接受此刑罚（“会之”）。汉初律不见逃亡者未自出领受刑罚的处理程序，嗣后捕得者最终刑罚如何，不可确知。秦法则有清楚规定，据岳麓秦简（肆），如果未在规定时空出现并接受此刑罚（“不会某刑罚”），则推定为主体在执行此刑罚时逃亡，以确定其最终刑罚（“以亡律论之”），亦即犯罪逃亡者错过出会机会的，被捕获就转以本罪叠加亡罪之刑罚来论处。进而，依自出行为发生阶段的不同，呈现三种减刑效果：首先，在本罪尚未进入治狱程序即“未狱”或“未有告/劾”时自出的，等同于自告，减本罪刑罚一等；其次，在“已狱”或“已劾”但尚未“论，令出、会之”时自出的，即使自

---

① 陈松长主编：《岳麓书院藏秦简（伍）》，上海辞书出版社2017年版，第70页。

出发生在官府针对逃亡行为所给定的"会期"之内,本罪之刑仍不能减等;最后,犯罪逃亡者在"论,令出、会之"程序之后未在规定时空自出接受刑罚("不会某刑罚"),而是在"会期"后自出的,比照《亡律》相关规定处置,即自出减刑的逻辑顺序是:先按执行刑罚时逃亡论处,在本罪之刑上叠加亡罪之刑来确定刑罚;再在此刑罚基础上减一等。①

(四)"减罪一等"之例的其他适用情境

秦汉简中部分"减罪一等"之例的减罪方式不同于"告不审及有罪先自告":

第一,较早的"减罪一等"之例是睡虎地秦简《效律》58~60简:

> 计脱实及出实多于律程,及不当出而出之,直(值)其贾(价),不盈廿二钱,除;廿二钱以到六百六十钱,赀官啬夫一盾;过六百六十钱以上,赀官啬夫一甲,而复责其出殹(也)。人户、马牛一以上为大误。误自重殹(也),减辠(罪)一等。②

可对读的是岳麓秦简(肆)225~227简:

> ●贼律曰:为券书,少多其实,人户、马、牛以上,羊、犬、彘二以上及诸误而可直(值)者过六百六十钱,皆为大误;误羊、犬、彘及直(值)不盈六百六十钱以下及为书而误,脱字为小误。小误,赀一盾;大误,赀一甲。误,毋(无)所害□□□□殹(也),减辠(罪)一等。③

无论是"误无害"还是"误自重",其刑罚减等依据都应是未产生实际损害。从危害可能性来看,岳麓秦简(肆)226~227简"误无害"是指其误客观上不会造成危害后果,睡虎地秦简《效律》60简"误自重"表述有别于"误无害",应指"误有害",即其误客观上本可以造成危害后果;亦得减罪一等,说明"误自重"也应是未造成损害后果,意即其误虽"有害"但已做出有效

① 对于前述犯罪逃亡的刑罚确定方式,学者对本罪在"完城旦舂鬼薪白粲以上"犯罪逃亡者被捕获后刑罚是否全为本罪叠加亡罪有不同认识。参见第六章。

② 睡虎地秦墓竹简整理小组编:《睡虎地秦墓竹简》,文物出版社1990年版,第76页。

③ 陈松长主编:《岳麓书院藏秦简(肆)》,上海辞书出版社2015年版,第142~143页。

补救。将"误自重"解释为"发现错误"或"自己承认错误"未达此意。①"重"可训为"任"，有"担当，承受"意。"自重"不同于审计发现错误后被以"赀""负""责"的形式追责；"自"字显然指在他方追责前自己发现问题并纠正错误。同时，岳麓秦简（肆）227简简首未释出的四字可能也是说明"自己纠正错误"的内容。因此"误自重"应指自己承担"误"之后果，意为主动纠正错误。

因此"误自重减罪一等"说的是，在制作券书、登录账簿等工作中出现数目差错，依差错大小分为"大误""小误"；没有危害后果，或虽有危害后果但能自己发现并纠正的，减罪一等。此处"减罪一等"的适用情境是行为没有危害后果或虽可能有危害但已及时阻止危害发生，或危害已发生但有效补救。

第二，前引岳麓秦简（伍）19～29简是关于搜求穷治"从人"的令文，②其中有对从人相捕减免自身罪责的规定。如果捕获罪当城旦舂、鬼薪白粲的从人一人或当耐、迁罪的从人二人，则自身"减罪一等"。此一"减罪一等"是针对从人这一特殊群体，罪人相捕立功的减罪方式。

顺带一提，简牍常见的连带责任递减是以"A赀二甲，B赀一甲""A赀一甲，B赀一盾"等形式规定于律令之中的，这与前述岳麓秦简（伍）所见连坐责任递减使用"减罪一等"一语的结构和效果均相似。这些"A赀二甲，B赀一甲"式刑罚递减规定应是"减罪一等"的具体化，亦即"B减A罪一等"是A罪/刑有多种可能时的写法，"A赀二甲，B赀一甲"是A罪/刑唯一且确定时的写法。若然，在讨论"减罪若干等"适用范围时应含括此类语例。

本章小结

前文总结了关于《二年律令·告律》编联方案的疑问，之后通过对比睡虎地秦简、岳麓秦简和《二年律令》《汉律十六章》相关规定，试分别回答

---

① 整理小组注："重，疑读为踵，踪迹。误自踵，意为会计者自己查出错误。"陶安先生认为："'重'可训为'任'……'自重'无需替读，可以解释为自己承认错误。"中国政法大学中国法制史基础史料研读会认为："从律意考虑，自己发现错误的说法相对合理。"上引诸家之说参见中国政法大学中国法制史基础史料研读会：《睡虎地秦简法律文书集释（五）：〈秦律十八种〉（〈效〉——〈属邦〉）、〈效〉》，徐世虹主编，中国政法大学法律古籍整理研究所编：《中国古代法律文献研究》第10辑，社会科学文献出版社2016年版，第115页。"任"做"承受"意，如《左传·僖公十五年》载"重怒难任"，杜预注："任，当也。"

② 参见陈松长主编：《岳麓书院藏秦简（伍）》，上海辞书出版社2017年版，第45～48页。

这些疑问。

首先,从撰写目的和撰写特点看,《告律》“告不审及有罪先自告减罪一等”之制针对所有犯罪,因此需要列举自“死罪”到罚劳役日数、罚金钱数的几乎所有刑罚及制裁措施。“减罪一等”之制的简文写法依赖“罪”字作为待减等刑罚等次的标记,重文符的使用也有规律,这种写法的特异性为判断类似法律文本的层次和编缀提供了参考。

其次,《二年律令》130~131简的内容在《汉律十六章》中被调整连排于203~204简“官啬夫坐官”的职务连坐规定下,后者不应连排在201简后。“官啬夫坐官”条说明律令在规定职务连坐责任递减承担方式时采用列明各财产刑刑名的写法,正是“减罪一等”之制的具体化。律令体系内存在概言“减罪一等”和具言减等后刑名的两种减罪表述,说明《告律》本条与其他减罪一等的条文规定之间存在制定年代和逻辑先后的差异,也说明《告律》“减罪一等”之制虽然全面,但未被有意识地通过修订律令文本而统一适用。在此意义上,宫宅洁先生认为减罪一等之制为“告不审及有罪先自告”条文的附记的看法具有合理性。

最后,从《告律》本条文本跳脱出来看,《二年律令》《汉律十六章》都遗漏了规定刑之“斩止城旦”和刑罚累加之“刑为城旦舂”的减罪一等规定,专门适用于奴婢犯罪的部分刑罚也没有被纳入《告律》减等排序中。在理解其时“减罪一等”之制时,这些缺失待减等刑名需予补出。另外,秦及汉初材料中也见有虽属“告不审及有罪先自告”情节,但未按《告律》规定去减等的情形,如盗罪告不审、先自告者,其减等等次中不包含耐为司寇;部分律令针对一些特别犯罪还个别规定了“减罪一等”的具体适用方式。这提示研学者需要历史地、体系性地去理解“减罪一等”之制。

第五章　三重构造之替换刑系统

戴炎辉先生对唐律刑罚所做分类中，将“本刑”与“易刑”作为相对概念，言：“本刑系各本条所规定之刑。各本条对于犯罪行为，悉以五刑规定其主刑，即五刑系本刑。”“易刑乃名例律所规定，用以代替本刑者。”其包括“本刑易以闰刑”“主刑易以决杖留住居作法”“从刑易以加杖”等形式。① “易刑”即本书所称“替换刑”。唐律替换刑系统规定较多，主要适用于犯罪主体有特别身份或处于特别身体或生活状态者，对其不能执行犯罪之规定刑，需替换为其他可执行刑罚。这类替换刑规定在秦及汉初律令中亦很常见，有爵者和受刑者在犯罪时都会面临刑罚替换问题。

《法律答问》“狱未断”诸简出现不少刑名，其中“系城旦六岁”“劓”“耐鬼薪”“刑鬼薪”等皆非对应抽象犯罪的规定刑，而是替换刑或由复数刑罚叠加而来的刑罚。109～112 简“葆子狱未断”诸条规定的是“反坐”参引刑罚时因参引者因素而需做出修正的情况，这正是替换刑系统的体现。前文从中得出的一般性认识可以推及其他疑难简文的解决工作。本章拟先讨论替换刑系统的结构，简要总结刑罚替换的原因、形式与逻辑，并用以解决《法律答问》50 简和 117～120 简的疑问，在此基础上分析替换刑系统的相关问题。

第一节　替换刑的类型与逻辑

本书在秦及汉初刑罚的规定刑、加减刑两个层次外又区分出替换刑层次，根本原因是替换刑系统有独特结构，其存在基础、类型和适用逻辑都值得讨论。学者早已着意在刑名体系中区分出用于替换的刑罚种类，并有一定成果。戴炎辉先生对唐律刑名做出的“本刑”与“易刑”区分，为认识秦汉替换刑系统提供了参照系；角谷常子、冨谷至先生等以“规定之正刑”和

① 参见戴炎辉编著：《唐律通论：2010 年最新版》（第 2 版），台北，元照出版有限公司 2010 年版，第 183 页。

“换刑”区分秦汉赎刑的性质的思路被广泛接受;①丁义娟先生专论较全面地总结了秦及汉初的换刑种类、原因及渊源;②王伟先生专论将刑罚区分为本刑与换刑,将表达刑罚的条文区分为“罪行类条文”和“通例类条文”,认为“罪行类条文的功用是规定某一具体罪行的罪状和刑罚”,“通例类条文的功用是规定根据犯罪人的身份对罪行类条文中规定的本刑进行调整而确定其换刑……故换刑一般是通例类条文中根据犯罪人量刑身份和本刑而规定的刑罚”;③陶安先生强调秦律中身份对刑罚适用的影响,提出:

> (秦律中)“耐为鬼薪白粲”系换刑,仅适用于犯了“刑为城旦舂”(或“完城旦舂”)的上造以上身份者;“耐为隶臣妾”与“耐司寇”之间的差距主要为身份差异,“庶人以上”身份者犯了“耐”罪处以“耐司寇”,而“司寇”犯“耐”罪则处以“耐为隶臣妾”;“耐为候”未详。“刑”为肉刑总当作刑名使用时指“黥”刑。因为肉刑具有毁损身躯效果,同一肉刑于同一部位仅能施行一次,所以在行刑过程中,如果肉刑加于曾经受过肉刑的罪囚身上的话,“黥”刑则依次转换为“劓”“斩左趾”“斩右趾”与“腐”。④

陶安先生所举“城旦舂刑”序列中,上造以上爵位易为“耐为鬼薪白粲”,是特别身份导致的刑罚优待替换;耐刑序列中“司寇→隶臣妾”的递进和肉刑中“黥→劓→斩左止→斩右止→腐”的递进,是规定刑罚执行不能的替换。

前析“狱未断”诸简及其关联的《二年律令·具律》诸条反映出,在秦

---

① 参见〔日〕角谷常子:《秦汉时代的赎刑》,陈青、胡平生译,李学勤、谢桂华主编:《简帛研究 二〇〇一》,广西师范大学出版社 2001 年版,第 587~594 页;〔日〕冨谷至:《秦汉刑罚制度研究》,柴生芳、朱恒晔译,广西师范大学出版社 2006 年版,第 39 页。另可参见张建国:《论西汉初期的赎》,《政法论坛》2002 年第 5 期;韩树峰:《汉魏法律与社会——以简牍、文书为中心的考察》,社会科学文献出版社 2011 年版,第二章“西汉前期赎刑的发展”,尤其是第 32~34 页;南玉泉:《读秦汉简牍再论赎刑》,徐世虹主编,中国政法大学法律古籍整理研究所编:《中国古代法律文献研究》第 5 辑,社会科学文献出版社 2012 年版,第 70 页以下。

② 参见丁义娟:《秦及汉初刑罚体系研究——以出土资料为主要依据》,吉林大学 2012 年博士学位论文,第 82~85 页。

③ 王伟:《秦汉简牍所见刑罚研究》,中国人民大学 2013 年博士学位论文,第 70~84 页,尤其是第 70、71 页。

④ 〔德〕陶安:《秦律刑罚等序研究序说》,徐世虹等:《秦律研究》,武汉大学出版社 2017 年版,第 263 页。

及汉初刑罚体系下，犯罪的该当刑罚因主体身份或身体状态而受优待或执行不能的，需以其他刑罚替换之；替换刑相应分为“优待式”替换刑和“执行不能”之替换刑，这是秦及汉初刑罚体系中替换刑系统的基本结构。

一、“优待式”替换刑

学者如前引丁义娟先生的专论对刑罚替换优待现象有细致考辨。本书则以整体考察为宗旨，做些类型总结和历史梳理工作。类似工作亦已有成果，如冨谷至先生以赎刑适用为例提出：“所谓代替刑或者换刑，首先应该存在本来适用的正刑，而这个正刑出于某种原因，有了可以商量的余地，最终以轻于正刑的其它刑罚来替代。”①“轻于正刑”的替换刑多适用于特殊身份人犯罪的场景，替换用刑也不限于赎刑，前引陶安先生所言的“耐为鬼薪白粲”是替换用刑，但仍是身体刑，受刑后成为鬼薪白粲。同为替换用刑，赎刑和耐为鬼薪白粲之间，不同赎刑类型之间的适用条件差异非常明显。这是身份类型多样、强调等级色彩的社会中，替换用刑的应有之义。

先秦以来“同罪异罚”，贵贱、老幼、男女刑罚有别的现象一直存在，这正是替换刑系统产生的历史基础。《二年律令·具律》82~86、88、89 简分别规定了有爵者、宗室、老小、女性犯罪时特定刑罚的替换用刑，②各条律文简洁明了、概括性强，多是基于特权身份享有的优待式替换，其渊源多可追溯到战国秦。在立法规范上，这类刑罚修正替换的原因和形式从繁复到逐步统一，恐怕经历过长期演进，从现有材料可大略推知自秦律开始各类身份人的优待式替换刑形式。以下从睡虎地秦简开始，对秦及汉初优待式替换刑稍作申说。

（一）有外邦或少数民族身份者

可能包括“主—客”关系中的“邦客”，“葆子”和少数民族统治阶层的“君公”“君长”之类。战国秦的“蛮夷”即少数民族是享受刑罚优待的特殊身份人之一类。少数民族有罪得以减免或替换刑罚，史籍多见，且与秦汉爵制有关，有的刑罚替换以减罪形式存在，其形式是以身份比爵、以爵除罪。例如，《后汉书·南蛮西南夷列传》载：“及秦惠王并巴中，以巴氏为蛮夷君长，世尚秦女，其民爵比不更，有罪得以爵除。”③本句简略，不明蛮夷

① ［日］冨谷至：《秦汉刑罚制度研究》，柴生芳、朱恒晔译，广西师范大学出版社 2006 年版，第 39 页。

② 简文见张家山二四七号汉墓竹简整理小组编著：《张家山汉墓竹简［二四七号墓］》（释文修订本），文物出版社 2006 年版，第 20~21 页。

③ （南朝宋）范晔撰，（唐）李贤等注：《后汉书》卷八六《南蛮西南夷列传》，中华书局 1965 年版，第 2841 页。

之民是否身份皆得比爵不更，也不明是否能针对所有类型犯罪、免除一切刑罚，因此该条史料的确切所指有疑问。

少数民族比爵除罪的前提是其时秦律令中已存在稳定的爵制和以爵除罪的一般规定。目前史料所见，湖北荆州胡家草场西汉简收有文帝晚期之前的“蛮夷”立法，其中2597简记有：

> 蛮夷君当官大夫，公诸侯当大夫、右大夫、左大夫，肓啙豰（彻）公子当不更，籍2597①

其对“蛮夷”统治阶层的等级划分采用了比爵方式，应当是参照当时爵制。② 该条比爵至不更四级爵，与前引《后汉书》所记“蛮夷”民“爵比不更”相近，可能也与里耶秦简户籍简所见荆人不更爵较多的现象有一定关联。这说明战国秦到秦之间可能存在过“蛮夷”或其他范围群体被赐爵或比爵的做法，汉代有所承袭，有比爵的一般规定。

在年代更早的睡虎地秦简《法律答问》中有几枚简展现了外邦人在秦犯罪和臣邦真戎君长、君公及葆子等特别身份主体犯罪时的刑罚优待替换形式，从中可见，其时对外邦人及臣邦统治阶层的特权规定未必需要比爵，刑罚优待也不一定以爵位为参照。90简记有：

> 邦客与主人斗，以兵刃，投（殳）梃、拳指伤人，擎以布。可（何）谓“擎”？擎布入公，如赀布，入赍钱如律。

整理小组注：“邦客，指秦国以外的人。主人，指秦国人。”③140简也见有“卖珠玉于（邦）客”罪名。④ 邦客斗伤主人时会以“擎布入公”形式缴纳罚款，不必执行发生在一般主体间斗伤人的耐或完城旦刑。“擎布入公”或许就是这种特殊关系中斗伤人刑罚的替换形式。

“狱未断”诸条中涉及的“葆子”刑罚特权，笔者已另文说明，葆子类似

---

① 李志芳、李天虹主编，荆州博物馆、武汉大学简帛研究中心编著：《荆州胡家草场西汉简牍选粹》，文物出版社2021年版，第196页。

② 李志芳、蒋鲁敬先生认为本条“蛮夷君长等级划分的内容，参照了秦汉时期的二十等爵”。参见李志芳、蒋鲁敬：《湖北荆州市胡家草场西汉墓M12出土简牍概述》，《考古》2020年第2期。

③ 释文及注参见睡虎地秦墓竹简整理小组编：《睡虎地秦墓竹简》，文物出版社1990年版，第114页。

④ 参见睡虎地秦墓竹简整理小组编：《睡虎地秦墓竹简》，文物出版社1990年版，第126页。

于外邦统治者送诣于秦的人质性质的“质子”，本身已不是统治阶层成员，但又凭借其来路和出身拥有较高身份等级。根据涉及葆子的诸条简文，他们的刑罚优待力度大于上造以上爵，对肉刑和城旦舂身份的回避是终极性的，突破肉刑叠加和身份替换的一般逻辑；不过仍需领受耐之身体刑、鬼薪之身份/劳役乃至鋈足之人身强制/象刑。

少数民族统治阶层享有的刑罚优待特权最大。《法律答问》有两条简文涉及少数民族统治阶层的“臣邦君长、君公”有罪令赎的特权优待，其中，113～114 简载：

> 可（何）谓“赎鬼薪鋈足”？可（何）谓“赎宫”？·臣邦真戎君长，爵当上造以上，有罪当赎者，其为群盗，令赎鬼薪鋈足；其有府（腐）罪，【赎】宫。其它罪比群盗者亦如此。

177～178 简载：

> “真臣邦君公有辠（罪），致；耐罪以上，令赎。”可（何）谓“真”？臣邦父母产子及产它邦而是谓“真”。·可（何）谓“夏子”？·臣邦父、秦母谓殹（也）。①

177～178 简前部简文引用了秦法规则，不能确知其是秦律、令、诏还是行事，但文气类似于下引里耶秦简缀合简《具律》“上造以上爵有罪”律文，因此可能是秦律上针对臣邦君长、君公有罪令赎的刑罚替换特权的一般规定。113～114 简涉及臣邦君长的“赎鬼薪鋈足”“赎宫”赎刑。需予先行指出的是，“斩止城旦”和“腐为宫隶臣”是不同于黥为城旦舂的特殊肉刑，针对特定犯罪：“群盗”之该当刑罚是“斩左止为城旦”，“强奸”之该当刑罚是“腐以为宫隶臣”。本条问答以这两种特殊肉刑适用于臣邦君长时的优待替换形式为背景，似可说明其时在该当刑罚意义上仅存在这两种特殊肉刑，因此有必要在主体为臣邦君长时予以解释。

今人从特殊肉刑的替换方式能够了解其时秦法对臣邦统治阶层的优待：不仅能够以赎刑替换两种特殊肉刑，“赎鬼薪鋈足”更是在“斩左止城旦”替换为“耐为鬼薪鋈足”的基础上再次替换为对应的赎刑。这两种赎

① 两条释文分别参见睡虎地秦墓竹简整理小组编：《睡虎地秦墓竹简》，文物出版社 1990 年版，第 120、135 页。对 177 简，原释文将“致”属下读为“致耐罪以上”，本书认为“致”系上报程序，故重新断读如上。

刑是针对特别肉刑的特别处理规定，更类似于基于后起个案，对律上“耐罪以上，令赎”一般规定的补充或细化。

赎刑为财产刑，不毁损或改变受刑者的肢体器官和外观，也不导致永久身份贬抑或暂时耻辱（如笞之效果），是最可体现“轻于正刑”的替换刑罚，故用于臣邦君长、君公这类少数民族统治阶层。

前举角谷常子等学者都关注到秦及汉初赎刑的特别之处，将“赎”区分出本书所谓的“规定刑”和“替换刑”不同层次；在利用睡虎地秦简等材料和追溯源头时，多少都触及早期赎刑的替换刑性质问题。其中角谷常子、张建国等学者指出臣邦君长有罪令赎属于替换赎刑，韩树峰先生认为这类作为替换用刑的赎刑（其文所谓“附属赎刑”）只适用于特殊主体，其适用对象和条件只能由皇帝以诏令形式加以解决，诏令“著为令”后，法律条文保存了诏令的原始形态，在律文中以“令赎某刑”方式存在，因此“令赎某刑”诸例都是附属赎刑（本书所谓“替换刑”）而不是独立赎刑。① 此说将讨论对象从秦《法律答问》简册拓展到汉初《二年律令》的律令简册，但未先解释材料差异问题，秦“令赎某刑”用语实例也见于《为狱等状四种》等治狱文书而非皇帝诏令，故其论据未必全都无误；但其说敏锐地点出了“有罪令赎”处理方式的特异性。

这类作为替换刑出现的赎刑反映了早期赎刑在刑罚体系构造形成过程中的作用。本书前言已提及，《尚书 · 舜典》所记帝舜“象以典刑，流宥五刑，鞭作官刑，扑作教刑，金作赎刑”是将肉刑替换为“象刑”“流”“鞭扑”“赎”等，《尚书 · 吕刑》所谓“五罚”也是肉刑五刑的财产刑替换形式，其性质近于赎刑。因此作为替换用刑的赎本就存在于先秦文献中。就秦汉刑罚体系而言，“死—刑—耐”序列是古老的规定刑序列，适用于不同情景下、不同身份主体时，需要调整出更细致的轻重差异，而赎刑正是调整手段之一。陶安先生以秦赎刑对应的赎死、赎刑和赎耐作为切入点，动态勾勒了秦及汉初赎刑的发展，认为秦律上的赎先是作为“死—刑—耐”刑罚等序的换刑，后逐渐进入正刑体系，才形成汉初《二年律令》中所见赎刑六等次。② 陶安先生特别提出：

---

① 参见韩树峰：《汉魏法律与社会——以简牍、文书为中心的考察》，社会科学文献出版社 2011 年版，第二章“西汉前期赎刑的发展”，第 32 ~ 34 页，尤其是第 33 页。

② 陶安あんど『秦漢刑罰体系の研究』（東京外国語大学アジア・アフリカ言語文化研究所，2009 年）111 ~ 116 頁参照。亦可参见〔德〕陶安：《秦律刑罚等序研究序说》，徐世虹等：《秦律研究》，武汉大学出版社 2017 年版，第 257 页。

> 从字面上看，正刑和换刑的“赎”刑名称都系动宾结构，“赎耐”“赎黥”和“赎宫”“赎鬼薪鋈足”分别表示（用财物等）抵销“耐”“黥”“宫“鬼薪鋈足”等刑。从这一点判断，换刑与正刑之“赎”应出于同源，换刑是“赎”刑最原始的面貌，正刑从换刑孳乳分化出来。分化的原因如上所述，借用换刑“赎”来表示原有等序体系不能准确反映出较为微小的轻重差异。这与“耐”“刑”的分化大致相同。①

这种对秦律令发展的动态解释更贴近史料，揭示了赎刑作为换刑，与规定刑系统“死—刑—耐”序列的并立与融合的过程，启发了本书对替换刑系统早期形式的些许认识：

作为规定刑序列中一等序的“刑”本是黥刑，但群盗罪和强奸罪等特殊犯罪被给定斩止和腐之特殊肉刑，葆子以上本有将这类肉刑替换为“耐为鬼薪”的优待，以及在需叠加肉刑时易之以“鋈足”的优待；臣邦君长、君公更有进一步优待，《法律答问》113～114 简“赎鬼薪鋈足”“赎宫”等特别赎刑就出现了。这类赎刑在其他法律规定中有所体现，《秦律十八种·司空》135 简有“赎刑以上到赎死”，因“赎刑”已经对应了“死—刑—耐”序列中的“刑”，“赎刑以上”的延展指向就有疑问。陶安先生将特别肉刑及其换刑考虑进来，认为 135 简是对葆子居赎方式的总则性规定，除去通常的赎外还必须考虑“赎宫”“赎鬼薪鋈足”等有变通性质的赎。②

睡虎地秦简所记制度年代跨度大，《法律答问》涉及臣邦的诸条应出现在统一前。不难想见，在统一前夜的秦国，其他诸侯国和臣邦在秦之人的身份等级复杂，犯罪类型多样，不乏葆子狱未断又犯新罪的刑罚叠加与优待替换同现一案的情形，以事前统一立法规定所有主体的刑罚替换事宜大概是不可能完成的任务。《法律答问》“葆子狱未断”诸条中的引文规则可能都是个案处理的产物。

此外可注意的是，前引《秦律十八种·司空》134 简“公士以下居赎刑罪、死罪”，135 简“葆子以上居赎刑以上到赎死”，《法律答问》185 简“内公孙毋（无）爵者当赎刑，得比公士赎耐不得？得比焉”③都是赎刑执行不能

① ［德］陶安：《秦律刑罚等序研究序说》，徐世虹等：《秦律研究》，武汉大学出版社 2017 年版，第 257 页。

② 陶安あんど『秦漢刑罰体系の研究』（東京外国語大学アジア・アフリカ言語文化研究所，2009 年）111～116 頁参照。

③ 睡虎地秦墓竹简整理小组编：《睡虎地秦墓竹简》，文物出版社 1990 年版，第 137 页。

时以居作劳役形式折抵该赎刑的例证。这与进入规定刑序列的赎刑不能执行时的处理方式相同。这反映出,在战国秦已开始劳动货币化进程的背景下,无论是作为规定刑还是替换刑,赀、赎等财产刑不能执行时都会转化为劳动役使。这有别于替代式赎刑不能执行时将执行原规定刑的情形。

(二)有爵者

不同于前析少数民族身份人和王族宗室因血缘出身天然获得刑罚特权的情形,秦汉法律中最常见的刑罚替换特权是以爵制为基础,有爵者自一级公士爵起就享有犯罪应受肉刑时去除肉刑、代之以“完”的优待,二级上造爵则可将城旦舂刑替换为“耐为鬼薪白粲”。依附于爵位的替换刑是后天获得的爵位权益,强烈体现了国家赐爵予以优待之意,且优待规定规整严明。《法律答问》113 简所载“臣邦真戎君长,爵当上造以上”说明其时秦已有身份比爵的观念;秦统一后,诸侯国和“蛮夷”的多层次身份趋向统一,以身份比爵形式来整齐其制就是自然选择。前引胡家草场文帝晚期律令简册中的“蛮夷”律文即为其例。

爵制确立后,依附爵制的刑罚替换特权与依附宗室诸侯王等出身的刑罚特权并列存在,但二者在律令文本中的稳定性不同。睡虎地秦简所见葆子以上至于臣邦君公等特别身份人的刑罚替换特权体现出较明显的临事制法意味,个别而分散,而时代可能稍后的里耶秦简已有关于上造爵有刑罪替换为耐为鬼薪白粲的规定,该规定在汉惠帝即位诏、《二年律令·具律》中皆有体现,可能在里耶秦简时代就已以律文形式稳定存在了。相较而言,以出身比爵上造、享有刑罚替换优待的特权群体范围不明确,如前引《后汉书》巴氏民“爵比不更”未必是说巴氏民有爵,可能是说巴氏民身份“比爵不更”;秦简牍中规定有“臣邦真戎君长,爵当上造以上”,“当上造以上”显系概称而已,未必有实际意义,臣邦君长、君公有罪令赎的优待远超上造爵即为明证,何况不同身份的优待形式也可能有异,“当上造以上”无法体现这一点。汉初《二年律令·具律》85 简有:“吕宣王内孙、外孙、内耳孙玄孙,诸侯王子、内孙耳孙,彻侯子、内孙有罪,如上造、上造妻以上。”吕宣王是高后元年(前 187 年)追尊。本条将其后嗣与诸侯王、彻侯子嗣并列,以出身比爵、享受刑罚替换优待,反映了高后掌权的政治情势;数年后编写的《汉律十六章·具律》103 简在相同的爵位和比爵优待规定中,已排除了吕宣王后嗣,这又反映了文帝即位前后政治情势的变化。简言之,爵制的刑罚优待以律文形式稳定呈现,出身比爵的刑罚优待则受各种因素影响,特权身份范围需随时随势损益。

本书关注爵制刑罚优待的常制,即以爵替换原规定刑的一般规定。目前所见,秦及汉初一级爵公士即可替换肉刑为"完",二级爵上造可替换肉刑和"为城旦舂"为"耐为鬼薪白粲"。二者所针对的规定刑有部分重叠,但优待的替换用刑不同,这或许可以看作,耐为鬼薪白粲的优待力度强于仅去除肉刑之"完"。其间差异或许有历史因素。

1. 关于上造以上爵位与耐为鬼薪白粲

上造爵的替换用刑是耐为鬼薪白粲,在《法律答问》"葆子狱未断"诸条中,"耐为鬼薪"附加佩戴械具("鋈足")适用于葆子犯罪导致有肉刑的刑罚叠加后的替换,这也是臣邦君长、君公犯罪之赎所对应的实刑。在身份等级差异情形多样的战国秦,耐为鬼薪白粲大概是曾被广泛应用的优待式替换用刑,进入爵制优待领域是自然之事。

里耶秦简缀合简 8-775+8-805+8-884+9-615+9-2302 记有:

> 上造、上造妻以上有罪,其当刑及当城旦舂,耐以为鬼薪白粲。其当【耐罪,各】Ⅰ以其耐致,耐之。其有赎罪各以赎读论之。Ⅱ①

该简前部是上造爵用于"当刑及当城旦舂"规定刑的替换规定,犯罪应受斩止和腐之肉刑,以及应受黥为城旦舂、斩左止为城旦和完为城旦舂的上造以上爵位保有者及其妻,刑罚将被替换为耐鬼薪白粲。可注意者有三:

其一,"耐为鬼薪白粲"替换用刑非专对上造爵,汉惠帝即位诏"上造以上及内外公孙耳孙有罪当刑及当为城旦舂者,皆耐为鬼薪白粲"②和《二年律令·具律》82 简"上造、上造妻以上,及内公孙、外公孙、内公耳玄孙有罪,其当刑及当为城旦舂者,耐以为鬼薪白粲"③都在爵制外列入宗室成员,本条却只规定了上造爵的替换优待。这或许是年代或撰写方式差异导致的分条书写爵位优待和出身比爵优待,但更可能的是,其他特权者身份等级多样、优待适用的个案情形繁多,优待替换方式如"有罪令赎""鋈足"也各有不同,无法与上造爵规定于一处,只能分别、个别规定;本条就是专为上造以上爵而制定的。本条用语格式不类岳麓秦简所见秦令,但与汉初惠帝即位诏、《二年律令》律文一致,很可能是秦《具律》律文。

---

① 陈伟主编:《里耶秦简牍校释》(第 2 卷),武汉大学出版社 2018 年版,第 164 页。本书认为本条简文中的"致"系上报程序,故重新断读如上。

② (汉)班固撰,(唐)颜师古注:《汉书·惠帝纪》,中华书局 1962 年版,第 85 页。

③ 张家山二四七号汉墓竹简整理小组编著:《张家山汉墓竹简[二四七号墓]》(释文修订本),文物出版社 2006 年版,第 20 页。

其二,本条形成年代较早,可能经过调整,“当城旦舂”之语系后添入。里耶秦简年代可明确为“秦王政二十五年(前222年)至秦二世二年(前208年)”,①但无法确知本条律文的制定年代。一方面,上造爵对黥为城旦舂的替换效用早有明证。上造犯有刑罪替换为耐为鬼薪还见于《秦律杂抄》4简、5简《游士律》律文:

> 游士在,亡符,居县赀一甲;卒岁,责之。·有为故秦人出,削籍,上造以上为鬼薪,公士以下刑为城旦。·游士律②

此处“为鬼薪”应即“耐为鬼薪”,是对公士爵以下“刑为城旦”刑罚的替换。《秦律杂抄·游士律》涉及游士群体,且有“为故秦人出削籍”描述,应是适用于秦统一前。③《为狱等状四种》“猩敞知盗分赃”案为秦王政二十三年(前224年)事,上造敞与士伍猩“知人盗埱冢,分臧。得。敞当耐鬼薪,猩黥城旦”,④二人系同案犯,刑罚一为耐鬼薪、一为黥城旦,显因敞有上造爵而受优待,其时上造爵可用于替换黥城旦。张家山汉简《奏谳书》158简载“律:……篡遂纵囚,死罪囚,黥为城旦;上造以上耐为鬼薪。”⑤此案是秦始皇二十七年(前220年)事,其时秦律亦将上造以上“黥城旦(刑城旦)”刑罚替换为“耐鬼薪”。诸例都说明上造爵可将刑城旦舂替换为耐鬼薪白粲的秦律条文形成年代很早。

另一方面,上造爵对完为城旦舂有替换效用的证明材料较少。陶安先生提出“完为城旦舂”是从“刑为城旦舂”分化而来的。⑥那么,在“死—刑—耐”序列中本无“完为城旦舂”一级,“耐为鬼薪白粲”若早于“完为城旦舂”作为“刑”整体的替换用刑,则已经包含了所有刑为城旦舂形态,里耶秦简缀合简“当城旦舂”属无的放矢。“当城旦舂”之语暗示了“完为城

---

① 湖南省文物考古研究所编著:《里耶发掘报告》,岳麓书社2006年版,第179页;湖南省文物考古研究所编著:《里耶秦简(壹)》,文物出版社2012年版,“前言”第4页。

② 睡虎地秦墓竹简整理小组编:《睡虎地秦墓竹简》,文物出版社1990年版,第80页。

③ 宫宅洁先生注意到,吉本道雅已指出公元前270年之后秦开始构建不依赖游说之士的制度,进入对游士采取严格约束的时代,本条即形成于该时期。参见〔日〕宫宅洁:《中国古代刑制史研究》,杨振红等译,广西师范大学出版社2016年版,第110页,注1。

④ 本案文书释文见朱汉民、陈松长主编:《岳麓书院藏秦简(叁)》,上海辞书出版社2013年版,第119~124页。

⑤ 张家山二四七号汉墓竹简整理小组编著:《张家山汉墓竹简[二四七号墓]》(释文修订本),文物出版社2006年版,第104~105页。

⑥ 参见〔德〕陶安:《秦律刑罚等序研究序说》,徐世虹等:《秦律研究》,武汉大学出版社2017年版,第261、263页。

旦舂”是其主要对象,它很可能是后添入,且已成为规定刑,适用替换优待,亦即里耶秦简本条要么是针对“刑”之整体制定替换优待后又因应后出的“完为城旦舂”添入了“当城旦舂”一语,要么是同时针对“当刑”和“当城旦舂”者的一次性立法的产物。不过,前引和下析的《法律答问》50简设定“上造盗羊狱未断诬盗猪”情境暗示出“上造”身份已可用于完为城旦舂的刑罚替换优待。

综上,上造爵与耐为鬼薪白粲替换用刑的联系有较古老的渊源,里耶秦简缀合简所见条文形成年代可能较早。

其三,学界基本认同,“耐为鬼薪白粲”在秦及汉初只作为替换刑存在,未进入规定刑系统。这与赎刑有异,可能也与完为城旦舂不同。目前所见材料中,不因上造爵和特别出身而被定为“耐为鬼薪”的,只有岳麓秦简(肆)42简:“不会司寇之耐者,以其【狱鞫已】论,其审当此【耐而不会,耐为鬼薪】。”①整理者补释11字,最后4字为“耐为鬼薪”。后文第六章将详述,整理者补释方案在句式、刑罚的性别指向和残字笔画等方面都存有疑问,不能作为“耐为鬼薪(白粲)”存在于替换刑系统之外的良证。

2. 关于公士爵位与“当刑,完之”

《二年律令·具律》83简载:

> 公士、公士妻及【老】行年七十以上,若年不盈十七岁,有罪当刑者,皆完之。②

该条规定了公士爵将肉刑替换为零肉刑“完之”的优待。该条问题有二:

一是“有罪当刑”是否仅指刑城旦舂(主要指黥为城旦舂,斩左止为城旦)一类。若包括强奸罪之腐刑,则“完之”是指“完为城旦”还是“完为宫隶臣”?尚不清楚。

二是该条渊源。张家山汉简《奏谳书》“杜泸女子和奸案”182简记有“弃市之次,黥为城旦舂。当黥,公士、公士妻以上,完之”,③岳麓秦简(叁)《为狱等状四种》所记秦王政十八年(前229年)“识劫娓”案文书136简记

① 陈松长主编:《岳麓书院藏秦简(肆)》,上海辞书出版社2015年版,第52页。

② 张家山二四七号汉墓竹简整理小组编著:《张家山汉墓竹简[二四七号墓]》(释文修订本),文物出版社2006年版,第20页。“及”字下据336号墓《汉律十六章·具律》101简补释为“老”。

③ 张家山二四七号汉墓竹简整理小组编著:《张家山汉墓竹简[二四七号墓]》(释文修订本),文物出版社2006年版,第108页。本书标点有改。

有“●吏议：婉为大夫□妻，赀识二甲。或曰：婉为庶人；完识为城旦，繫(縝)足输蜀”，①识为公士，犯有赃罪，计赃应处黥城旦，吏议意见则有“完城旦”，说明秦已有公士爵替换肉刑的规定。有学者据前析《商君书·境内》和《秦律杂抄》5 简“上造以上为鬼薪，公士以下刑为城旦”认为秦律上曾存在公士爵不能免除肉刑的时期，但这两则材料中，前者系“军中狱法”(参见本书第二章第二节)，与以爵除罪无关；后者制定时的针对性强，是特殊规定，不能与《二年律令·具律》条文等量齐观。②

简言之，据目前材料，有公士爵者(及其妻)犯罪应受肉刑的予以替换为“完”(实则免除肉刑)，这在秦王政时期已为定制，不能判断出曾有过公士爵不能替换肉刑的历史时期。

与之相关的一个问题是，“完为城旦舂”是否与赎刑一样，先是作为“刑为城旦舂”的替换用刑出现，之后进入规定刑系统。宫宅洁先生推测，秦在扩张徙民过程中，一级爵公士数量增多，但以耐为鬼薪白粲替换刑为城旦舂的优待只及于二级爵上造以上，公士爵犯有肉刑之罪的，科罚经历过摇摆，最终固定为完为城旦舂，完为城旦舂可能产生于这个时代。③若如此，完为城旦舂就应晚于耐为鬼薪白粲作为上造爵刑罚替换的时代，且最初只能作为替换刑出现，针对主要犯罪的规定刑体系内就应无完为城旦舂的位置，它本应如耐为鬼薪白粲般只保留在替换刑系统中。但实际上不少常见犯罪如盗、和奸人妻、斗伤人等罪的规定刑都有完为城旦舂一级，若它们都是由替换刑而来，刑罚体系就必然经过较大幅度调整，而目前未见此类调整的痕迹。故而宫宅洁先生推测的变化过程是否存在过，尚有思考空间。

(三)老小、女性

前引《二年律令·具律》83 简记有“【老】行年七十以上，若年不盈十七岁，有罪当刑者，皆完之”，86 简记有“(吏民)有罪年不盈十岁，除；其杀人，完为城旦舂”。老小恤刑是先秦以来传统，对此无多少发挥余地。稍可说明的是 86 简“有罪年不盈十岁，除”的渊源问题。《法律答问》67、158、166 简等都涉及“小未盈六尺”的刑事责任问题，反映出睡虎地秦简时代已经在不同犯罪中规定了免除刑事责任标准。不过在睡虎地秦简时代与汉

---

① 朱汉民、陈松长主编：《岳麓书院藏秦简(叁)》，上海辞书出版社 2013 年版，第 162 页。

② 诸说分歧和分析，可参见石佩：《秦及汉初公士爵研究》，中国政法大学 2022 年硕士学位论文，第二章。

③ 参见〔日〕宫宅洁：《中国古代刑制史研究》，杨振红等译，广西师范大学出版社 2016 年版，第 108～110 页。

初《二年律令》时代之间,"有罪年不盈十岁,除"的规则是否存在,如何创设,尚有可疑之处。《为狱等状四种》"多小未能与谋"案曾引起学者关注。该案文书梗概是,秦王政二十二年(前 225 年),秦军巫闾称男子多系邦亡楚的故秦人。10 年前多与母亲儿(现已亡故)去秦之楚,多逃亡时 12 岁,保有小走马爵位,现年 22 岁,已被削爵为士伍。自秦出逃他国构成"邦亡",刑罚为黥为城旦舂;多出逃时"小",未能与其母"谋"。如何处置多成疑,本案因而上谳。[①] 该案争议围绕犯有邦亡罪时"小"、成年后事发,是否以及如何承担刑责的问题展开,涉及 12 岁这一年龄与"小"能否除罪的疑问。

学者多将本案核心争议落在"小未能谋"上,如劳武利、史达先生根据《法律答问》158 简和 6 简区分了秦法的刑事责任能力或肉刑免除与身高的关联,认为本案争议点最有可能是多在逃亡时是否达到刑事责任年龄,据本案判断,可能当时 12 岁未达到刑事责任年龄。[②] 此解前提是其时已有对未成年人刑事责任的规定,但若如此,本案就无疑问。陶安先生详析了本案吏议意见,将本案之疑归结为其时律令未规定"小"免除刑事责任,本案首次提出这个问题,为其后如汉初《二年律令·具律》86 简"有罪年不盈十岁,除"的未成年人刑事责任能力规定开了先河。[③] 笔者已另文分析本案实体规则问题,此处简要说明,不论秦王政二十二年(前 225 年)时的秦法是否已有关于未成年人刑事责任免除的规定,也不论多邦亡时的 12 岁是否合于此规定(若已有),本案都存在邦亡是否为持续犯的疑问,无法推论说其时无"小,除罪"的规定,《二年律令》86 简的规定源于本案及之后的司法实践。

简言之,秦制是否有"有罪年不盈十岁,除"这一规定,目前难有确凿之论,需待以新材料;但在不同时期,秦法曾以身高和年龄为标准给予未成年人减免刑事责任是不争事实,这是汉代相应制度的直接来源。

至于女性犯罪的替换刑,可稍作申说。前引《二年律令·具律》88~89 简载:

---

① 参见朱汉民、陈松长主编:《岳麓书院藏秦简(叁)》,上海辞书出版社 2013 年版,第 141~144 页。

② See Ulrich Lau & Thies Staack, *Legal Practice in the Formative Stages of the Chinese Empire: An Annotated Translation of the Exemplary Qin Criminal Cases from the Yuelu Academy Collection*, Leiden: Brill, 2016, note 828 at p. 170, et p. 167.

③ 参见〔德〕陶安:《岳麓秦简〈为狱等状四种〉案例五〈多小未能与谋案〉吏议管窥——秦律未成年刑事责任能力与受刑能力》,邬文玲、戴卫红主编:《简帛研究 二〇一八(秋冬卷)》,广西师范大学出版社 2019 年版,第 109~112 页。

> 女子当磔若要(腰)斩者,弃市。当斩为城旦者黥为舂,当赎斩者赎黥,当耐者赎耐。

其中"当斩为城旦者黥为舂"系对规定刑系统里专限男性的"斩止城旦"刑的替换。女性有可能以共犯形式参与本来专限男性、规定刑为斩止城旦的犯罪,如群盗(秦)、强奸、强略人为妻、越塞等;按照"与同罪"或"与同法"的刑罚参引指示,女性共犯之刑本应是"斩止城旦",此时应按照88、89简,修正替换为黥舂。"当赎斩者赎黥"即此一肉刑替换规定在"赎"时的对应。89简仅有"当耐者赎耐"一句,又《二年律令·亡律》158简载:"女子已坐亡赎耐,后复亡当赎耐者,耐以为隶妾。"①亡罪对应耐刑并无疑义,女子二犯逃亡不再替换、处以耐之实刑,则"女子当耐者赎耐",似是女性一般犯罪的处置通例。

上述规定中,斩止城旦替换为黥舂可能是减轻优待,对此在对应的赎刑上有所体现,据《二年律令·具律》119简,赎斩为金一斤四两,赎黥为金一斤。从身体刑和身份贬抑角度看,耐罪替换为赎耐也是优待式替换。不过,针对女性死刑部分的替换,其立法原意未必是出于对女性的优待。据前文第二章所引《周礼》郑玄注,"斩(以斧钺之腰斩)"、"杀(以刀刃之弃市)"、"搏(磔)"(郑玄注"搏当为膊","膊谓去衣磔之")、"焚"和"辜"(郑玄注"辜之言枯也,谓磔之"),皆需公开行刑、陈尸于市。执行磔与腰斩,处死与陈尸时,受刑者躯体甚至内脏会裸露在外,女性若照此执行,并不现实,故将磔与腰斩替换为弃市。弃市为割颈或斩首死刑,与《二年律令·具律》88~89简未提及的枭首一样都是公开行刑,但尚不至袒露躯体,是女性的死刑执行方式。

二、"执行不能"之替换刑

《法律答问》118、120简中诬告反坐的耐隶臣和完城旦刑罚不能执行,因而需予替换。此类刑罚执行不能的替换刑规定在《二年律令·具律》里所见最多。依轻重次序,列举重要的替换刑形式如下:

第一,作为替换刑的笞刑。城旦舂、鬼薪白粲"刑徒"和奴婢身属国家或私人所有,犯罪时部分刑罚无法执行,需予替换。笞刑就是常用的替换刑:

---

① 张家山二四七号汉墓竹简整理小组编著:《张家山汉墓竹简[二四七号墓]》(释文修订本),文物出版社2006年版,第30页。

> 城旦舂有罪耐以上，黥之。其有赎罪以下，及老小不当刑、刑尽者，皆笞百。城旦刑尽而盗臧(赃)百一十钱以上，若贼伤人，及杀人而先自告也，皆弃市。(91、92 简)
>
> 鬼薪白粲有耐罪到完城旦舂罪，黥以为城旦舂；其有赎罪以下，笞百。(120 简)
>
> 人奴婢有刑城旦舂以下至䙴(迁)、耐罪，黥𩑶(颜)頯畀主，其有赎罪以下及老小不当刑、刑尽者，皆笞百。刑尽而贼伤人，杀人先自告也，弃市。(122 简)[①]

以上三种“笞百”之刑均是替换刑。诸家都已提及诸条中笞刑的替换功能，如张建国先生在讨论上举简文时认为“相当于先秦轻刑鞭扑的笞在出土律文中也有反映，但其方向却相反，赎不是用来赎笞这种轻刑，而是由赎改笞了”。[②] 丁义娟先生亦有精要总结并提出：

> 笞在秦及汉初刑罚体系中，就常常表现出一种替换刑的性质。……笞刑常常作为对于适用于城旦舂、鬼薪白粲及奴婢的刑罚之换刑来使用。换刑为笞刑的原因，有的是因为肉刑已无以复加，有的是因为财产刑或者债务对于这些没有人身独立性，没有财产的刑徒或奴婢来说是无法执行的，因此被换刑为笞刑。[③]

91、92、120 简是针对鬼薪白粲、城旦舂的刑罚替换，可稍作解释：城旦舂刑尽复有赎罪以下的，因其本无财产可供执行，故易刑为笞百；如果城旦舂已然刑尽，再犯耐罪以上，本应“黥之”，但已无法执行，亦替换为笞百。但对盗窃、伤人和杀人的“盗贼伤杀”犯罪，法律专门规定刑尽之男性城旦徒[④]不得以笞百替换，而是以弃市死刑替换。“盗赃百一十钱以上”，对应耐隶臣以上；“贼伤人”，据《二年律令·贼律》25 简，“贼伤人，及自贼伤以避事

① 张家山二四七号汉墓竹简整理小组编著：《张家山汉墓竹简[二四七号墓]》(释文修订本)，文物出版社 2006 年版，第 21、25 页。91、92 简，122 简“杀人先自告也”断读有改。

② 张建国：《论西汉初期的赎》，《政法论坛》2002 年第 5 期。

③ 丁义娟：《秦及汉初刑罚体系研究——以出土资料为主要依据》，吉林大学 2012 年博士学位论文，第 107 页。

④ 未列入女性舂刑徒的原因尚不明确。

者，皆黥为城旦春”，①对应耐以上之黥城旦；至于“杀人先自告”，亦对应黥城旦。② 由此可见，《二年律令·具律》92简所举三种特别犯罪的该当刑罚都是“耐以上”，落实到城旦身份即为“黥之”，但城旦已然刑尽无法执行黥刑或其替换肉刑的，此时明文限定不得以笞百之刑替换，而是处以弃市之刑。

《二年律令·具律》122简是针对私人奴婢犯罪的刑罚替换。前举唐律《名例》“官户部曲官司奴婢有犯”条有“诸官户、部曲、官私奴婢有犯，……应征正赃及赎无财者，准铜二斤各加杖十，决讫，付官、主；若老小及废疾，不合加杖，无财者放免”，在财产刑变通执行思路上，《二年律令·具律》122简规定奴婢赎罪以下之刑易为笞百，与唐律规定近似；但在老小废疾无财的处置方面则相反。

此外，汉初奴婢财产刑替换为笞百是否以其无财产可执行为立法考量，尚有疑问。前引《奏谳书》“女子甑、奴顺等受行赇枉法”案中的顺等为规避逃奴罪名，事后补救、以财自赎，说明汉初奴婢有其私财，律令许其自赎。稍后的汉代史料还见有冯子都之类豪奴事例，亦有奴婢拥有家庭乃至与平民组建家庭的记录，如《汉书·丙吉传》载：“（地节三年）是时，掖庭宫婢则令民夫上书，自陈尝有阿保之功……诏免则为庶人，赐钱十万”。③ 又如，肩水金关汉简73EJT1：1简所见故长公主大婢外人有前夫、后夫，后夫还是“不审县里男子字游”，④似为平民。这类奴婢自然也有财产，赎、罚金之刑未必不能执行。不过，相关律文制定之初恐怕只针对其时状态，是以无财产可执行者为规制对象。与此形成对比的是刑罚减等排序里有“司寇、迁及黥颜頯罪赎耐”。黥颜頯刑一般是针对奴婢犯罪的刑罚，出现在了针对告不审和自告的刑罚减等排序里，如奴婢犯有应处黥颜頯刑之罪而先自告，将减等为“赎耐”，似可说明奴婢也适用“赎耐”。否则按《二年律

① 张家山二四七号汉墓竹简整理小组编著：《张家山汉墓竹简［二四七号墓］》（释文修订本），文物出版社2006年版，第12页。

② 据《二年律令·贼律》21简：“贼杀人、斗而杀人，弃市。其过失及戏而杀人，赎死；伤人，除。”参见张家山二四七号汉墓竹简整理小组编著：《张家山汉墓竹简［二四七号墓］》（释文修订本），文物出版社2006年版，第11页。贼杀、斗杀均为弃市，过失杀和戏杀本可赎死，但城旦既无财产可赎，也无法居作城旦春劳役折抵，因此无论城旦杀人的具体形态为何，结果都应是弃市。进而，若无“先自告”的限定，《二年律令·具律》92简“皆弃市”的规定对于城旦犯任何一类杀人罪行来说，都是多余的。因此，“杀人先自告”的限定实有其必要，其作用是将刑尽之城旦徒再犯杀人罪之刑罚限定为“先自告减一等”后的黥城旦之刑。

③ （汉）班固撰，（唐）颜师古注：《汉书·丙吉传》，中华书局1962年版，第3144页。

④ 释文见甘肃简牍保护研究中心等编：《肩水金关汉简（壹）》（下册），中西书局2011年版，第1页。

令·具律》122简,“赎耐”将替换为笞百。

同时,以笞刑替换财产刑的做法恐怕考虑了笞刑本身的属性。笞刑本系一过性的击打身体之刑,有训诫行刑对象,使之痛苦、耻辱的作用。“死—刑—耐”刑罚序列是为平民或抽象主体设置的,自始就不适用于奴婢,惩戒奴婢犯罪时需考虑对其自身的报复效果,故仍将落实到肉刑和导致身体痛苦与耻辱的身体惩戒上。就耻辱效果而言,需尽可能避免施笞于平民,因此《二年律令·具律》86简前部规定:“吏、民有罪当笞,谒罚金一两以当笞者,许之。”①这为吏民提供避免蒙受笞刑之辱的机会。

第二,耐刑序列内的替换刑。《法律答问》117、118简和《二年律令·具律》90、91简涉及耐刑序列内的替换刑规定。不同主体犯罪应处耐刑时,有时需将此该当耐刑替换为耐刑序列里的其他形式。《二年律令·具律》90、91简规定:

> 有罪当耐,其法不名耐者,庶人以上耐为司寇,司寇耐为隶臣妾。隶臣妾及收人有耐罪,毄(系)城旦舂六岁。毄(系)日未备而复有耐罪,完为城旦舂。②

90简首句意在限定“耐”后的处置方式,即无名之耐刑的身份/役使部分仅搭配司寇和隶臣妾,将无名之耐刑根据不同主体身份,落实为作为有名之耐的耐司寇或耐隶臣妾。由此可知,“无名之耐”应适用“有名之耐”的执行原理;司寇再犯耐罪的,无论新犯耐罪是有名之耐还是无名之耐,刑罚都是耐隶臣妾,其中新犯的是有名之耐隶臣妾的,最终刑罚耐隶臣妾是规定刑,新犯的是有名之耐司寇或无名之耐的,最终刑罚耐隶臣妾是替换刑。隶臣妾再犯耐罪的,无论新犯耐罪是有名之耐还是无名之耐,结果都是系城旦舂六岁后再成为隶臣妾,系城旦舂六岁复为隶臣妾皆为替换刑。

第三,城旦舂刑序列内的替换刑。《法律答问》119、120简和《二年律令·具律》88简是城旦舂刑序列内的替换刑规定。常规的城旦舂刑包括黥城旦舂和未施肉刑的完城旦舂。《二年律令·具律》88简规定:

> 有罪当黥,故黥者劓之,故劓者斩左止,斩左止者斩右止,斩右止

① 张家山二四七号汉墓竹简整理小组编著:《张家山汉墓竹简[二四七号墓]》(释文修订本),文物出版社2006年版,第21页。

② 张家山二四七号汉墓竹简整理小组编著:《张家山汉墓竹简[二四七号墓]》(释文修订本),文物出版社2006年版,第21页。

者府(腐)之。①

已受过黥刑的城旦舂犯罪应处黥刑的,替换为他种肉刑,依照头面、肢体和生殖器官的顺序施刑。

至此,对"刑徒"与吏民基于"执行不能"的刑罚替换形式,可示如表7:

表7 "执行不能"的刑罚替换形式

基准刑	身份	替换刑
赀、赎	鬼薪白粲、城旦舂	笞刑
	隶臣妾	居赀/赎
	女性	赎斩—赎黥
耐刑	司寇	耐隶臣妾
	隶臣妾、收人	系城旦舂六岁复为隶臣妾
	城旦舂、鬼薪白粲	黥
	吏民中的女性	赎耐
黥刑	城旦舂、鬼薪白粲	黥
	已黥者	劓
	已黥劓者	斩左止
	已黥劓斩左止者	斩右止
	已黥劓斩左右止者	腐
	已黥劓斩左右止腐者	笞一百(盗当耐隶臣以上,贼伤人,杀人先自告:弃市)
斩左止为城旦	吏民中的女性	黥为舂
磔、腰斩	吏民中的女性	弃市

前引陶安之说指出,"死—刑—耐"序列中,"耐"的刑罚替换是以有差异的身份为据,"刑"的刑罚替换是以肉刑毁损身躯效果为据,将"黥"依次转化为"劓"、"斩左止"、"斩右止"与"腐"。在有些学者看来,这一替换刑系统框架是刑罚的加重排序:

对耐刑序列内的替换刑,宫宅洁先生认为其是"加重刑的情况","刑徒再犯耐罪时,依次加重刑罚为:隶臣妾→以隶臣妾身份服六年系城旦舂

① 张家山二四七号汉墓竹简整理小组编著:《张家山汉墓竹简[二四七号墓]》(释文修订本),文物出版社2006年版,第21页。

的劳役→完城旦舂”，“（系城旦舂六岁）多数都是以附加某刑的方式使用”。① 对城旦舂刑序列内的替换刑，宫宅洁先生认为：“已被施以黥刑者，若再犯应处黥刑的罪，则以劓→斩左趾→斩右趾的方式逐步加重肉刑，最后处以腐刑”；“可以推想，需要处以比黥刑重、比死刑轻的刑罚时，若干肉刑就会加重等级使用……”②也有学者更清晰地提出《二年律令·具律》88简是肉刑刑徒再犯肉刑之罪时加重一等的处置规定：“按照张家山汉律所提到的刑种，死刑之下为‘斩刑’，‘斩刑’之中，‘斩右趾’又重于‘斩左趾’。‘腐刑’或者说‘宫刑’是一种特殊的刑罚，只在特殊场合使用，重于‘斩刑’而轻于‘死刑’。《具律》此处强调的刑罚原则是‘重复犯罪，罪加一等’。”③本书第三章在说明加罪之制时已言及，耐刑和肉刑的累加替换并非加重刑罚。此处再作申说：

对《二年律令·具律》90、91简耐刑序列的规定，存在不是刑罚加重的情形，例如，部分隶臣妾和收人本非犯罪受耐刑后的“刑徒”，④他们犯耐罪时的“系城旦舂六岁”刑罚就不存在惩处累犯意义上的加重意味；⑤又如，隶臣妾在“系城旦舂六岁”执行完毕后再犯耐罪，仍会被判处“系城旦舂六岁”，“系城旦舂六岁”可循环施加，这也无法体现“累犯加重”的立法意图。

对《二年律令·具律》88简关于城旦舂刑序列的规定，肉刑递进加重之说有难解之处：一是本条以“有罪当黥”为前提，本不存在“比黥刑重、比死刑轻的刑罚”；二是施加肉刑的“黥→劓→斩左止→斩右止”不是固定的逐级加重排序，需区分替换刑和已执行的规定刑。当规定刑是斩止城旦时，其受刑者再犯黥刑时就不必按替换刑次序替换为斩右止，如秦群盗罪刑罚是斩左止为城旦，再犯黥刑时直接处黥，《法律答问》1～2简害盗参与

---

① 〔日〕宫宅洁：《中国古代刑制史研究》，杨振红等译，广西师范大学出版社2016年版，第86、77页。

② 〔日〕宫宅洁：《中国古代刑制史研究》，杨振红等译，广西师范大学出版社2016年版，第34～35、37页。

③ 朱红林：《张家山汉简〈二年律令〉集释》，社会科学文献出版社2005年版，第79页。

④ 有生来即为隶臣妾的，如岳麓秦简（肆）89简、161简，释文见陈松长主编：《岳麓书院藏秦简（肆）》，上海辞书出版社2015年版，第68、121页；亦有非因犯罪而成为隶臣的，如《秦律杂抄》38简载“寇降，以为隶臣”，参见睡虎地秦墓竹简整理小组编：《睡虎地秦墓竹简》，文物出版社1990年版，第89页。

⑤ 应提出者，非刑徒来源的隶臣妾和收人犯耐罪和作为刑徒的隶臣妾犯耐罪时，执行程序或有不同。《二年律令·金布律》435简载：“诸收人，皆入以为隶臣妾。”参见张家山二四七号汉墓竹简整理小组编著：《张家山汉墓竹简[二四七号墓]》（释文修订本），文物出版社2006年版，第68页。故收人并不处耐。因此收人犯耐罪时，系城旦舂六岁后恢复为隶臣妾身份时，需执行耐刑；其他耐隶臣妾刑徒则为系城旦舂六岁后复耐为隶臣妾。

群盗的加刑是斩止城旦加黥,即为其证。以上所论都说明《二年律令·具律》88 简不是肉刑逐级加重之例。

将笞百、耐刑和城旦舂刑序列的诸条规定看作该当刑罚不能执行时的替换刑形式,诸条的立法逻辑就一目了然了:

第一,笞百之替换刑。"笞百"刑所替换的是赎以下之财产刑和肉刑。对财产刑部分而言,据《二年律令·收律》174 简:"罪人完城旦舂、鬼薪以上,及坐奸府(腐)者,皆收其妻、子、财、田宅。"①原为家长的城旦舂、鬼薪白粲的财产已被"收",财产刑无可执行;奴婢本身即为其主之财产,虽然可能有诸如"外妻子"等家庭及财产,但法律强制规定其财产刑以"笞百"替换。就肉刑部分而言,城旦舂、鬼薪白粲和奴婢"老小不当刑"者替换为笞百是在他们犯罪的该当刑罚在耐以上时,因其身已有所属,耐刑、城旦舂刑本来搭配的身份/役使不能落实,故其罪应易以肉刑;但又因"老小不当刑",只能替换为笞百。这与《二年律令·具律》83 简对年七十以上、不盈十七岁者"有罪当刑,完之"的优待式替换刑不同,盖因优待式替换刑的役使部分还可落实,"优待"只是减去肉刑部分。同时对"刑尽"者而言,城旦的五官、肢体和生殖器官已受肉刑后,即为"刑尽",再应处黥刑时,因其身体状态已无法执行任何肉刑,故除部分特定犯罪以弃市死刑替换原该当刑罚外,只能以笞百替换。

第二,耐刑之替换刑。身份/役使没有确定期限,毛发"耐"后可以恢复、不能作为区分司寇或隶臣的标准,不同刑罚与主体原身份、职务和犯罪特质关系更密切,在《户律》《傅律》等律章所规定的各种民事权利方面,差异甚大;因此身份/役使部分是耐刑序列的根本内容,以"可执行"为标准来判断是否替换及如何替换。如果该当刑罚的身份可以实现,即主体为庶人以上时,无论犯罪应处有名之耐司寇或耐隶臣还是无名之耐,耐之规定刑都可以实现,无须替换。主体是司寇,犯罪该当刑罚是有名之耐司寇时,与其身份相冲突而无法执行,耐司寇之刑罚得替换为耐隶臣;犯罪该当刑罚是有名之耐隶臣时,可以执行,无须替换。如主体已是隶臣妾,其新犯任何耐罪均无法执行,只能以"系城旦舂六岁复为隶臣妾"方式替换该耐刑,从量上看是将无期限的耐刑替换为有期限的更重的身份/役使。在系城旦舂期限内又犯任何耐罪的,无法在该有期城旦舂身份上执行该耐刑,也无法在耐刑序列内替换,因而转为完城旦舂。

---

① 张家山二四七号汉墓竹简整理小组编著:《张家山汉墓竹简[二四七号墓]》(释文修订本),文物出版社 2006 年版,第 32 页。

此外,整体而言,秦及汉初社会有两类人群的身份与其他人群有较大差异,即“刑徒”中的城旦舂和鬼薪白粲及私人奴婢。人身自由方面,他们完全隶属国家或私人;家庭、财产和其他民事权利义务承担方面,他们一般无法与编户民处在同一水平,无法与其他阶层建立基本的社会关系,因此,常人的规定刑系统的某些必然效果,如身份贬抑,剥夺支配家庭的能力等,无法在他们身上实现。因此这类人犯罪后,针对常人的规定刑无法加诸其身,需要以其他刑罚加以替换。律令有两种刑罚表达方式:第一种是以“死—刑—耐—赎—赀”常规刑罚序列为基准,做出替换用刑的一般规定,分别构成鬼薪白粲、城旦舂的“死—黥(黥复为/黥以为城旦舂)—笞百”刑罚序列,以及奴婢的“死—黥颜頯(畀主)—笞百”刑罚序列。此即前析《二年律令·具律》91~92、120、122 简。第二种是直接规定出“黥为/黥复/黥颜頯畀主”的替换形式,如单纯的逃亡行为大体对应耐刑,鬼薪白粲、城旦舂和奴婢逃亡的,秦汉律不是将耐刑代入第一种表达方式的特别序列中,换算为“黥”或“黥颜頯”,而是直接以专条规定他们逃亡的刑罚就是“黥复城旦舂、黥为城旦舂、黥颜頯畀主”。① 本书前文提及,这类条文结构通常为“特定主体+一般行为→一般/特定刑罚”,本是对特定主体的替换用刑规定,但已成为散布在《贼律》《亡律》等章内的规定刑刑名。两种表达方式有时效果相同,共存于一部律内的原因可能是第一种表达方式的出现晚于第二种表达方式,亦即在律令条文制定层面,先是有个别替换用刑的规定,之后有一般替换用刑的规定,但某些个别规定被保留下来。

综上,在诸简宗旨方面,秦及汉初刑罚体系不为惩处累犯而加重刑罚,而是着眼于新犯罪之刑罚的实现,替换刑系统的主旨即在于此;这与唐律等后世律“罪—刑”固定、不加重惩治累犯的做法一致。② 这也说明,秦及汉初刑罚体系在后世有其延续性。但从长时段来看,秦及汉初刑罚体系与后世律又有很大不同。由于肉刑的不可恢复和役使/身份的无固定期限的特点,不同身份人犯罪时一般需替换刑罚,耐刑和城旦舂刑序列内的替换刑就需单独规定于《具律》。文帝刑制改革后,肉刑被废除、役使有期化,刑罚执行完毕后其身体和身份效果都将消失,不影响此后新犯之罪的刑罚执行,秦及汉初律所见替换刑系统的主体部分——关于不同类型“刑

① 释文分别见《二年律令·亡律》159、164 简,参见张家山二四七号汉墓竹简整理小组编著:《张家山汉墓竹简[二四七号墓]》(释文修订本),文物出版社 2006 年版,第 30 页。

② “窃盗三犯”之累犯除外。唐律《贼盗》“盗经断后三犯”条载:“诸盗经断后,仍更行盗,前后三犯徒者,流二千里;三犯流者,绞。”参见(唐)长孙无忌等撰,刘俊文点校:《唐律疏议》,中华书局 1983 年版,第 378 页。

徒”再犯罪之替换刑的规定——就无须存在了。① 因此，由于文帝时废除肉刑、使役使有期化，加之在此前的文帝元年（前 179 年）就已废除“收”“坐”制，去除了身体刑罚的根本属性，刑罚体系才发生巨变。

第二节　刑罚叠加和修正中的替换刑：《法律答问》50、117 简

《法律答问》117～120 简“狱未断”诸简就是在解决主体的“刑徒”身份尚未确定时所犯诬告罪的该当刑罚如何落实的疑问。50 简与 109～112 简的葆子犯罪事例类似，主体拥有可享受刑罚减免的身份因素即上造爵位。有爵者享有刑罚优待特权有久远的历史渊源，亦为秦汉法律制度基础之一，50 简典型地反映了此制，且夹杂其时“盗羊”“盗猪”刑罚，盗罪与诬罪的叠加方式和上造爵位对刑罚的具体效果等问题；117～120 简的排序涉及四枚简的律意梳理，其中 117 简后部简文解读是其关键，有助于理解诬告反坐参引规定刑罚时的修正替换问题。

一、50 简：数罪刑罚叠加中的刑罚替换

与其他诸简所设定的数罪类型有异，49、50 简设定的实罪和诬罪均为盗罪，对比二者同异可明确 50 简的问答设置特点。不避文烦，再录二简如下：

> 诬人盗直（值）廿，未断，有（又）有它盗，直（值）百，乃后觉，当并臧（赃）以论，且行真罪、有（又）以诬人论？当赀二甲一盾。（49 简）
>
> 上造甲盗一羊，狱未断，诬人曰盗一猪，论可（何）殹（也）？当完城旦。（50 简）②

50 简与他简相同，都是实罪狱未断又犯诬罪，追究实罪与诬罪的逻辑顺序也就是犯罪时间顺序；而表面上看，49 简是说诬盗狱未断时又发现原

① 至于第一章所引唐律中特权者（“议请减赎官当”诸条主体）、特定身份人（官、爵、工乐杂户、太常音声人、奴婢等）或特定条件人（家有亲老而无兼丁等）犯罪的替换刑则，大体被保留在中国古法中。

② 睡虎地秦墓竹简整理小组编：《睡虎地秦墓竹简》，文物出版社 1990 年版，第 105 页。

已犯盗,①因此有疑。49 简提问部分提出两个方案。其解答未采纳并赃处刑的方案一,而符合分别计赃处刑的方案二。但对方案二"且行真罪、又以诬人论",根据"又"字用法有二解,一是"又"隐含前后顺序,则解答是先处置实罪再处置诬罪;二是"又"仅表示并列而无排序之意。因此解答中给定刑罚的原因并不明确。②

仅就 49 简而言,在财产刑序列里,处理诬盗和实盗的前后次序对结果没有影响;但在耐刑或城旦舂刑序列里,诬盗和实盗的处理顺序对最后结果将有实质影响。设若先诬盗百二十钱,狱未断又实盗二百三十钱,诬罪当耐隶臣,实罪当完城旦。若按犯罪时间顺序先追究耐隶臣罪,再追究完城旦罪,则应处完城旦;若按 49 简的方案二,先行实罪完城旦又以诬人耐隶臣论,则应处黥城旦。

49 简提问部分的方案一是数罪并赃处刑。并赃可能是复数同性质赃罪俱发时的一般处置形式,即后世古法"累论"("累倍"或"累而不倍")的赃值累加单处一刑的计赃入罪原理。在 49 简情境下以此方案并赃处置时,赃值为一百二十钱,按盗罪等级应处耐为隶臣妾,已脱出赀刑序列而进入耐刑序列。此一方案的前提应是犯罪未发的数罪,以及将诬人盗和实犯盗视为可以并赃论断的同质赃罪。解答否定此一方案的理由,或者是强调狱未断而非未狱,或者是未将诬盗和实盗视为可以并赃的同性质赃罪。

就后者而言,诬告盗罪反坐时,反坐的是该盗罪所对应的刑罚,而非拟制诬告者犯此盗罪,以致可与实犯盗罪并赃量刑。因此在 49 简里,虽然所诬和实犯都是盗罪,但不能直接按照盗罪原则合并量刑。本简设置的问答,固然是确认了"狱未断"阶段不能适用并赃处刑的一般赃罪处置方

---

① 何四维先生认为该简设定的是诬盗狱未断时又实犯窃盗的情形,参见 A. F. P. Hulsewé, *Remnants of Ch' in Law*, Leiden E. J. Brill, 1985, p. 132。不过简文有实盗"乃后觉"之语,提问又似以尚未确定罪刑为限,而不是提出如何修正既决判罚的疑问,似乎说明实盗发生在诬盗案发之前(诬盗未狱)。做如此解时,问答就是以诬盗和实盗均需予追究为前提,提问的是二者并赃处刑,还是先追究盗罪后追究诬人罪。解答是分别计赃。如此既排除了"未狱数罪以重论"原则的适用,又排除了一般窃盗并赃处刑的处置方式,以犯罪未发阶段的异质或同质数罪的处置原理来框套,均有未安之处。本书暂解为,后罪已狱而前罪发,仍以"狱未断"原理来处理。

② 解答也可能是按案发顺序先处置诬罪再处置实罪,因此与提问所举所有方案都不同。解答超出提问给定方案的情形确实存在于《法律答问》里,如 45 简载:"甲盗羊,乙智(知),即端告曰甲盗牛,问乙为诬人,且为告不审? 当为告盗驾(加)臧(赃)。"解答之"告盗加赃"既非"诬人"亦非"告不审",三者理据不同,刑罚各有参差。因此不能排除如下可能:49 简体现了"狱未断"时复数犯罪的某一处置理念,即当诬告为复数犯罪中之一罪时,不论诬罪与实罪何者先发、何者后犯,处置顺序都是先实罪、后诬罪。不过鉴于其他诸简都是实罪狱未断再有诬罪,不能比较验证此一可能性,姑且存疑。

案，似也明确了虽然诬盗、实盗的刑罚都是财产刑，但属异质犯罪，诬盗反坐时，仅反坐其各自刑罚而非“反坐其罪行”，即无法在罪状层面累并复数赃罪的赃值。

以49简和其他诸简为借鉴，“狱未断”理据可用于讨论50简的盗猪、盗羊的刑罚问题。此前学者多以秦汉畜产价格比对盗罪计赃等级，来推测盗羊和盗猪的刑罚，或反过来推测猪羊价格。如堀毅先生仅以睡简相关简文就计算出羊价大于等于二百二十钱小于三百三十钱，并推测猪价“接近”这一数字。① 如此盗羊和盗猪都将对应完城旦舂刑。《二年律令·盗律》55、56简明列盗罪计赃等级，更为诸家进行畜产价格和计赃及刑罚等级的换算提供了依据。不过对于盗窃牛、猪、羊等大型畜产的犯罪，以其价格来比对《盗律》计赃等级的做法有未安之处，盖因钱、金与畜产比价或非恒定，盗窃诸畜产的条文制定时与设置问答时的畜产价格或已不同，即令如堀毅先生般使用秦简内部信息去计算，也有风险；利用《史记》《九章算术》等汉代材料去推测秦律条文的物价基础，更难令人信服。更何况目前诸家大都认可盗窃大型畜产不是计赃量刑，而是直接规定确定刑罚，若再以畜产价格来论证《法律答问》50简盗猪、盗羊的刑罚，逻辑难通。

尤为重要的是，“狱未断”与上造爵位对刑罚的效果如何，尚需细究。或许有简化的思路是以实盗羊和诬盗猪合并论刑，之后再用上造身份来爵减或替换合并后的刑罚。但如果50简中上造爵位确乎对合并论断后的刑罚有优待，那么优待方式只能是以爵减除黥刑，才能得到解答给定的完城旦。但《秦律杂抄》5简、《为狱等状四种》“猩敞知盗分赃”案、张家山汉简《奏谳书》158简和《二年律令·具律》82简都证明上造有罪该当刑城旦舂刑的，优待替换为耐鬼薪白粲，而非减为完城旦舂。因此，《法律答问》50简不会是先行合并论刑、再以上造爵影响刑罚。进而言之，抽象讨论黥城旦、耐鬼薪或完城旦刑罚的合并执行，恐怕不符合秦律对罪数问题的解决思路；更何况就刑罚序列而言，耐鬼薪和完城旦本就无法相涵盖，合并论刑之说难以成立。因此本简完城旦的结果既不是对耐鬼薪和完城旦做合并斟酌的结果，上造爵位也不是在罪刑合计之后才适用的。

此外，有学者提出先使用上造爵位来影响盗羊刑罚，以此为基础再加罚诬告盗猪的刑罚的思路。宫宅洁先生提出：“此处这位爵位是‘上造’的甲被判处城旦刑，应是因为他盗羊和诬告他人盗猪罪二罪并罚的结果。‘盗一羊’罪该如何量刑取决于所盗羊的价值，如羊价值六百六十钱以

① 参见〔日〕堀毅：《秦汉法制史论考》，萧红燕等译，法律出版社1988年版，第288、290页。

上，应当判黥城旦。上造‘甲’的情况，可以用鬼薪白粲替代黥城旦，因此对他的科罚最高也就是鬼薪白粲刑。此外再加上诬告罪的科罚，就会加刑为完城旦。”①宫宅先生没有明确说明盗一猪的刑罚，但盗猪不太可能处以赀刑，诬告盗猪反坐时至少是耐罪；《二年律令·具律》120简载：“鬼薪白粲有耐罪到完城旦舂罪，黥以为城旦舂；其有赎罪以下，笞百。”若按宫宅先生之说，最终刑罚应为黥城旦而非《法律答问》50简规定的完城旦。此外，《法律答问》45简载：“甲盗羊，乙智（知），即端告曰甲盗牛，问乙为诬人，且为告不审？当为告盗驾（加）臧（赃）。”鉴于“加赃”一般被理解为刑罚发生改变且盗牛刑罚已是黥城旦舂，则盗羊刑罚不应是黥城旦。虽然宫宅先生之说有如此疑问，但他提出上造爵位的效果施加于盗羊的刑罚而非盗羊盗猪的合并刑罚，这应是正确的。

本书以为，对50简的理解不能脱离“狱未断”情境。若按前析“狱未断”诸简理据，舍弃以《盗律》计赃等级和畜产价格间接推断刑罚的思路，转而直接考虑50简刑罚的构成原理，则较稳妥。首先可大体判定，盗羊、盗猪亦应纳入窃盗罪的“赀刑—耐隶臣妾—完城旦舂—黥城旦舂”的刑罚序列。② 如此则可推测50简盗羊、盗猪的可能刑罚及最后结果。

按照前述理据，50简也是先行处置盗一羊之罪。上造爵位如对身份或身体刑罚有影响，且盗羊刑罚涉及身份或身体刑，那么其影响应发生在此一阶段，且上造爵位对刑罚的影响效力应当在判断盗一羊的刑罚后就已“消耗”，不复对盗猪刑罚产生作用；确定主体为何种“刑徒”身份（或优待为非“刑徒”身份）后，再以此新身份来判定诬告盗一猪的反坐刑罚。上造爵位的优待效果要么是以爵减刑，要么是替换为“耐鬼薪”刑。因不能确知50简问答制作时上造爵的刑罚优待效果，表8提出了对盗羊或盗猪处以财产刑之外刑罚的各种可能性。

表8　《法律答问》50简盗羊、盗猪刑罚与上造爵的关系

盗一羊刑罚	上造爵位效果	盗一猪刑罚	结果	是否符合本简
黥城旦	爵减：完城旦	耐隶臣以上	黥城旦	否
	替换：耐鬼薪			

① 〔日〕宫宅洁：《中国古代刑制史研究》，杨振红等译，广西师范大学出版社2016年版，第88页，注1。引文里有两处“白粲”。

② 《二年律令·盗律》55、56简仅是针对以赃计罪的一般窃盗，而不及于群盗等其他类型盗罪；盗窃大畜产的刑罚不同于55、56简刑罚类别的可能性不能完全排除，因此其对盗羊、盗猪犯罪的可适性尚有疑问。

续表

盗一羊刑罚	上造爵位效果	盗一猪刑罚	结果	是否符合本简
完城旦	爵减:耐隶臣 爵减/替换:耐鬼薪	黥城旦	黥城旦	否
	爵减:耐隶臣	完城旦	完城旦	是
	替换:耐鬼薪		黥城旦	否
	爵减:耐隶臣	耐隶臣	耐隶臣+系城旦六岁	否
	替换:耐鬼薪		黥城旦	否
耐隶臣	爵减:耐司寇 爵减:赀二甲 替换:无	黥城旦	黥城旦	否
		完城旦	完城旦	是
		耐隶臣	耐隶臣/耐隶臣+赀二甲	否

对表8可稍作延展。如前所述,上造爵用于刑罚减免替换在秦代已为定制。前引岳麓秦简《为狱等状四种》“猩敞知盗分赃”案和里耶秦简缀合简8-775+8-805+8-884+9-615+9-2302记有上造爵位得以易肉刑和城旦舂刑为耐为鬼薪白粲,因不能坐实其与50简设定时间孰先孰后,也就不能直接佐证50简的问题。单就50简所载信息而言,上造爵位的刑罚减免替换效用似有讨论空间:

其一,对完城旦舂刑罚,上造爵位是否有优待作用,其作用是爵减还是替换,尚不明确。除前引里耶秦简缀合简外,未见秦律(尤其是睡虎地秦简中)关于爵位对刑罚,特别是对完城旦舂和耐刑序列刑罚的影响的一般规定。50简中的上造爵位如果对完城旦舂刑有爵减作用且爵减是按《二年律令·告律》减等排序般减一等,则盗一羊的规定刑罚如果是完城旦舂,上造就应当爵减一等为耐为隶臣,而盗一猪应当在耐罪以上,最终刑罚将是系城旦六岁复为隶臣或完城旦或黥城旦。如果上造爵位对完城旦刑有替换为耐鬼薪的优待作用,结果将是黥城旦。上造爵位如果对完城旦舂刑有爵减二等的作用,则盗一羊的规定刑罚如果是完城旦舂,盗一猪的刑罚应为完城旦舂。这将意味着《法律答问》50简问答设置之时还不存在类似惠帝即位诏和《二年律令·具律》82简对上造犯罪当完城旦者优待替换为耐鬼薪的规定。上造爵位如果对完城旦舂刑罚无优待,则若盗一羊应处完城旦,诬人盗猪反坐完城旦,结果应为黥城旦。综上,只有在上造爵位对完城旦舂刑罚有爵减优待时,盗一羊刑罚才会是完城旦舂。

其二,对耐刑刑罚,上造爵位是否有优待作用,其作用是爵减还是替换,也不清楚。前引里耶秦简缀合简言"当耐罪,各以其耐致,耐之",则上造以上爵对耐刑没有影响。《法律答问》中爵位对刑罚的影响集中于肉刑和城旦舂刑序列内,但尚不能完全确定其对耐刑序列没有影响:首先,据《汉旧仪》:"秦制二十爵,男子赐爵一级以上,有罪以减。"①其未限定爵减适用范围。论者常认为这是卫宏以汉制伪托于秦,但即令如此,也不能说明秦爵不能用于耐刑序列的减刑。其次,《奏谳书》72、73 简所见高祖七年(前 200 年)案例文书引当时律、令:"律:盗臧(赃)直(值)过六百六十钱,黥为城旦;令:吏盗,当刑者刑,毋得以爵减、免、赎。"②所引者是对以爵减、免肉刑的例外规定,不能反推出爵位对耐刑序列的影响,但其表述与其后出现的《二年律令·具律》82、83 简关于上造和公士爵位的刑罚替换和减等规定有差异,似乎暗示出《具律》条文制定之前,爵位对"当刑者"的影响并非仅表现为替换或减等,若然,爵位亦可能用于耐刑减等。最后,《二年律令·贼律》38 简载:"贼杀伤父母……其妻子为收者,皆锢,令毋得以爵偿免、除及赎。"③其强调侵犯父母的犯罪者的妻、子被收后,其收人(隶臣妾)身份固化,不能以爵位来免其收人身份为司寇或庶人,由此可反推出一般收人可以用爵位免为司寇或庶人;而收人身份与隶臣妾的法律效果基本相同。虽然收人或隶臣妾被免为庶人通常是他人以其爵位换取的结果,但爵位用于免除自身耐刑的可能性不能排除。

本书倾向于认为,爵位优待效果不能及于耐刑序列。前引"葆子狱未断"条有"有收当耐未断……勿刑,行其耐""当耐为鬼薪未断……勿刑,行其耐"。鉴于二者最终处置都是"行其耐",说明耐刑被追究;而后者"当耐为鬼薪"应是实罪刑罚因葆子身份得以替换优待的结果,则前者"有收当耐"说明葆子当收或当处耐刑的,④葆子身份并未对实罪刑罚产生优待替换的作用,亦即葆子身份特权不对耐刑序列起作用。在刑罚优待方面,上造爵位应该低于或至多相当于葆子身份,因此上造爵位对耐刑序列应该也不具备优待作用。若然,上造盗一羊就与常人无异,应耐为隶臣,反坐的盗猪刑罚就应是完城旦,亦即盗一猪应处完城旦舂刑。退一步说,如上造爵

---

① (清)孙星衍等辑,周天游点校:《汉官六种》,中华书局 1990 年版,第 85 页。

② 张家山二四七号汉墓竹简整理小组编著:《张家山汉墓竹简[二四七号墓]》(释文修订本),文物出版社 2006 年版,第 98 页。

③ 张家山二四七号汉墓竹简整理小组编著:《张家山汉墓竹简[二四七号墓]》(释文修订本),文物出版社 2006 年版,第 14 页。

④ "葆子有收当耐"之"耐"应当包括耐隶臣,但不排除包括耐鬼薪。如是耐隶臣,说明葆子身份未对耐隶臣刑罚起到优待作用;如是耐鬼薪,应当是对刑城旦(不排除完城旦)的优待替换,也无法证明葆子身份对耐隶臣起作用。

位可用以减耐隶臣之罪，爵减效果可能是耐司寇或赀二甲的财产刑，①但无论耐隶臣刑罚是不能爵减还是爵减为耐司寇抑或庶人，再犯黥城旦或耐隶臣之罪时，结果只能是黥城旦或耐隶臣或耐隶臣加系城旦六岁，都不是《法律答问》50 简的完城旦。因此若盗一羊刑罚是耐隶臣妾，盗一猪刑罚只可能是完城旦舂。

综上，盗一羊刑罚为耐隶臣妾，盗一猪刑罚为完城旦舂。对盗一羊应处耐隶臣妾的推测，《法律答问》46 简或可为侧证：

> 甲盗羊，乙智（知）盗羊，而不智（知）其羊数，即告吏曰盗三羊，问乙可（何）论？为告盗驾（加）臧（赃）。②

从《法律答问》40、41 简和 45 简的不同处理来看，“告盗加赃”应指诬加盗赃致使刑罚发生改变；既然从“盗羊”到“盗三羊”被看作“告盗加赃”，则盗一羊和盗三羊应有不同刑罚，且量刑标准应是某一固定数额；而在确定此数额时，解答者最有可能选择盗罪赃值等级的上下限值即六百六十、二百二十、一百一十钱这三个数额（而非任何其他数额）中的一个。若以《二年律令·盗律》55、56 简的计赃等级为参考，考虑到“过”“不盈”“到”在表示数值范围时的区别，在六百六十、二百二十和一百一十钱这三个数额里，只有一羊比照一百一十钱时，盗三羊才构成导致刑罚改变的“加赃”，即三羊超过二百二十钱，刑罚从耐隶臣妾升至完城旦舂。③ 如此，盗一羊刑罚就是耐隶臣妾。④

此外，从 50 简可见，隶臣妾（收人，实际上还包括司寇乃至庶人）犯有

---

① 《二年律令·告律》127～130 简规定耐隶臣减一等为耐司寇，假如“盗一羊”应处耐隶臣，上造爵位得以减刑时，应减为耐司寇。但如按前引唐律般“二死三流各同为一减”规定，减等跨越刑罚序列，则耐隶臣亦可爵减为财产刑；前引《法律答问》8 简就分别提出了耐隶臣妾减等为耐司寇和减等为财产刑的两种意见，且据 28、29 简，告盗加赃十钱至一百一十钱（应处耐隶臣妾）的，廷行事以不审论减罪一等为赀二甲，可见在盗罪减罪一等的语境下，耐隶臣减一等直接为赀二甲。盗罪减等问题，详见第四章。

② 睡虎地秦墓竹简整理小组编：《睡虎地秦墓竹简》，文物出版社 1990 年版，第 104 页。

③ 若定一羊为二百二十钱，三羊为六百六十钱，尚非“过六百六十钱”，盗三羊与盗一羊同处完城旦舂。

④ 《法律答问》46 简以羊数设问、以“告盗加赃”作答的缘由，恐怕与 45 简诬告盗羊者为盗牛被认定为“告盗加赃”的情形一样，其前提是盗窃单数羊、猪、牛、马等大牲畜已有固定刑罚，当盗窃单数羊、猪的刑罚达不到黥城旦舂这一最高刑时，盗窃复数或不同种类大牲畜应如何量刑就将有疑问；进而在诬告或告他人盗窃复数乃至不同种类牲畜而不审时，是否构成以盗赃值为据的一般盗罪下的“告盗加赃”，也成疑问。看来解答者是以一般盗罪赃值等级中的一百一十钱对应了盗一羊刑罚，以解决盗窃复数羊案件的“告盗加赃”问题。

应处完/黥城旦舂之罪的，直接处以各该当完/黥城旦舂之刑即可。《二年律令·具律》只有隶臣妾、收人重复犯耐罪最终被判处完城旦舂的规定，未见司寇、隶臣妾直接犯完/黥城旦舂罪的规定；《法律答问》117、118 简和 119、120 简也是各自在耐刑序列和城旦舂刑序列里讨论前后罪的处置问题，而不涉及前后罪跨越耐刑和城旦舂刑的情形。其原因前文已揭，即对于庶人、司寇、隶臣妾而言，完/黥城旦舂刑皆可直接适用。50 简如此处断，不言自明，殆无疑义。

综上，50 简回答的意见是“完为城旦”，其既非鬼薪犯耐的结果（黥为城旦），亦非隶臣犯耐的结果（系城旦六岁复为隶臣），说明上造爵位对盗羊前罪和盗猪后罪都未产生影响。故而，盗羊罪为耐为隶臣妾，盗猪罪为完为城旦舂，上造爵位对耐罪无影响，据前述“狱未断”逻辑，先针对其盗羊前罪拟定其为耐为隶臣，再论断其盗猪罪刑罚，最后确定其刑罚为完为城旦。① 50 简设置的疑问点恐怕是，若不考虑主体身份，盗羊和诬告盗猪二罪刑罚叠加本为完为城旦舂，主体有上造爵的，是否可用于替换掉叠加而来的完为城旦，优待为耐为鬼薪。其提问的设置背景是，其时上造以上爵位（实则也应包括公士爵）对耐罪无特别影响，但上造以上爵可替换肉刑和城旦舂刑为耐为鬼薪白粲，因此 50 简才会特地设置“上造”爵；其回答则暗示了替换刑适用于前罪之刑罚的前提。

二、117 简（后）：反坐刑罚的修正替换

通过“反坐”参引刑罚时因被参引者因素而需对被参引刑罚作出修正的现象常见于后世律，如前引唐律处理“反坐”“罪之”“坐之”“与同罪”等刑罚参引时，多有修正规定，至为显明；以其为例去观察秦及汉初律令，可发现秦汉法律中这类刑罚参引修正现象亦多见，下析《二年律令·具律》121、107～109 简对特定行为或法律关系导致特定身份人被处肉刑而需反坐时，肉刑替换为耐刑的修正规定，即为典型；②《二年律令·具律》87 简“与某罪同法”或“与同罪”之“所与同”者为鬼薪白粲时修正为完城旦舂的

① 其他意见亦可参见中国政法大学中国法制史基础史料研读会：《睡虎地秦简法律文书集释（七）：〈法律答问〉1～60 简》，中国政法大学法律古籍整理研究所编：《中国古代法律文献研究》第 12 辑，社会科学文献出版社 2018 年版，第 107 页。

② 当然二者的修正方向正相反——《法律答问》117 简后句是修轻为重，《二年律令·具律》121 简以下是修重为轻。

规定①亦为其例。汉唐律上刑罚参引修正现象可推之于秦,《法律答问》117简后句的逻辑与汉唐诸例相同,该简是在作为特别刑名的“耐为候”,经反坐或通过“与同罪”“与同法”表述参引此刑时,将其修正还原为常规刑罚序列里的“耐为司寇”刑名。

本书此说需予论证,盖因对《法律答问》117简的解读不限该简本身,需要充分考虑117~120简简序和写法特点,调整简序会影响对相应简文整体和个别词语,乃至标识符号的理解。117和118简,119和120简简序即为其例。

《法律答问》117、118简载:

> 当耐司寇而以耐隶臣诬人,可(何)论?当耐为隶臣。■当耐为侯(候)罪诬人,可(何)论?当耐为司寇。(117简)
>
> 当耐为隶臣,以司寇诬人,可(何)论?当耐为隶臣,有(又)毄(系)城旦六岁。(118简)②

117简前部和118简设置的个案情景都是某人本犯有甲罪,狱未断时又诬告他人乙罪,作答部分给出甲乙二罪的刑罚叠加方式。若不考虑117简后部简文,二简是对本罪与诬告之罪互换了“耐隶臣”“耐司寇”,这二者也是耐刑常见形态;若果如此,则二简简序关涉不大,整理小组目前的排序方案本也可接受。

《法律答问》117简有两个问答,以墨块区隔。前一问答理据前已解讫。对后一问答“当耐为侯(候)罪诬人,可(何)论?当耐为司寇”的理解则有疑。诸家多认为117简墨块后部条文承接前条的二罪叠加问题;但117简后部只有“耐为候罪”,最容易的解释就是本简后部有脱文。至于“耐为候罪”究竟是实罪还是诬罪,脱文内容为何,诸说不一。如整理小组

---

① 《二年律令·具律》87简载:“☐所与同鬼薪白粲也,完以为城旦舂。”本简上段残缺,可容7~10字左右。“所与同”应与107、108简用例相同,彭浩先生据此推测,87简可复原为“【诸律令中曰与同法、同罪,其】所与同鬼薪白粲也,完以为城旦舂。”参见彭浩:《谈〈二年律令〉中“鬼薪白粲”加罪的两条律文》,陈伟主编:《简帛》第2辑,上海古籍出版社2007年版,第434页。336号墓《汉律十六章·具律》126简有“诸律令中曰与同罪、同法,其所与同鬼薪白粲也,完以为城旦舂”。释文参见彭浩主编,荆州博物馆编:《张家山汉墓竹简[三三六号墓]》(上册),文物出版社2022年版,第181页。此条是在说明,在鬼薪白粲作为腐刑和城旦舂刑的替换刑的前提下,适用基准条文产生耐鬼薪白粲刑罚的,参引时需复原为常规的完城旦舂刑。

② 睡虎地秦墓竹简整理小组编:《睡虎地秦墓竹简》,文物出版社1990年版,第121页。

主张"'候'字下当有脱文",①何四维先生认为"('候'字下)简文应包含'当耐为司寇'数字",②藤井律之先生认为"大概是重文符号脱落了,笔者推测或许应理解为'当耐=为=候=罪诬人——相当于耐候者以耐候之罪诬告了他人'"。③

在文义层面,主张117简后句有脱文或脱重文符的观点其实是认为117简后句如前句一样,也是讨论实罪"狱未断"又犯诬告罪之例。④ 若表达为"狱未断之实罪刑罚+诬告之刑罚=解答给定刑罚"的格式,依据目前出现的刑名,大概可补出三种可能的刑罚给定解释:(1)"耐司寇+耐为候=耐司寇";(2)"耐为候+耐司寇=耐司寇";(3)"耐为候+耐为候=耐司寇"。对于第一种理解,设若司寇诬告有特定职使之吏民犯有耐为候之罪,此一诬告罪必将受惩罚,不会一仍其旧;推及司寇身份未落实的"狱未断"阶段的诬告罪,对其也应予以追究,其最终刑罚不会仍是实罪的耐司寇刑罚。因此第一种理解似难成立。

在文字用法层面,三种方案补出脱文后"当"和"罪"字均显突兀,补脱重文符的第三种方案下,"以"字难以妥帖补出。可注意者,该句"当耐为候罪诬人"和117简(前)以及49、50、118、119、120简对诬告罪部分的描述都不同,却和"葆子狱未断"诸简中"(以)当刑隶臣罪诬告人""诬告人,其罪当刑城旦""诬告人,其罪当刑鬼薪"等相同;而葆子诸条这些对诬告罪的描述均强调了应然刑罚未能实际执行。117简(后)可能亦如此。

同时"耐为候"颇具特殊性。如第二章所述,目前"耐为候"刑名仅见于秦简牍,适用于未正当履行职使的犯罪,如《秦律杂抄》4简涉及"除吏律",6简涉及"除弟子律",岳麓秦简《为狱等状四种》"癸琐相移谋购"案是校长、戍卒追捕罪犯,里耶秦简9-2287简是士伍从军"击反寇"时获罪;且是较轻刑罚。故而可以说,目前所见"耐为候"与未正当履行职使有关,轻于或相当于耐为司寇。

若上述推测成立,《法律答问》117简后句"当耐为候罪"作为整体就与葆子诸简"当某刑罪"结构和原理一样了,亦即"当耐为候罪"意味着所诬告的本是"应当/符合/配得上耐为候之刑罚"的犯罪,但此类犯罪主体或

---

① 睡虎地秦墓竹简整理小组编:《睡虎地秦墓竹简》,文物出版社1990年版,第121页。

② A. F. P. Hulsewé, *Remnants of Ch'in Law*, Leiden E. J. Brill, 1985, p. 154.

③ 〔日〕藤井律之:《罪之"加减"与两性差别》,李力译,卜宪群、杨振红主编:《简帛研究 二〇〇九》,广西师范大学出版社2011年版,第337页。

④ 诸家之说,可参见中国政法大学中国法制史基础史料研读会:《睡虎地秦简法律文书集释(九):〈法律答问〉111~135简》,中国政法大学法律古籍整理研究所编:《中国古代法律文献研究》第14辑,社会科学文献出版社2020年版,第32~34页。

事项特殊,反坐时不能直接反坐"耐为候"之刑,需予变通执行。不过,葆子诸简里"某刑"不能执行的原因是葆子身份回避肉刑和城旦身份,而117简后句,不论前部是"当耐为候"还是"当耐为司寇",其未来"刑徒"身份都不足以导致"耐为候"的修正;修正只可能是基于诬告反坐。① 进而言之,"耐为候"只能修正为耐刑序列里的耐司寇或耐隶臣;从解答"耐为司寇"的结果看,修正刑只能是耐司寇。当修正刑是耐司寇时,前部只可能是耐为候(如果存在任何可能的话)。由此,第三种方案下,不用脱重文符,直接补为"当耐为候(,以当耐为候)罪诬人,何论?当耐为司寇",有一定合理性。但如此理解的前提是"耐为候"轻于"耐司寇",而这尚无法确证。

笔者曾提出,117简后部先以墨块隔开,简文又说以"耐为候"罪诬告他人时,诬告者不是直接反坐耐为候,而是耐司寇,可见这句与前句不同。从诬告反坐的修正执行角度来看,117简后句可能未脱文或重文符;该句讨论的不是"狱未断"疑问,而是单纯的诬告反坐刑罚修正规定。② 该句可理解为:"(一般主体以)当耐为侯(候)罪诬人,可(何)论?当耐为司寇。"也就是说该句乃是单纯讨论诬告"耐为候"反坐时的刑罚修正方式。"耐为候"系针对特别主体、特定犯罪的轻刑,不是常规刑罚;以"耐为候"之罪诬告他人的,诬告者在反坐时需修正为耐刑序列里作为常态存在的耐为司寇。③ 这种理解既可以解释该句与49简、50简、117简前句、118简、119简、120简的表述差异,又可以解释117简以墨块区隔前后二句的用意。

此说的一个隐含前提是诸简排序需予调整。简序是理解117简后句的重要线索。《法律答问》117简(前)到120简诸简所举实罪和诬罪的类型已经涵盖了耐刑和城旦舂刑序列内的四种常规刑罚,形式上均是单简独立书写一种情形。按目前117简在前、118简在后的排序,就是在讨论犯有实罪又犯诬告罪的两种情形之间插入了单一诬告之罪的问答。《法律答问》中以符号隔断前后两条问答的简例不少,符号前后简文没有顺承关系

---

① 身份不同会导致刑罚适用差异,诬告反坐时,因诬告者和被诬者身份不同,反坐的刑罚经常需做修正,如被诬者因其特别身份(尤其是"官身")享有的"优待",有时并不能原样施加于诬告者之身。

② 参见张传玺:《睡虎地秦简〈法律答问〉"狱未断"诸条再释——兼论秦及汉初刑罚体系构造》,中国政法大学法律古籍整理研究所编:《中国古代法律文献研究》第12辑,社会科学文献出版社2018年版,第145~148页。

③ "耐为候"刑名仅见于秦律,不见于张家山汉简《具律》《告律》等对耐刑刑种做出列举的简文,可能是在此前已经取消了"耐为候"刑名,其所规制的犯罪应匹配其他常规耐刑刑名。若然,同样暗示着"耐为候"并非秦律常规刑名,诬告此刑罚反坐时需修正为常规耐刑。

的多见,因此从书写角度观之,前述理解不甚合理。如果117简后句也涉及实罪和诬罪,则无论如何补文,都将既失于对“耐为候”“耐为司寇”“耐为隶臣”另外三种实罪/诬罪组合的罗列,①又不应仅以墨块隔开117简前句而不另简书写。因此,若将117简(后)也视作对实罪狱未断又犯诬罪的处理,就与117简(前)到120简诸简体例不合。

将118简置前,117简置后,这一问题就不复存在了。如此连排时,《法律答问》制作者是以118简单简书写了实犯耐为隶臣之罪,狱未断时诬告他人耐为司寇罪的刑罚叠加原理;117简前部承接118简问答,提出实犯耐为司寇之罪,狱未断时诬告他人耐为隶臣罪的刑罚叠加原理,之后涂画墨块,提出诬告耐为候之罪时对反坐刑罚予以修正的原理。因此,117简后部以墨块阻隔了前二简对实罪与诬罪的讨论,提出单纯的诬告反坐疑问,从撰写形式上看也更说得通。因此简序可调整为118+117简。

进而言之,《法律答问》119、120简简序亦应调整:

> 完城旦,以黥城旦诬人,可(何)论?当黥。■甲贼伤人,吏论以为斗伤人,吏当论不当?当谇。(119简)
>
> 当黥城旦而以完城旦诬人,可(何)论?当黥劓(劓)。(120简)②

120简实罪为“黥城旦”,重于119简“完城旦”;119简前部问答是在解释犯有实罪又犯诬罪的情形,后部亦以墨块引导出治狱定罪有误的情形,③120简则只讨论犯有实罪又犯诬罪的情形;二简都未满字,简文完结后皆留空。这些写法特点与117、118简相同,可依例调换简序。120、119简重排还可以解释119简“完城旦”前无“当”字的疑问,即120简在前,在描述所犯实罪的该当刑罚时已使用了“当黥城旦”写法,119简在后,在相同位置就省略“当”字。如此理解较目前119+120简的排序更可取。

此外,《法律答问》制作者以各简前部实犯之罪刑罚由重及轻编排简序的可能性较大,117~120简现简序也可整体调整,重排简序为120+119+

---

① 记有另三种组合的简已残损湮灭或根本未入墓葬的可能性当然存在,但应当较低。《法律答问》简册似无缺简。

② 睡虎地秦墓竹简整理小组编:《睡虎地秦墓竹简》,文物出版社1990年版,第121~122页。《法律答问》119简“甲贼伤人”前亦有墨块,整理者原释文未体现,现予补出。

③ 对119简墨块后简文的诸家理解,可参见中国政法大学中国法制史基础史料研读会:《睡虎地秦简法律文书集释(九):〈法律答问〉111~135简》,中国政法大学法律古籍整理研究所编:《中国古代法律文献研究》第14辑,社会科学文献出版社2020年版,第35页,集释【2】按语。

118+117 简。[①] 不过 119 简后部问答可能是前四简内容的逻辑承袭，应排在四简最后，对此需稍作申说：

据《法律答问》44、79～84、86 简，[②]《二年律令·贼律》25、27～28 简等，[③]秦及汉初“贼伤人”与“斗伤人”刑罚不同，“贼伤人”刑罚统为黥为城旦舂，“斗伤人”刑罚则依情节在完为城旦舂到耐之间，可见凡是伤人，刑罚都在耐以上。据《二年律令·具律》93～98 简，对论断错误导致刑罚有出入的官吏，所涉刑罚在耐刑以上的，需区分主观意图上的“故（‘知而犯之’，故意论断出入人罪）”与“失（‘意以为然’，自认为论断无误）”，对“故”者是参引论断有误的刑罚，处以黥城旦、完城旦、耐之等反坐性质的刑罚，对“失”者处以对应的赎黥、赎城旦、赎耐的财产刑制裁。[④] 在《法律答问》119 简后部情境中，若论断错误出于“故”，其实构成以刑罚出入为目的的论狱不直罪，大概应比照鞫狱不直罪，“以其罪论之”，即以“贼伤人”与“斗伤人”二罪中刑罚重者，论治狱吏为黥城旦。但 119 简言吏“当谇”，即言其未被“论”（追究刑责），“谇”亦非刑罚。可见本简应如字面意思所示，仅是“斗伤人”罪名认定之误，最终判罚的应是该当刑罚，未出现刑罚参差。判罚无误的场景可能是，虽然罪名认定为“斗伤人”但直接处以“贼伤人”之黥为城旦刑；或者更可能的是，因附加特定事实而使“斗伤人”刑罚与“贼伤人”相同，如 119 简中甲有上造以上爵位时，则在“以釰及金铁锐锤椎伤人”时，不论其为“斗”（完城旦）还是“贼”（黥城旦），其规定刑都要替换为耐鬼薪。此时对治狱之吏而言，其错误仅是罪名认定有误而刑罚不异；刑罚不异则非“出入人罪”，“谇”之可也。[⑤] 与此相对的是，治狱者自以为然、实则错误认定事实导致刑罚出入的，构成《二年律令·具律》

---

① 中国政法大学中国法制史基础史料研读会曾提出这种可能性。特志于此。

② 《法律答问》44、79～84、86 简释文分别见睡虎地秦墓竹简整理小组编：《睡虎地秦墓竹简》，文物出版社 1990 年版，第 103、112～113 页。

③ 《二年律令·贼律》25、27～28 简释文分别见张家山二四七号汉墓竹简整理小组编著：《张家山汉墓竹简［二四七号墓］》（释文修订本），文物出版社 2006 年版，第 12 页。

④ 释文见张家山二四七号汉墓竹简整理小组编著：《张家山汉墓竹简［二四七号墓］》（释文修订本），文物出版社 2006 年版，第 22 页。

⑤ 对于罪名认定错误但最终判处刑罚无误的情形，唐律《断狱》“官司出入人罪”条规定有“虽有出入，于决罚不异者，勿论”，可为参考。唐律律文见（唐）长孙无忌等撰，刘俊文点校：《唐律疏议》，中华书局 1983 年版，第 565 页。

94、95简的“鞫狱失不审”，黥刑有出入的，当赎黥而非谇。①

简言之，鞫狱“故纵/不直”或“失不审”时，治狱者刑罚需参引错判刑罚，但《法律答问》119简后部设定的情境为治狱者罪名认定有误而刑罚不异，特此说明不适用刑罚参引。“贼/斗伤人”罪名之误涵盖了黥为城旦春、完为城旦春及耐刑，正是117~120简所涉全部刑罚序列。因此119简后部更可能是作为此四简的最后部分。综上，此四简简序可调整为：

1. 当耐为隶臣，以司寇诬人，可(何)论？当耐为隶臣，有(又)毄(系)城旦六岁。(118简)

2. 当耐司寇而以耐隶臣诬人，可(何)论？当耐为隶臣。■当耐为侯(候)罪诬人，可(何)论？当耐为司寇。(117简)

3. 当黥城旦而以完城旦诬人，可(何)论？当黥劓(劓)。(120简)

4. 完城旦，以黥城旦诬人，可(何)论？当黥。■甲贼伤人，吏论以为斗伤人，吏当论不当？当谇。(119简)

对于117~120简重排方案，从形式到内容，从特定简文理解到连排简的整体意义，可作延伸思考：

首先，从书写形态看，118、120简各是完整问答，文义终结后留空未书。分别接续二简的117、119简从简首独立书写，但简文内容与前简形成对照。

其次，从单简内特定简文理解看，调整排序对简文理解有实质影响。如按现有简序，117简墨块前简文和118简简文都涉及“本罪狱未断又犯诬罪”的二罪处置疑问，117简墨块后简文杂在其间，令人认为墨块后文字亦应是二罪叠加之例。进而，墨块前“当耐为司寇”是否亦为墨块后简文的前提，“当耐为候”究竟是本罪还是诬罪的刑罚？对这两个问题的不同认识又将导致对“耐为司寇”与“耐为候”或“耐为候”与“耐为候”两种刑罚叠加方式的效果有不同认识。如将117简排在118简后，墨块及之后的简文就与118简和117简前部简文无关，仅是单纯的诬告反坐规定的替换

① 秦“鞫狱失不审”之例可见里耶秦简缀合简8-1832+8-1418+8-1132+8-1107，是讯问治狱吏敬鞫狱纵弗论留等赎耐之罪的记录，敬等辩称其为“鞫狱弗能审，误不当律，非故纵弗论”。复原方案据何有祖：《里耶秦简牍缀合(八则)》，武汉大学简帛研究中心2013年5月17日，http://www.bsm.org.cn/?qinjian/6033.html。陶安先生认为该文书不是“鞫书”，而是狱史讯狱的记录。参见陶安あんど「『鞫書』と『鞫状』に関する覚書」，東京外國語大學亞非語言研究所「中國古代簡牘の横斷領域的研究」研究會2014年3月24日，http://www.aa.tufs.ac.jp/users/Ejina/note/note07(Hafner).html。

落实之例。前文第一章已提及，119简简首“完城旦”字面上是指“刑徒”身份，则本条是秦代对城旦刑徒诬告人的处置，但汉初“城旦”刑徒本无告发权利，也就谈不上“诬人”。作如是解时，秦、汉初城旦“刑徒”在告发权利上似乎有差异。整理小组语译119简主体为“应判处完城旦的人”，否认主体是既决“刑徒”，似乎将主体补为“当完城旦”。这大概是依117、118简简首“当耐司寇”“当耐为隶臣”语例判断而来。但120简简首又有“当”字，何以未省略，此略显怪异。如将119简连排于120简后，简首承袭而省略“当”字的认识更为合理，也就排除了119简设定的是已受刑之完城旦诬告人的情境的可能性。

最后，从连排简前后文义承接与递进逻辑看，有时前后简文呼应，体现相同的设问宗旨。117~120简可在实罪与诬罪所分别对应的城旦刑和耐刑序列内，先重后轻、两两重排，第一个逻辑层次是分为城旦刑序列（120、119简）、耐刑序列（118、117简）两组，每组内分别处理实罪狱未断又犯诬罪时的二罪叠加处置疑问，和本序列内涉及刑罚参引修正的疑问；第二个逻辑层次是在两组内，先解决二罪叠加疑问，之后分别引出不涉及二罪叠加的反坐修正疑问。其中117简涉及耐刑序列内“耐为候”的诬告反坐修正疑问，119简涉及罪名而非刑罚认定错误如何处置（是否参引错判之刑罚）的疑问，涵盖了前四简所涉的耐刑与城旦刑序列，说明了不适用刑罚参引修正的例外情形。

第三节　替换刑系统的延展

替换刑系统是因犯罪主体在身份、身体、役使和家庭财产状态等方面具有法定条件，而对其规定刑不予执行，以其他刑罚形式替换执行。实际发生的罪案往往伴随出现其他事实因素，如犯罪后先自告、刑罚参引其他法条罚则时存在不能直接适用的条件等，这些因素将导致刑罚加减或修正适用方式；本章第二节所析《法律答问》50简的爵位替换修正刑罚和117简的反坐替换修正刑罚即为其例。这些与替换刑系统运行有关的问题值得稍作讨论。

一、刑罚替换与加减的适用顺序

当特定罪案同时具备刑罚加减和替换条件时，适用时何者在先、何者在后对最终刑罚的确定有实质影响，适用顺序问题会成为秦汉时人的疑问，也是今人理解相关材料的一个关键所在。这一点在前文讨论葆子和臣邦君长、君公的刑罚替换优待时已有触及——规定刑序列中的“刑”一般专指黥之肉刑,但在秦法上有两种情形会突破黥刑限定:一种是特殊身份者的二罪刑罚叠加状态,另一种是若干特定犯罪(如群盗罪和强奸罪等)被单独给定斩止和腐之特殊肉刑。葆子和臣邦君长、君公对这两种例外情形均有不同于替换刑常制的适用规定,会涉及替换次序问题:

本章第一节已提及,葆子以上有将黥刑替换为“耐为鬼薪”的优待。据《法律答问》109~112简,当出现“葆子有罪狱未断又诬人,当刑罪以上”的二罪叠加情形时,未断之前罪需先以葆子身份优待替换,主要是耐刑内的耐鬼薪和耐隶臣。此后对诬告之罪刑适用反坐时,前罪为耐隶臣者,又将后罪反坐之肉刑替换为系城旦六岁(109简前+108简后),前罪为耐鬼薪者,又将后罪反坐之肉刑替换为“鋈足”(109简后+110简)。实际上葆子在前罪享受替换优待后,叠加后罪时又享受替换,实即对前后二罪两次替换刑罚。这不同于50、117~120简等,“上造”“刑徒”等其他主体“狱未断犯新罪”时刑罚替换只适用于前罪。

臣邦君长、君公享有进一步优待,113~114简“赎鬼薪鋈足”“赎宫”即为例证。群盗罪规定刑本为斩左止城旦,照109~112简葆子替换为“耐为鬼薪鋈足”之例,之后臣邦君长、君公再赎此替换刑。因此“赎鬼薪鋈足”亦为两次替换的结果,但是一罪两次替换刑罚。这类特殊赎刑的存在在律令层面有所体现,前引《秦律十八种·司空》135简有“赎刑以上到赎死”,即如陶安先生所言,“以上”是考虑到这类特殊赎刑而对“赎刑”这种总括性说法的补充。这类替换刑的适用不同于爵位替换的常制。

简言之,葆子以上包括臣邦君长、君公等特殊身份人犯罪的,刑罚替换形式独立于以爵替换刑罚之制,葆子身体上得免肉刑,身份/役使上得免为城旦,但仍需领受耐之身体刑和鬼薪之身份贬抑;臣邦君长、君公得免任何身体刑和身份贬抑,赀、赎财产刑直接执行,耐罪以上令赎。与秦统一前的政治与法制情势相适应,这类人的刑罚替换形式和顺序逻辑不同于上造爵,较为特殊。何况《法律答问》所见葆子和臣邦君长、君公刑罚替换事例中,多是针对“狱未断诬人”而未断之罪和所诬之罪有不常见因素的“极端”情形,或依照“有罪令赎”规定而出现的“赎鬼薪鋈足”“赎宫”的“罕见”刑名,临事制法的意味浓厚。今人恐怕无法直接利用这类材料去推测其时的爵制和律令常制。而关于秦律令中爵位优待替换刑罚的常制,材料零散但有迹可循。前引里耶秦简缀合简对于上造以上爵对耐刑、赎刑序列的替换规定应即秦律律文,内容较固定,可能得到过修订、增添“当城旦舂”字样,被汉初诏令律文所承袭。这说明在爵制已成为战国秦和秦帝国根本制度的前提下,替换刑系统中的优待替换一类已附着于爵制,爵位优待替换刑罚已是常制而存在于秦律中。这类常制值得首先关注。

特定罪案兼具刑罚加减和替换条件时的修正顺序问题较复杂。主体有爵、犯罪又有加罪情节时,循先加罪后爵减顺序,有汉代之例可为侧证;①但时代差异可能会导致制度变迁,今人需通过《法律答问》、治狱文书和律令文本去了解秦及汉初常制之下刑罚替换的顺序。

其一,刑罚替换与复数刑罚叠加的适用顺序问题,可从《法律答问》50简切入。50简记有:"上造甲盗一羊,狱未断,诬人曰盗一猪,论可(何)殹(也)?当完城旦。"本章第二节已析,回答意见中的"完为城旦"既非鬼薪犯耐的结果即黥为城旦,亦非隶臣犯耐的结果即系城旦六岁复为隶臣,说明上造爵位对盗羊前罪和盗猪后罪都未产生影响。因此盗羊罪规定刑可能为耐为隶臣妾,盗猪罪规定刑可能为完为城旦舂,上造爵如里耶秦简缀合简所示,对耐罪无功用("各以其耐致耐之")。据"前罪狱未断有新罪"的刑罚叠加逻辑,先针对其盗羊前罪拟定刑罚为耐为隶臣,此时随着罪刑确认,上造爵被削除,身份被拟制为隶臣;在隶臣身份基础上论断其盗猪罪刑罚,最后确定其刑罚为完为城旦。50简问答设置的疑问点恐怕是:若先按前有盗羊罪和后有诬告盗猪罪二罪的规定刑进行刑罚叠加,本为完为城旦舂,主体是隶臣妾、司寇、候、无爵庶人和士伍乃至一级爵公士的,②对此完为城旦舂刑皆无影响;而主体有上造爵的,若爵位只能用于未断之前罪,对前罪为耐罪的又无任何功用,则与前述自隶臣妾至公士的刑罚完全无别,恐失于上造爵优待之义,有刑罚畸重之虞。疑问因而落在,上造爵是否可用于前后两罪规定刑叠加后的完为城旦刑,将其优待替换为耐为鬼薪。其回答则暗示出,上造爵严格按照"狱未断"理据,爵位的刑罚替换优待适用于未断之前罪,不及后罪。

其二,刑罚替换与减罪一等的次序问题,可从前引《法律答问》8简切入。该简记有:"司寇盗百一十钱,先自告,可(何)论?当耐为隶臣,或曰

---

① 如2013年发掘的湖南益阳兔子山遗址三号井木牍J3⑤:1(背)所载西汉末"张勋主守盗"案中,张勋有爵不更,又有"主守盗"之加罪情节,其判决结果是"数罪以重爵减,髡钳勋为城旦",可见以爵减刑发生在主守盗的加罪之后。牍文参见湖南省文物考古研究所:《二十年风云激荡 两千年沉寂后显真容》,《中国文物报》2013年12月6日,第6版。《汉书·薛宣传》载薛况指使杨明以刃贼伤申咸,议罪时廷尉直提出:"……律曰'斗以刃伤人,完为城旦,其贼加罪一等,与谋者同罪。'……明当以贼伤人不直;况,与谋者:皆爵减完为城旦。"以爵减刑同样发生在"贼伤人罪加斗伤人一等"的加罪之后。虽然此二案距秦及汉初已久远,但基于爵位特权的刑罚优待发生在加罪之前的原理似不会有变化。

② 秦及汉初鬼薪白粲、城旦舂"刑徒"皆无告人权利,"狱未断诬人"情境无从发生。

赀二甲。”前引藤井律之、陶安、中国政法大学中国法制史基础史料研读会等诸家多少都提出本条问题点在于盗罪先自告减等是以盗罪自身刑罚排序为据还是以《告律》“减罪一等”排序为据。研读会提出：

> 第一种意见是“耐为隶臣”，其理据如藤井律之先生所言，盗110钱当耐为隶臣妾，自告减一等，据《二年律令·告律》127—129简“告不审及有罪先自告，各减其罪一等……耐为隶臣妾罪耐为司寇……”当为耐司寇。但是，因司寇是累犯，故根据《二年律令·具律》90简“有罪当耐，其法不名耐者……司寇耐为隶臣妾”，就要处以耐隶臣。第二种意见是“赀二甲”，其理据是盗110钱当耐为隶臣妾，自告减一等是按照盗罪对应的刑罚序列进行减等，即由盗赃值在110钱以上的刑罚“耐为隶臣妾”减到其下一等110钱到22钱的“赀二甲”。①

此解有令人生疑之处：据其所论，无论减等是依《告律》减罪一等之制的排序（“耐隶臣妾—耐司寇”），还是依盗罪自身的规定刑等级（“耐为隶臣妾—赀二甲”），从逻辑上看，都是先在盗一百一十钱耐为隶臣妾的规定刑意义上减等为“耐司寇”或“赀二甲”，再考虑主体的司寇身份；这都是“先加减后替换”的思路。“先替换后加减”的思路则是，先将此规定刑落实在司寇特定身份上后，再考虑先自告的减等结果。据后一思路，司寇盗一百一十钱应耐为隶臣，减一等为耐司寇，因与原司寇身份冲突而无法实现，替换为耐隶臣，即为《法律答问》8简第一种意见；减一等为赀二甲时，即为8简第二种意见。

“先替换后加减”的理解与“先加减后替换”的解释结果一致，但逻辑相反，要判断二者的解释力度，就需要考虑本条问答的设置背景。如果睡虎地秦简时代的盗罪先自告的减等排序是比照其规定刑排序，且遵循先加减后替换顺序，盗一百一十钱先自告减一等的结果都应是从耐为隶臣妾上减一等为赀二甲，那么除了鬼薪白粲、城旦舂据《二年律令·具律》91～92、120简，赀二甲之罪需替换为笞百外，无论是隶臣妾、司寇还是庶人、士伍乃至有爵者，都仅赀二甲而已，不会有疑。如果时人都认可减罪一等在逻辑上后于司寇盗一百一十钱的耐为隶臣刑罚，则此刑罚是按照盗罪规定刑等级减等还是《告律》减等排序减等，才会真正成为问题，毕竟只有在盗罪

① 中国政法大学中国法制史基础史料研读会：《睡虎地秦简法律文书集释（七）：〈法律答问〉1～60简》，中国政法大学法律古籍整理研究所编：《中国古代法律文献研究》第12辑，社会科学文献出版社2018年版，第66～69页。

规定刑已落实到司寇的具体身份上之后,自告减等的最终刑罚的确认是否还需要比照盗罪规定刑排序才更可能成为问题。或许正因如此,《法律答问》8简才设置问答。进而,第一种意见的“耐为隶臣”是对适用既有规则之疑的解释,还是如38~39简“廷行事”般是为改变不同主体犯耐以下盗的刑罚皆同的既有规则,就值得思考。

简言之,《法律答问》50简和8简的问答设置是基于时人疑问。二简表明,常制下爵位或“刑徒”身份的刑罚替换在前,刑罚/身份贬抑的叠加或减罪在后,即“先替换后加减”。

其三,从治狱文书看,今人在尝试理解秦汉治狱文书中的法理时,也会遇到刑罚替换和加减适用顺序的疑问。前引岳麓秦简(叁)《为狱等状四种》108~136简“识劫娓”案①是在秦王政十八年(前229年),大夫沛的配偶娓匿不占赀,税过六百六十钱,沛的故隶公士识以此“劫”②娓,要求兑现沛先前的赠予承诺,赃值亦过六百六十钱。吏议的一种意见是完识城旦,其依据恐怕是识拥有公士爵,可免肉刑,其犯罪该当刑罚应是黥城旦或斩左止城旦。③ 而娓匿不占赀的行为应是比照《二年律令·关市律》260简“市贩匿不自占租,坐所匿租臧(赃)为盗”④之类的赃罪参引规定,其该当刑罚为黥舂,而娓先自告,可减罪一等。其身份是亡夫沛之“妻”或“免妾”有争议,争议背景应当是五级爵大夫之妻可享有刑罚替换优待,虽然从该案无法直接判断出上造以上爵是否已区别于公士爵,提供较“完之”更为优待的“耐为鬼薪白粲”。娓若被判定为“大夫妻”,属于“上造妻以上”,若遵循“先加减后替换”顺序,先从黥舂上自告减一等为完舂,再替换

① 释文、图版见朱汉民、陈松长主编:《岳麓书院藏秦简(叁)》,上海辞书出版社2013年版,第153~162页。

② 该案文书以“劫”界定识的行为。整理者注:“劫,胁迫。……劫罪与现代所谓敲诈勒索罪相似,是指使用威胁索要财物的行为。”参见朱汉民、陈松长主编:《岳麓书院藏秦简(叁)》,上海辞书出版社2013年版,第163页。文书诘语透露出,官吏关心识的行为是不是“劫”,而非“劫”怎么处理。这暗示出当时已存在对“劫”的法律规定。

③ 因该案文书提及识主张的肆、室价值超过六百六十钱,可知其刑罚应是计赃量刑的结果,这又排除秦时不对应计赃量刑的斩左止城旦。可见其犯罪的该当刑罚本应是黥为城旦舂。因此或可推知,秦时“恐喝告人有犯以取财”属于既有条文的规制对象,处置是“与盗同法”或“坐赃为盗”之类。与此相对,另一吏议意见是“赀识二甲”,其恐怕只是就该案提出的个别意见而已,不一定是针对识的知情不举,目前也未见到无特定关系人知情不举的处罚规定。对该案量刑依据的讨论,参见陈鸣:《秦汉〈盗律〉罪名研究》,中国政法大学2015年博士学位论文,第23~29页。另可见张传玺:《秦及汉初赃罪构造试探——以张家山247号汉墓竹简为中心》,中国政法大学法律古籍整理研究所编:《中国古代法律文献研究》第15辑,中西书局2021年版,第32~33页。

④ 释文见张家山二四七号汉墓竹简整理小组编著:《张家山汉墓竹简[二四七号墓]》(释文修订本),文物出版社2006年版,第44页。

为耐白粲；若遵循“先替换后加减”顺序，则先从黥舂替换为耐白粲，再减一等为耐隶妾。① 可见刑罚减等后替换还是替换后减等，有时会影响实际宣告和执行的刑罚的确定。

其四，可从律令条文内部视角对刑罚替换与加减顺序问题稍作申说。理解爵位优待替换的关键在于理解作为替换刑的“耐为鬼薪白粲”在加减刑系统中的位置。学者多提出秦及汉初爵位优待替换在逻辑上发生在减等前，如丁义娟先生给出鬼薪白粲不是独立刑名但又在减等排序里与完城旦舂并列的可能理由是：“先换刑结果更有利于罪犯，所以一般是先换刑为‘鬼薪白粲’，再在鬼薪白粲的基础上减等。”②前引《二年律令》《汉律十六章》的《告律》“减罪一等”之制，和《汉律十六章·囚律》“加罪一等”之制中，作为待减等和待加等刑罚的“耐为鬼薪白粲”都有出现，减罪之制中，《二年律令·告律》至少是与“腐”并列，《汉律十六章·告律》是与“完为城旦舂”和“腐”并列；加罪之制中，《汉律十六章》是与“完为城旦舂”并列。在具体的加罪律文中也出现了“耐为鬼薪白粲”，如前引《二年律令》X2 简和《汉律十六章·盗律》79 简都是主守盗加罪一等的规定：“自今以来，主守县官金钱、它物而即盗之，罪完城旦舂、鬼薪白粲以上，驾（加）其罪一等。”《汉律十六章·囚律》158～159 简亦见有“真罪城旦舂、鬼薪白粲以上解脱盗械”条，诸例中作为加罪基准的刑罚包括了“（耐为）鬼薪白粲”。至少在目前所见材料中，“耐为鬼薪白粲”只可能作为优待式替换用刑出现在律令文本的加减刑系统里。进而言之，在那些前后数罪刑罚叠加的事例中，如犯罪后逃亡，需叠加本罪与亡罪，本罪之“耐为鬼薪白粲”亦为优待式替换刑，③刑罚叠加遵循“先替换后加减”顺序。

就刑罚“执行不能”式替换与加减刑的顺序而言，前文就《法律答问》

---

① 劳武利先生提出，如果婉被视为庶人，应处“黥为舂”，如果被视为大夫妻，则可以享有特权，最多判处耐为白粲。“不过无论是什么情况，对婉的处罚都必须减轻一级（‘耐为隶臣妾’）的劳役刑，因为她在主管机关发现她的罪行前已先行自首”。〔德〕劳武利：《秦的刑事诉讼案例汇编：为狱等状》，朱喆琳译，周东平、朱腾主编：《法律史译评》第 4 卷，中西书局 2017 年版，第 37 页。

② 丁义娟：《秦及汉初刑罚体系研究——以出土资料为主要依据》，吉林大学 2012 年博士学位论文，第 104～105 页。在坚持“耐鬼薪白粲”只可能是替换刑的前提下，是说易于理解。

③ 如《汉律十六章·亡律》251～252 简（应即《二年律令·具律》100 简）载：“有罪命而得，以其罪论之。完城旦舂罪，黥之。鬼薪白粲罪，黥以为城旦舂。其自出者，死罪黥为城旦舂，它罪完为城旦舂。”释文见彭浩主编，荆州博物馆编：《张家山汉墓竹简[三三六号墓]》（上册），文物出版社 2022 年版，第 198 页。据此条，其本罪被论命的刑罚有鬼薪白粲，应即由爵位优待替换而来；其人一旦被捕获，将在此论命的耐为鬼薪白粲刑罚上叠加逃亡的刑罚而形成黥之肉刑。此为先爵位替换为耐鬼薪白粲，后叠加为黥城旦舂之例。顺带提出，整理者将 251 简释文连排在 250 简释文后，但 250 简句绝留白，不应与 251 简释文相接。

所见材料已有讨论,但仍有模糊不清之处,在律令层面有待更多材料。

其五,目前不清楚刑罚先替换后加减是否为通例,若为通例,其逻辑为何。据《汉律十六章》等,主守盗加罪一等是一罪加等,基准刑有耐为鬼薪白粲;未决囚"解脱盗械""遂"是二罪加等,真罪也列入耐为鬼薪白粲。这说明爵位优待替换与加等的次序都是先换刑后加刑。结合前析刑罚替换与减罪诸例,本书臆测,替换刑和加减刑的一般适用顺序是先替换后加减。至于其逻辑,大概与"狱未断"诸条相类:特定主体犯罪完成,在法律上就已被视为罪人,其刑罚已经在罪行终结后天然地确定,犯罪时的有爵者抑或"刑徒"身份在此时已经被考虑进去,意即已在规定刑基础上被替换;其后若有诸如在押时出逃(囚遂)、解脱械具,先自告或逃亡后自出等行为,其加减刑效果都是以已被替换之刑罚为基准。

二、刑罚参引中的修正替换问题

古法常以特定术语表示甲罪刑罚需参引适用乙罪刑罚,但若该甲罪主体有特别身份或身体状态,或该乙罪有特别构成要件、刑罚有特别适用要求,该乙罪刑罚无法直接适用于甲罪主体,需予替换为甲罪主体能够执行的常规刑罚,此即本书所谓"参引刑罚的修正替换"。秦汉法律中刑罚参引规定极多,需修正的情形不少,故而参引刑罚的修正替换成为替换刑系统的重要应用场景。"诬告反坐"的刑罚参引修正很常见,《法律答问》117简后部简文就是诬告反坐时替换修正反坐之刑的事例。另一常见情况是,犯罪主体的行为导致出入他人之罪的,该主体的刑罚需参引所出入罪的刑罚,若所出入之罪的主体系特别身份人并因该身份导致其刑罚适用发生变化,造成出入人罪的主体就无法直接参引适用其刑,需予修正替换。此外,秦汉律令中存在大量"与同法""与同罪"表述,标示了参引刑罚的要求,但常有刑罚不能直接参引的情形,也会予以替换。

从秦汉立法者角度看,修正参引刑罚的原因多样,无法全面、统一列明,但有时律令会以待参引刑罚特异性和被参引者特征为据,专条规定参引刑罚如何修正替换。《二年律令·具律》121、107~109简即是其例。本条律文是说,当城旦舂、鬼薪白粲"刑徒"和奴婢获罪判处肉刑,他人基于法定理由需参引其刑罚时,不能直接参引其肉刑,需修正替换为耐刑。《二年律令》刊布后,121、122简和107~109简的编联方案曾引起争议,律文结构复杂,其所列举的参引规定占《具律》现存条文的比例很高,因此其所体现的参引刑罚替换特点值得关注。

2004年张建国先生提出了121+107~109简的新编联方案并疏通律文

层次,此后其意见被接受。① 336 号汉墓《汉律十六章·具律》136～140 简与此同文,②证实张先生的重排方案是正确的。该条释文为:

> 城旦舂、鬼薪白粲有罪署(迁)、耐以上而当刑复城旦舂,及曰“黥之”若“刑为城旦舂”,及奴婢当刑畀主:其证不言请(情),诬告,告之不审,鞫之不直故纵弗刑,若论而失之;及守将奴婢而亡之,篡遂纵之;及诸律令中曰“与同法”“同罪”,其所与同当刑复城旦舂及曰“黥之”,若鬼薪白粲当刑为城旦舂,及刑畀主之罪也:皆如耐罪然。其纵之而令亡城旦舂、鬼薪白粲也,纵者黥为城旦舂。③

虽然编联方案已落实无疑,但律文理解仍较困难,李安敦、叶山先生据简文严格直译后认为整条律律意不明。律文列举若干项犯罪,之后规定其处置“皆如耐罪然”,但不解何意。④ 刘欣宁先生专文详析本条,认为本条系“身份刑”“反坐刑”量刑原则共同应用之例,重新梳理了律意,其核心解

---

① 自《二年律令》释文公布后,对此讨论颇多,2004 年张建国、彭浩两先生均提出 121 简应编到 107 简前,此意见为 2007 年出版的《二年律令与奏谳书》所采纳(参见彭浩、陈伟、〔日〕工藤元男主编:《二年律令与奏谳书:张家山二四七号汉墓出土法律文献释读》,上海古籍出版社 2007 年版,第 135～136 页)。不同编连意见及此间的讨论可参见李力:《关于〈二年律令〉简 121 排列的再探讨》,李力:《张家山 247 号墓汉简法律文献研究及其述评(1985. 1—2008. 12)》,東京外國語大学アジア・アフリカ言語文化研究所 2009 年版,第 381～398 页;后陶安、刘欣宁诸先生亦有跟进讨论,李力、陶安先生不赞同张建国先生的编连方式,但刘欣宁先生重做梳理,坚持了张、彭等学者将 121 简与 107～109 简相连的做法。参见刘欣宁:《张家山汉简〈二年律令〉简 121—107—108—109 释读——兼论汉律中的量刑原则》,陈伟主编:《简帛》第 6 辑,上海古籍出版社 2011 年版,第 399～411 页。

② 该条释文作:

> 城旦舂、鬼薪白粲有罪署(迁)、耐以上而当刑复城旦舂,及曰黥之,若刑为城旦舂,及奴婢当刑畀主,其证不言请(情)、诬告、告之不审、鞫之不【直】、故纵弗刑,若论而失之及守将奴婢而亡之,篡遂纵之,【及诸律令】中曰与同法、同罪,其所与同当刑复城旦舂,及曰黥之,若鬼薪白粲当刑为城【旦舂,及刑】畀主之罪也,皆如耐罪然。其纵之而令亡城旦舂、鬼薪白粲也,纵者黥为城旦舂。

释文见彭浩主编,荆州博物馆编:《张家山汉墓竹简[三三六号墓]》(上册),文物出版社 2022 年版,第 182～183 页。

③ 为求更清晰体现律文层次,本书修改了红外本和 336 号墓本条释文标点。原释文标点可参见前注。

④ See Anthony J. Barbieri-Low & Robin D. S. Yates, *Law, State, and Society in Early Imperial China: A Study with Critical Edition and Translation of the Legal Texts from Zhangjiashan Tomb no.* 247, Leiden Brill, 2015, Vol. 2, p. 533, note 102.

读部分抄录于下：

> 简 121—107—108—109 乃讨论“城旦舂、鬼薪白粲有罪迁、耐以上而当刑复城旦舂，及曰黥之，若刑为城旦舂，及奴婢当刑畀主”条件下三种状况之处置措施，即“证不言情，诬告，告之不审，鞫之不直，故纵弗刑，论而失之”，“与同法、同罪”，及“亡之、纵之”。三者皆具有“反坐刑”据参照对象而定罪之性质，故当其参照对象为适用“身份刑”之城旦舂、鬼薪白粲、奴婢之时，产生适法性疑义。此时，“证不言情，诬告，告之不审，鞫之不直，故纵弗刑，论而失之”及“诸律令中曰与同法、同罪”皆“如耐罪然”。然而“亡之、纵之”之时，唯有对象为当刑之奴婢，方才“如耐罪然”。对象为当刑为城旦舂之城旦舂、鬼薪白粲时，须处以黥为城旦舂，作为非“如耐罪然”之唯一例外说明于最后。①

城旦舂、鬼薪白粲和奴婢犯罪处以肉刑者居多，若其肉刑之罪是各种原因造成的治狱有出入的错判，在追究造成出入的各类责任主体之罪时，本应参引城旦舂、鬼薪白粲和奴婢的肉刑，或本应据“与同法”“同罪”规定参引城旦舂、鬼薪白粲和奴婢犯罪之肉刑；若监管奴婢时纵放，按照“纵囚，与同罪”之类理据应参引被纵放而亡的奴婢的肉刑之罪的；前述应被参引的肉刑需修正替换为耐刑。其原因大概是，对非城旦舂、鬼薪白粲“刑徒”或私人奴婢的人而言，肉刑一般会导致受刑者沦为城旦舂，这是“刑”的应有之义。但对城旦舂而言，犯罪被执行肉刑后，身份和役使形式不变，仍为城旦舂；对鬼薪白粲而言，被执行肉刑后将成为城旦舂，身份和役使内容没有根本变化；对私人奴婢而言，被施加肉刑后归还其主，其奴婢身份也不变。因此整体来看，城旦舂、鬼薪白粲和奴婢获罪应处肉刑的，身份不变，这与身份在隶臣妾以上之人受肉刑将导致身份减等、沦为城旦舂的一般情形不同，本是肉刑适用的例外。如果他人犯罪需要参引这类人的刑罚，就必须做出修正，防止其肉刑被不当参引施加于该他人。《二年律令·具律》本条集中展现了法定的刑罚参引的类型，其中有数项处置方式，《二年律令》及《奏谳书》本身给出了指示，其他项似可根据秦汉简牍推测而出。与集中于《二年律令·告律》的围绕告发事项的参引规定相类似，《二年律令·具律》中的参引条文体现了“以其所出入之罪罪之”的应用规则。以下分列，先行梳理这些《二年律令·具律》中的参引条文。其

① 刘欣宁：《张家山汉简〈二年律令〉简 121—107—108—109 释读——兼论汉律中的量刑原则》，陈伟主编：《简帛》第 6 辑，上海古籍出版社 2011 年版，第 407~408 页。

主要律文如下：

第一类，“证不言请（情），诬告，告之不审”，即证人作伪证和错误告发致罪有出入者，其中“诬告”和“告之不审”分别适用“各反其罪”“各减其罪一等”，前文在诬告反坐刑罚修正和“减罪一等”之制的讨论中已有涉及。而“证不言请（情）”常与“译讯人为诈伪”相比较，虽然此处律文未列，但应一同讨论：

> 证不言请（情），以出入罪人者，死罪，黥为城旦舂；它各以其所出入罪反罪之。狱未鞫而更言请（情）者，除。吏谨先以辨告证。（110简）
>
> 译讯人为詐（诈）伪，以出入罪人，死罪，黥为城旦舂；它各以其所出入罪反罪之。（111简）①

不以事实出证或故意错译错讯，造成刑罚参差的，“以其所出入罪反罪之”。② 此一原则在后世得到延续，居延新简 E. P. F. 22：1~2 简有“先以证财物故不以实臧五百以上，辞已定，满三日而不更言请者，以辞所出入罪反罪之律辨告”③。其同样强调作伪证在三日内不引虚陈实的，反坐作伪证之人。唐律对伪证的处罚较轻，是在“所出入罪”即应得之刑与实得之刑之间的差等上减二等。对译人作伪的处置表述则很有意味，使用的不是“以其所出入罪反罪之”，而是“与同罪”。④

第二类，“鞫之不直故纵弗刑，若论而失之”，即在治狱过程中，治狱人员造成罪有出入者：

> 鞫（鞫）狱故纵、不直，及诊、报、辟故弗穷审者，死罪，斩左止为城旦，它各以其罪论之。……其受赇者，驾（加）其罪二等。所予臧（赃）罪重，以重者论之，亦驾（加）二等。其非故也，而失不审者，各以其赎论之……（93~96简）⑤

---

① 张家山二四七号汉墓竹简整理小组编著：《张家山汉墓竹简［二四七号墓］》（释文修订本），文物出版社2006年版，第24页。

② 从字面上看，“以其所出入罪反罪之”是以应得之刑与实得之刑之间的差等，即所谓“剩罪”施加于“证不言情”和“译讯人为诈伪”者之身；在肉刑时代，若出入的是全罪（有罪与无罪之间的出入）尚无疑问，但若所出入的是轻重不等的两罪，其间刑罚差等是何样态还不明确。故而“所出入罪”恐怕指所出入罪名中之重者。

③ 甘肃省文物考古研究所等编：《居延新简》，文物出版社1990年版，第475页。

④ 唐律“证不言情”和“译人作伪”条，参见（唐）长孙无忌等撰，刘俊文点校：《唐律疏议》，中华书局1983年版，第475页。

⑤ 张家山二四七号汉墓竹简整理小组编著：《张家山汉墓竹简［二四七号墓］》（释文修订本），文物出版社2006年版，第22页。

鞫狱故纵、不直，均限定于鞫狱过程，故纵应指故意出脱有罪者为无罪。《法律答问》93 简有："论狱……可(何)谓'纵囚'? 当论而端弗论，及傷其狱，端令不致，论出之，是谓'纵囚'。"古法上的"囚"常用于指未决或已决未执行的在押人犯，因此，发生在鞫狱中的"故纵"应即"纵囚"。鞫狱不直，应指故意重罪轻判、轻罪重判。93 简亦有："论狱【何谓】'不直'? ……罪当重而端轻之，当轻而端重之，是谓'不直'。"[①]鞫狱故纵、不直的处置遵循的是"罪之"原则，即故纵死刑的，主体处以"斩左止为城旦"刑；故纵为其他刑罚的，以该刑罚施加于本犯主体。鞫狱不直有"当重而故轻"和"当轻而故重"两种形态，张家山汉简《二年律令·具律》笼统规定为"以其罪论之"，刘欣宁先生认为"其罪"似指被告实犯之罪、应判之刑。[②]本书以为，应是以错判后的刑罚和该当刑罚中的较重者施加于本犯主体，而非以所出入之罪惩处之。与此相异，唐律区分出入人罪的不同情形，规定了不同的处罚方式。

至于"论而失之"所指，尚不明确，本书认为其应是对"鞫之不直故纵弗刑"的整体对应。"论失"应当可以泛指鞫狱有失的一般情形，但《二年律令·具律》此处条文中的"失"特指肉刑的某种适用场合，似属于《法律答问》所谓的"失刑罪"。"失刑罪"有所专指，非如整理小组那样理解为"失刑之罪"。《法律答问》115 简载："失鋈足，论可(何)殹(也)? 如失刑罪。"[③]前引 109、110 简亦见"耐为鬼薪鋈足"，因此"鋈足"有其特殊性，而"失鋈足……如失刑罪"说明，"刑罪"为一词，"失刑罪"是指在直接或间接决定肉刑刑罚时有失。[④]

第三类，"守将奴婢而亡之，篡遂纵之"，即负责监管特定类型奴婢的人员，失职致使奴婢逃亡者，或违抗命令宽纵奴婢逃离监管者。

---

① 睡虎地秦墓竹简整理小组编：《睡虎地秦墓竹简》，文物出版社 1990 年版，第 115 页。

② 参见刘欣宁：《张家山汉简〈二年律令〉简 121—107—108—109 释读——兼论汉律中的量刑原则》，陈伟主编：《简帛》第 6 辑，上海古籍出版社 2011 年版，第 402 页。

③ 睡虎地秦墓竹简整理小组编：《睡虎地秦墓竹简》，文物出版社 1990 年版，第 120 页。

④ 与此相类似的是《法律答问》33、34 简["士五(伍)甲盗，以得时直(值)臧(赃)，臧(赃)直(值)过六百六十，吏弗直(值)，其狱鞫乃直(值)臧(赃)，臧(赃)直(值)百一十，以论耐，问甲及吏可(何)论? 甲当黥为城旦；吏为失刑罪，或端为，为不直。"]和 35、36 简["士五(伍)甲盗，以得时直(值)臧(赃)，臧(赃)直(值)百一十，吏弗直(值)，狱鞫乃直(值)臧(赃)，臧(赃)直(值)过六百六十，黥甲为城旦，问甲及吏可(何)论? 甲当耐为隶臣，吏为失刑罪。甲有罪，吏智(知)而端重若轻之，论可(何)殹(也)? 为不直。"]计算赃值的时间点有误导致赃值跨越了耐罪(百一十钱)和黥为城旦舂(六百六十钱)，因此刑罚跨越了耐刑与肉刑的刑种界限，此为涉及肉刑刑罚(刑罪)时有失，即"失刑罪"。释文分别见睡虎地秦墓竹简整理小组编：《睡虎地秦墓竹简》，文物出版社 1990 年版，第 101~102 页。值赃程序存在瑕疵导致赃值认定有误，进而导致错误论断肉刑的，是间接的"失刑罪"。

此处依然涉及《二年律令·具律》121简是否编在107简前的问题。若是,则应如刘欣宁先生所说,“所监管、看守之奴婢,实际上为犯耐罪以上需处以黥颜頯之奴婢。完成行刑而后畀主程序之前,应由官方监管,或许收容于狱中。故本条规定负责看守奴婢者若亡之失之,则以耐罪论处”。[①]这类奴婢本身是犯罪应受肉刑之人,擅自使其脱逃(“篡遂纵之”)的不能“与同罪”为肉刑,而是处以“耐罪”。为做区分,律文最后一句“其”字以下专门说明,亡纵那些犯罪应处肉刑的城旦舂、鬼薪白粲者,黥为城旦舂而非处耐。

第四类,“诸律令中曰‘与同法’‘同罪’,其所与同当刑复城旦舂及曰‘黥之’,若鬼薪白粲当刑为城旦舂,及刑畀主之罪也”,即对城旦舂、鬼薪白粲和奴婢的特定肉刑处置(“刑复城旦舂”“黥之”“刑为城旦舂”“刑畀主”),出现在直接标示参引刑罚的“与同法”“与同罪”的律令表述中,作为基准规定者。

“与同法”“与同罪”标示着前部与基准规定的处置一致,殆无疑义。在本条律文中,基准处置条款有鲜明的身份色彩,其规范的是犯罪应处以肉刑的城旦舂、鬼薪白粲和奴婢,他们遭受肉刑后无法附加相应的身份/役使。参引其处置时就必须避免肉刑,因而需要为有“与同法”“与同罪”类刑罚参引表述的律文设置例外规定。

由此可见《二年律令·具律》本条的背景是:

一方面,鬼薪白粲、城旦舂和奴婢为犯罪主体时,其规定刑罚与抽象主体不同,有两种条文表达方式,一为比照“死—刑—耐—赎—赀”序列,规定统一的替换形式,构成鬼薪白粲、城旦舂的“死—黥(黥复为/黥以为城旦舂)—笞百”刑罚序列,以及奴婢的“死—黥颜頯(畀主)—笞百”刑罚序列;一为直接规定“黥为/黥复/黥颜頯畀主”具体罚则的替换形式。这两种参引表述形式都体现于本条:“城旦舂、鬼薪白粲有罪䙴(迁)、耐以上”“奴婢当刑畀主”是第一类对应“死—刑—耐—赎—赀”规定刑而来的刑罚序列,“律令曰‘黥之’‘刑为城旦舂’”是第二类表述形式。

另一方面,秦及汉初律令中有大量条文使用了“反罪”“罪之”“坐之”“以……论之”“与同法”“与同罪”等刑罚参引术语,适用的犯罪种类极多。本条既尽力列举了从“诬告”到“篡遂纵之”等使用了这类参引术语的罪名,又另行列出“与同法”“与同罪”术语,以求全整。

① 刘欣宁:《张家山汉简〈二年律令〉简121—107—108—109释读——兼论汉律中的量刑原则》,陈伟主编:《简帛》第6辑,上海古籍出版社2011年版,第406页。

综上,本条是指示,对犯罪被判处肉刑的城旦舂、鬼薪白粲“刑徒”和奴婢,因各种原因需参引其刑罚时,不能直接参引肉刑,而是以耐刑替换之。因此“皆如耐罪然”是指应适用“耐罪”这一刑罚措施,其表述有两层意义:

其一,指示对参引原则作出修正,从“以肉刑罪之”修正为“以耐罪罪之”。此时,修正的倾向是“由重向轻”。

其二,“皆如耐罪然”中“耐罪”所指,应是前引《二年律令·具律》90、91和92简的内容:

> 有罪当耐,其法不名耐者,庶人以上耐为司寇,司寇耐为隶臣妾。隶臣妾及收人有耐罪,毄(系)城旦舂六岁。毄(系)日未备而复有耐罪,完为城旦舂。城旦舂有罪耐以上,黥之。其有赎罪以下,及老小不当刑、刑尽者,皆笞百。城旦刑尽而盗臧(赃)百一十钱以上,若贼伤人,及杀人而先自告也,皆弃市。

应注意者有三:

首先,“有罪当耐,其法不名耐者”指的是其他律文如果只言及处以耐刑,但未具体指明执行耐刑后的身份/役使。这类情形在睡虎地秦简和《二年律令》中都有所见。已有学者指出,《二年律令》中“耐”存在的两种情形都是耐与劳役刑结合适用:一种情形是有“名”的形式,即律文明确罪行对应的法定刑为“耐为隶臣妾(耐为隶臣/耐为隶妾)”“耐为司寇”“耐为鬼薪白粲”的情况;另一种情形是没有明确“耐”具体的“名”的形式。① 依《二年律令·具律》此条,区分受刑者的不同身份,先笼统言及“耐”的处刑或其替换用刑,再细分为“耐为司寇”“耐为隶臣妾”“隶臣妾系城旦舂六岁”“完为城旦舂”“黥之,复为城旦舂”。

其次,“系城旦舂六岁”而“系日未备”者,以及城旦舂,不是“皆如耐罪然”所规制的对象;“皆如耐罪然”的适用主体有其内在限制。

最后,91、92简“城旦刑尽而盗臧(赃)百一十钱以上,若贼伤人,及杀人而先自告也,皆弃市”中,“刑尽”显指全部种类的肉刑已施加于犯罪者一身,无以复加。此时再犯有三种特定犯罪(盗百一十钱以上,规定刑在耐隶臣妾以上;贼伤人,规定刑为黥为城旦舂;杀人先自告,过失及戏杀人者的赎斩,或贼杀人、斗杀人者的黥为城旦舂)时,处弃市。

---

① 参见丁义娟:《张家山汉简〈二年律令〉第90、91简解》,《学术探索》2012年第10期。

因此,《二年律令·具律》121、107、108、109 简中的共同谓语“皆如耐罪然”应指向 90~92 简关于耐罪的内容,并受其限定。

至于本条末句,诚如诸位学者所说,是以“其”字引导的“但书”规定,是“皆如耐罪然”的例外。前部律文都是在讨论以应受肉刑的城旦舂、鬼薪白粲和奴婢为参照,修正本犯刑罚。其中,前部规定了“守将奴婢”者纵、亡奴婢应处耐罪,但并未规定对纵放犯罪应处肉刑的城旦舂和鬼薪白粲致其逃亡的情形应如何处理,尾句因而补充规定,人身纵放犯有迁、耐刑以上罪的城旦舂、鬼薪白粲致其逃亡的,按照这些城旦舂、鬼薪白粲逃亡的该当刑罚即“黥复/为城旦舂”来处罚纵放者。就“黥为城旦舂”的结果而言,符合张家山汉简《奏谳书》95 简“律:纵囚,与同罪”①的引律文字,不过正如刘欣宁先生所指出的,此处的城旦舂、鬼薪白粲应指再犯罪应处肉刑者,②而并非单纯逃亡的“刑徒”,因此不能直接据《二年律令·亡律》164 简“城旦舂亡,黥,复城旦舂。鬼薪白粲亡,黥以为城旦舂”和《奏谳书》95 简“律:纵囚,与同罪”换算为此处亡纵者的刑罚。这是以黥为城旦舂论断纵放者的前提。

至此可见,秦及汉初律令上参引刑罚的修正替换规定有如下特点:

首先,《二年律令·具律》121+107~109 简是律文,其结构、表述和规则设置显然经过了推敲,相对稳定成熟。稍可对比的是前引《法律答问》38~39 简,该条问答设置了“盗百,即端盗驾(加)十钱”情境,本应参引告盗端加十钱的刑罚即赀一盾,而廷行事调整为“以不审论”,赀二甲。二者都是对参引刑罚的修正,但后者是以“廷行事”方式破律,前者则是以“律”这一稳定形式来规定,二者产生机制和效力表现有差异。

其次,《法律答问》38~39 简通过廷行事修正后,突破了“告盗加赃”的一般参引原则,实际上加重了应处刑罚;汉初《具律》则是减轻了应处刑罚。

最后,《具律》本条逻辑展现了律令体系内,条文之间的复杂关系。本条先是规定了特定犯罪在参引肉刑时需修正替换为“皆如耐罪然”,之后以“但书”形式规定了仍需参引其肉刑、处以黥为城旦舂的情形,这已是对修正替换规定的修正替换。不唯如此,律文还留下若干疑问,如律文列出的“告不审”实为“减罪一等”,那么是从肉刑上减一等,还是从修正替换后

---

① 张家山二四七号汉墓竹简整理小组编著:《张家山汉墓竹简[二四七号墓]》(释文修订本),文物出版社 2006 年版,第 99 页。

② 参见刘欣宁:《张家山汉简〈二年律令〉简 121—107—108—109 释读——兼论汉律中的量刑原则》,陈伟主编:《简帛》第 6 辑,上海古籍出版社 2011 年版,第 407 页。

的耐刑上减一等？若是从修正后的耐刑上减一等，那么是从耐为隶臣妾上减一等，还是从耐刑上总减一等为赎刑？耐为隶臣妾减一等是减为耐为司寇还是减为赎刑？对此仍有讨论空间。

进而可以说，秦及汉初律中，参引刑罚时并非如《法律答问》38～39 简所提及的那样，单纯依据所出入的那部分罪状来确定，如果出入之罪状与出入之刑相应，则“应律”；当所出入之刑跨越刑种时，修正依据就是被参引者实际刑罚的变动情况，而非所出入之罪状。

本章小结

替换刑系统的运行原理是，在将规定刑系统落实于个案时，基于犯罪主体的身份、身体、役使状态等主客观因素，将其替换为其他刑罚。以刑罚替换原因为据，可将替换刑分为两类，一类是基于特别身份的“优待式”替换，另一类是基于身体或身份/役使状态，原规定刑不能执行所致的刑罚替换。“优待式”刑罚替换有针对有爵者的常制，表现为稳定的《具律》条文，核心是公士爵可替换肉刑为“完”之“零肉刑”，上造爵以上可替换肉刑和身份/役使为“耐为鬼薪白粲”；特权群体范围则根据情势需要随时增损，如秦之葆子以上乃至臣邦君长、君公，汉初高后时期的吕氏后嗣、“蛮夷”统治阶层等，其刑罚优待程度不一，替换用刑也有以“耐为鬼薪”替换“为城旦”、以“鋈足”替换肉刑，乃至有罪令赎等不同形式，秦简所见的这类替换规定中有的可能是临事制法的产物，针对性强。“执行不能”的刑罚替换主要针对“刑徒”和私人奴婢，“刑徒”的身体或身份/役使状态导致肉刑和役使不能重叠执行，也不能由重向轻执行，只能依次以他种肉刑或役使替换。以“死—刑—耐—赎—赀”序列为基准，形成了适用于鬼薪白粲和城旦舂的“死—黥—笞百”序列和适用于奴婢的“死—黥颜頯—笞百”序列。

在涉及秦替换刑问题的早期材料中，《法律答问》50 简引人注意，其核心疑问是，在“狱未断犯新罪”这种前后二罪刑罚需叠加的特殊情境下，上造爵位是适用于前罪而不及后罪还是适用于二罪叠加后刑罚的问题，因个案设定情境中的盗羊和盗猪罪的规定刑不明确，为今人理解 50 简平添困扰。反推问答逻辑后可知，该条背景是上造爵对刑罚序列中的“刑”有替换功用，但对“耐”无影响，符合里耶秦简所见秦律的上造爵刑罚替换规定。117 简后部是诬告反坐特定刑罚时的修正，背景是“耐为候”刑罚仅适用于特定犯罪，诬告这类犯罪而反坐时，反坐之刑需予修正替换为“耐为司寇"。此二简分别涉及有爵者与受刑者,是规定刑系统与所谓"爵—刑身份序列"相互影响的典型之例。

替换刑系统并非孤立适用。个案有时会兼具替换刑系统和加减刑系统的适用条件,刑罚是遵循"先替换后加减"还是"先加减后替换"顺序将影响刑罚结果。目前所见秦及汉初材料体现了"先替换后加减"顺序。刑罚替换经常发生在刑罚参引情境中,秦及汉初刑罚参引类型多样,以《二年律令·具律》121+107~109简律文为典型。该条规定了鬼薪白粲、城旦舂"刑徒"和私人奴婢获罪处以肉刑的,在各种情境下参引其刑罚时由肉刑修正替换为耐刑的方式,且但书规定了对修正替换的再修正,是最能反映秦及汉初刑罚参引与修正替换的复杂性的条文。

第六章 “三重构造”说的展开：亡罪之狱

逃亡现象广泛存在于秦及汉初社会。传世文献不能为今人提供足够信息去了解秦汉国家如何立法应对逃亡现象，简牍材料则显示出，其时逃亡是法律规制重点对象，律令针对各类逃亡行为有详细规定，条文繁复而成体系。这些规定在对逃亡案件的刑罚适用和处理程序方面存在差异，据此可将逃亡行为大略分为非因犯罪的逃亡和犯罪后逃亡这两种逃亡类型：非因犯罪的逃亡形态多样，包括仅违反日常人口管理秩序的一般逃亡行为，如浮浪他所等，也涵盖违反或逃避特定义务、造成特别损失及具有特别危害的逃亡行为，对此律令常立有专条；①对犯罪后逃亡，律令简牍所记内容涵盖刑罚适用和追究程序，规定详尽而具体。在刑罚适用上，一般逃亡的，刑罚通常是确定的，或其给定方式是确定的；犯罪逃亡的，律令区分所犯本罪的刑罚轻重，分别适用不同处理程序，刑罚通常以本罪该当刑为基础，叠加亡罪刑罚。在不同类型逃亡犯罪的不同治狱阶段自出的，有处以笞刑，本罪之刑减一等，或本罪之刑叠加亡罪之刑后总减一等等不同减刑效果。

上述内容既涉及不同主体亡罪的规定刑设置特点，也涉及本罪与亡罪的数罪追究与复数刑罚叠加方式，还涉及犯罪逃亡后在“未狱”“狱未断”“狱已断”等不同治狱阶段自出的刑罚减等，因此与秦汉律上“狱未断”之数罪处理规则，乃至刑罚体系构造中的规定刑系统与刑罚加减适用等问题有密切关联。逃亡犯罪的法律规制也就成为观察秦及汉初刑罚体系的很好切入点。

以秦汉简牍为主要材料，学界对逃亡犯罪及捕亡程序的研究成果显

---

① 如岳麓秦简和张家山汉简《二年律令》所见的工隶臣妾亡，戍边或有特定徭使而亡等情状。对此类逃亡，法律要么仅追究亡罪；要么以追究亡罪为核心，附带非刑罚处置措施，如对因亡而逃避原义务者责以特定履行；要么以逃亡造成的损失或危害为核心，直接规定出不同于亡罪的一罪之刑罚，如以经济损失数额为据来参引盗罪计赃量刑规则，即所谓“坐赃与盗同法”。

著;①但并非已是题无剩义。以本书寡见,《二年律令·具律》100 简、《亡律》164 简及岳麓秦简(肆)部分与逃亡行为有关的出土秦汉简简文尚需疏解;在司寇、隐官等特定身份人的亡罪刑罚、犯罪逃亡案件中本罪与亡罪的数罪处理规则、不同类型亡罪的处理程序,以及自出的减刑效果等问题上,均存有探讨空间。

本章首先梳理《二年律令》和岳麓秦简对逃亡行为的刑罚规定,着重试补《二年律令·亡律》164 简缺失部分的规定,试释《二年律令·具律》100 简简文律意,试确定司寇及隐官逃亡的刑罚,进而总结犯罪逃亡的刑罚给定规则;其次,区分一般逃亡和犯罪逃亡,分别讨论二者处理程序的差异,分析“论,命之”和“论,令出、会之”程序的适用对象之别;再次,观察在不同程序的各阶段自出的减刑效果差异,确认减刑的具体方式;最后,尝试总结秦及汉初律令对逃亡犯罪规定的特点。

第一节 一般逃亡的规定刑

对一般亡罪的规定刑,汉初律《二年律令·亡律》有较系统的规定:

1. 吏民亡,盈卒岁,耐;不盈卒岁,毄(系)城旦舂;公士、公士妻以上作官府。皆偿亡日。其自出殹(也),笞五十。给逋事,皆籍亡日,軵数盈卒岁而得,亦耐之。(157 简)

2. 女子已坐亡赎耐,后复亡当赎耐者,耐以为隶妾。司寇、隐官坐亡,罪隶臣以上,输作所官。(158 简)

3. □□頯畀主。其自出殹(也),若自归主,主亲所智(知),皆笞百。(159 简)

4. 隶臣妾、收人亡,盈卒岁,毄(系)城旦舂六岁;不盈卒岁,毄(系)

---

① 如张伯元:《秦汉律中的“亡律”考述》,张伯元:《出土法律文献研究》,商务印书馆 2005 年版;张功:《秦汉逃亡犯罪研究》,湖北人民出版社 2006 年版;闫晓君:《张家山汉简〈亡律〉考论》,《法律科学(西北政法大学学报)》2009 年第 1 期;马晓克:《秦汉逮捕制度论考》,东北师范大学 2011 年硕士学位论文;任赞:《秦汉逃亡问题研究》,东北师范大学 2014 年硕士学位论文;文霞:《简牍资料所见秦汉奴婢的逃亡犯罪》,《石家庄学院学报》2014 年第 5 期;周海锋:《岳麓书院藏秦简〈亡律〉研究》,杨振红、邬文玲主编:《简帛研究 二〇一六(春夏卷)》,广西师范大学出版社 2016 年版;吴雪飞:《岳麓简与〈二年律令〉对读三则》,武汉大学简帛研究中心 2016 年 12 月 5 日,http://www.bsm.org.cn/?qinjian/7425.html;韩厚明:《张家山汉简〈二年律令〉编联小议》,杨振红、邬文玲主编:《简帛研究 二〇一六(秋冬卷)》,广西师范大学出版社 2017 年版;谢坤:《里耶秦简所见逃亡现象——从“缭可逃亡”文书的复原说起》,《古代文明》2017 年第 1 期;等等。

三岁。自出殹(也),笞百。其去毄(系)三岁亡,毄(系)六岁;去毄(系)六岁亡,完为城旦舂。(165 简)

5. 城旦舂亡,黥,复城旦舂。鬼薪白【粲亡,黥以为城旦舂。不得者,皆以其罪论,命之。其自出】也,皆笞百。(164 简)①

此外,岳麓秦简(肆)亦见有"迁"刑承受者及随迁者逃亡的规定:

6. 诸䙴(迁)者、䙴(迁)者所包去䙴(迁)所,亡□□得;䙴(迁)处所去亡而得者:皆耐为隶臣妾。不得者,论,令出、会之。复付䙴(迁)所县。(71 简)②

上述既有简文已涵盖了自吏、民到城旦舂"刑徒"的几乎所有常见身份,讨论得以据此展开。简文显示,主体不同,亡罪刑罚也各异。对此,有两点可予注意,以下分述。

一、亡罪之耐

不考虑具体主体的抽象逃亡行为大体对应"耐刑",落实到不同主体时,则需修正替换。对黔首或吏、民的逃亡行为,岳麓秦简(肆)91 简记有:

阑亡盈十二月而得,耐。不盈十二月为将阳,毄(系)城旦舂。③

91 简未明言主体,也未对不满一年的将阳亡再做细分;但简文概言刑罚为"耐",可知其主体不是各类"刑徒",则可对应《二年律令・亡律》157 简的主体即吏、民。157 简明言吏、民阑亡的刑罚为耐,将阳者是系城旦舂,系日为其逃亡日数。上列二简简文均未明确阑亡之耐刑是耐为司寇还是耐为隶臣妾,此即前引《二年律令・具律》90 简"有罪当耐,其法不名耐者,庶人以上耐为司寇,司寇耐为隶臣妾"之例,身份在"庶人以上"的吏民

① 诸简释文见张家山二四七号汉墓竹简整理小组编著:《张家山汉墓竹简[二四七号墓]》(释文修订本),文物出版社 2006 年版,第 30~31 页。对 158 简释文的原断读,本书有修改;164 简残断处原释为"粲"字,本文改补,说明详见下文。

② 陈松长主编:《岳麓书院藏秦简(肆)》,上海辞书出版社 2015 年版,第 62 页。本书对标点有修改。

③ 陈松长主编:《岳麓书院藏秦简(肆)》,上海辞书出版社 2015 年版,第 69 页。

阑亡的该当刑罚,男性为“耐为司寇”,女性替换为“赎耐”。①

“司寇”“隐官”逃亡的规定刑可稍予说明。在岳麓秦简和《二年律令·户律》《傅律》里,司寇和隐官常并列出现,以示与其他无爵者和隶臣妾有别。就司寇而言,在犯罪受刑后身份减等、人身自由和生活空间受限程度等方面,司寇作为编户民,不同于隶臣妾、鬼薪白粲和城旦舂等由官府管理的“徒隶”;②从役使角度看,《二年律令·亡律》158简规定司寇逃亡“罪隶臣以上”时“输作所官”,③说明司寇逃亡前作于官,但不知役使具体内容和形式。此外律令文本偶尔也显示出,与“为民”或“民”对立出现的“刑徒”只包括隶臣妾以上而不包括司寇,如《二年律令·盗律》70简载:“诸当坐劫人以论者,其前有罪隶臣妾以上,及奴婢,毋坐为民,为民者亦勿坐。”④就隐官而言,情形与司寇类似。隐官来源不同,主要来自“刑徒”的赦免、平反、爵赏置换或有溯及力地消除犯罪效果。⑤ 此外还有已受肉刑而被免的私奴,原主人死亡或有罪的则为隐官,⑥等等。

综上,司寇和隐官恐非“庶人以上”,但属“吏民”之“民”。但在讨论亡罪刑罚时简单将司寇、隐官归为“民”,尚存疑问,二者亡罪规定刑需从其他方面推求:

第一,隐官亡,最重刑罚应为(耐)隶臣。理由如下:一是隐官来源不同,“潜在社会危害性”也有异,但单犯逃亡的,律令给出一确定刑罚具有合理性。二是其刑罚不会轻于一般吏、民亡的耐司寇刑,似无疑义。三是岳麓秦简(肆)33~36简规定,少府等机构的腐宫隶臣被免为隐官而复

① 前引《二年律令·具律》88、89简记有:“女子……当耐者赎耐。”《二年律令·亡律》158简记有:“女子已坐亡赎耐,后复亡当赎耐者,耐以为隶妾。”

② 《二年律令·户律》307简载:“隶臣妾、城旦舂、鬼薪白粲家室居民里中者,以亡论之。”参见张家山二四七号汉墓竹简整理小组编著:《张家山汉墓竹简[二四七号墓]》(释文修订本),文物出版社2006年版,第51页。该简前接有“司寇”字的他简的可能性低。

③ 参见张家山二四七号汉墓竹简整理小组编著:《张家山汉墓竹简[二四七号墓]》(释文修订本),文物出版社2006年版,第30页。

④ 张家山二四七号汉墓竹简整理小组编著:《张家山汉墓竹简[二四七号墓]》(释文修订本),文物出版社2006年版,第18页。

⑤ 蒋非非先生指出:“隐官的成份大致有三类:因官吏‘故不直’及误判遭处肉刑后经‘乞鞫’被平反者;自立军功或他人上缴军功而被赦免之刑徒;因朝廷赦令被赦免之刑徒。”参见蒋非非:《〈史记〉中“隐宫徒刑”应为“隐官、徒刑”及“隐官”原义辨》,胡平生主编,中国文物研究所编:《出土文献研究》第6辑,上海古籍出版社2004年版,第138页。

⑥ 此即《二年律令·亡律》162、163简关于“主死若有罪,以私属为庶人,刑者以为隐官”的规定,参见张家山二四七号汉墓竹简整理小组编著:《张家山汉墓竹简[二四七号墓]》(释文修订本),文物出版社2006年版,第30页。

属其官的,①如逃亡三月以上,直接处耐隶臣刑而无更重处罚,说明此类人逃亡的常规刑即为耐隶臣。既然此四简规定的时限比一般逃亡更严厉,则不难想见,其刑罚不会轻于其他隐官之亡。四是隐官已非"刑徒",亡罪之刑不会重于隶臣之亡,隶臣亡盈卒岁尚不至升入城旦舂刑序列,隐官亡刑罚也应落入耐刑序列。综上,隐官之亡的规定刑应为"无名之耐"的耐司寇和"有名之耐"的耐隶臣。②

第二,《二年律令·亡律》158简后句记有"司寇、隐官坐亡,罪隶臣以上,输作所官",据此,司寇、隐官亡的刑罚可能并非均为耐隶臣。该简规定司寇、隐官亡而获罪,其刑重至耐隶臣以上时,应输派到"作所官"即亡之前所在的役使机构。③ 除部分腐宫隶臣被免后形成的隐官外,目前未见对司寇、隐官逃亡按时长区分刑罚的单独规定。律令要么针对司寇、隐官逃亡单有卒岁或类似时限规定,要么被归入"吏民亡",以是否盈卒岁为据,区分出"以亡日系城旦舂"和耐刑。158简以隶臣刑为下限,应是因为重至隶臣刑时,其人身受官府管制,但去向不同于一般隶臣妾和城旦舂"刑徒"所在的仓、司空等,而是先前役使机构。但句中的"罪隶臣以上"令人疑惑——若司寇亡刑罚也是耐隶臣,"以上"何意?

第三,司寇亡刑罚或许与岳麓秦简(肆)42简有关。该简记为:

> 不会司寇之耐者,以其【狱鞫已】论,其审当此【耐而不会,耐为鬼薪】。

---

① 释文见陈松长主编:《岳麓书院藏秦简(肆)》,上海辞书出版社2015年版,第49~50页。该条中来自被免隶臣的隐官可能专指经过"腐"之肉刑的宫隶臣,推测宫隶臣中还包括未施加腐刑者,他们被免为简文所谓"士伍"。其他类型的隐官应该来自被免的刑城旦。不同类型隐官逃亡的处置程序应有不同,但在刑罚上,腐之隐官可能与其他隐官无别;即使有别,腐之隐官刑罚也应不会轻于其他隐官。

② 腐之隐官复属原机构后逃亡的处以"耐隶臣",耐之身体刑有必要执行,盖因腐之肉刑不能从日常外观辨识出来,无法标示身份。这也似能解释为何《二年律令·亡律》158简"罪隶臣以上"无"耐"字:前文已述,在标示某一刑罚等次之上或之下的范围时,律令有时直接将复合结构的规定刑省写为身份/役使部分,省去"耐(为)""黥(为)";此处除这个原因外,概言主体为"隐官"的,其先前所受肉刑应为黥及其替换刑劓或斩止,由外观即可判断,不必言耐。

③ 李安敦和叶山先生遵从了冨谷至先生和三国时代出土文字研究班的译法,将"输作所官"英译为"输运到官府的工作之所",参见 Anthony J. Barbieri-Low & Robin D. S. Yates, *Law, State, and Society in Early Imperial China: A Study with Critical Edition and Translation of the Legal Texts from Zhangjiashan Tomb no. 247*, Leiden Brill, 2015, Vol. 2, p. 581。今按:岳麓秦简多见"作所县/县官",指劳役时所在县或县官。本简"作所官"亦应作如是解,但不应是泛指,否则于本简简文无意义。

下文将述及，“不会某刑罚”意指“未在规定时空接受某刑罚”，其处置是假定在执行该刑罚时逃亡。42 简强调查明事实，之后明确规定“耐鬼薪”之刑罚。若整理者的释读可取且本简确为独立一条、无前接他简加以限定的话，则本简与岳麓秦简（肆）23、40、41 简诸简文脉体例相同，但未如其他诸简般直接规定“以亡律论之”。本简何以如此表述颇令人费解。按其他诸简之例，由 42 简可推知司寇逃亡的刑罚是“耐鬼薪”，对此，侧证是《二年律令・亡律》158 简言“罪隶臣以上”，既然隐官亡刑罚重至耐隶臣而已，司寇亡的刑罚就应在隶臣刑以上；刑在隶臣以上、城旦以下者，“耐鬼薪”是也。但如此一来，司寇亡之刑罚就不是按“民亡卒岁，耐；司寇犯耐，耐为隶臣”处置；疑惑亦由此而生。①

《二年律令・亡律》对其余各类“刑徒”逃亡的刑罚规定，是下文讨论“犯罪逃亡”数罪处置的基础。要言之，在犯罪逃亡案件中，如果其本罪已经被官府知觉而进入治狱程序（“已狱”“已劾”），则法律将此类逃亡视作主体的本罪刑罚已被执行后的逃亡，如该刑罚有导致身份被贬抑为“刑徒”的效果，则视作主体以“刑徒”身份逃亡而“以亡律论之”，根据上引条文判定其亡罪刑罚。②

隶臣妾和收人的逃亡行为规定于《二年律令・亡律》165 简，可能比照了吏、民逃亡之例，只是对将阳的后续处置更为细化。其中，吏、民阑亡之耐刑应替换为系城旦舂六岁；将阳者，细化出“系城旦舂三岁”来统一对应吏民将阳的不固定但低于一年的逃亡日数，又规定在该“系三岁”期间逃亡的，仍按隶臣妾犯耐罪替换为系城旦舂六岁（此一替换形式见于前引《二年律令・具律》91 简）。在替换后的系城旦舂六岁期间逃亡的，处以完城旦舂；而在耐刑序列里，“系城旦舂六岁”大体是对隶臣有耐罪的处置（《二年律令・具律》90 简）。

迁刑承受者（“迁者”）和强制随迁者（“迁者所包”）的亡罪规定于岳麓秦简（肆）71 简，其刑罚既不同于吏、民，又不同于隶臣妾、收人和鬼薪白粲、城旦舂：如第二章所述，“皆耐为隶臣妾”针对迁者及其所包在去往迁所途中逃亡和到达迁所后逃亡这两种情况。此类人的亡罪刑罚是“耐为隶臣妾”，说明被迁者受刑前后的身份都高于隶臣妾；如果迁未改变其身

① 岳麓秦简（肆）42 简原释文有疑，但本条应是规定在某种情境下不会耐司寇刑罚的，最终处刑为耐鬼薪。对本条的检讨，详见下文。

② 例如，士伍甲盗百二十钱后逃亡被捕获，应是先以盗罪缺席论耐甲为隶臣，再考虑甲是以隶臣身份逃亡，按照《二年律令・亡律》165 简“隶臣妾、收人亡”条确定最终刑罚。关于这种数罪处置逻辑顺序的说明，参见本书第一章。

份，此处“耐为隶臣妾”就是“法名耐”之例，而与吏、民亡盈卒岁的“不名耐”之例有别。此外，71简未区分阑亡和将阳之别，可见迁者、随迁者的亡罪刑罚较一般吏、民为重。①

上述各条给定了亡罪规定刑，其他类型亡罪的刑罚经常据此展开。除这些常见亡罪外，某些亡罪刑罚较特别，有两点可予注意：

第一，直接另行规定亡罪刑罚。岳麓秦简（肆）有数简（33~36简、85~86简）对某些特殊身份人逃亡的量刑以是否“盈三月”为标准，逃亡超过三个月的刑罚是耐为隶臣妾。② 如此规定，或与其曾以隶臣、隐官身份役使于特定机构，身份升格后仍附属原机构的事实有关。此外，《二年律令·兴律》398简专对当戍者逋不行或擅离戍署及逃亡者设立了短时限和刑罚要求，远较常见亡罪严厉。③ 不难想见，此类逃亡事件较特别，故以专条规定罪、刑。

第二，规定亡罪刑罚参引其他犯罪刑罚。某些主体的一般逃亡有特别后果，律令不以“亡—耐”刑罚论断，而是根据特别后果另行规定其刑罚给定方式。这类特别亡罪的规定以岳麓秦简为多见，主体受官府监管、逃亡行为造成官府经济损失的，是以经济损失为据，参引盗罪量刑方式。如岳麓秦简（伍）92简规定“工隶臣妾”亡是以日六十钱计亡日，坐赃“与盗同法”，④类似规定还有岳麓秦简（肆）17~18简、66~69简等。⑤

二、“鬼薪白粲亡，黥以为城旦舂”的复原

本书前言曾说明处理简牍材料疑问时，不宜简单诉诸时代差异和断简误接之类理由，取例《二年律令·亡律》164简：“城旦舂亡，黥，复城旦舂。鬼薪白☐也，皆笞百。”城旦舂、鬼薪白粲逃亡的应处黥并使其成为城旦舂，即对逃亡的城旦舂处以“黥，复城旦舂”，对逃亡的鬼薪白粲处以“黥，以为城旦舂”，164简即其规定。该简残断，下段首字残缺，整理者释

---

① 迁之实质是剥夺身份相对自由者本人及其所支配家庭居住原籍地的权利，不具有身份贬抑效果。

② 六简释文见陈松长主编：《岳麓书院藏秦简（肆）》，上海辞书出版社2015年版，第49页以下。

③ 释文见张家山二四七号汉墓竹简整理小组编著：《张家山汉墓竹简［二四七号墓］》（释文修订本），文物出版社2006年版，第62页。

④ 参见陈松长主编：《岳麓书院藏秦简（伍）》，上海辞书出版社2017年版，第70页。

⑤ 参见陈松长主编：《岳麓书院藏秦简（肆）》，上海辞书出版社2015年版，第45页以下。

该字为“粲”。若遵此方案，则城旦舂逃亡刑罚是黥，鬼薪白粲逃亡仅处笞百。① 彭浩先生据图版提出：“‘粲也，皆笞百’与上部并不密合，字体也有区别，很可能是误接。故该简原文应是‘城旦舂亡，黥，复城旦舂。鬼薪白☐’。……复原后的164号简是：‘城旦舂亡，黥，复城旦舂。鬼薪白【粲亡，黥为城旦舂】。’”②吴雪飞先生进而指出本简应有关于自出的规定，将本简补为：

> 城旦舂亡，黥，复为城旦舂，鬼薪白【粲亡，黥为城旦舂，其自出】也，皆笞百。③

查看红外本图版，164简“也”字上似尚存两个字的右部部件；对比《二年律令》图版中较清晰的“粲”字，④下段首部残字实难定为“粲”，整理本和红外本释读方案存有疑问；据拼接后简长，至少缺字15个，诸说补字尚不足。参考《二年律令·亡律》和岳麓秦简（肆）有关简文，笔者曾推测，本简若非误接，则整简应包括三点内容，分别是城旦舂、鬼薪白粲逃亡之黥复/为城旦舂的刑罚，未拿获时的通缉程序，以及自出减刑为笞百的规定。理由有：

首先，《二年律令·亡律》157、159、165简等都是对逃亡犯罪及自出减刑的规定，从结构上看，各简全部是先规定吏民、奴婢、隶臣妾及收人等不同身份主体逃亡的刑罚，之后规定自出的减刑效果，各简句式相同；各简规

---

① 有学者赞同此说，如丁义娟先生提出“城旦舂又犯亡罪，加重处罚‘黥’刑。鬼薪白粲亡罪加重处罚笞百。体现了不同种形式的加重原则”。参见丁义娟：《秦及汉初刑罚体系研究——以出土资料为主要依据》，吉林大学2012年博士学位论文，第96页。周海锋先生将刑罚差异诉诸时代进步，指出：“鬼薪、白粲逃亡只要笞一百，比城旦舂逃亡处以黥刑要轻得多。秦汉律中诸如此类之细微差别，既可以看作是法律日趋严密合理的表现，也可视为是汉律相对宽和的表征。”参见周海锋：《秦律令研究——以〈岳麓书院藏秦简〉（肆）为重点》，湖南大学2016年博士学位论文，第30页。

② 彭浩：《谈〈二年律令〉中“鬼薪白粲”加罪的两条律文》，陈伟主编：《简帛》第2辑，上海古籍出版社2007年版，第436页。不过，2007年彭浩先生等据红外本又直接将下段残字释为“粲”，释文作：“城旦舂亡，黥，复城旦舂。鬼薪白粲也，皆笞百。”参见彭浩、陈伟、〔日〕工藤元男主编：《二年律令与奏谳书：张家山二四七号汉墓出土法律文献释读》，上海古籍出版社2007年版，第156页。

③ 吴雪飞：《岳麓简与〈二年律令〉对读三则》，武汉大学简帛研究中心2016年12月5日，http://www.bsm.org.cn/?qinjian/7425.html。

④ 如《二年律令》48简、108简、109简和124简等，图版见彭浩、陈伟、〔日〕工藤元男主编：《二年律令与奏谳书：张家山二四七号汉墓出土法律文献释读》，上海古籍出版社2007年版，图版第7、13、14、15页。

定自出减刑时,除吏、民是笞五十外,都是笞百之刑。就主体而言,164 简规制的是城旦舂和鬼薪白粲,与上述诸简正相补充。164 简内容和句式结构不应例外,应有自出减刑的规定。又因隶臣妾逃亡自出是笞百,城旦舂、鬼薪白粲逃亡自出的亦应是笞百,或至少不会轻于笞百。

其次,岳麓秦简(肆)47 简规定了城旦舂逃亡及自出的刑罚和追缉程序:

> 城旦舂亡而得,黥,复为城旦舂;不得,命之,自出殹(也),笞百。①

则笞百亦是秦律城旦舂亡而自出的刑罚。如此,《二年律令 · 亡律》164 简"皆笞百"之"皆"字应涵盖城旦舂,也就不会是逃亡之刑;"笞百"既非专对鬼薪白粲逃亡的刑罚,则对鬼薪白粲逃亡的,就应另有规定;按亡罪对应耐刑,以及《具律》100 简载"鬼薪白粲罪,黥以为城旦舂",120 简载"鬼薪白粲有耐罪到完城旦舂罪,黥以为城旦舂",以及《贼律》29 简载"鬼薪白粲殴庶人以上,黥以为城旦舂"等例,则此一规定应是"鬼薪白粲亡,黥以为城旦舂"。

最后,岳麓秦简(肆)47 简还表明,城旦舂逃亡未能捕获的将进入"命"程序;而《二年律令 · 具律》123、124 简规定,亡罪刑罚在完城旦舂、鬼薪白粲以上未能捕获的,要确定其亡罪罪、刑,并"命"("以其罪论,命之")。结合二者可推知,鬼薪白粲逃亡未能拿获的,也应适用"命"程序。鉴于岳麓秦简(肆)47 简在单独规定城旦舂的亡罪时提出了"命"程序,则《二年律令 · 亡律》164 简在同时规定城旦舂、鬼薪白粲的亡罪时,亦应有统一的程序规定。或问:何以《二年律令 · 亡律》诸条在规定其他主体逃亡时没有"论,命之"程序的规定呢?其原因或在于,其他诸条中的亡罪刑罚多未达到《具律》123、124 简"以亡为罪,当完城旦舂、鬼薪白粲以上,论,命之"的标准,无须特别提出;而《亡律》164 简如岳麓秦简(肆)47 简一样特别规定出城旦舂、鬼薪白粲逃亡的"命"程序,就是合理的了。据此可大体补出其程序规定:"不得者,皆以其罪论,命之。"

补出鬼薪白粲逃亡刑罚、"论,命之"程序和自出规定后,补文与缺字容量相符。笔者由此曾推测,164 简所记内容应近似为:

> 城旦舂亡,黥复城旦舂;鬼薪白【粲亡,黥以为城旦舂。不得者,皆

① 陈松长主编:《岳麓书院藏秦简(肆)》,上海辞书出版社 2015 年版,第 54 页。

以其罪论,命之。其自出】也,皆笞百。①

新刊布的《汉律十六章·亡律》230简记有类同的城旦舂、鬼薪白粲逃亡的“黥复/黥为城旦舂”罚则和“命之”程序,惟无“自出笞百”的减罪规定。230简记有:

城旦舂亡,黥复城旦舂。鬼薪白粲亡,黥为城旦舂。不得者皆命之。

整理者注释:“本简与《二年律令》简一六四多有不同。从图版看,《二年律令》简一六四在‘鬼薪白粲’下是另外一段,本不属同一简,系误拼接。原释文应到‘鬼薪白粲’止,‘也皆笞百’属另简。”②

本书前言已指出,整理者“误拼接”之说固然有其可能且较易理解,但秦汉律令中条文拆合变化的现象非常普遍,《二年律令》与《汉律十六章》之间在规制相同对象时条文表述有差异的亦非罕见,本条应即一例。其背后隐含着处理逃亡自出的两种可能形式:一是城旦舂、鬼薪白粲亡而自出的,另有类似“笞百”的处理方式,而《汉律十六章》本条未纳入。二是“自出笞百”原系《二年律令》对城旦舂、鬼薪白粲逃亡自出减罪形式的规定,但在编写《汉律十六章》简册时该规定已被取消,这意味着需根据《汉律十六章·亡律》253简“诸以亡为罪自出,减之;毋名者,皆减其罪一等”③的规定来确定自出减罪形式;因城旦舂、鬼薪白粲的逃亡正是“以亡为罪”,若已无“笞百”规定则为“毋名者”,需从“黥”之肉刑上减一等,但对此类“刑徒”而言实际无此肉刑的减法可依。因此,仅就城旦舂、鬼薪白粲亡而自出的处理方式而言,整理者意见难统一,《汉律十六章》本条不能用以说明《二年律令》164简系误接。

第二节 犯罪逃亡的叠加刑罚

承上,犯罪逃亡案件的刑罚确定规则是,在官府已知觉犯罪逃亡的事

① 上述律意复原尚存一些形式上的疑问,如目前所见秦及汉初简“自出也”文例多写作“自出殹”;不过在部分简牍中也存在前后一致的叙述中同时使用“也”和“殹”。

② 释文及注释见彭浩主编,荆州博物馆编:《张家山汉墓竹简[三三六号墓]》(上册),文物出版社2022年版,第195页。

③ 彭浩主编,荆州博物馆编:《张家山汉墓竹简[三三六号墓]》(上册),文物出版社2022年版,第198页。

实且无自出情节时,捕获后对本罪及亡罪均予追究,最终刑罚给定逻辑是先确定本罪该当刑罚所导致的“刑徒”身份,再按照《二年律令·亡律》对各类“刑徒”逃亡的规定,给出最终刑罚。对此,有两点需予提出:

一、犯罪逃亡与“数罪以重”原则

犯罪逃亡案件涉及所犯本罪和逃亡之罪,主体身份或役使状态的差异又影响着本犯之罪的刑罚确定,因此刑罚适用规则较为繁复,难以框套中国古法“二罪以上俱发以重者论”的“数罪以重”原则。本书第一章已述,在秦及汉初语境下,罪案审判被称为“治狱”,罪案尚未被官府知觉的犯罪未发状态被表述为“未狱”;在犯罪是否案发的意义上,与“未狱”相对的是“已狱”,即犯罪已被官府知觉,进入“狱”之处理程序。秦及汉初律“数罪以重”原则下的“数罪”应是被一次举告而成立“狱”,因此均应发生在官府知觉前,《二年律令·具律》99简未见“未狱”表述,但这应属题中应有之义。以此为背景,“狱未断犯新罪”的处置疑难才会被提出来。

对于“数罪以重”原则和犯罪逃亡数罪处理的关系,有两方面因素需予考虑:

一方面,对犯罪逃亡案件,如何追究本罪与亡罪,与本罪的刑罚轻重及其所对应的处理程序、犯罪者是否主动投案和投案时案件处于治狱程序哪个阶段有关。按秦及汉初律令,相同事实如复数犯罪和主动投案发生在“狱”的不同阶段时,其法效果常有不同。如果案件尚未进入治狱程序就主动投案(“自出”),等同有罪先自告,刑罚减一等,亡罪不论;如果案件已开始治狱才自出,需区分本罪刑罚轻重分别处理,其中本罪该当刑在耐隶臣妾以下时,即使已经事发乃至已判定罪刑,只要是在规定时空投案接受刑罚,亡罪不究;如果此后犯罪者被捕获,按秦律则本罪和亡罪均予追究。由上可见,本罪轻重不同的犯罪逃亡案件,其刑罚适用不一定严格遵循“数罪以重”原则,“已狱”也非必定数罪皆予追究,有的情况下可能只追究一罪。

另一方面,如本书前言所示,堀毅、宋国华和王芳等学者将《法律答问》131简乃至《二年律令·具律》122~124简视作犯罪逃亡适用“数罪以重”原则之例。但《法律答问》131简的问题点可能是逃亡行为是赃罪成立的必要条件,二者间存在牵连关系,这与“数罪以重”原则适用前提不同。《二年律令·具律》122~124简规定的是,在对本罪完成“狱”之治狱审判程序,确定罪刑(“论”)后,分别适用“命”程序加以缉捕或令其在规定时空自出并接受刑罚的“令出、会之”程序。此三简仅是“命之”和“令出、会之”

时罪名择其重的程序规定,不意味着处断也是以刑罚重者论,对轻罪不予追究。

综合两方面可见,犯罪逃亡的罪数确定,有赖于本罪是“已狱”还是“未狱”。治狱阶段不同,将影响罪数和刑罚的确定。

二、《二年律令》100简与犯罪逃亡的刑罚

《二年律令·具律》100简为理解秦及汉初律如何追究本罪与亡罪、二罪刑罚如何叠加,提供了关键信息。100简载:

> □□□□□,以其罪论之。完城旦舂罪,黥之;鬼薪白粲罪,黥以为城旦舂。其自出者,死罪,黥为城旦舂;它罪,完为城旦舂。

本简上段残断,缺五字左右。此处可预先排除本简不是规制犯罪逃亡的两种可能性:

第一,100简不是逃亡者在逃亡途中犯罪之规定。逃亡中犯罪的,推测也会考虑亡罪与新犯之罪的共同效果,即可能符合本简的刑罚叠加现象。不过,亡罪刑罚依照主体的不同而有差异,在不同主体的亡罪刑罚上叠加新犯之罪刑罚时,即使新罪刑罚相同,其最终获刑也不会表述为“完城旦舂罪,黥之”之类统一确定的刑罚。何况,如认为本条系对逃亡犯罪的规定,则“鬼薪白粲罪,黥以为城旦舂”一句将难以理解——盖因“耐鬼薪白粲”未见作为规定刑之例,“鬼薪白粲罪,黥以为城旦舂”中的“鬼薪白粲罪”应理解为按照《二年律令·具律》82简之规定,依凭犯罪主体的上造以上爵位或特别身份,所获得的对腐宫隶臣刑和城旦舂刑的优待式替换刑。若将本条视作犯罪逃亡,因“罪—刑”结构律条通常会抽象规定一般主体犯罪的该当刑罚,故符合100简关于统一刑罚的表述,且可以契合《二年律令·具律》关于有爵者替换刑优待的规定。

第二,100简不是对纵囚反坐的刑罚规定。如上所言,本条中本罪该当刑罚未执行,因此不是刑徒逃亡之例。若考虑未决罪囚的逃亡事例,本条“完城旦舂罪,黥之;鬼薪白粲罪,黥以为城旦舂”与前引《二年律令·具律》108、109简所见“其纵之而令亡城旦舂、鬼薪白粲也,纵者黥为城旦舂”的量刑一致,有学者即指出100简残断部分与108、109简“纵之”处刑规定之间的相似性。① 不过,要确定100简与108、109简之间的联系,尚存滞

① 冨谷至編『江陵張家山二四七號墓出土漢律令の研究·譯注篇』(朋友書店,2006年)68頁参照。

碍：据本书第五章，108、109 简规定的“纵亡城旦舂、鬼薪白粲，黥为城旦舂”中被纵放的城旦舂、鬼薪白粲不是泛指，而是专指该条（《二年律令·具律》121+107~109 简）第一句“城旦舂、鬼薪白粲有罪䙴（迁）、耐以上而当刑复城旦舂，及曰黥之若刑为城旦舂，及奴婢当刑畀主”中因有耐以上罪而应受肉刑的城旦舂、鬼薪白粲“刑徒”，末句是对律文前部“与同罪，皆如耐罪然”的但书。

对比《二年律令·具律》100 简可见，二者间不能契合：其一，在语言上，虽然“以其罪论之”与“与同罪”效果可能相同，但“与同罪”是固定的律文表述，与“以其罪论之”不同。而且，存字部分尤其是“其自出者”一语，完全是追究犯罪者本人而非纵放者的语气。其二，在律意上，既然 108、109 简专对纵放再犯耐以上罪的城旦舂、鬼薪白粲，那么，即使认可缺字部分是对“纵之”的规定，本条责任主体是纵放者，后文也不应出现“完城旦舂罪”“鬼薪白粲罪”被加重为“黥复/为城旦舂”的规定，尤其是本条所涉及的显然不是“城旦舂”和“鬼薪白粲”的既成“刑徒”，也就排除了缺字部分与 108、109 简有相同适用前提的可能。其三，虽然本条与《二年律令·具律》108、109 简的纵放亡城旦舂、鬼薪白粲无关，但本罪是完为城旦舂、鬼薪白粲的在押未决犯逃亡的，若按《汉律十六章·囚律》169~171 简“囚遂，加其罪一等，……完为城旦舂及鬼【薪】白粲者黥为城旦舂”所示，则其刑罚叠加效果与本条相同。不过从确定刑罚的程序看，二者存在差异。二者本质上都是追究本罪与亡罪或遂亡之罪，不过“囚遂”条直接指示了遂亡者归案并被加罪一等后的最终刑罚形式，这是就继续其本罪之狱而言的。而本条先言“以其罪论之”，其意义在于指示治狱者在命者归案后，以其所命之罪名治狱，这与《二年律令·具律》所见指示治狱者以告劾治狱，不得放讯杜雅、旁求它罪的道理一样。本条之后规定的“完城旦舂罪，黥之；鬼薪白粲罪，黥以为城旦舂”，才是指示需追究亡罪，最终确定本罪与亡罪的刑罚。

回到《二年律令·具律》100 简。简文后有“自出”，说明涉及逃亡；有“以其罪论之”和“完为城旦舂”“鬼薪白粲”“死”之刑名，说明涉及亡罪之外的本犯之罪，且诸项本罪的该当刑罚未及执行。据此可推测，本简与犯罪逃亡有关。循“犯罪逃亡”思路，有学者试将缺字补为“匿而不出者”，①或“有罪而亡者”；②其补法犹有未安：本简最后一句有自出效果上的“它

---

① 张伯元：《秦汉律刑处述略》，张伯元：《出土法律文献研究》，商务印书馆 2005 年版，第 175 页。

② 吴雪飞：《岳麓简与〈二年律令〉对读三则》，武汉大学简帛研究中心 2016 年 12 月 5 日，http://www.bsm.org.cn/?qinjian/7425.html。

罪，完为城旦舂”一语，说明其前部必有对本罪严重程度的限定，何况本简还应包括描述犯罪逃亡及其处置的内容。因此本简前部缺字也就不会是“有罪而亡者”之类仅言犯罪逃亡的表述。韩厚明先生认为“简100前仍当有简文……与简164律文内容有联系，简164是对城旦舂和鬼薪白粲这类刑徒逃亡的处罚，简100则是对因判有城旦舂和鬼薪白粲以上罪刑而逃亡的处罚，两简内容有互补关系”。① 在上述研究基础上，有三点可予提出：

首先，《二年律令·亡律》166简载：“诸亡自出，减之；毋名者，皆减其罪一等。”犯罪逃亡应归类于“诸亡”，自出者，若无明文，效果就是“减其罪一等”。而本条后部简文中，死罪减为黥城旦舂，“它罪”即刑城旦舂减为完城旦舂，正合减罪一等。“诸亡”之解和具体减法，详见下文。

其次，从律意上看，“完城旦舂罪，黥之；鬼薪白粲罪，黥以为城旦舂”一句确与《二年律令·亡律》164简的规定（据164简前句，城旦舂亡，黥复城旦舂；鬼薪白粲亡，黥以为城旦舂）相同。《二年律令·具律》100简同样体现出，在处置犯罪逃亡案件时，先行确定本罪之该当刑罚，再据《亡律》164简以该当“刑徒”身份追究其逃亡罪。应说明的是，从字面上看，“以其罪论之”是只论断其本罪，不叠加亡罪。丁义娟先生将“当刑城旦舂亡（包括黥城旦舂、黥劓城旦舂、黥劓斩趾等），以其罪论之”与“完为城旦舂、鬼薪白粲亡，黥复为/以为城旦舂”并列，②应是认为前者不叠加亡罪刑罚，后者明示出犯罪逃亡捕得者的刑罚。此解下，本条就没有本罪与亡罪刑罚叠加的意味。不过如前所述，“以其罪论之”可理解为指示治狱者以“命者”所犯本罪罪名治其狱，是程序要求，无碍于论断罪刑时叠加亡罪刑罚。既然本罪为完为城旦舂、鬼薪白粲者需叠加亡罪之黥，“囚遂”之亡需加罪一等（完为城旦舂以上就是叠加黥），那么刑为城旦舂罪叠加亡罪之黥，也应可说通。

最后，鉴于《二年律令·具律》100简在确定本罪之刑后再确定亡罪之刑时，列举的本罪之刑是“完城旦舂”和“鬼薪白粲”，自出规定里又出现“死罪，黥为城旦舂”和“它罪，完为城旦舂”，则所谓“它罪”至少应包括黥城旦舂和斩左止城旦，③但不包括本罪的完城旦舂、耐鬼薪白粲——盖因

① 韩厚明：《张家山汉简〈二年律令〉编联小议》，杨振红、邬文玲主编：《简帛研究 二〇一六（秋冬卷）》，广西师范大学出版社2017年版，第181~182页。

② 参见丁义娟：《简牍所见秦及汉初犯罪后逃亡刑罚适用规则解析》，陈伟主编：《简帛》第25辑，上海古籍出版社2022年版，第174页。

③ 另可能包括因加罪而出现的“黥劓城旦舂”“黥劓斩左止城旦”刑罚。

据100简，本罪应处完城旦舂、鬼薪白粲之刑，逃亡后自出的，未按《二年律令·告律》127～129简规定的“完城旦舂、耐鬼薪白粲减一等为耐隶臣妾”，而是减为“完城旦舂”；这说明未减等的“它罪”不包含完城旦舂、鬼薪白粲本罪（或更严格言，不包括耐为鬼薪白粲本罪），而应包含这两种本罪与亡罪叠加后的黥为城旦舂。因此可以说，100简自出减刑都是在叠加本罪与亡罪之刑罚后再总减一等。此一理解不仅符合本罪是完城旦舂、鬼薪白粲刑罚的犯罪逃亡之例，而且也符合本罪为死刑和黥城旦舂、斩止城旦刑之例，即本犯死罪而逃亡的，其刑罚仍为死刑，自出减一等为黥城旦舂；本犯黥城旦舂罪而逃亡的，应处黥劓为城旦舂之刑，自出减一等为完城旦舂；本犯斩左止城旦罪而逃亡的，应处黥斩左止为城旦之刑，自出减一等为完城旦。①

此外尚需考虑100简为何专门针对本罪在完城旦舂、鬼薪白粲以上的逃亡者。刑罚在完城旦舂、鬼薪白粲以上时，主体不论逃亡与否，都会承受身份降至最低、（犯罪主体为家长时）受其支配的家庭被没收的严重后果，因此对此类犯罪逃亡者，秦及汉初律的压迫态势、追缉程序都不同于本罪在耐隶臣妾以下的逃亡者，乃是直接经过“狱”之程序来确定罪刑并通缉（“论，命之”）。以100简观之，鉴于“以其罪论之”后所言是在本罪该当刑罚“完城旦舂罪”和“鬼薪白粲罪”基础上叠加亡罪刑罚，则在律意上，本简是在说明对犯罪逃亡行为的最终刑罚确定规则；但既存简文未见类似《二年律令·具律》123、124简般“命之”的程序规定。如此，本简尚缺少对犯罪逃亡者本罪已经被发觉且其本人已经被拿获的前提描述。因此本简律文结构有较大欠缺。

笔者曾试补本条，认为补充后相对完整的律文内容应为：第一句，残缺部分的简文应当说明犯罪在完城旦舂、鬼薪白粲刑罚以上而逃亡，之后接既有简文，先判定其本犯之罪刑（“以其罪论之”）；第二句，在本罪之刑基础上叠加亡罪之刑，以确定其最终刑罚，即本罪为完城旦舂、耐鬼薪白粲刑的，最终刑罚是“黥复/以为城旦舂”；②第三句，规定本罪为自死罪到完城旦舂、鬼薪白粲罪的，逃亡自出减刑一等，其减刑逻辑一如上述。如此可从律意上试补出未知的前简（可名之为x简）和100简前缺数字，以构成相对

① 本罪在黥为城旦舂或斩左止为城旦基础上加罪一等或二等将构成黥劓城旦舂、黥劓斩左止城旦、斩左止黥城旦，这些加罪者逃亡的将出现黥劓斩左止城旦、黥劓斩左右止城旦之刑，自出减一等亦均为完城旦。女性犯罪者在重于“黥劓”的肉刑类别上的加罪形态尚不明确，故此处暂不纳入“舂”。

② 本句未提及本罪为“黥城旦舂”“斩左止城旦”刑的情况，盖因其他的“刑复城旦舂”以“完城旦舂”和“鬼薪白粲”的“黥复/为城旦舂”为基础。

完整的规定:

(1)【……有罪当城旦舂、鬼薪白粲以上而亡,ₓ已命之而得】①,以其罪论之。(2)完城旦舂罪,黥之;鬼薪白粲罪,黥以为城旦舂。(3)其自出者,死罪,黥为城旦舂;它罪,完为城旦舂。$_{100}$②

新刊布的《汉律十六章·亡律》251~252简记有:

有罪命而得,以其罪论之。完城旦舂罪,黥之。鬼薪白粲罪,黥以为城旦舂。其自出者,死罪黥为城旦舂,它罪完为城旦舂。③

《二年律令》100简前接他简的补释方案的可能性无法全然排除,不过它和《汉律十六章》该条同文、缺字为“有罪命而得”的可能性更大。

简言之,本条第一句是指示治狱者对本罪已“命”者被捕得和自出情形下如何论罪的规定,且至少在本罪为完城旦舂、鬼薪白粲时,被捕得者的量刑与“自出”减罪前的刑罚皆非本罪刑罚,说明在官府视野里,归案前的命者的本罪和亡罪均需予追究,捕得归案者二罪刑罚叠加,自出归案者以二罪刑罚叠加为基础来减罪;推测刑罚叠加遵循“先本罪、后亡罪”的逻辑顺序。澄清这一点有助于理解犯罪逃亡后自出的法律效果。

第三节 逃亡刑罚的确定方式

针对不同类型亡罪,秦及汉初律令规定了不同的处置程序。

---

① 查看图版,“以”上之字应残留有左下部分的笔画,但不能确定是何字;此处只是暂依据律意臆补。

② 韩厚明先生已指出,岳麓秦简(肆)51、52简与《二年律令·具律》100简内容相似,可资佐证,参见韩厚明:《张家山汉简〈二年律令〉编联小议》,杨振红、邬文玲主编:《简帛研究 二〇一六(秋冬卷)》,广西师范大学出版社2017年版,第183页。此二简释文为:

佐弋之罪,命而得,以其罪罪之。自出殹(也),黥为城旦舂。它罪,命而得,黥为城旦舂,其有大辟罪$_{51}$罪之。自出殹(也),完为城旦舂。$_{52}$

③ 释文见彭浩主编,荆州博物馆编:《张家山汉墓竹简[三三六号墓]》(上册),文物出版社2022年版,第198页。

一、秦律上的一般逃亡:“削爵”与治狱

据秦及汉初律,一般逃亡的,依据主体不同,处理程序有差异:

第一,对黔首一般逃亡,岳麓秦简(肆)135~138简、140~141简记有:

> ·尉卒律曰:黔首将阳及诸亡者,已有奔书,及亡毋(无)奔书盈三月者,辄筋〈削〉爵以为士五(伍)。135 有爵寡以为毋(无)爵寡。其小爵及公士以上子年盈十八岁以上,亦筋〈削〉小爵爵而傅,及公136 士以上子皆籍以为士五(伍)。乡官辄上奔书县廷,廷转臧(藏)狱,狱史月案计日,盈三月即辟问乡137 官,不出者,辄以令论削其爵。皆校计之。138
>
> 尉卒律曰:为计,乡啬夫及典、老月辟其乡里之鼓(縠)、徙除及死亡者,谒于尉,尉月牒部之,到十月乃140 比其牒,里相就殹(也)以会计。黔【首】之阑亡者,卒岁而不归,結其计,籍书其初亡之年月于結,善臧(藏)以戒其得。141①

第一条是对黔首逃亡后削爵的规定。黔首亡削爵的前提是“亡而已有奔书及亡无奔书盈三月”。整理者认为奔书为“秦代文书的一种,用以登记黔首逃亡情况。或应是涉及奔警的命令,即因突发事件需要征召士徒的法律文书”②,学者对整理者二说各有所从。③ 目前“奔书”仅此一见,“奔牒”多见,二者中“奔”的含义应相同。本书认为“奔”更突出文书传递的“即时性”而非文书的内容特性,“奔牒/奔书”当是即时传递文书的类

---

① 陈松长主编:《岳麓书院藏秦简(肆)》,上海辞书出版社2015年版,第112~114页。135~138简句读修改参考陈伟:《秦简牍校读及所见制度考察》,武汉大学出版社2017年版,第283页。

② 陈松长主编:《岳麓书院藏秦简(肆)》,上海辞书出版社2015年版,第164页,注释39。

③ 取“奔,出亡”义,视其为“逃亡文书”的,如陈伟先生认为,“奔书”之“奔”取“逃亡”意,“奔书”是一种关于逃亡的文书。参见陈伟:《秦简牍校读及所见制度考察》,武汉大学出版社2017年版,第283页;朱红林:《〈岳麓书院藏秦简(肆)〉疏证》,上海古籍出版社2021年版,第151页。取“奔,赴急”义,视其为“奔走携带紧急文书”泛称的,如陈松长先生提出奔书可能“并不是一种特定的有关奔亡的文书,而应该是有关奔走携带所有紧急文书的一个泛称,也就是说,前面所说的‘奔警’‘奔命’‘奔劾’中的‘警’‘命’‘劾’等都应该是‘奔书’的一种,而不应该将‘奔书’中的‘奔’另解为‘奔亡’的‘奔’”。参见陈松长:《岳麓秦简〈奔警律〉及相关问题浅论》,《湖南大学学报(社会科学版)》2017年第5期。与陈说有所不同,视“奔书”为“奔命书/奔警书”省称的,如杨振红先生认为岳麓秦简(肆)《尉卒律》中出现的“奔书”就应是“奔命书”(或“奔警书”)的省称,即上级下达的令黔首奔命或奔警的文书。参见杨振红:《从岳麓秦简看秦汉时期有关“奔命警备”的法律》,姚远主编:《出土文献与法律史研究》第7辑,法律出版社2018年版,第35页。

称,不限用于逃亡事件。①

有奔书的削爵程序是,发生黔首逃亡事件时,乡官制作奔书,上报县廷,县廷转给狱史,狱史据以统计逃亡时长;满三月时辟问乡官逃亡者是否自出,未自出的立即“以令论削其爵”。可见,不论有无奔书,导致削爵的逃亡时长都是三个月。制作和上报奔书不会专限于有爵者亡,应是对黔首逃亡的统一程序规定。第2条进而规定了对黔首逃亡的统计程序。据此二条,官府针对黔首一般逃亡事件的处置程序可能是“乡官制作奔书,上报县廷→狱史统计亡日→满三月辟问乡官,狱史削爵→尉主持统计,确定卒岁之阑亡者”。

与徒隶受到人身管制、逃亡则需治狱的情形不同,对黔首逃亡事件,官府先行统计、进行削爵即可,因此第1条中的削爵是类似于“行政措施”的户籍管理行为,而非启动针对罪案的“治狱”程序。② 陶安先生则就《为狱等状四种》“多小未能与谋”案多邦亡“削爵为士伍”,引本条说明削爵是乡官依职权,不经刑事审判进行的。③

此处需说明“以令论削其爵”所指。华东政法大学出土法律文献研读班语译“以令论”为“按照法令论处”,认为其与《二年律令·具律》122~124简“论令出会之”有关,是针对犯有耐为隶臣妾以下罪而逃亡者的程序;④朱红林先生看法与之类似,将“以令论”之“令”注为:“令,命也,发文

① “奔书”“奔牒”诸例在其语境中确“与逃亡有关”。不过,若奔书类是逃亡事件的类型化文书专谓,则不必详列逃亡者的待询事项。里耶秦简14-18简和15-172简是奔牒文书实例,迁陵令拔的函询文书详列了奔牒需登载的信息,回复文书是奔牒,但未登录逃亡者信息。释文见张春龙:《里耶秦简中迁陵县学官和相关记录》,清华大学出土文献研究与保护中心编:《出土文献》第1辑,中西书局2010年版,第232页。陈伟先生修改的14~18简释读,参见陈伟:《秦简牍校读及所见制度考察》,武汉大学出版社2017年版,第283页。

② 有学者认为岳麓秦简(肆)《尉卒律》本条是定罪规定。例如周海锋先生提出:“从律文可知,奔书是一种用以登记黔首逃亡情况的文书,是定逃亡者之罪和削去其爵位的文书凭证。逃亡者出逃满三个月者,名字将被录于奔书之上,会被立案,成为罪人。”参见周海锋:《岳麓秦简〈尉卒律〉研究》,中国文化遗产研究院编:《出土文献研究》第14辑,中西书局2015年版,第84页。又如王萍先生提出“以令论”之“令”指定罪程序,“以令论削其爵”是按照定罪程序判处“削其爵”;“削爵”由狱史而非乡官进行判决,说明削爵程序属于法律程序,削爵是刑罚,而非仅为注销爵籍的行政行为。针对逃亡罪的“削爵”是在逃亡者逃亡达到一定时限后,自动进入司法程序,进行“缺席”判决。参见王萍:《岳麓秦简〈尉卒律〉“削爵”考》,邬文玲、戴卫红主编:《简帛研究 二〇二〇(秋冬卷)》,广西师范大学出版社2021年版,第114、115、119页。

③ 参见〔德〕陶安:《岳麓秦简〈为狱等状四种〉释文注释》(修订本),上海古籍出版社2021年版,第102页。如上引王萍文所言,削爵程序应由狱史而非乡官实施。

④ 参见华东政法大学出土法律文献研读班:《岳麓简秦律令释读(二)》,王捷主编:《出土文献与法律史研究》第9辑,法律出版社2020年版,第217~219页。

通缉。岳麓秦简 2009(047)'城旦舂亡而得,黥,复为城旦舂;不得,命之',简 1976(050)'城旦舂司寇亡而得,黥为城旦舂;不得,命之',皆可为旁证。"并语译"以令论"为"按律……进行通缉"。① 本条"以令论"与《二年律令·具律》和岳麓秦简(肆)所见"论,命之""论,令出、会之"程序无关。下文将析,"论,命之""论,令出、会之"是专对犯罪逃亡者的程序,所"论"者为其本罪,论定后区分本罪刑罚轻重,适用不同程序;可见在岳麓秦简(肆)《尉卒律》此处,"令,命也,发文通缉"之解不准确,此削爵程序不是对逃亡行为定罪处刑,那么"以令论"需作别解:

关于"令"。此"令"不是作为正式法律规范,与律相对且与律有直接关联的"律令"之"令"(ordinance),而是简牍文书常见的"主事者的指令",是官僚体系内,基于职事的指令、命令(order)。对此可稍作申说。《法律答问》142 简记有:

> 可(何)如为"犯令"、"法(废)令"?律所谓者,令曰勿为,而为之,是谓"犯令";令曰为之,弗为,是谓"法(废)令"殹(也)。廷行事皆以"犯令"论。②

对本条之"令",何四维先生意识到有二解,译文译为"律令"之"令"(ordinance),注中提出"也可能应按字面意义译为'命令'(order)"。③ 在此意义上,何氏未取整理小组连排《秦律十八种》184 简和 185 简的方案("行传书、受书,必书其起及到日月夙莫(暮),以辄相报殹(也)。书有亡者,亟告官。隶臣妾老弱及不可诚仁者勿$_{184}$令。书廷辟有曰报,宜到不来者,追之。行书$_{185}$"④),认为二简不接,185 简应读作"令书、廷辟有曰报,宜到不来者,追之",并译"令书"为"书面命令"(written order)。⑤ 近年来秦简牍面世,可证"令"有二义。劳武利与史达列举了睡虎地秦简《秦律十八种》《法律答问》,岳麓秦简《为狱等状四种》,张家山汉简《奏谳书》等秦简牍中,统治者之"所言/法令"(edict)意义下的"令",并着重提示里耶秦简中的那些在"命令"(order)意义上的包括从"王令"(royal order)(8-461 简"更名方")到"丞相令"(8-159 简)、"御史令"(8-1514 简)等高级官吏之

① 参见朱红林:《〈岳麓书院藏秦简(肆)〉疏证》,上海古籍出版社 2021 年版,第 154、155 页。
② 睡虎地秦墓竹简整理小组编:《睡虎地秦墓竹简》,文物出版社 1990 年版,第 126 页。
③ A. F. P. Hulsewé, *Remnants of Ch' in Law*, Leiden E. J. Brill, 1985, p. 160, note 2.
④ 释文见睡虎地秦墓竹简整理小组编:《睡虎地秦墓竹简》,文物出版社 1990 年版,第 61 页。
⑤ See A. F. P. Hulsewé, *Remnants of Ch' in Law*, Leiden E. J. Brill, 1985, p. 86.

命令(higher officials' order)在内的“令”(order)；[①]“书面命令”之义的“令书”也数见于里耶秦简，何氏对“令书”的看法终得落实。[②] 秦简牍中出现的官府之“令”，有专名“令”而不限定者，或为“律令”之“令”，此类多见，如里耶秦简 8-62 简；亦有自“王令”以下，明言指令发出者之“令”，系主事者在履行职事时对具体事务的指令，正是“字面意义上之‘命令’”。[③] 如里耶秦简 15-172 简正有“令曰：童拾”，虽然其后残断，但“令”以“童拾”开头，则可知此“令”是针对“学童拾有鞫亡”这一案件的具体指令，应即县令拔要求核查信息、制作并上呈奔牒的指令、命令。

以此验看岳麓秦简(肆)《尉卒律》“以令论”之“令”，可知其亦应非“律令”层面的法律规范，而是县令、丞、尉等主管者基于职事就具体事件下达的“行政命令”。在本条律文前部，逃亡时长的削爵条件和削爵为士伍的后果乃至削除不同爵位的方式皆已有规定，狱史决定削爵时并无援引其他“律令”之“令”的余地。反而是秦削爵具体手续不明，个案中爵位保有与削除、削爵后逃亡黔首统计数据处理、削爵后个人户籍信息修改为“士伍”等后续工作将涉及县尉与乡官，[④]狱史职权恐不能覆盖这些环节，其削爵决定须依主管者指令作出。强调“以令”，大概是如“学童拾”案中“有鞫”文书被学佴称为“令”般，需落实为文书。

关于“论”，《说文解字》载“论，议也”。段玉裁注：“论以仑会意。亼部曰：仑，思也。龠部曰：仑，理也。此非两义。……许云：论者，议也。议者，语也。似未尽。从言仑声。当云从言仑，仑亦声。”[⑤]“论”常用于描述官吏在治狱时“议定罪、刑”，但也可见于其他事务的处理，如军事行动结

① See Ulrich Lau & Thies Staack, *Legal Practice in the Formative Stages of the Chinese Empire: An Annotated Translation of the Exemplary Qin Criminal Cases from the Yuelu Academy Collection*, Brill, 2016, pp. 104-5, note 556.

② 对睡虎地秦简《秦律十八种·行书律》184、185 简的断读和何氏意见的总结，可参见中国政法大学中国法制史基础史料研读会：《睡虎地秦简法律文书集释（五）：〈秦律十八种〉（〈效〉——〈属邦〉）、〈效〉》，徐世虹主编，中国政法大学法律古籍整理研究所编：《中国古代法律文献研究》第 10 辑，社会科学文献出版社 2016 年版，第 58~59 页。

③ 其中“更名方”(8-461 简)所见“以王令曰【以】皇帝诏”之“王令”被更名为“皇帝诏”，是将确为“命令”的君主指令定名为其表现形式之“皇帝诏”。里耶秦简诸例分别见陈伟主编：《里耶秦简牍校释》第 1 卷，武汉大学出版社 2012 年版，第 47~48、96、156、342 页。

④ 尉与人事任免、爵位授除有关，汉初律《二年律令·置吏律》215 简记有“受(授)爵及除人关于尉”。张家山二四七号汉墓竹简整理小组编著：《张家山汉墓竹简[二四七号墓]》(释文修订本)，文物出版社 2006 年版，第 37 页。岳麓秦简(肆)《尉卒律》141 简记有县尉在人口统计时，对卒岁不归的阑亡黔首单独处理(“結其计，籍书其初亡之年月于結，善臧(藏)以戒其得”)。参见陈松长主编：《岳麓书院藏秦简(肆)》，上海辞书出版社 2015 年版，第 114 页。

⑤ (清)段玉裁：《说文解字注》，中华书局 2013 年版，第 92 页。

束后论定赏罚,睡虎地秦简《秦律杂抄》35、36 简"军新论攻城",37 简"战死事不出,论其后"皆非"论罪"。① 治狱之"论"意味着罪案已经过"鞫"之事实确认,排除了因某些事实而不追究责任的情况("毋论""不当论"等),需按律令议定刑罚,这时才是治狱之"论罪"。可见"议罪"义固然常见,但不是唯一义项,"论"实为议而决事之意;本条"以令论"似可解为受县廷之令,议决削爵之事,而非"论狱"以确定逃亡者罪刑的治狱程序。据本条,削爵决定还需经受校计,削爵结果会告知乡官以更改户籍信息。因此视其为"行政措施"为宜。实际上,针对黔首的一般逃亡事件,秦及汉初律上未见启动治狱程序的规定。

另,秦汉间"黔首亡盈三月削爵"程序有存废变化。本书前言已述,秦《尉卒律》至迟在汉初已被废除,本条黔首亡盈三月不出者削爵的规定未得到《二年律令》《汉律十六章》的承袭,汉初《亡律》中亡不盈一岁而自出的有爵者仍得以其爵享有役使上的优待。

第二,对司寇和徒隶来说,亡罪该当刑罚在完城旦舂、鬼薪白粲以上时,需适用"命之"通缉程序(《二年律令・具律》123、124 简)。其中:亡罪该当刑罚是耐鬼薪白粲的,可见司寇逃亡应处耐鬼薪之例;亡罪该当刑罚是完城旦舂的,可见上引《二年律令・亡律》165 简,隶臣妾因去系城旦舂三岁亡被判处系城旦舂六岁,其间又逃亡的,"完为城旦舂";②亡罪该当刑罚是黥城旦舂的,可见《二年律令・亡律》164 简,城旦舂、鬼薪白粲逃亡的,黥复/为城旦舂,岳麓秦简(肆)47 简和 50 简亦是。

第三,部分迁者和随迁者在输运过程中和到达迁所后都受到特别监管,因此他们的逃亡案件与一般黔首不同,将经历治狱程序。上引岳麓秦简(肆)71 简中,去往迁所途中逃亡和安置于迁所后逃亡,未能捕获的,需要启动治狱程序、判定罪刑并命令其自出和在限定时空接受刑罚。

综上,同样犯有一般亡罪时,黔首和处于司空或仓等机构监管下的部分徒隶以及某些受特别监管者所面临的处理程序是不同的:黔首逃亡,不启动"狱"之程序,也无后续追缉程序,秦《尉卒律》所见逃亡事件的上报、削爵等活动更接近于"行政措施";迁者及随迁者逃亡,需经历"论,令出、会之"之审判和追缉程序;至于隶臣妾、鬼薪白粲和城旦舂,其逃亡多将导

---

① 参见睡虎地秦墓竹简整理小组编:《睡虎地秦墓竹简》,文物出版社 1990 年版,第 88 页。

② 据上引《二年律令・亡律》隶臣妾、收人逃亡的,处刑是"系城旦舂三岁/六岁",未升至城旦舂刑序列;又据《二年律令・具律》123、124 简尾句将一般亡罪的"论命"程序限于刑罚在完城旦舂、鬼薪白粲以上者,则隶臣妾、收人逃亡的,不会适用"论命"程序,估计应适用"论,令出、会之"程序。

致完城旦舂、鬼薪白粲以上刑罚，将适用“论，命之”之审判和追缉程序。① 在上述适用不同审判和追缉程序的亡罪规定中，未见对启动“狱”程序时间点的规定。鉴于针对黔首和隶臣妾、收人的一般逃亡案件需区分逃亡时长是否满一年，而且岳麓秦简（肆）有黔首逃亡者盈三月削爵的规定，33～36简、85～86简对某些特殊身份人逃亡的量刑是以“亡盈三月”为标准，推测针对亡罪的“狱”之程序即使存在，也可能在逃亡发生三个月后才会启动。

二、犯罪逃亡：“论，命之”及“论，令出、会之”

犯罪发生后，如果犯罪者直接投案自告或由他人告发而被捕拿到官，官府将启动罪案审理的“狱”之程序。这种情形以知晓犯罪主体和主体在案为前提，学者已大体复原了秦汉的这一程序。② 不过不难想象，犯罪后逃亡的情形极为常见，其中本罪尚未被官府知晓，逃亡者仅因逃亡而被官府拿获的，若在审讯时坦白罪行，按自出处理。岳麓秦简（肆）24～28简记有：

> 亡不仁邑里、官，毋以智（知）何人殹（也），中县道官诣咸阳，郡【县】道诣其郡都$_{24}$县，皆毄（系）城旦舂，槫作仓，苦，令舂勿出，将司之如城旦舂。其小年未盈十四岁者，槫$_{25}$作事之，如隶臣妾然。令人智（知）其所，为人识，而以律论之。其奴婢之毋（无）罪者殹（也），黥其雝〈颜〉$_{26}$頯，畀其主。咸阳及郡都县恒以计时上不仁邑里及官者数狱属所执灋（法），县道官别之，$_{27}$且令都吏时覆治之，以论失者。覆治之而即言请（情）者，以自出律论之。$_{28}$

本条规定了捕获身份不明逃亡者时的处理程序：各县道将这类逃亡者送至咸阳或郡都县，暂时限制人身自由并劳役；若逃亡者被识破身份就按律论罪，系无其他犯罪的奴婢的，施加肉刑后还给主人；会计时，咸阳和郡都县向其所属该管者（“执法”）提交不明身份逃亡者的现有信息，汇总后

---

① 另有特别规定的亡罪，如前及《二年律令·兴律》398简的当戍者逋不行，去戍署亡超过七日即耐隶臣，超过三月即完城旦，实践中可能难以严格区别适用两种追缉程序。

② 参见〔日〕籾山明：《中国古代诉讼制度研究》，李力译，上海古籍出版社2009年版，第49～76页。

由各县道官比对分辨出各自辖区的逃亡者("别之"),[①]并由各郡都吏覆治,追究刑罚有失的案件;覆治时,逃亡者能坦白犯罪事实的,照自出律来处断。[②] 逃亡者坦白罪行的,自出的减刑效果及于其本罪刑罚。因犯罪者身份不明,自出减刑可能有两种情况:一是其本罪已在案发地县道治狱("已狱",或曰"犯罪已发"),只是本人身份暂未被现收容县道识破。都吏覆治时坦白其本罪的,不能等同于自告;其自出减刑效果将是按照犯罪逃亡、本罪已狱而自出的情形来处理,对此,详见下文。二是官府尚不知其本犯之罪(案件未呈报,或已呈报但不知其为犯罪者),都吏覆治时坦白其身份和本罪的,本罪等同于自告,减刑时应从本罪该当刑罚上减一等。

至于犯罪逃亡、本罪已发的审判和追缉程序,律有明文,上引《二年律令·具律》122~124 简前部规定即是,此处不避文烦再录如下:

> 有罪$_{122}$ 当完城旦舂、鬼薪白粲以上而亡,以其罪命之;耐隶臣妾罪以下,论,令出、会之。其以亡为罪,当完城旦舂、鬼薪白粲以上不得者,亦以其罪$_{123}$ 论,命之。……$_{124}$

最后一句不是对犯罪逃亡而是对一般逃亡的追缉规定,因只有在其逃亡本身刑罚确定后才能"命",故明言"论","坐所去亡与盗同法"犯罪大概是其典型,这类"以亡为罪"者需以亡日计赃,若要"命",需经"论",量刑升至完城旦舂以上。此"论,命之"程序应与前句"以其罪命之"相同,唯前句中无"论"字,[③]原因可能是前句强调的是"命"环节,"命"前需经对本犯之罪的"论"实为不言自明,无须出文。

对"论,命之"和"论,令出、会之"程序的不同,可稍做延展:

---

① 整理者注:"别:决狱。"参见陈松长主编:《岳麓书院藏秦简(肆)》,上海辞书出版社 2015 年版,第 75 页。然据本条所记程序,"亡不仁邑里、官"者身份不明,各县道官拿获后难以审判,只能交由咸阳和各郡都县,在会计时将不明身份逃亡者资料汇总,再由各县道官辨别逃亡者,由所属各郡都吏审理;其间并无县道官审理案件的环节。"别"用作"分辨、辨别"之意的文例不乏其见,如张家山汉简《奏谳书》156 简记有"须来以别黔首当捕者"等。理论上所有人口名数信息都由各个园邑、乡官、都官、县官管理,各郡县有自己辖区逃亡者信息,全国会计时由各县道官共享和比对所有待甄别逃亡者信息,就有了可能。

② 该条所针对的"亡不仁邑里、官"者中必然包含犯罪逃亡者,在身份明了之前,其本罪未被官府掌握。对这类犯罪逃亡者而言,在都吏覆治时"即言其情"不会仅指如实说明其真实身份和逃亡情状却隐瞒本犯之罪,因为"以自出律论"时,若仅就亡罪适用自出减刑之笞,其理难通。故此处应指坦白其本犯之罪。

③ 是说亦可见周海锋:《秦律令研究——以〈岳麓书院藏秦简〉(肆)为重点》,湖南大学 2016 年博士学位论文,第 31 页。

其一,犯罪事发,无论犯罪者在案还是逃亡,官府均将针对其本犯之罪启动“狱”之程序,审理、判定其本罪罪与刑(“论”)。对逃亡者,“论”后根据本罪刑罚轻重,适用不同程序予以追究:本罪刑罚在完城旦舂、鬼薪白粲以上的,以其本犯罪刑予以通缉(“以其罪命之”)。① 本罪刑罚在耐隶臣妾以下的,则下令自出(“令出”),在规定时空接受本罪刑罚[“(令)会之”]。

其二,“论,令出、会之”应指确定犯罪逃亡者本罪的罪与刑,命令其自出并在规定时间和场所接受刑罚。② 本书读五字为“论,令出、会之”,是为区分步骤:先是启动针对本罪之“狱”并“论”定其罪刑,之后命令逃亡者自出,在规定时空接受“论”定的本罪刑罚。此处“会之”之“会”指按照约定或规定之时空要求来行事,如“会某期”之“会”,史籍和秦汉简牍多见;③此处“会之”之“之”指逃亡者本罪的该当刑罚。上文已提及,针对迁者、随迁者等主体,一般逃亡的程序是“论,令出、会之”,犯罪逃亡而本罪之刑在耐

① 岳麓秦简(肆)47简记有“城旦舂亡而得,黥,复为城旦舂;不得,命之”,整理者注:“命,出告示缉拿。”参见陈松长主编:《岳麓书院藏秦简(肆)》,上海辞书出版社2015年版,第77页,注释58。笔者写作《睡虎地秦简〈法律答问〉“狱未断”诸条再释——兼论秦及汉初刑罚体系构造》一文时将“命”之程序意义理解为主动追缉程序(后刊载于中国政法大学法律古籍整理研究所编:《中国古代法律文献研究》第12辑,社会科学文献出版社2018年版,见第133页注1),是以追缉程序去认识“命”,因此采纳整理者的解释。对“命”含义的讨论,可参见陈迪:《〈岳麓书院藏秦简(肆)〉60—64简试析》,邬文玲、戴卫红主编:《简帛研究 二〇一八(秋冬卷)》,广西师范大学出版社2019年版,第132页以下。鹰取祐司先生新近提出“命”是对逃犯标示刑罚名称并将其登录在县狱保管的命籍上的手续,参见〔日〕鹰取祐司:《秦汉时代对逃犯采取的措施——以〈张家山汉简·二年律令〉122—124的分析为中心》,陈捷译,中国法制史学会、“中央研究院”历史语言研究所主编:《法制史研究》第39期(2022年)。秦汉律文仅言“命之”,字面上看无官府主动追缉之意。但相较“令出会”者还有自出接受刑罚的缓冲机会,尚保有行动自主性的情形,登入命籍意味着其人的主管机构发生变动,已全然成为国家视野中的罪人,被置于国家强力的直接压迫之下。在此意义上,本书仍使用“追缉”表述。针对命者的具体追捕措施如何,尚待进一步探讨。

② 各家对“论,令出、会之”理解多有不同,徐世虹先生曾做总结,其中专修大学《二年律令》研究会所撰《张家山汉简〈二年律令〉译注》(三)释“会”为“点名”“确认所在”,认为《二年律令·具律》该句意为:令逃亡的耐隶臣妾以下的罪人在(确认所在时限)内自首,(若超出时限)则处以逃亡罪。对诸家观点尤其是专修大学《二年律令》研究会意见的介绍,参见徐世虹:《出土秦汉法律文献整理研究的新成果——读〈二年律令与奏谳书——张家山二四七号墓出土法律文献释读〉》,《政法论坛》2010年第4期。此外有学者认为,“‘耐隶臣妾罪以下,论令出会之’,大约是触犯耐隶臣妾以下罪行的逃亡者,犯人自首之后确定罪名的意思”。参见彭浩、陈伟、〔日〕工藤元男主编:《二年律令与奏谳书:张家山二四七号汉墓出土法律文献释读》,上海古籍出版社2007年版,第142页。宋国华、王芳先生认为,“论令”是“确定罪名”的意思。“出”是指“自出”,本句意思是:犯耐隶臣妾罪以下的逃亡者,要根据亡罪人是否“自出”来确定罪名。参见宋国华、王芳:《秦汉“自出”非“自告”说》,《南都学坛》2012年第4期。

③ 整理者注:“秦简‘会’指按规定日期前去官府报到。”参见陈松长主编:《岳麓书院藏秦简(肆)》,上海辞书出版社2015年版,第74页。其说近是。

隶臣妾刑以下时,程序相同。

其三,"命之"程序和"令出、会之"程序对逃亡者的压迫态势有异,原因或许在于,逃亡者本罪之刑有耐刑和城旦春刑之别,而亡罪应处"耐";① 本罪在耐为隶臣妾以下时,叠加亡罪之刑后最终刑罚最重至耐隶臣妾系城旦春六岁为止,不会升入城旦春刑序列;而本罪在完城旦春、鬼薪白粲刑以上时,叠加亡罪之刑后将是黥复/为城旦春。在降为"刑徒"身份和家庭解体("收")的效果方面,耐刑序列和城旦春刑序列之间横亘鸿沟。② 进而言之,逃亡者自出是否对上述刑徒身份和附随法效果有影响,也是由其本罪轻重所决定的。本罪在完城旦春、鬼薪白粲刑罚以上时,若"已狱",在本罪之刑上叠加亡罪之刑后将替换为肉刑,逃亡者是否自出对其身份和"收"制的适用并无根本影响;而本罪在耐隶臣妾刑以下时,是否自出以免亡罪之刑,将直接影响其未来身份的等级差别。因此,综合考量犯罪逃亡的最终刑罚效果适用不同政策,可能是律文选择以本罪之刑为基准,本罪之刑又以耐隶臣妾刑罚为基准的原因。

接下来的问题就是,对本罪该当刑罚在耐隶臣妾以下的犯罪逃亡者而言,若其未按"出会"要求自出并接受刑罚,亦即"不会某刑罚",应如何处置。《二年律令》和《汉律十六章》未见规定,但岳麓秦简(肆)有数简与此有关,③以下逐一疏解:

> 不会笞及除,未盈卒岁而得,以将阳癖(癖),卒岁而得,以阑癖;有(又)行其笞。(43 简)

前第二章已说明,此处"除"应指"除罪",取"免除刑罚"之意;43 简将"除"与"笞"并列,是在说明被判处较轻的笞刑乃至免除刑罚时,未在规定时空领受结果的,构成一般逃亡,故区分为"将阳"和"阑亡";原处笞刑的,仍需执行,即"有(又)行其笞";被除罪的,亦需在规定时空承受结果,"不会除"的,从官府角度看,推定为一般逃亡。其逻辑或许是,免除刑

---

① 吏、民亡罪上限是耐司寇,而至少在针对受迁刑者及随迁者以及部分特别身份人[如岳麓秦简(肆)33 简以下所示,先为特定官署之隶臣妾,后免为士伍、隐官或庶人但仍附属其官属者]逃亡的场合,刑罚是"法名耐"即"耐为隶臣妾"。

② 对此石冈浩先生曾有详细论述,参见〔日〕石冈浩:《收制废止所见西汉文帝刑制改革之发端——从爵制的混乱到刑罚的破绽》,徐世虹译,杨一凡、〔日〕寺田浩明主编:《日本学者中国法制史论著选·先秦秦汉卷》,中华书局 2016 年版,第 483 页以下。

③ 诸简见陈松长主编:《岳麓书院藏秦简(肆)》,上海辞书出版社 2015 年版,第 46 页以下。23 简标点有改。

罚亦是官府对其人行为的评判，与其他刑罚无别，其人必须在形式和程序上领受之；未按规定领受的，即应受惩罚。

赀赎未入去亡及不会赀赎而得，如居赀赎去亡之灋（法）。（23简）

23简规定，被判处财产刑未及缴纳就逃亡或未按规定时空前来执行刑罚，被捕获的，按照在以劳役折抵赀赎刑时逃亡的规定予以处置。①

不会毄（系）城旦舂者，以亡律喻（论）之。（40简）

40简规定，应服有期限城旦舂劳役者未在规定时空接受此刑罚的，按照《亡律》处置，即按照关于"系城旦舂"者逃亡的规定予以处置。

不会收及隶臣妾之耐，皆以亡律论之。（41简）

41简规定，被判处耐为隶臣妾之刑罚的犯罪者或因其家长犯罪导致自身被没入官府者（"收人"），②未在规定时空来领受的，按照《亡律》关于隶臣妾和收人逃亡的规定（《二年律令·亡律》165简）予以处置。

不会司寇之耐者，以其【狱鞫已】论，其审当此【耐而不会，耐为鬼薪】。（42简）

按整理者释文，42简规定，对应处耐司寇的犯罪者，如鞫狱程序审慎完成，论断属实无误，其人未自出领受耐司寇刑罚的，处以耐鬼薪之刑。但这一释读方案至少有三个疑点：

其一，如岳麓秦简（肆）42简与他简一样是"以亡律论之"之例，则司寇

① 劳役折抵财产刑时逃亡的规定，见于岳麓秦简（肆）66、67简：

十四年七月辛丑以来，诸居赀赎责（债）未备而去亡者，坐其未备钱数，与盗同灋。其隶臣妾殹（也），有（又）以亡日臧数，与盗同灋。

参见陈松长主编：《岳麓书院藏秦简（肆）》，上海辞书出版社2015年版，第60~61页。可见，对以劳役折抵财产刑及债务者的"不会""去亡"之处置，以其未履行部分计赃，按照"窃盗"刑罚来处置。主体为隶臣妾的，还要以其逃亡日数计赃。

② 前引《二年律令·金布律》435简载："诸收人，皆入以为隶臣妾。"

亡之刑罚就不是按照“吏民亡处耐”加“有罪当耐,司寇耐为隶臣妾”(《二年律令·具律》90简),得出耐隶臣之刑罚,而是直接规定了重于耐隶臣的耐鬼薪之刑。

其二,岳麓秦简(肆)42简处以“耐鬼薪”,排除了女性犯罪主体。以上两点与《二年律令·亡律》158简相同。158简中,司寇和隐官逃亡(“坐亡”)的,处刑在耐隶臣以上(“罪隶臣以上”),而耐鬼薪刑罚正是在耐隶臣以上;而且“罪隶臣以上”也是限于男性主体。由此可见,不仅耐司寇之刑罚本身具有特殊性,而且针对司寇逃亡案件,法律有单独规定。但可疑的是,“不会耐司寇”的处置(“耐鬼薪”)重于“不会耐隶臣妾”的处置(“以亡律论之”时,隶臣妾逃亡超过一年的,也只是系城旦舂六岁复为隶臣妾)。这指向了原释文令人不安之处,亦即下文“其三”。

其三,岳麓秦简(肆)42简最后二字笔画确似“鬼薪”,从其他简文文例大体可判断本简是在说“不会司寇之耐”者,在附加某些条件后的最终刑罚为“耐为鬼薪”。整理者补释了11字,但文义难通,根据图版也无法逐字辨识出补释乃至“其”“审”“此”等直释出来的文字:首先,“论”字已经标示判断罪、刑,则“以其狱鞫已论,其审,当此耐而不会”在程序上本无需再专门说明,补释简文本身毫无意义。其次,“已”字有疑。此简文字残留部件均在左侧,此字上下字左侧偏中部位都有部分保留,此字如系“已”字,中间一横应留有痕迹,但图版未见。最后,中腰编痕下一字整理者释为“当”字,但该字左部残存部件不类“当”字,尤其是中间突出的部分没有“当”字竖撇的形态。

本书怀疑,不能辨识的简文应是在限定“不会耐为司寇”是“有名之耐”,即犯罪的规定刑就是“耐为司寇”者。据目前材料,吏、民犯有“法不名耐”的“无名之耐”时,落实为“耐为司寇”,此类对应“无名之耐”的犯罪与作为“有名之耐”的“耐为司寇”所对应的犯罪类型有所不同——“有名之耐”的“耐为司寇”多见于官吏的职务犯罪。对这类特别犯罪类型,在其“不会耐为司寇”刑罚时或有“加重”为“耐鬼薪”的合理性。综上,对42简暂存疑待考。大体可确定的是,虽然本简不言“以亡律论之”,而是直接规定“耐鬼薪”刑罚,但应与前引诸简一样,本犯该当耐司寇之罪而逃亡的,对其本罪和亡罪均予追究。

上述诸简的除、笞、赀赎、系城旦舂、耐司寇、耐隶臣妾及收人等本犯之罪或处置,正是《二年律令·具律》122~124简所谓耐隶臣妾以下罪,本适用“论,令出、会之”程序;如未按照主事者之令自出并领受该当刑罚,则为“不会”此刑,将“以亡律论之”,即推定主体在执行此刑时逃亡,以确定其最终刑罚。

据现有材料尚难描画“不会某刑罚”的具体情境。从秦汉简可知，官府规定确定时间地点来处理事务的，会通过一定程序通知相关人员遵此时空要求来从事。如为履行徭役等法定役务、官府指派的工作，应按期到指定地点或岗位，此为“会”；违反法律或命令，不在规定时空到达的，即为“不会”。不同法定役务或命令应各有期会规定，但目前尚无法全然知晓。岳麓秦简（肆）专门规定了治狱过程之“期会”：

> 【●】《具律》曰：有狱论，征书到其人存所县官，吏已告而弗会及吏留弗告、告弗遣，二日到五日，赀各一盾；过五日到十日，赀一甲；过十日到廿日，赀二甲；后有盈十日，辄驾（加）赀一甲。（230、231 简）
>
> 【●】狱校律曰：略妻及奴骚悍，斩为城旦，当输者，谨将之，勿庸（用）传□。到输所乃传之L。䙴（迁）者、䙴（迁）者包及诸辠当输L□及会狱治它县官而当传者，县官皆言狱断及行年月日及会狱治者行年月日，其䙴（迁）、输。（232、233 简）
>
> □会狱治，诣所县官属所执灋（法），即亟遣，为质日，署行日，日行六十里，留弗亟遣过五日及留弗传过二日到十日，赀县令以下主者各二甲L；其后弗遣复过五日。弗遣过二日到十日，辄驾（加）赀二甲，留过二月，夺爵一级，毋（无）爵者，以卒戍江东、江南四岁。（234～236 简）①

据上述诸简，审理案件需以征书传唤相关人员到案，其人所在地之吏通告此人，此人到所在地该管机构后，即刻发遣此人，并做详细记录；其人上路后需按规定行路速度前行，沿途该管机构应及时传送、不得留滞，且需详细记录案件审断、征召以及此人在沿途的行止日期等。在此过程中，案中人最可能逃避案件审理或执行的环节，正是在吏通知其本人后，律文谓之曰“吏已告而弗会”。

综上可见，秦律所见“论，令出、会之”程序之后，犯罪逃亡者放弃自出并接受刑罚的机会的，就转以本罪叠加亡罪之刑罚来论处。不过，汉初《亡律》已无“不会”诸条，“不会”该当刑罚者是否也有叠加亡罪做法尚存疑。

以上所见不同类型亡罪的处置程序是讨论自出法律效果的前提。在不同程序的不同阶段，自出的效果不尽相同。

---

① 诸简见陈松长主编：《岳麓书院藏秦简（肆）》，上海辞书出版社 2015 年版，第 144～146 页。

第四节 逃亡自出的减罪

逃亡是逃亡者使自己消失于国家管理视野中;若逃亡者主动使自己出现在官府视线里,即为“自出”。① 自出仅是对逃亡后自动出现这一事实的描述,本身无“犯罪被发觉”之意;无论一般逃亡是否为官府发觉,也无论犯罪逃亡的本罪是否为官府发觉,逃亡者主动投案的,都构成自出。

对于自出的法律效果,前引《二年律令·亡律》166简是原则性规定:“诸亡自出,减之;毋名者,皆减其罪一等。”此“诸亡”之“诸”不是秦汉唐律令常见的标示条文开始的发语词,“诸亡”作为一词,用于总括所有逃亡类型。此用法的“诸亡”有类例,如岳麓秦简(肆)60简记有“盗贼旞(遂)者及诸亡坐所去亡与盗同法者当黥城旦舂以上”,②其“诸亡”应是承接后“当黥城旦舂以上”,总括性指向包括犯罪逃亡在内的所有逃亡类型;前引岳麓秦简(肆)《尉卒律》135简所载“黔首将阳及诸亡者”是削爵程序的适用对象,黔首犯罪逃亡而其本罪未被发觉的,也会通过这一程序被削爵,此“诸亡”就涵盖将阳之外情形,包括犯罪逃亡的各类情状。此外,鉴于《二年律令·亡律》以多条规定了各类身份人一般逃亡后自出的具体减刑效果,未规定确定减刑结果的“诸亡自出,毋名者减罪一等”就应适用于犯罪逃亡自出者。

据此,律令直接规定了逃亡自出的减罪刑罚的,按其规定“减之”,此即前文所谓自出的“有名减罪”;律令没有规定逃亡自出的确定减刑刑罚的,则为“减罪一等”,即所谓“无名减罪”。目前所见,一般逃亡自出多适用有名减罪,犯罪逃亡自出常适用无名减罪;对不同逃亡类型而言,主体不同和发生时段不同的自出,法律效果也不相同。就自出效果的整体而言,一般逃亡自出不同于犯罪逃亡自出;一般逃亡,黔首自出有别于徒隶等受特别监管者自出;犯罪逃亡,自出发生在本罪治狱过程的不同阶段(如未发或已发,已发后未论或已论)的,效果也有差异。以下分述之。

一、一般逃亡后自出的法律效果

秦及汉初《二年律令·亡律》针对几乎所有身份人(城旦舂、鬼薪白

---

① “出”意为“出现”,其例还可见睡虎地秦简《秦律杂抄》37简所载“战,死事,不出”,意指“未出现”。此种理解参见中国政法大学中国法制史基础史料研读会:《睡虎地秦简法律文书集释(六):〈秦律杂抄〉》,中国政法大学法律古籍整理研究所编:《中国古代法律文献研究》第11辑,社会科学文献出版社2017年版,第54页。

② 陈松长主编:《岳麓书院藏秦简(肆)》,上海辞书出版社2015年版,第58页。

粲,隶臣妾、收人,奴婢,吏民)的一般逃亡行为,都以“有名减刑”方式规定了自出效果。有名减刑的具体方式如何,似乎取决于亡罪刑罚的给定方式:

第一,如果亡罪以耐刑为基准、刑罚确定,律令则言自出效果为减为笞刑。其中,概言“自出”时,都是处以笞百或笞五十的刑罚;具言在亡罪“未论”前自出的,在概言自出时的笞百之刑上减半,处“笞五十”。进而言之,一般逃亡的自出效果,从乡官制作奔书上报到已论命(针对亡罪在完城旦舂、鬼薪白粲以上的),在此程序的不同时间节点的自出,其减刑效果各有不同。

对吏民逃亡,上引《二年律令·亡律》157 简仅概括言及“自出,笞五十”,未再区分“论”之前后自出的减刑效果是否不同;有可能对“笞五十”而言,无须再做区分。

对“刑徒”逃亡,则需细作推考。岳麓秦简(肆)50 简记有:

> 城旦舂司寇亡而得,黥为城旦舂,不得,命之,其狱未鞫而自出殹(也),治(笞)五十,复为司寇。①

可注意者:一方面,城旦舂司寇逃亡的,需经“狱鞫”且适用“命之”程序,说明采用了“论,命之”程序。② 另一方面,城旦舂司寇逃亡的处“黥为城旦舂”。据《二年律令·亡律》165 简,隶臣妾逃亡刑罚是系城旦舂复为隶臣妾,司寇逃亡处刑是耐隶臣妾(部分司寇可能是耐为鬼薪),故可见城旦舂司寇逃亡的,是按照城旦舂而非司寇甚或隶臣妾逃亡来处刑。但《二年律令·亡律》164 简规定城旦舂逃亡自出的处笞百,与 165 简“狱未鞫自出”笞五十不同。这似可说明,“狱未鞫自出”与《二年律令·亡律》所概言之“自出”的减刑效果不同。与此类似的是隶臣妾逃亡之例。《法律答问》132 简记有:

> 隶臣妾毄(系)城旦舂,去亡,已奔,未论而自出,当治(笞)五十,备毄(系)日。③

① 陈松长主编:《岳麓书院藏秦简(肆)》,上海辞书出版社 2015 年版,第 55 页。

② 对此可参读《二年律令·具律》123~124 简:“其以亡为罪,当完城旦舂、鬼薪白粲以上不得者,亦以其罪论,命之。”

③ 睡虎地秦墓竹简整理小组编:《睡虎地秦墓竹简》,文物出版社 1990 年版,第 124 页。

本条可还原为问答体，疑问点或在于：同为逃亡自出，隶臣妾、城旦舂等不同身份人的处理程序和罚则有异，“论”后自出与“未论”自出效果或有不同，系城旦舂之隶臣妾逃亡，“未论自出”者是照城旦舂还是照隶臣妾来处置遂成疑。① 本条“已奔”应指“已上奔牒”，②说明逃亡事件已为主管机构发觉。《二年律令·亡律》165 简规定隶臣妾逃亡自出的处“笞百”。“城旦舂司寇”和“隶臣妾系城旦舂”较其原本身份，一为“上升”一为“下

① 秦及汉初律令简可见部分有关规定。例如岳麓秦简(肆)50 简记有：“城旦舂司寇亡而得，黥为城旦舂，不得，命之，其狱未鞫而自出殹(也)，治(笞)五十，复为司寇。”参见陈松长主编：《岳麓书院藏秦简(肆)》，上海辞书出版社 2015 年版，第 55 页。张家山汉简《二年律令·亡律》164 简记有：“城旦舂亡，黥，复城旦舂。鬼薪白粲也，皆笞百。”165 简记有：“隶臣妾、收人亡，盈卒岁，毄(系)城旦舂六岁；不盈卒岁，毄(系)三岁。自出殹(也)，笞百。其去毄(系)三岁亡，毄(系)六岁；去毄(系)六岁亡，完为城旦舂。”参见张家山二四七号汉墓竹简整理小组编著：《张家山汉墓竹简[二四七号墓]》(释文修订本)，文物出版社 2006 年版，第 30~31 页。诸条标点修改与自出效果的讨论，可参见张传玺：《秦及汉初逃亡犯罪的刑罚适用和处理程序》，《法学研究》2020 年第 3 期。诸条尤其是秦简牍未见隶臣妾系城旦舂逃亡，在已奔未论时自出的处置，《法律答问》132 简或是针对此疑问而设置；秦汉之间的时代差异和诸条与《法律答问》132 简之间的文本差异也有可能成为本条问答设置的背景。例如，岳麓秦简(叁)《为狱等状四种》案例十一“得之强与弃妻奸”案中，得之强奸弃妻未遂，被论为耐为隶臣，之后首次乞鞫不审，在奸罪的耐为隶臣刑罚基础上加罪一等，需系城旦六岁；之后逃亡，被“论系十二岁”；之后自出，再次就奸罪乞鞫，但又被认定为不审，在奸罪的耐为隶臣刑罚基础上加罪一等，加系城旦六岁。总计十八岁。得之以隶臣系城旦身份逃亡，被论为系十二岁。尚不清楚逃亡发生在乞鞫不审之论的前后，是在隶臣基础上判罚系六岁，还是在隶臣系城旦六岁基础上判罚系六岁。如是后者，则需考虑《二年律令·亡律》165 简“去系六岁亡，完为城旦舂”与此案是否相合。165 简系城旦舂而亡加系年数乃至升格为完城旦舂，是在亡罪前提下，即隶臣妾亡不盈卒岁，加系三岁，盈卒岁，加系六岁。如在加系三岁期间亡，加系六岁；如在盈卒岁之加系六岁期间亡，则完为城旦舂。这意味着是在先亡“盈卒岁”前提下，“加系六岁”又亡时，才会升格为完城旦舂。得之则不然，即使是在乞鞫不审加罪一等而加系城旦期间亡，也不应升格为完城旦。劳武利、史达据此例认为秦时只是延长了系日，汉初则适用更重一级刑罚即完为城旦舂。See Ulrich Lau & Thies Staack, *Legal Practice in the Formative Stages of the Chinese Empire: An Annotated Translation of the Exemplary Qin Criminal Cases from the Yuelu Academy Collection*, Brill, 2016, p. 261, note 1237.

② 中国政法大学中国法制史基础史料研读会认为奔书系“前者(登记黔首逃亡情况的文书/记录逃亡情况的文书)的可能性较高”，《法律答问》132 简“已奔”则“可理解为已经登记入‘奔书’”。参见中国政法大学中国法制史基础史料研读会：《睡虎地秦简法律文书集释(九)：〈法律答问〉111~135 简》，中国政法大学法律古籍整理研究所编：《中国古代法律文献研究》第 14 辑，社会科学文献出版社 2020 年版，第 54~55 页。一方面，岳麓秦简《尉卒律》中制作并上呈奔书的意义不在于“登记”信息，而在于及时将黔首逃亡事件传递到狱史处，用于未来治亡罪狱时的计日；另一方面，系城旦舂之隶臣妾乃至其他“刑徒”逃亡时应治狱，进行缺席审判，罚则也异于黔首逃亡。故 132 简“已奔”之“奔”恐指向“奔牒”而非“奔书”；该问答讨论自出效果，侧重司法程序的时间节点，就此而言，“已奔”当为“已上奔牒”省称。笔者曾讨论《法律答问》132 简“已奔未论自出”限定阶段是在已上奔书后的哪一环节，以及在“已狱未鞫”“未论”之间区分出类似“辞定满三日”的时限的可能性，参见张传玺：《秦及汉初逃亡犯罪的刑罚适用和处理程序》，中国政法大学法律古籍整理研究所主办：《“多元视角下的传统法律文献研究”国际学术研讨会论文集(第一组)》，2019 年 11 月，第 155 页，注 3。该文后发表于《法学研究》2020 年第 3 期，篇幅和行文所限，删去此处正文和注。

降”，但在亡罪“狱未鞫”和“未论”之际自出的，都是在概言“自出”的“笞百”上减半。因此城旦舂司寇、隶臣妾系城旦舂的特别身份似乎并未影响其自出减刑效果。这似可说明两点：

首先，在规制隶臣妾、收人和城旦舂、鬼薪白粲的一般逃亡行为时，律文概言“自出”的处刑都是笞百，而与上两条材料“笞五十”有异，因此概言“自出”时应与“已奔未论自出”或“狱未鞫自出”这类明确限定自出发生在何种阶段的情形不同；进而，既然概言之自出后的刑罚重于明言“未论”或“狱未鞫”之自出，那么概言自出就可能指已经“论，命之”（刑罚在完城旦舂、鬼薪白粲以上）或“论，令出、会之”（刑罚在耐刑以下）之后的自出。对此，岳麓秦简（肆）47 简或可为侧证。该简规定：“城旦舂亡而得，黥，复为城旦舂；不得，命之，自出殹（也），笞百。”“自出笞百”前明确提及“不得，命之”，一方面提示城旦舂亡的刑罚是在“完城旦舂、鬼薪白粲以上”（黥复城旦舂），因此适用“论，命之”程序，另一方面则标示“自出笞百”的一般情境是在“命之”程序之后。

其次，对概言“自出”、刑罚为“笞百”的隶臣妾、收人和城旦舂、鬼薪白粲逃亡的，如果尚未判定逃亡之罪与刑（“未论”）就自出，减刑效果是在笞百基础上减半。“未论”和“狱未鞫”不同，“未论”指“未确定罪、刑”；①“狱未鞫”，有学者认为系指案件尚未完结；②更确切的说法应是指案件尚未确认事实。③ 严格来说“狱未鞫”包含在“未论”的时间阶段之中；不过对自出

---

① 本书前已提及“论”指议决事务，非专限审判罪案时的判断罪刑。在审判程序意义上，学界对“论”字讨论极多，“确定罪刑”之说大体可成立；诸家之说的梳理，可参见万荣：《秦与汉初刑事诉讼程序中的判决：“论”、“当”、“报”》，陈伟主编：《简帛》第 11 辑，上海古籍出版社 2015 年版，第 141～144 页。在一般性提及诉讼程序时，位于过程结尾的“论”字常意味着刑罚的执行，籾山明先生指出，从治狱程序看，“按照已确定的罪状适用刑罚，称为‘论’”。参见〔日〕籾山明：《中国古代诉讼制度研究》，李力译，上海古籍出版社 2009 年版，第 68 页。

② 如周海锋：《岳麓书院藏秦简〈亡律〉研究》，杨振红、邬文玲主编：《简帛研究 二〇一六（春夏卷）》，广西师范大学出版社 2016 年版，第 165 页。

③ 上引岳麓秦简（肆）50 简里，鉴于“命之”之前需调查事实、确定罪状/罪名，“狱未鞫”必定发生在“命之”之前；且逃犯投案前案件不能算作审理完毕，因此“狱未鞫”也不是笼统的“案件尚未完结”之意，而是专指案件事实尚未确定。秦汉上谳文书中“鞫之”部分是对犯罪事实的确认，也可支持这种看法。而且，上谳案件罪状查明而法律适用有疑的事实也说明，有时查明事实和适用法条之间存在时间空隙，“狱鞫”更侧重查明事实。对固化证言的程序要求尤可体现这一点。《二年律令·具律》110 简规定：“证不言请（情），以出入罪人者，死罪，黥为城旦舂；它各以其所出入罪反罪之。狱未鞫而更言请（情）者，除。”在“狱已鞫”之前，证言固化（“辞已定”）和更改（“更言情”）必有具体的时间点，如《居延新简》E. P. F22：21 简“建武三年候粟君所责寇恩事”册有“辞已定满三日而不更言请者以辞所出入罪反罪”语，“（辞已定满）三日不更言情”也见于他简如《居延新简》E. P. T51：228 简，上书“建始元年”，可见西汉末已有三日时限。做出证言满三日前可以更改，此时事实确定尚未完成，诉讼状态即所谓“狱未鞫”。未详秦及汉初律是否也是以三日为限，但《二年律令·具律》110 简既允许证更言情，说明秦及汉初律“狱已鞫”亦应有时段标准。

减刑效果而言，难以想象二者会有任何不同。①

第二，某些亡罪的危害后果不单是破坏人口管理秩序，而且会造成其他损失如经济损失，且危害后果由逃亡时长决定，因此刑罚不能直接给定，而是以"与盗同法"之类表述参引盗罪等其他刑罚给定方式。鉴于此时律令无法规定确定的减刑结果，则其自出时，不能直接规定出特定刑罚作为减刑结果，而是需诉诸"减罪一等"的方式。例如，前引岳麓秦简(伍)92 简记有：

●工隶臣妾及工当隶臣妾者亡，以六十钱计之，与盗同灋(法)，其自出殹(也)，减辠罪一等。②

工隶臣妾亡，非如普通隶臣妾般以是否亡盈卒岁为准处断加系城旦舂，也不是按逋隶臣妾事般日计钱六钱[岳麓秦简(肆)17、18 简]，而是日计六十钱赃"与盗同法"。按此量刑方式，工隶臣妾亡的刑罚将覆盖从赀二甲到黥为城旦舂的盗罪刑罚。例如，前引岳麓秦简(肆)19、20 简记有：

不盈廿二钱者，赀一甲。其自出殹(也)，减罪一等。L亡日钱过六百六十而能以钱数物告者，购金二两，其不审，如告不审律。③

19 简不知前文，钩识符前简文及前接简是在规定某类人亡罪是按每日若干钱以亡日数计赃，据诸例，应为"与盗同法"。但如赃值在二十二钱以下，"与盗同法"本应赀一盾，此处则另规定为赀一甲。又因钩识符后有"亡日钱过六百六十"，可知 19 简亡罪参引盗罪，刑罚是从赀一甲至黥为城旦舂。④

---

① 由此也可讨论另一种可能性，即《法律答问》132 简中"已奔未论自出"限定阶段是在已上奔牒但狱史还未启动"狱"之程序时，即"未狱"之时，如上文所提出的"亡不盈三月"之时；或与岳麓秦简(肆)50 简一样是指案件事实未审明时。此时自出的，笞五十；而概言自出笞百的，是对亡罪"已狱未论"(已开始审理但论断之前)自出的规定；论后自出的，没有减刑效果，按照《亡律》确定刑罚。作如是解，就意味着"已狱未鞫"和"未论"之间尚需区分出类似"辞定满三日"的时限，并赋予此时限前后不同的自出减刑效果。本书以为，此种可能性不大。

② 陈松长主编：《岳麓书院藏秦简(伍)》，上海辞书出版社 2017 年版，第 70 页。

③ 陈松长主编：《岳麓书院藏秦简(肆)》，上海辞书出版社 2015 年版，第 45 页。

④ 岳麓秦简(肆)22 简载：

L臧不盈廿二钱，赀一甲，耐罪以下，令备前毄(系)日。

因有"备系日"，可见亦是逃亡计亡日钱数"与盗同法"之例。因提及"耐罪以下备系日"，似说明逃亡者不是刑徒，而是暂时系城旦舂者。

上述两例中，亡罪是参引盗罪计赃给定刑罚，刑罚覆盖了从赀刑到城旦舂刑，若自出统予有名减刑之笞刑，显然不当，因此规定自出“减罪一等”，此为有名减刑的另一种形式。

综上可以大体复原一般逃亡自出的减刑效果：首先，主体为吏、民的，不分其自出行为发生在治狱程序的何种阶段，处刑皆为笞五十。其次，一般徒隶逃亡，需区分自出发生的时间点，概言“自出”的，应是以自出前已进行“论，命之/令出、会之”程序为基准，确定减刑为“笞百”；在“论”前自出的，则减半为“笞五十”。最后，亡罪参引盗罪规定而量刑不确定的，采用“减罪一等”方式。

二、犯罪逃亡后自出的法律效果

在犯罪逃亡自出减刑规定方面，落实“减罪一等”时是要从其本罪该当刑罚上减一等，还是从本罪与亡罪叠加后的最终刑罚上减一等，尚需区分案件类型、适用何种程序，以及自出发生的阶段。

一方面，若本罪未狱而自出，不论本罪刑罚轻重如何，都等同于犯罪未发而先自告。“自告”与“自出”词语结构相同，意为“告发自己”。犯罪发生后，不论罪案的发生是否已被官府知晓，只要官府不知何人是犯罪者，该人逃亡后自出投案的，都属于“先（于他人）告发自己”。据《二年律令·告律》127简“告不审及有罪先自告，各减其罪一等”的规定，有罪先自告者在本罪刑罚上减一等。

另一方面，若本罪已进入治狱程序，要判断自出效果，需区分案件类型和自出发生的阶段：

其一，对本罪在完城旦舂、鬼薪白粲以上的犯罪逃亡者而言，其最终刑罚是在本罪基础上叠加亡罪，即在逻辑顺序上为先确定本罪该当之“刑徒”身份，再以该身份逃亡时的刑罚作为实际刑罚。若“已狱、已有告/劾”，因其本罪已被官府掌握，其人在法律上已被假定为未来之“刑徒”，此时自出即同于“刑徒”逃亡自出，先在本罪之刑上叠加亡罪之刑，之后再总减一等。前文已述，《二年律令·具律》100简应是专对本罪该当刑罚在完城旦舂、鬼薪白粲以上而逃亡者的刑罚适用规则，即本罪叠加亡罪后之刑罚为死刑的，减一等为黥城旦舂，本罪叠加亡罪为黥城旦舂或黥劓城旦舂或黥斩左止城旦等复数肉刑加城旦舂的，减一等为完城旦舂。

本罪进入治狱程序还包括“论，命之”之后的阶段，因此“命之”之后自出的，原则上应按上述规则予以减等，不过特别规定的除外，如岳麓秦简（肆）13、14简记有：

子杀伤、殴詈、牧杀父母；父母告子不孝；及奴婢杀伤、殴、牧杀主、主子、父母及告，杀其奴婢及子：亡，已命而自出者，不得为自出。①

据《二年律令·贼律》35、44、45 简诸简，本条列举的犯罪均至死刑。对一般死罪而言，若“论，命之”后自出不从死刑上减一等（例如：完全不减等，或仅减亡罪对应的耐刑或笞刑，或自出减等为笞刑），因本刑是死刑，则其他减等形式无意义，本条也就没有存在的必要了。由此也可侧证，犯有一般死罪逃亡，已经“论，命之”后自出的，应总减一等，落入城旦舂刑序列。“‘论，命之’后自出的，在本罪和亡罪叠加后的刑罚上总减一等”的认识也应可适用于犯有其他罪行逃亡自出的减刑之例。反观本条规定，子及奴婢以卑犯尊和奴婢杀主之奴婢及子者，逃亡后“已命”而自出的，不能如一般自出般减等，亦即以卑犯尊犯罪应死，逃亡后自出减刑效果如何，取决于自出发生的时点。

其二，对本罪在耐隶臣妾以下的犯罪逃亡者而言，自出的减刑效果体现为：

首先，在“已狱”或“已劾”但尚未“论，令出、会之”时自出的，即使自出发生在官府针对逃亡行为所给定的“会期”之内，本罪之刑仍不能减等。这可能是岳麓秦简（肆）15 简的主旨：

有罪去亡，弗会，已狱及已劾未论而自出者，为会，鞫，罪不得减。②

该简规定，犯罪逃亡，在未会时本罪已进入审理程序或已被举劾但还未确定罪刑时自出的，即使此一自出行为尚符合规定的时空要求，③仍要查清犯罪事实，本罪不得减刑。可设想出本条的一个典型情境是：甲系“迁者所包”，犯黥城旦罪逃亡，其罪不为官府所知；官府就其逃亡之罪“论，令出、会之”，在给定会期内甲尚未自出（弗会），其黥城旦罪就被官府觉知，在黥城旦罪被论断前甲自出（已狱及已劾未论自出），此时尚未超出逃

---

① 陈松长主编：《岳麓书院藏秦简（肆）》，上海辞书出版社 2015 年版，第 43 页。简文中“牧”原释作“投（殳）”，现改。本文对原句读也作了修改。

② 释文见陈松长主编：《岳麓书院藏秦简（肆）》，上海辞书出版社 2015 年版，第 43 页。

③ 简文“为会”之“为”，其用法或同“如”，表假设。参见第二章对《秦律杂抄》4 简中“为听命书”的分析。

亡之罪会期(为会),逃亡之罪得以免除,黥城旦本罪“鞫审”者不能减刑。①

其次,犯罪逃亡者在“论,令出、会之”程序之后未在规定时空自出接受刑罚(“不会某刑罚”),而是在“会期”后自出的,比照《亡律》相关规定处置,即自出减刑的逻辑顺序是:先按执行刑罚时逃亡论处,在本罪之刑上叠加亡罪之刑来确定刑罚;再在此刑罚基础上减一等。

本章小结

依据出土简牍材料可以描画出秦及汉初简牍所见逃亡犯罪的刑罚适

---

① 对岳麓秦简(肆)15简,中国人民大学法学院法律史料研读班提出了不同的认识:

> 本简后文的“狱”“劾”和“鞫”不应该是审理罪人本罪的司法程序,而是发生在其不会本罪之后的司法程序。“已狱及已劾未论而自出者,为会”即表示罪人在规定时间内没有会本罪,当对其“不会某罪”的罪刑进入“狱”或“劾”而没有到“论”的阶段,其自出的行为仍旧算作“为会”,其处罚结果是仍以其当会之罪处理。

是解下,“鞫”就无法被“理解为确定罪行的单一程序”,为此研读班提出,或可将此处的“鞫”理解为“其指代之义即全部诉讼程序”,“鞫,罪不得减”意为“不会某罪的审判全部结束之后而自出的,不能减罪”。参见中国人民大学法学院法律史料研读班:《岳麓书院藏秦律令简集注(一)》,邬文玲、戴卫红主编:《简帛研究 二〇二一(春夏卷)》,广西师范大学出版社2021年版,第194页。暂且不论研读班对“狱”的理解留有疑问,其说对“鞫,罪不得减”的解释也有讨论空间:其一,此解需在“鞫”后意补简文本无的“自出”情节。其二,若认为“论,令出会”后“不会”是针对本罪而言的,鉴于“已论”,则本罪已经过“鞫”之环节,已无自新机会,故无论如何皆不会减。另行启动“不会”之狱时(假使可能的话),“鞫”只能是新狱之“鞫”,“罪不得减”指“本罪与亡罪叠加后不减”。但据《二年律令·亡律》166简,凡是自出皆得减罪是一般原则,除非如岳麓秦简(肆)13、14简般将特定犯罪逃亡后的自出规定为“不得如自出”,排除减罪之适用;而15简此例并无排除特定犯罪的前提。其三,“鞫”取治狱程序一环节的狭义时,可用于限定“自出”的时间节点,如岳麓秦简(肆)50简“狱未鞫自出”即是。而所谓指代全部诉讼程序之“鞫”无法用来确定自出时间点;若言在所谓“审判全部结束”后的时间段自出,则使用“已论自出”即可,15简表述就显累赘。其四,秦律令对其他逃亡情形是否还有“令出会”程序要求尚不可知,但前例已提示“令出会”程序至少可适用于迁者、迁者所包这类特定主体的一般逃亡行为。而径将“有罪去亡,弗会”等同于一般主体犯罪逃亡后“论令出会”而“不会”,排除15简主体与逃亡形态的其他可能性,尚缺乏足够理由。

进而言之,正如岳麓秦简(肆)23、40、41、42简“不会某刑罚”诸例所展示的那样,“令会”之刑罚是明确具体的,这是在确定相关事实之“鞫”后,以量定刑罚之“论”所得出的结果。若逃亡者罪行不明,则无法“论”定具体刑罚来命令逃亡者“会之”。在一般情况下,逃亡者原籍地乡官和县道都难以确定其人是仅在本县、乡附近浮浪不满一年而构成“将阳”罪(刑罚是“系城旦舂,偿亡日”),还是逃往他郡县并持续一年以上而构成“阑亡”罪(刑罚是“耐”),甚或(在秦统一前)是已逃出秦国的“邦亡”(刑罚是“黥为城旦舂”);也就无法“论,令出会”或“论,命”。就此而言,对单纯逃亡事件,乡、县只能登记在案,计算亡日,修改爵位保有状态等户籍信息。对此类逃亡者,既然不知其亡所,恐怕只能寄希望于严密的户籍管理、关津查验和循徼治安体制及奖励捕告、惩罚舍匿机制将他们过滤出来,逮送官府。

用规则、追缉程序和自出减刑规定的整体面貌。

首先,就规定刑而言,《二年律令・亡律》157~159、164~165简诸简和岳麓秦简(肆)71简是对各类身份人逃亡的量刑规定。针对不同身份人的一般逃亡,《二年律令・亡律》多数直接给定刑罚,司寇和隐官逃亡刑罚似尚存疑。《二年律令・亡律》164简应补出"鬼薪白粲亡,黥以为城旦舂"和"城旦舂、鬼薪白粲亡而自出,笞百"的规定。

其次,就刑罚叠加而言,《二年律令・具律》100简是针对犯罪该当刑罚在完城旦舂、鬼薪白粲以上逃亡被"命"者的量刑规定。根据该简,被捕获者的最终刑罚是在本罪之刑上叠加亡罪之刑。岳麓秦简(肆)23、41~43简诸简是对"论,令出、会之"程序的后续补充规定,"不会"者也需以本罪叠加亡罪确定刑罚。

最后,就刑罚减等而言,逃亡后自出的可得减刑,但减罪形式差异很大。一方面,在一般逃亡案件中,若已经治狱的"论,命之"环节,律文概言"自出"时,减刑结果是"笞百";若案件尚未确定罪刑("未论""狱未鞫"),律文具言自出时段时,减刑结果是"笞五十"。另一方面,在所有犯罪逃亡案件中,若尚未进入治狱程序,即在本罪该当刑罚上减一等。若已进入治狱程序("已狱及已劾"),自出效果需作进一步区分:若本罪该当刑罚在完城旦舂、鬼薪白粲以上,从"已狱及已劾"到"论,命之"后,自出的减刑效果都是在本罪之刑上叠加亡罪之刑后总减一等;若本罪该当刑罚在耐隶臣妾以下,在从"已狱及已劾"到"论,令出、会之"后的会期之内自出的,减刑效果是只追究本罪、亡罪不究,但若是"弗会"、在会期后自出,则应先拟制本罪所对应的身份,再照《亡律》对各类身份人逃亡的量刑规定来确定刑罚,即在本罪上叠加亡罪后总减一等。

代 结 语

传世文献对西汉孝文帝十三年(前167年)刑制改革前刑罚体系的记载过于简略,1975年睡虎地11号秦墓出土的秦简中有不少内容与秦刑罚制度有关,尤其是《法律答问》简册,其主体部分都是关于刑罚适用疑难问题的问答;此后与刑罚制度相关的秦汉简牍陆续出土,律令和治狱文书汇编简册引人注目,各类材料颇有关联、常可互证,引发持续长久的研究热潮。出土法律简牍显示出,秦及汉初时段的刑罚体系极为繁复。学界对具体刑名和整体构造均存在较大分歧,现有认识有可改进之处。相关讨论的前提工作之一是需说明秦及汉初简牍材料的互证效力问题。在涉及刑罚的内容上,睡虎地秦简、岳麓秦简等秦简和张家山汉墓《二年律令》之汉初简表现出较普遍的相似性,但也有部分关键内容有一定差异。秦及汉初刑罚体系的基本构造及其逻辑是一致的,但需要秉持审慎原则,解决关键简外在形态和简文内容两个方面疑问,才能在把握时代差异的前提下发挥秦和汉初材料的互证效力。在处理简牍材料的方法取向上,一方面应重视法制史和法学方法工具的应用,法律简牍的整理研究必须强调材料的法律属性,重视运用法学的体系思维,在刑罚体系的框架内去解读个别简牍。另一方面,应充分发掘简牍形态,尤其是法律简册编联书写特点所隐含的信息,也应注意将特定制度构造置于历史脉络里做动态梳理、溯源。

一、刑罚体系构造的描述:“静态的”与“历史的”

时至今日,秦及汉初刑罚体系研究成果已极为丰富。既有研究展现出整体处理秦与汉初材料的倾向,并对刑罚体系经历了从以“主刑+附加刑”结构简单框套各刑名,到引入“身份”概念、区分刑罚体系不同层次的深化认识的过程。以先行研究为基础,本书尝试做些梳理总结和解释个别史料的工作。第一至五章工作的主体部分是勾画刑罚构造本身,是以立法文本为依据的相对静态的描述。据目前材料,可简单总结为:

规定刑系统的各刑名体现于《具律》之外各律章中,具体规定犯罪和刑罚的条文之中目前未见总括性规定。条文通常表现为不列明主体(预设抽象主体)的“罪—刑”结构,在《贼律》《盗律》《告律》《亡律》等律章中还偶见以官吏、“刑徒”和奴婢等主体身份为特别要素的条文,其刑罚也多为特别规定,这类条文本为替换用刑而设置,最终成为规定刑系统之一部分。

加减刑系统各有律上专文,汉初律的加罪一等之制附系于《囚律》“囚遂”条下,减罪一等之制附系于《告律》“告不审及有罪先自告”条下。但其他条文中有不言“加罪”或“减罪一等”,而是直接规定出加罪或减罪后的具体罚则的例证,有的是“囚遂”“告不审及有罪先自告”条加、减等排序的具体落实,有的则是例外规定。

替换刑系统可区分出“优待式”替换用刑和“执行不能”替换用刑两种类型,既有《具律》章内针对公士和上造以上爵位的一般规定,又有针对“黥”“耐”身体刑的详细规定,还有针对鬼薪白粲、城旦舂“刑徒”和奴婢等基于特别身份/役使状态的刑罚替换的一般规定。少数民族统治阶层、王族宗室等特权群体的刑罚优待替换规定中,可能有一部分以比爵形式规定于《具律》或体现在专门律中(如胡家草场汉简所见“蛮夷诸律”),余者则可能以专门立法形式处理,睡虎地秦简所见葆子狱未断又诬人的处理规则等即是。

刑罚体系构造内各层次可制表如下(表9至表14)。

(一)规定刑系统

表9　秦及汉初的规定刑系统刑名

<table>
<tr><td>刑罚类别</td><td colspan="2">具体刑名</td></tr>
<tr><td>死刑</td><td colspan="2">腰斩、磔、枭首、弃市</td></tr>
<tr><td rowspan="3">肉刑与受刑后役使</td><td rowspan="2">刑为城旦舂</td><td>黥为城旦舂,斩左止为城旦</td></tr>
<tr><td>零肉刑之完为城旦舂</td></tr>
<tr><td colspan="2">腐以为宫隶臣</td></tr>
<tr><td>耐刑与受刑后役使</td><td colspan="2">(耐为鬼薪白粲),耐为隶臣妾,耐为司寇(耐为候)</td></tr>
<tr><td>强制移户徙居</td><td colspan="2">迁</td></tr>
<tr><td rowspan="2">财产刑</td><td colspan="2">赎</td></tr>
<tr><td colspan="2">赀/罚金</td></tr>
</table>

表9说明:

第一,表9分栏、刑名有高低,但实际上规定刑系统仅是各刑名的汇总,表9不具有轻重排序的意味。

第二,“耐为鬼薪白粲”刑名能否用作规定刑,不无疑问。不少学者将其视为肉刑和完为城旦舂的替换刑,但目前未见的秦及汉初立法,尤其是秦代《具律》之外其他律章或对应之令中,以耐为鬼薪白粲作为特定犯罪的规定刑的可能性无法排除。

第三,就作为规定刑的赎刑而言,秦令上偶见“赎城旦舂”;汉初律上见有“赎死”“赎迁”“赎耐”,“赎黥”偶见。其他赎刑直接作为规定刑之例罕见。但在参引刑罚时,各赎刑种类都可出现,尤其是在“鞫狱非故而失不审,以赎论”时,错判各种肉刑的刑罚都可以赎刑形式出现。

第四,有部分刑名如“笞”“赀/罚戍”等,不能完全确认其作为规定刑刑名的适用情况。另有部分刑罚具有时代性,如在汉初前已经消失的“耐为候”。

(二)加减刑系统之“加罪”排序

表 10 秦法所见加罪一等、二等之制

<table>
<tr><td colspan="2">基准之规定刑</td><td>“加罪一等”后</td><td>“加罪二等”后</td></tr>
<tr><td colspan="2">赀刑</td><td>原刑罚双倍</td><td>原刑罚三倍</td></tr>
<tr><td rowspan="2">耐刑</td><td>耐司寇</td><td>耐隶臣妾</td><td>系城旦舂六岁(复为隶臣妾)</td></tr>
<tr><td>耐隶臣妾</td><td>系城旦舂六岁(复为隶臣妾)</td><td>系城旦舂十二岁(复为隶臣妾)</td></tr>
<tr><td rowspan="3">城旦舂刑</td><td>完城旦舂</td><td>黥城旦舂</td><td>黥劓城旦舂</td></tr>
<tr><td>黥城旦舂</td><td>黥劓城旦舂</td><td>黥劓斩左止城旦舂</td></tr>
<tr><td>斩左止城旦</td><td>黥斩左止城旦</td><td>黥劓斩左止城旦</td></tr>
</table>

表 11 《汉律十六章·囚律》所见“囚遂”加罪一等之制

基准刑罚	加罪一等结果
笞	罚金一两
罚金一两	罚金二两
罚金二两	罚金四两
罚金四两	赎耐
赎耐	赎黥
赎黥	赎斩
赎斩	赎城旦舂
赎城旦舂	赎死
赎死,迁,耐为司寇	耐为隶臣妾
耐为隶臣妾,(收人)	完为城旦舂
完为城旦舂,耐为鬼薪白粲	黥为城旦舂
黥为城旦舂	黥劓为城旦舂
黥劓为城旦舂	黥劓斩左止为城旦

续表

基准刑罚	加罪一等结果
黥劓斩左止为城旦	黥劓斩左右止为城旦
黥劓斩左右止为城旦	黥劓斩左右止腐(为城旦?)
黥劓斩左右止腐	弃市
罪罚有日数	日数加倍

表10、表11说明:

第一,"加罪一等"之制附系在"囚遂"条下,可能是因"囚遂"涵盖所有犯罪类型,"加罪一等"之制可置于此。同时,在其他犯罪类型中,尤其是罚则确定或犯罪有自身刑罚等级的,可能存在与此不同的加罪之制。

第二,"囚遂"实有本罪与遂亡二罪,"加罪一等"是对二罪而言的。"耐为司寇加罪一等耐为隶臣妾"和"黥为城旦舂者加其刑"也表明,耐刑和刑为城旦舂(包括肉刑为零的完为城旦舂)序列内的加罪一等的实质是刑罚叠加及其替换。

第三,思量"黥为城旦舂者加其刑"情形,在目前所见罪名及罚则范围内不易设想出究竟在何种情形下会出现加罪至"刑尽弃市"结果。律文如此,是因立法者考虑过极端情形——如甲本犯黥为城旦舂之罪,乙治其狱而受赇故纵,乙在押时脱逃("囚遂"),丙治乙狱时受赇故纵乙;且乙、丙无爵,不能替换肉刑为完,此时丙之刑罚经过两次"加罪二等"和一次"加罪一等"的叠加,或可至于"刑尽"——还是设计根本未尽如此周详,仅是为将"加罪"文字顺承下去而已?暂难明确。

(三)加减刑系统之"减罪"排序

表12 "减罪一等"排序

一般实刑减等排序	赎刑减等排序	盗罪减等排序
死	赎死	黥为城旦舂
黥为城旦舂(加罪为刑城旦舂,斩左止为城旦)	赎城旦舂	完为城旦舂
完为城旦舂(耐为鬼薪白粲,腐)	赎斩	耐为隶臣妾
耐为隶臣妾	赎黥	罚金四两
耐为司寇(迁、黥颜頯)	赎耐	罚金一两
赎耐	罚金四两	
罚金四两	罚金二两	
罚金二两	罚金一两	
罚金一两		

表 12 说明:

第一,第 1、2 竖列“减罪一等”之制附系于汉初《汉律十六章 · 告律》“告不审及有罪先自告”条下,与“加罪一等”之制系于“囚遂”条下类似,本条可能是因“告罪”涵盖所有类型犯罪,附系于此有合理性;但它未必是所有减罪一等的通例,甚至未必是所有犯罪的“告不审及有罪先自告”情形下的减罪一等之制,盗罪可能即为例外。

第二,括号外是构成减等排序的刑罚名称,括号内不是减等后的排序刑名,而是标示独立的、作为减等基准的刑罚,即“待减等刑罚”。为方便计,律令缺失未见的“加罪为刑城旦舂”和“斩左止为城旦”被嵌入“黥为城旦舂”行,其减等后应为“完为城旦(舂)”。

第三,《二年律令 · 告律》127 简现存简文写法与《汉律十六章》同条有异,据《二年律令》“罪”字和重文符使用特点,127 简不能与 128 简拼接。因此《二年律令》与《汉律十六章》两条内容是否相同,尚不能坐实。

(四)替换刑系统

表 13 “优待式”刑罚替换形式

特权依据	规定刑	优待
公士爵	刑	完
上造以上爵	刑	耐为鬼薪白粲
	为城旦舂	

表 13 说明:

针对公士与上造爵的有罪“当刑”之“刑”,所指应同一。若“当刑”不包括“腐(以为宫隶臣)”,则“刑”后即为“城旦舂”,上造以上爵“当刑”与“当为城旦舂”并列就无意义。因此“当刑”似应包括“腐”。若然,公士爵之“完之”是指不施加腐而役使仍为“宫隶臣”,还是专指“完为城旦舂”?若是前者,则在犯有强奸罪时,公士之“完为宫隶臣”似乎反较上造爵之“耐为鬼薪”为轻。若是后者,则公士爵之“完”专指“完为城旦舂”,又难断言如此。

表 14 “执行不能”的刑罚替换形式

基准刑	身份/役使/身体状态	替换刑
赀、赎	隶臣妾以上	居赀、居赎
耐刑	司寇	耐隶臣妾
	隶臣妾、收人	系城旦舂六岁(复为隶臣妾)

续表

<table>
<tr><th>基准刑</th><th>身份/役使/身体状态</th><th colspan="4">替换刑</th></tr>
<tr><td rowspan="3">耐刑</td><td>城旦舂、鬼薪白粲</td><td colspan="4">黥</td></tr>
<tr><td>私人奴婢</td><td colspan="4">黥颜頯(畀主)</td></tr>
<tr><td>吏民中的女性</td><td colspan="4">赎耐</td></tr>
<tr><td rowspan="11">黥刑</td><td>私人奴婢</td><td colspan="4">黥颜頯(畀主)</td></tr>
<tr><td>城旦舂、鬼薪白粲,下同</td><td colspan="4">黥</td></tr>
<tr><td>已黥者</td><td colspan="4">劓</td></tr>
<tr><td>已黥劓者</td><td colspan="4">斩左止</td></tr>
<tr><td>已黥劓斩左止者</td><td colspan="4">斩右止</td></tr>
<tr><td>已黥劓斩左右止者</td><td colspan="4">腐</td></tr>
<tr><td rowspan="5">已黥劓斩左右止腐者</td><td colspan="4">笞一百</td></tr>
<tr><td colspan="3">盗,耐以上——应替换为黥</td><td rowspan="4">弃市</td></tr>
<tr><td colspan="3">贼伤人,黥城旦舂——应替换为黥</td></tr>
<tr><td>过失杀人、戏杀人之赎死</td><td rowspan="2">先自告减一等</td><td>赎城旦舂——应替换为笞百</td></tr>
<tr><td>斗杀人、贼杀人之弃市</td><td>黥为城旦舂——应替换为黥</td></tr>
</table>

表 14 说明:

第一,规定刑为斩左止为城旦的,再犯耐以上罪,替换为黥之肉刑,其替换顺序依次为:黥、劓、斩右止、腐、笞百/弃市。

第二,汉初《具律》有城旦舂、鬼薪白粲"刑徒"和私人奴婢的刑罚替换一般规定,即比照"死—刑—耐—赎—赀"序列替换为"死—黥/黥颜頯—笞百"。为方便计,表 14 拆分这部分"刑徒"和奴婢,分别列入各规定刑罚行内。

上述关于规定刑、加减刑和替换刑系统的表格是静态的总结,既无法反映刑罚体系构造的全部细节,也无法展现秦及汉初刑罚体系构造的变动。若以动态眼光去看待刑罚体系构造的演变,或可推想出如下历史逻辑:

起初,立法者针对社会失序行为创设刑罚,如《周礼》《商君书》等文献所见,规制对象是人民,刑罚是施加于肢体器官和毛发的身体刑,大概采取一事一条的立法形式及以罪统刑的"罪—刑"条文撰写方式。因此,最初的规定刑系统的特征是针对抽象主体的常见犯罪,构成"死—刑—耐"序列。这些不仅确立了规定刑系统的基本特征,也是替换刑和加减刑系统产生和发展的起点。身体刑中,“刑”落实为黥,耐为处理毛发,在二罪叠加和一罪加等的情形下,都无法同时重复执行,因此需要统一规定出肉刑和耐刑的替换形式,以“有罪当黥”“有罪当耐”的专条律文规定于《具律》,这是替换刑系统的重要内容之一。

先秦社会中,刑罚优待替换会创造新的刑罚形式,最显著的大概是“有罪令赎”和以爵优待替换。赎是以代价最小的财产刑替换从死到耐的身体刑,最初可能主要适用于特权阶层,对应“死—刑—耐”序列的“赎死、赎刑、赎耐”得以进入规定刑系统,并被扩展适用于非特权群体的特定犯罪。作为替换用刑的有罪令赎在睡虎地秦简时代仍有保留,如对臣邦君长等群体的赎罪特权规定即是。赎刑出现正刑功能后,规定刑序列的主体部分就成了“死—刑—耐—赎—赀”,秦及汉初规定刑系统以此序列为基准。以“耐为鬼薪白粲”和“完为城旦舂”为替换用刑的优待替换则是以爵制为框架,作为一般规定被专条置于《具律》,成为替换刑系统的重要内容之二。

城旦舂、鬼薪白粲“刑徒”和私人奴婢的犯罪无法纳入专门针对抽象主体或曰人民的“死—刑—耐—赎—赀”的规定刑系统。对他们的犯罪,起初立法者也应是个别犯罪个别立法,针对贼伤、逃亡等部分犯罪规定出不同于既有规定刑种类的肉体刑罚,大概就是“刑徒”之“黥”,奴婢之“黥颜頯”,以及击打身体的笞刑。这类群体的一般犯罪被统一纳入国家所独掌的身体刑罚范围内应是较晚发生的事件,反映在律令层面,就是以《具律》给出替换用刑的一般规定时,采用了此前单独立法中使用的“黥/黥颜頯”和笞的替换用刑形式。因其时“死—刑—耐—赎—赀”规定刑序列已经建立,他们的替换刑罚序列就对应地被确定为“死—黥/黥颜頯—笞百”,城旦舂、鬼薪白粲和奴婢的身份/役使状态不变。《具律》一般规定出现前就存在于各律章内的那些特别规定,有的得以保留,成为特别形式的规定刑。替换刑系统的另一重要内容就此形成。

至于加减刑系统,目前材料同样暗示出其发展变迁的痕迹。加罪或减罪之制本质上是参引作为基准的规定刑罚所做的加重或减轻修正,在逻辑上,加罪/减罪之制的出现后于作为基准的规定刑,且何种犯罪应加罪,何种情节需减罪,是立法者随时决定之事。其结果是,盗罪等古老犯罪的加罪和减罪形式可能早有规定,但不能涵盖所有犯罪的所有规定刑,也就无法由《具律》规定统一的加罪或减罪之制。涵盖所有刑罚的加罪或减罪之制的规定只能被附系于“囚遂”“告不审及有罪先自告”这类理论上涵盖了所有犯罪的具体罪条之下。因此,加罪一等和减罪一等之制未能成为《具律》专条，而是分别被附在《囚律》《告律》律章的具体罪条下，是有其历史缘由的；也提示今人不能看到条文有“加减”文字就径直归入“具其加减”的《具律》律章。进而可推知的是，加罪一等之制没有被附于同样涵盖所有犯罪和刑罚的“乞鞫不审，加罪一等”“受赇鞫狱出入人罪，加罪二等”等具体罪条下，则可能这些犯罪的加罪规定要晚于“囚遂”。同时，《囚律》《告律》已有规定，个别犯罪却仍规定出加罪、减罪等序乃至具体刑罚的情形也说明，《囚律》《告律》罪条下所附的加罪、减罪之制的出现时间或许晚于那些自身规定了加罪、减罪具体形式的条文。

二、刑罚体系构造的解释：“法律的”与“简牍的”

在静态描述与历史溯源之外，贯彻本书始终的想法是有意识地探索法律简牍材料的解释方法。本书前言提出“法律简牍‘本体说’”，从简牍法制史料的“法律的”和“简牍的”这两个视角出发，意在强调研读方法的综合运用。

首先，从法律简牍“本体说”的“法律视角”去理解和解释秦及汉初刑罚体系构造的思路有两点考虑。本书意图提示的第一点就是，当研读材料是法律文本，尤其是有体系的法律文本时，法学思维中的体系化认识方式就是必需的，是需要贯穿研读工作始终的整体认识；意图提示的第二点就是，在具体方法上，现代刑法学概念、论证方法和理论也会提供有益的乃至关键性的助力，毕竟，当代刑法既有中国古法的历史渊源，又有古今中外社会对待犯罪现象的经验和逻辑上的共性。

本书有意识地努力贯彻上述两个意图：在整体视角和思维方法上，从体系认识出发，追问律令条文的立法目的和撰写方式是法制史研究的应有之义。前述对《囚律》加罪一等之制和《告律》减罪一等之制的律文与他条具体罚则关系的分析，对关联律文制定先后逻辑的推测，对刑罚加等排序中缺失的待加等刑名和减等排序中缺失的待减等刑名的发现和补出等，都是采纳法律文本研读形式、运用法学思维的体现。

法律史解释视角也体现在对各个具体问题的处理上。如本书前言所示，在讨论秦及汉初的数罪处理问题时，对“把段而亡”是否为独立二罪的不同解释，关系到对其时犯罪逃亡刑罚适用原则是二罪刑罚叠加还是从重的判断，也关系到“把段而亡”事例是否具有典型性，能否推及所有犯罪逃亡案件中本罪与亡罪的二罪处理的疑问。其他关联学科容易放过这类问题，但在法学或法制史视角下，这个问题不隐蔽，无法与其他数罪形态混同在一起；这个问题也不复杂，刑法学上的“牵连犯”概念就是有益的对照工具。令人需追问的就是,若借用行为本身不为罪,是否偏离了牵连犯中目的行为或结果行为彼此独立构成犯罪的前提。牵连犯已经是现代刑法学上数罪处理的特殊种类,不能推及数罪的一般形态,若其成立前提本就有疑,就更不应用来论证数罪处理的一般规定。由此可见,秦汉时人所面对问题的疑难复杂程度,恐怕超过单独一枚简上数十文字所直观呈现的那样;排比材料和引证彼此,就需要更为审慎。

需要强调法律文本的研读方式的另外一个典型是关于刑罚参引时修正替换的认识。秦汉律令乃至唐律以降的中国古法中,刑罚参引规定极为常见,唐律以来有"称'反坐罪之'"条般的总括性规定,理解各处参引规定时通常问题不大。但秦及汉初律令中的刑罚参引和修正规定繁多且复杂,理解起来就极有难度。《二年律令·具律》121、107~109简的编联和律意梳理工作就有极大争议。若像现代刑法研学者那样熟悉刑法立法语言和技术,敏感于法条逻辑层次区分,那么观察本条律文时就比较容易发现,本条不仅清晰呈现出"[整体限定条件(特殊身份人的肉刑)+各具体条件(本应参引肉刑)=肉刑替换为耐刑]+具体条件之一的但书条款"的结构,而且从中可以轻易分辨出刑罚参引规定的类型,目前释文句读还有改进空间。

其次,从法律简牍"本位说"的"简牍视角"入手,强调运用历史学和简牍学等关联学科工具去分析法律简牍材料,也是秦汉法制史研究尤其是刑罚体系研究的必由之路。这是因为"法律视角"下法学思维和方法工具的直接处理对象是文字文本信息,在东晋之后的纸本书籍时代,尤其是刻本时代,若版本无误,只提取纯文字信息去进行特定主题研究(譬如唐律的刑罚体系研究),可能不存在大问题;但在秦汉,简牍是主要的文字载体,记载刑罚体系信息的睡虎地秦简《法律答问》、岳麓秦简秦律令、汉初《二年律令》《汉律十六章》等无一不是呈现为简册写本形态,而简册实物本身就隐含着文字文本之外的诸多有效信息,这些信息无法直接通过法学知识工具去破解和掌握。这是存在于简本材料与纸本材料、出土文献与传世文献之间的巨大差异。

本书各章多少都遇到了简册形态疑问影响律意分析的事例。例如,对"加罪一等"之制的讨论,就涉及《汉律十六章·囚律》律章是否也存在于《二年律令》简册中的问题,《二年律令》原简册第二层和第三层简的数量与排布情况,"乞鞫不审加罪一等"条是归属《具律》还是《囚律》的问题,《盗律》"自今以来主守盗加罪一等"条的创设时间和插夹进入《盗律》律章的形式,最终涉及简册中各律章实际编联次序与律章内容的逻辑次序的关系问题。又如,对“减罪一等”之制的讨论,就涉及《告律》“告不审及有罪先自告”条后部简文“罪”字和重文符的使用特点,残简的拼缀方式,最终涉及汉初两篇《告律》内的个别条文在简册编写时是否经过删改的问题。再如,对犯罪逃亡自出的减罪效果的讨论部分,涉及汉初两篇《亡律》“诸亡自出减罪一等”条的简文差异,以及城旦春、鬼薪白粲逃亡自出是否为“有名减罪”且被规定到《亡律》中的问题,最终涉及律令简册中条文分拆合并现象。这些问题在纸本书籍载体上完全不会存在,但其是今人正确理解加罪一等之制和减罪一等之制,正确梳理分析犯罪逃亡的刑罚叠加方式等时必须直面的关键问题。所有这些信息都隐含在简文文字本身之外。要解决此类问题、发掘有用信息,就必须考虑简册缮写形式,修订补充时松解、替换和重新编联的过程,校改的刮削补写方法;等等。这些工作都是直接针对简册实物进行的,最终目的是将文字信息还原到它们所在的实物之上,使之准确反映和证明制度规则。因此,研读简牍法制史料时不妨跳脱出完全依赖整理出版的纯文字文本的做法,发掘法律简牍实物形态的信息。以往的法制史研究工作对此的关注稍显薄弱,但实际上,这直接影响到法制史研究能否准确推进,能否与其他学科有效交流对话。

三、简牍法制史料的证明效力

当前秦汉法制史研究既受惠于大量涌现的简牍材料,也面临简牍材料的零散、非历时性、出土性质复杂和载体特点难以归纳类推等困难所带来的制度证明效力有参差的问题。主张法律简牍的“本体”地位,就需要在关注实物形态特点、发掘隐含信息的基础上,论证常用简牍材料的制度证明效力。可予预先说明的是,笔者倾向于认为出处不同的每个简册都有各自的制作、使用和入土场景,彼此可能都有异,笼统讨论其性质与证明效力有弊端。因此以下简单举出本书常用简册,逐一、个别简单讨论。相较而言,律令、治狱文书等简册的特点和证明效力问题较清晰,《法律答问》的证明效力则较复杂,需要单独说明。

其一,就《为狱等状四种》和《奏谳书》等治狱文书汇编简册而言,其多数应系真实案例加工而来,这类摘录汇编的简册具有实用性,尤其是它们所展现的秦汉疑罪提出背景和解决方式,对其时法律适用疑难和治狱程序有很强的证明效力。

其二,讨论特定律令简册的制成和使用情景,有助于判断简册文本可信程度。岳麓书院所藏秦律令简册、张家山汉简《二年律令》《汉律十六章》等律令简册大概皆系墓葬出土(岳麓秦简出处存疑),对它们的性质与规则证明效力,学者们存有不同意见。其中有学者认为,“尽管这些简册最终的功能都是作为随葬品被放置于低级官吏的墓中,但它们表现的文本结构和汇编形式应非只限于墓葬环境。至少墓葬出土的有些简册很可能曾被墓主或其他人用于日常事务”。[①] 这样的评价是很中肯的,墓葬出土的部分律令简册无疑具有较强证明效力。不过,在使用律令简册去论证不同主题时仍需区分出它们的证明效力层次;当用作不同时期的制度互证时,就需充分考虑特定律令简册的时效性如何(如简册是否在随葬前就已弃用,是否存在已废止条文等),是某一时点的全部律令汇抄还是节选本,等等。这对理解秦汉之际法律体系沿革、法统废继史事与具体规则同异有实质影响。例如,前文言及对“加罪”“减罪”的讨论就是以汉初《二年律令》《汉律十六章》简册是否反映了其时齐整章目为前提问题,才得以展开。

岳麓秦简律令简册有的文字改动刮削留白,应经过校雠,[②]若干处重文符有特别写法,说明简册先编联后抄写,且至少简册的这些部分是严格对照母本抄写的。[③]《二年律令》有数简构成一条律文而其中单支简留白(93~98 简)和将文字挤写在地头的现象,这也暗示简册是先编后写,抄手较严格地照抄了某一母本,有时通过这些现象还能反推出其母本的局部形态。对这类简册,抄手私人改写简文、取舍律条的可能性较小,相应地,简册在文字和律章内律条规模方面的可信度就高。

至于 336 号墓《汉律十六章》,也有迹象说明,简册初次编写时书手就较为严格地照抄母本,之后又有刮削简文、替换整简甚或抽除整个律章的

---

① 〔德〕史达:《从单条诏至法律集:秦汉法律抄本中的附文框架》,李婧嵘译,中国政法大学法律古籍整理研究所编:《中国古代法律文献研究》第 16 辑,中西书局 2023 年版,第 150 页。

② 周海锋先生讨论了岳麓秦简的校雠标记,参见周海锋:《秦律令之流布及随葬律令性质问题》,《华东政法大学学报》2016 年第 4 期。

③ 典型之例是重复文字使用重文符时,重文符使用跨越连排简,写在后简简首。岳麓秦简(肆)52 简简首为重文符,应是 51 简简尾“罪”字重文。参见陈松长主编:《岳麓书院藏秦简(肆)》,上海辞书出版社 2015 年版,第 56 页。岳麓秦简(陆)48 简简首亦是一重文符,后有“所=官=”,整理者注:48 简“本简以重文号起首,‘致’字当在前简之末,即‘致所官’三字都有重文,据此补‘致’”。参见陈松长主编:《岳麓书院藏秦简(陆)》,上海辞书出版社 2020 年版,图版释文见第 63 页,注释见第 79 页。查看 48 简,重文符确应是在简首,而岳麓秦简他处有“致所官”词例,尤其是“所官”不是一词;因此,虽然 48 简下文“致所官”以下文字构成完整句子,但不排除 48 简所接前简的下部简文重文者不限于最后一“致”字,为保持前后重文符使用一致而未在 48 简简首以文字代之的可能性,但就“致所官”三字而言,整理者意见可取。至少重文符在简首而未挤凑写于前简末端,已暗示了它有与它所代表的文字相同的意义。进而,重字在简尾时另简书写重文符的做法更可能出现在简册先编后写的情形下,且抄手是严格对照母本抄写的。

二次加工，且其做法有“官方理由/依据”（official rationes）：《汉律十六章》涉及“皇帝”的律文中，有些可能不反映高后和文帝初期皇权实际运作的变化（如《朝律》，可能系单章被后编入简册），无须处理律文；但有些律文可能涉及吕后，而在文帝即位后被重写替换（这暂难通过图版推知），也有的可能是在原简上将吕后执政的文字直接刮削掉。后者如150简和302简，“宦皇帝”的“宦”与“皇帝”间都有3或4字空白，①鉴于150简所接下文有“知名”等限定，且《二年律令》对应律文的“宦皇帝”连写无空，“宦”与“皇帝”间被刮削文字是删削错字的可能性较小，刮削掉的简文可能与吕后有关。若作此解，则存在简册首次编写于吕后时期，文帝即位后经过刮削的可能性。又如《二年律令·贼律》等章有重罪者的父母妻子同产连坐的律文，《汉律十六章》相应律文已不见连坐规定；《汉律十六章·囚律》170简“耐为隶臣妾者”与“完为城旦舂”之间留白，②类于《汉律十六章·亡律》241简“隶臣妾”与“亡”之间的留白，③整理者据《二年律令·亡律》165简“隶臣妾、收人亡”的规定，认为留白“疑原是‘及收人’三字”，文帝初年废除收坐之制，“收人”一并取消。④ 若然，则简册本身经过了二次处理，以新简重写替换了原有近亲属连坐的律文，刮削“及收人”三字，在原简上形成留白。这也反映出简册编写时尚未废除收坐制，随葬前文帝下诏除收律、相坐法，遂重写替换整条律文或在原简上刮削已废止之文。⑤

---

① 两枚简的图版参见彭浩主编，荆州博物馆编：《张家山汉墓竹简［三三六号墓］》（下册），文物出版社2022年版，第134、168页。

② 释文见彭浩主编，荆州博物馆编：《张家山汉墓竹简［三三六号墓］》（上册），文物出版社2022年版，第187页。

③ 释文见彭浩主编，荆州博物馆编：《张家山汉墓竹简［三三六号墓］》（上册），文物出版社2022年版，第196~197页。

④ 参见彭浩主编，荆州博物馆编：《张家山汉墓竹简［三三六号墓］》（上册），文物出版社2022年版，第187页，注3。

⑤ 《汉书·文帝纪》载：“（元年冬）十二月……尽除收帑相坐律令。”参见（汉）班固撰，（唐）颜师古注：《汉书·文帝纪》，中华书局1962年版，第110页。钱大昕认为左右丞相仅置于元年，因此应从《史记·孝文本纪》和《汉书·文帝纪》“文帝元年除收律”说，不从《汉书·刑法志》“文帝二年除收律”之说。参见（清）钱大昕著，方诗铭、周殿杰校点：《廿二史考异——附：三史拾遗 诸史拾遗》，上海古籍出版社2014年版，第125页。

336号墓出有《七年质日》，则墓葬年代下限或为文帝七年（前173年），但不可据以判断其随葬文书本身的形成年份。本书此解将指向，336号墓简册首次编联抄写的上限是文帝元年（前179年）除收律相坐法之前，但在文帝除《收律》后经过了二次处理：16篇律中没有《收律》，应是散解原简册，抽出《收律》数简后重新编结成册，原有“收人”字样处留白系在原简册上直接刮削。这种校改刮削应是在文帝元年（前179年）十二月后不久就进行了，因此未以新简直接抄写删除与“收人”有关文字的律文并编入简册。

综上,若连坐律文确经改写替换,“宦”与“皇帝”间留白,“收”“收人”的数简留白确系刮削形成,那么它们所反映的简册编写和校改过程可能是:简册首次编写于文帝元年(前 179 年)十二月之前,尤其是可能编写于吕后执政晚期,文帝即位后刮削掉涉及高皇后之类的文字;文帝元年(前 179 年)十二月诏除收律、相坐法后,校雠规整律令之前,简册持有者散解原简册,将《收律》整章数枚简和个别涉及相坐法的简一并抽除,重写替换部分简,在简上刮削掉已是废止之文的“收”“收人”字样。这种权宜做法保留了官府校雠和传布而下之前的修订痕迹,大概可反映在文帝元年(前 179 年)十二月到二年(前 178 年)校雠律令之间的时段中,简册使用者根据诏令先行改动该简册的场景;墓中出有《七年质日》,说明简册直到文帝七年(前 173 年)或稍后一直未被改动,看来校雠律令传布后,该简册已被弃用,直到随葬。《汉律十六章》的这种刮削留白是在具有官府权威来源的母本的抄本上进行的私人修改。若允许进一步推测,则可以说,《汉律十六章》乃至《功令》经历了多次刮削处理、最终被废弃不用,它们制作之初必有母本,后续修订必有理由,与其说简册是经私人能动地节选摘录甚或改动字句,不如说简册明有所本,在其所选取的各律章和律条层面上已体现了较完整面貌。虽然随着校雠后律令的传布下达,它们最终失效和被弃用,但这些编写特征都说明这些随葬文本与曾经行用的权威律令文本具有一致性(虽然不必然具有时效性,如抄写后被废改者),其规则证明效力很强。

其三,就睡虎地秦墓秦律简册而言,《秦律十八种》《秦律杂抄》应系摘

另一可能是简册编写发生在文帝元年(前 179 年)十二月之后不久,此时《收律》篇已经整体取消,抄手抄写简文时略过母本《收律》篇而抄录某母本旧文,此旧文是文帝除《收律》前编写但在其后刮削,抄手抄写到旧文“收人”字样处直接留白。这种可能性相对较小。因秦汉有校雠、传布律令的定制,律有修订废止之事时,在规定时间内即可传达到地方,在这一时间点后制作抄写的律文简册,应当不会再采纳旧文形式了。律令校雠之制可参见陈中龙:《试论〈二年律令〉中的“二年”——从秦代官府年度律令校雠的制度出发》,中国法制史学会、“中央研究院”历史语言研究所主编:《法制史研究》第 27 期(2015 年)。

无论如何,《汉律十六章》的主体文本应形成于文帝元年(前 179 年)十二月前,但简册经二次处理的最终样貌是在文帝元年(前 179 年)十二月后不久确定下来的。

进而可延展者有二:其一,只能说 336 号墓《汉律十六章》简册及其所载律文制作于文帝元年(前 179 年)十二月前,十二月后经过了个别校改。不能根据现存简册不存在《收律》的事实就推论简册制作于文帝元年(前 179 年)十二月后,更不能推论简册文字(尤其是未经废改的律文)制定于文帝元年(前 179 年)十二月后;也就不能简单推论 336 号墓汉律与其他汉初墓葬所出律令的时代先后。其二,简册经过了有时间差的二次处理,与同墓葬其他简册的证明时效性是否相同就颇有疑问,具体而言就是同出于 336 号墓的《功令》令文制定年代的确定不能直接与《汉律十六章》律文互证。

录,《贼律》《盗律》等其时必有的律章全章未出现,有的律章或许只摘录了一部分律文且有私人附录注解的迹象;①但今人无法得知摘录部分占比如何,制作者私人加工程度怎样。但无论如何,其既存内容的规则证明效力毋庸置疑。

其四,就《法律答问》简册而言,整体检视今见本《法律答问》可知,从内容上看,它与有权机关制作的疑难案例请示批复汇编类书籍类似;从形式上看,它又存在错字、私人修改所致的留白和相当随意的校补现象。这提示着它的母本有固定形式和较权威来源,它的修改有依据,也说明其系私人抄写使用。

对《法律答问》性质及其作为史料对其时秦法的证明效力有一定了解,是使用它与其他类型简牍材料去共同论证的前提。就文本性质而言,再以前言所举"把叚而亡"与《二年律令·具律》122~124 简为例,前一则材料出自《法律答问》,后一则材料是律令,抛开时代差异不论,二者文本性质和对规则的证明效力本就不同:《法律答问》核心内容本就是解决法律疑难,其中占比较大的问答并非重申既有规则。前者既然不能直接被视为后者的律上"数罪以重"原则的体现,也就无法直接用于论证"数罪以重"原则的适用对象。直接对比使用《法律答问》和《二年律令》的做法略去了对文本形态、性质差异是否影响互证效力的问题的论证,而这本是必需工作——即使《法律答问》简册中的某个秦代问答确实与《二年律令》简册中某条汉律内容可以互证,也不能在论证思路上跳过这一环,尤其是在材料形态和性质复杂有疑时,不同材料的证明效力是首先需要关注的问题:它本身性质究竟如何,与母本关系怎样,尤其是它作为史料,对其时各类型法律规定各有什么样的证明效力?

王伟先生和中国政法大学中国法制史基础史料研读会对《法律答问》简文体裁、内容、性质及其对秦法的证明效力乃至源流曾有精要总结,②王伟先生更为具体提出了《法律答问》所见规则类型及其与律令规则的层次问题。其说认为《法律答问》具有私人的法律知识笔记性质,有多个内容

---

① 如佐佐木研太先生在比较睡虎地秦简《秦律十八种·效律》和单篇《效律》以及王家台秦简《效律》条文书写形态时进一步揭示了墨点的"提示"作用,提示墨点下的文字是附加而后起。参见〔日〕佐佐木研太:《出土秦律书写形态之异同》,《清华大学学报(哲学社会科学版)》2004 年第 4 期。

② 可参见王伟:《睡虎地秦简文本复原二题》,《中国矿业大学学报(社会科学版)》2016 年第 6 期;中国政法大学中国法制史基础史料研读会:《睡虎地秦简法律文书集释(七):〈法律答问〉1~60 简》,中国政法大学法律古籍整理研究所编:《中国古代法律文献研究》第 12 辑,社会科学文献出版社 2018 年版,第 50~52 页。

来源,并以简文常将“耐为隶臣”省作“耐”和44简提出对甲“或曰为告不审”的判断为例,认为此作者自己的法律知识笔记存在省略或错误,进而提出其对秦法的证明效力亦有可疑之处:

> 我们目前对《法律答问》中一些答问背后存在的特定法律条文和法律原理尚不了解,因而无法完整复原其推理过程,使用此类答问进行刑罚制度研究就存在一定的困难和危险性。①

实际上,《法律答问》中“耐”单字并非“耐为隶臣妾”的省略,而是《二年律令·具律》90简所谓“有罪当耐,其法不名耐”②之“无名之耐”。进而言之,在刑名乃至其他涉及罪刑区分的关键表述上,本书尚未发现今见本《法律答问》文本存在导致暧昧歧义的省略之处。③ 至于44简“或曰为告不审”乃至其他一问对二答、作答有对有错的现象,只能说明作答来源不同,其中错误作答不具备制度证明效力,不能说明其本条问答包含的规则在其时无效。

关于《法律答问》的性质,学界有其为具有法律效力的法律解释、秦律说、学吏教材、职务指南、法官私家解释、法律实务题集、法律知识笔记等观点。④ 对实物化文本而言,今见本《法律答问》存在有形近而讹之错字、位置相近之错文错简及其校补等明显特征,说明它确系出自私人之手且未经详细审校;但它经过了某些基于固定编次的校补过程,恰可说明它有母本,且母本是正确的。即令按主张《法律答问》系私人法律知识笔记之说的王伟先生对其内容来源的归类(“法律解释”“学吏教材”“疑罪吏议”“军法”)⑤,其内容也并非私人主观认识。因此,在公共知识生产、储存和传播意义上,可视《法律答问》为“书籍”;从墓葬出土法律简牍的性质来

① 王伟:《睡虎地秦简文本复原二题》,《中国矿业大学学报(社会科学版)》2016年第6期。

② 释文见张家山二四七号汉墓竹简整理小组编著:《张家山汉墓竹简[二四七号墓]》(释文修订本),文物出版社2006年版,第22页。

③ 《法律答问》1~2简“害盗别徼而盗,加罪”规则解说中,不盈五人盗二百二十钱以下的“迁之”应是加在这些赃等的本刑赀一盾至耐为隶臣(害盗为男性)上的,可视为“迁之”前省略了“又”,又可视为“迁之”是“何谓‘加罪’”提问的直接答案。这类“省略”系不言自明。1~2简释文见睡虎地秦墓竹简整理小组编:《睡虎地秦墓竹简》,文物出版社1990年版,第93页。

④ 参见王伟:《睡虎地秦简文本复原二题》,《中国矿业大学学报(社会科学版)》2016年第6期;中国政法大学中国法制史基础史料研读会:《睡虎地秦简法律文书集释(七):〈法律答问〉1~60简》,中国政法大学法律古籍整理研究所编:《中国古代法律文献研究》第12辑,社会科学文献出版社2018年版,第51~52页。

⑤ 参见王伟:《睡虎地秦简文本复原二题》,《中国矿业大学学报(社会科学版)》2016年第6期。

看,《法律答问》也不同于里耶、益阳等地井窖,敦煌、居延等地建筑遗构出土的公文简牍,如永田英正先生般称其为"书籍简牍",应更恰当。① 作为"书籍",《法律答问》文字内容是其时秦法的反映,有明确的制度证明效力,本应无疑。不过诸家对《法律答问》性质的认识分歧已揭示出《法律答问》与同出于墓葬的律令、治狱文书等"书籍"还有差异,其制度证明效力不能一概而论,需作具体分析。

研读和利用《法律答问》时,稳妥做法恐怕是先从问答设置主旨角度观察其提问方式和背景,先行思考:作答依据是按照不同条件对应既有规则,还是为补充解释既有规则未涉及的疑问。如 12 简、15 简等例简文问答的主旨可能仅是针对情境设置不充分的疑问,也可能是对充分化后的情境缺乏明确解决方案的疑问,抑或可能是两种疑问兼有。② 若问答主旨属后两种情况,意味着解答不一定是对秦律令既有规则的说明,还可能是针对法律漏洞的新解释,《法律答问》此类解释的效力是否可直接等同于律令规则,尚有疑问,因此不宜直接视为秦律令本身。就此而言,以 14~16 简乃至 17、18 简等与《二年律令》等律令文本直接互证,就有风险。不过,这类问答在证明其时存在"守赃"等特定罪名、"前谋各盗并赃论罪"等

① 此处"书籍"之意指不同于经私人摘录加工的文件汇编意义上的"书籍",如在以墓葬所出律令为对象,学者所区分的皇帝颁行律令、个人编纂律令和随葬律令的类型中,被视为"书籍"者。墓葬所出"律令"的性质业已被充分讨论,对《法律答问》的"书籍"性质的讨论则较少,对此可参见广濑薰雄对大庭脩先生以来学者看法的评论,即《秦汉墓葬出土律令的资料性质试论(之一)》,广濑薰雄:《简帛研究论集》,上海古籍出版社 2019 年版,第 408~423 页。

② 《法律答问》12 简拟定了复数人犯盗的两种情形:

> 甲乙雅不相智(知),甲往盗丙,毚(纔)到,乙亦往盗丙,与甲言,即各盗,其臧(赃)直(值)各四百,已去而偕得。其前谋,当并臧(赃)以论;不谋,各坐臧(赃)。

释文见睡虎地秦墓竹简整理小组编:《睡虎地秦墓竹简》,文物出版社 1990 年版,第 96 页。对 12 简的分析,参见张传玺:《秦及汉初赃罪构造试探——以张家山 247 号汉墓竹简为中心》,中国政法大学法律古籍整理研究所编:《中国古代法律文献研究》第 15 辑,中西书局 2021 年版,第 17~18 页。

15 简前部载:

> 夫盗三百钱,告妻,妻与共饮食之,可(何)以论妻?非前谋殹(也),当为收;其前谋,同罪。

释文见睡虎地秦墓竹简整理小组编:《睡虎地秦墓竹简》,文物出版社 1990 年版,第 97 页。15 简是问答体裁,有两个回答,针对设问中个案情景的两个细化情节,即简文先设定甲情境(夫盗钱,告妻,匿钱于妻处),提出乙问题(妻何论);回答则补充细化甲情境的条件丙(告妻,曾与妻前谋)和丁(仅告妻,而无前谋动作),以使设问情境充分明确、不会再产生歧义,之后针对补充不同条件后的丙、丁情境,分别作答。

既有罪刑规则方面就无此疑虑，盖因此类罪名概念和计赃规则为其时所使用，才会被纳入作答。

此外，作为《法律答问》规则背景的秦法体系的具体表现形式亦需予考虑。《法律答问》设问部分援引规则较少表现为个案情境，多类似于较抽象的律令规则。但目前所见，除疑罪吏议的司法意见形态外，作为"法律正式渊源"的令、诏、廷行事等常针对个案创制，具有规则创制性质的部分诏令本身因而保留了个案信息，成为"个案表现之法"。这类创设法律规则并保留个案信息的诏、令文本在岳麓秦简中常见。学界对秦汉律令关系的研究成果已颇丰，在史料类型日益丰富的今日，对秦法律渊源/法律形式类型及其效力等级的探讨仍存在一定提升空间。① 这都会影响对《法律答问》不论问答还是直陈体裁简文的个案情境设定目的和背景的可能阐释。

故而，将援引规则归类为某种法律形式的做法需审慎为之。既不能如整理小组般将设问部分援引规则直接视为"律本文"之类某种既有法律形式甚至具体条文，也不能将作答部分作如是理解，即令对术语或普通表述的定位亦然。

综上，《法律答问》的"规则"成分较复杂，有被援引的抽象语言的律令之法，有问答本身创立的"个案表现之法"，也有被记录下来的未完成形态的吏议吏当意见，效力层次多样，利用时需格外留意。但即使其实物载体出自私人之手，其所体现的规则仍有公共属性即官府来源，也具备知识传播功能，因此具有相应的作为正式制度证明材料的效力。

总之，《法律答问》只是秦汉以简牍为载体的众多类型法律文本中的一种，在外在形态和法意表达上，与其他诸如各类律令、治狱文书、行政文书、公私契券等文书或书籍类型有同有异。以简册编次为切入点，探讨《法律答问》外在形态与法意理解之间的关系，或许会对其他类型材料的类似研究和利用有一定帮助。

行文至此，也可以对前言提到的简牍法制史料和法制史研究"碎片化"问题稍作呼应。将基于零碎材料的局部研究体系化，是今日以法律简牍为首要研究材料的秦汉法制史研究者的基础工作，不仅不是逾越材料界限之举，反而是不应回避的使命。只有在体系化和获取整体认识之后，才能充分领悟古代制度，尤其是法律制度那令人感叹的生长衰亡历程，那令人敬畏的，如生物的生命周期般的逻辑与规律。阎步克先生曾说：

① 新近成果可参见〔德〕史达：《从单条诏至法律集：秦汉法律抄本中的附文框架》，李婧嵘译，中国政法大学法律古籍整理研究所编：《中国古代法律文献研究》第 16 辑，中西书局 2023 年版，第 135～164 页。

> 制度规定虽不等于实际政治行为，但在我眼中它们仍不止一纸空文而已。政治制度同样有血有肉，它们的结构有如精微的有机体，它们的运动呈现出的律和节奏；它们也经历着生、住、异、灭，像生命界的花木鸟兽一般；它们有时高歌猛进，有时也误入歧途；有时分道前行，有时又百川归海；不同制度间的碰撞、排斥、渗透和配合，同样错综多变、跌宕起伏，其精彩和微妙不亚于不同势力的联手、敌对和纵横捭阖。①

法律制度的结构形式、运行逻辑和演变规律的特点使得它同样或更适宜被比拟为生命、比拟为有机体。与阎步克先生对政治制度的说法类似，在《普通法的自然史》一书开头，密尔松教授就提出了法律制度的“生命周期”(a life cycle)比喻，②用来展开全书叙述。遗憾的是，密尔松教授所讨论的“法律制度”直指罗马法系和英国普通法系，他未能将目光投向中国；否则，他会找到在同一道路上同行的中国同行，他的法律制度“生命周期”之说会增添佳例；在英国，他所希冀和致力描绘的法律制度史体系化图景被近30年来大行其道的地方史和专门史浪潮所淹没，但在这一边，他本可能看得到。

① 阎步克：《品位与职位——秦汉魏晋南北朝官阶制度研究》，中华书局2002年版，第647页。

② See S. F. C. Milsom, *A Natural History of the Common Law*, New York: Columbia University Press, 2003, Intro., pp. xiii-xiv.

参考文献

传世文献

1.(清)阮元校勘:《十三经注疏》,台北,艺文印书馆2001年版。

2.徐元诰撰,王树民、沈长云点校:《国语集解》,中华书局2002年版。

3.朱师辙:《商君书解诂定本》,古籍出版社1956年版。

4.蒋礼鸿:《商君书锥指》,中华书局1986年版。

5.(战国)商鞅原著,张觉译注:《商君书全译》,贵州人民出版社1993年版。

6.(汉)司马迁:《史记》,中华书局2014年版。

7.(汉)班固撰,(唐)颜师古注:《汉书》,中华书局1962年版。

8.(唐)房玄龄等:《晋书》,中华书局1974年版。

9.(唐)长孙无忌等撰,刘俊文点校:《唐律疏议》,中华书局1983年版。

10.(元)脱脱等:《辽史》,中华书局1974年版。

11.(清)段玉裁:《说文解字注》,中华书局2013年版。

12.(清)孙星衍等辑,周天游点校:《汉官六种》,中华书局1990年版。

13.(清)沈家本撰,邓经元、骈宇骞点校:《历代刑法考》,中华书局1985年版。

出土文献

1.《云梦睡虎地秦墓》编写组:《云梦睡虎地秦墓》,文物出版社1981年版。

2.睡虎地秦墓竹简整理小组编:《睡虎地秦墓竹简》,文物出版社1990年版。

3.中国文物研究所、湖北省考古文物研究所编:《龙岗秦简》,中华书局2001年版。

4.陈伟主编,李天虹等撰:《秦简牍合集(贰)·龙岗秦墓简牍》,武汉大学出版社2014年版。

5.陈伟主编:《里耶秦简牍校释》第1卷,武汉大学出版社2012年版。

6. 陈伟主编:《里耶秦简牍校释》第 2 卷,武汉大学出版社 2018 年版。

7. 朱汉民、陈松长主编:《岳麓书院藏秦简(叁)》,上海辞书出版社 2013 年版。

8. 陈松长主编:《岳麓书院藏秦简(肆)》,上海辞书出版社 2015 年版。

9. 陈松长主编:《岳麓书院藏秦简(伍)》,上海辞书出版社 2017 年版。

10. 张家山二四七号汉墓竹简整理小组编著:《张家山汉墓竹简〔二四七号墓〕》,文物出版社 2001 年版。

11. 张家山二四七号汉墓竹简整理小组编著:《张家山汉墓竹简〔二四七号墓〕》(释文修订本),文物出版社 2006 年版。

12. 彭浩、陈伟、〔日〕工藤元男主编:《二年律令与奏谳书:张家山二四七号汉墓出土法律文献释读》,上海古籍出版社 2007 年版。

13. 彭浩主编,荆州博物馆编:《张家山汉墓竹简〔三三六号墓〕》(上、下册),文物出版社 2022 年版。

14. 李志芳、李天虹主编,荆州博物馆、武汉大学简帛研究中心编著:《荆州胡家草场西汉简牍选粹》,文物出版社 2021 年版。

15. 谢桂华等:《居延汉简释文合校》,文物出版社 1987 年版。

16. 长沙市文物考古研究所等编:《长沙五一广场东汉简牍选释》,中西书局 2015 年版。

中文专著

1. 戴炎辉编著:《唐律通论:2010 年最新版》(第 2 版),台北,元照出版有限公司 2010 年版。

2. 傅荣珂:《睡虎地秦简刑律研究》,台北,商鼎文化出版社 1992 年版。

3. 高恒:《秦汉简牍中法制文书辑考》,社会科学文献出版社 2008 年版。

4. 高敏:《云梦秦简初探》(第 2 版),河南人民出版社 1981 年版。

5. 韩树峰:《汉魏法律与社会——以简牍、文书为中心的考察》,社会科学文献出版社 2011 年版。

6. 胡平生、李天虹:《长江流域出土简牍与研究》,湖北教育出版社 2004 年版。

7. 劳榦等:《汉简研究文献四种》(上册),北京图书馆出版社 2007 年版。

8. 李力:《“隶臣妾”身份再研究》,中国法制出版社 2007 年版。

9. 李力:《张家山 247 号墓汉简法律文献研究及其述评(1985. 1—

2008.12)》,東京外國語大学アジア・アフリカ言語文化研究所 2009 年版。

10. 栗劲:《秦律通论》,山东人民出版社 1985 年版。

11. 刘海年:《战国秦代法制管窥》,法律出版社 2006 年版。

12. 吕利:《律简身份法考论:秦汉初期国家秩序中的身份》,法律出版社 2011 年版。

13. 裘锡圭:《古代文史研究新探》,江苏古籍出版社 1992 年版。

14. 吴福助:《睡虎地秦简论考》,文津出版社 1994 年版。

15. 邢义田:《地不爱宝:汉代的简牍》,中华书局 2011 年版。

16. 邢义田:《治国安邦:法制、行政与军事》,中华书局 2011 年版。

17. 徐世虹等:《秦律研究》,武汉大学出版社 2017 年版。

18. 阎步克:《品位与职位——秦汉魏晋南北朝官阶制度研究》,中华书局 2002 年版。

19. 张伯元:《出土法律文献研究》,商务印书馆 2005 年版。

20. 张功:《秦汉逃亡犯罪研究》,湖北人民出版社 2006 年版。

21. 张建国:《帝制时代的中国法》,法律出版杜 1999 年版。

22. 张金光:《秦制研究》,上海古籍出版社 2004 年版。

23. 朱红林:《张家山汉简〈二年律令〉集释》,社会科学文献出版社 2005 年版。

24. 〔日〕广濑薰雄:《简帛研究论集》,上海古籍出版社 2019 年版。

25. 〔德〕陶安:《岳麓秦简〈为狱等状四种〉释文注释》(修订本),上海古籍出版社 2021 年版。

外文著作

1. Shang Yang, *The Book of Lord Shang, A Classic of the Chinese School of Law*, Translated from the Chinese with introduction by J. J. L. Duyvendak, Chicago: Chicago University Press, 1963.

2. A. F. P. Hulsewé, *Remnants of Han Law, Volume I: Introductory Studies and an Annotated Translation of Chapters 22 and 23 of the History of the Former Han Dynasty*, Leiden E. J. Brill, 1955.

3. S. F. C Milsom, *Historical Foundations of the Common Law* (2nd ed., 1981), London Butterworths.

4. S. F. C. Milsom, *A Natural History of the Common Law*, New York: Columbia University Press, 2003.

5. Anthony J. Barbieri-Low & Robin D. S. Yates, *Law, State and Society in Early Imperial China: A Study with Critical Edition and Translation of the Legal Texts from Zhangjiashan Tomb no. 247*, Leiden: Brill, 2015.

6. Ulrich Lau & Thies Staack, *Legal Practice in the Formative Stages of the Chinese Empire: An Annotated Translation of the Exemplary Qin Criminal Cases from the Yuelu Academy Collection*, Leiden: Brill, 2016.

7. Katrina C. D. McLeod & Robin D. S. Yates, "Forms of Ch'in Law: An Annotated Translation of The Feng-chen shih", *Harvard Journal of Asiatic Studies*, Vol. 41, No. 1 (Jun., 1981).

8. 冨谷至編『江陵張家山二四七號墓出土漢律令の研究・譯注篇』(朋友書店,2006年)。

9. 冨谷至『漢唐法制史研究』(創文社,2016年)。

10. 陶安あんど『秦漢刑罰体系の研究』(東京外国語大学アジア・アフリカ言語文化研究所,2009年)。

译著译文

1.〔法〕弗朗索瓦·多斯:《碎片化的历史学——从〈年鉴〉到"新史学"》,马胜利译,北京大学出版社2008年版。

2.〔日〕堀毅:《秦汉法制史论考》,萧红燕等译,法律出版社1988年版。

3.〔日〕冨谷至:《秦汉刑罚制度研究》,柴生芳、朱恒晔译,广西师范大学出版社2006年版。

4.〔日〕籾山明:《中国古代诉讼制度研究》,李力译,上海古籍出版社2009年版。

5.〔日〕宫宅洁:《中国古代刑制史研究》,杨振红等译,广西师范大学出版社2016年版。

6.〔日〕籾山明:《秦代审判制度复原》,徐世虹译,刘俊文主编:《日本中青年学者论中国史·上古秦汉卷》,上海古籍出版社1995年版。

7.〔日〕富谷至:《从终极的肉刑到生命刑——汉至唐死刑考》,周东平译,范忠信、陈景良主编,中南财经政法大学法律文化研究院编:《中西法律传统》第7卷,北京大学出版社2009年版。

8.〔日〕冨谷至:《笞杖的变迁——从汉的督笞至唐的笞杖刑》,朱腾译,周东平、朱腾主编:《法律史译评》,北京大学出版社2013年版。

9.〔日〕冨谷至:《通往晋泰始律令之路(Ⅰ):秦汉的律与令》,朱腾译,杨一凡、朱腾主编:《历代令考》(上册),社会科学文献出版社2017年版。

10.〔日〕藤井律之:《罪之“加减”与两性差别》,李力译,卜宪群、杨振红主编:《简帛研究 二〇〇九》,广西师范大学出版社2011年版。

11.〔日〕石冈浩:《张家山汉简〈二年律令〉之〈盗律〉所见磔刑的作用——诸侯王国视野之下的严刑适用》,李力译,中国政法大学法律史学研究院编:《日本学者中国法论著选译(上)》,中国政法大学出版社2012年版。

12.〔德〕史达:《从单条诏至法律集:秦汉法律抄本中的附文框架》,李婧嵘译,张传玺主编,中国政法大学法律古籍整理研究所编:《中国古代法律文献研究》第16辑,中西书局2023年版。

13.〔英〕J. H. 贝克:《为何英格兰法史并未撰写完成?》,《北大法律评论》编辑委员会译,《北大法律评论》第5卷第1辑,法律出版社2003年版。

论文

(一)期刊论文

1. 陈迪:《〈岳麓书院藏秦简(肆)〉60—64简试析》,邬文玲、戴卫红主编:《简帛研究 二〇一八(秋冬卷)》,广西师范大学出版社2019年版。

2. 陈松长、温俊萍:《论秦律的罪数处罚——以“岳麓书院藏秦简”为中心》,杨振红、邬文玲主编:《简帛研究 二〇一六(秋冬卷)》,广西师范大学出版社2017年版。

3. 陈中龙:《试论〈二年律令〉中的“二年”——从秦代官府年度律令校雠的制度出发》,中国法制史学会、“中央研究院”历史语言研究所主编:《法制史研究》第27期(2015年)。

4. 戴世君:《张家山汉简〈二年律令〉研读六则》,《杭州师范大学学报(社会科学版)》2010年第2期。

5. 丁义娟:《“刑徒”与“徒刑”——兼论秦及汉初刑罚的种类》,《兰州学刊》2012年第6期。

6. 丁义娟:《张家山汉简〈二年律令〉第90、91简解》,《学术探索》2012年第10期。

7. 丁义娟:《“鬼薪白粲”地位再认识》,中国政法大学法律古籍整理研究所编:《中国古代法律文献研究》第6辑,社会科学文献出版社2012年版。

8. 高恒:《秦律中“隶臣妾”问题的探讨》,《文物》1977年第7期。

9. 高恒:《秦律中的刑徒及其刑期问题》,《法学研究》1983 年第 6 期。

10. 韩树峰:《秦汉律令中的完刑》,《中国史研究》2003 年第 4 期。

11. 韩树峰:《秦汉徒刑散论》,《历史研究》2005 年第 3 期。

12. 韩厚明:《张家山汉简〈二年律令〉编联小议》,杨振红、邬文玲主编:《简帛研究 二〇一六(秋冬卷)》,广西师范大学出版社 2017 年版。

13. 何有祖、李志芳:《张家山汉简〈二年律令〉新编(二则)》,《江汉考古》2020 年第 3 期。

14. 湖南省文物考古研究所:《龙山里耶秦简之“徒簿”》,中国文化遗产研究院编:《出土文献研究》第 12 辑,中西书局 2013 年版。

15. 华东政法大学出土法律文献研读班:《岳麓秦简律令释读(一)》,王沛主编:《出土文献与法律史研究》第 8 辑,法律出版社 2020 年版。

16. 黄海:《由“屦贱踊贵”至“斩为城旦”——秦及汉初斩趾刑源流研究》,《四川大学学报(哲学社会科学版)》2021 年第 2 期。

17. 黄展岳:《云梦秦律简论》,《考古学报》1980 年第 1 期。

18. 贾丽英:《秦及汉初二十等爵与“士下”准爵层的剖分》,《中国史研究》2018 年第 4 期。

19. 蒋非非:《〈史记〉中“隐宫徒刑”应为“隐官、徒刑”及“隐官”原义辨》,胡平生主编,中国文物研究所编:《出土文献研究》第 6 辑,上海古籍出版社 2004 年版。

20. 李均明:《张家山汉简所反映的适用刑罚原则》,《郑州大学学报(哲学社会科学版)》2002 年第 4 期。

21. 李均明:《长沙五一广场东汉简牍“劾”与“鞫”状考》,邬文玲主编:《简帛研究 二〇一七(秋冬卷)》,广西师范大学出版社 2018 年版。

22. 李力:《论“徒隶”的身份——从新出土里耶秦简入手》,李均明主编,中国文物研究所编:《出土文献研究》第 8 辑,上海古籍出版社 2007 年版。

23. 李勉、俞方洁:《里耶秦简“徒簿”类文书的分类解析》,《重庆师范大学学报(哲学社会科学版)》2017 年第 4 期。

24. 连宏:《秦汉髡、耐、完刑考》,《古代文明》2012 年第 2 期。

25. 刘海年:《秦律刑罚考析》,中华书局编辑部编:《云梦秦简研究》,中华书局 1981 年版。

26. 刘海年:《秦律刑罚的适用原则》(上)(下),《法学研究》1983 年第 1、2 期。

27. 刘欣宁:《张家山汉简〈二年律令〉简 121—107—108—109 释读——兼论汉律中的量刑原则》,陈伟主编:《简帛》第 6 辑,上海古籍出版社 2011 年版。

28. 鲁家亮:《试论张家山汉简〈收律〉及其相关的几个问题》,《古籍整理研究学刊》2007 年第 2 期。

29. 鲁家亮:《关于〈二年律令 · 具律〉90—92 号简等三条律文的关系》,陈伟主编:《简帛》第 2 辑,上海古籍出版社 2007 年版。

30. 欧扬:《秦到汉初定罪程序称谓的演变——取"当"为视角比较〈岳麓书院藏秦简〉(叁)与〈奏谳书〉》,王沛主编:《出土文献与法律史研究》第 3 辑,上海人民出版社 2014 年版。

31. 彭浩:《秦〈户律〉和〈具律〉考》,李学勤主编:《简帛研究》第 1 辑,法律出版社 1993 年版。

32. 彭浩:《谈〈二年律令〉中"鬼薪白粲"加罪的两条律文》,陈伟主编:《简帛》第 2 辑,上海古籍出版社 2007 年版。

33. 钱大群:《谈"隶臣妾"与秦代的刑罚制度》,《法学研究》1983 年第 5 期。

34. 尚宇昌:《"故塞""故徼"的由来与秦并天下》,《中国边疆史地研究》2022 年第 1 期。

35. 沈刚:《〈里耶秦简〉(壹)所见作徒管理问题探讨》,《史学月刊》2015 年第 2 期。

36. 宋国华、王芳:《秦汉"自出"非"自告"说》,《南都学坛》2012 年第 4 期。

37. 孙闻博:《秦及汉初的司寇与徒隶》,《中国史研究》2015 年第 3 期。

38. 万荣:《秦与汉初刑事诉讼程序中的判决:"论"、"当"、"报"》,陈伟主编:《简帛》第 11 辑,上海古籍出版社 2015 年版。

39. 王伟:《张家山汉简〈二年律令〉编联初探》,陈伟主编:《简帛》第 1 辑,上海古籍出版社 2006 年版。

40. 王伟:《睡虎地秦简文本复原二题》,《中国矿业大学学报(社会科学版)》2016 年第 6 期。

41. 文霞:《秦简所见徒隶生活》,《重庆师范大学学报(社会科学版)》2021 年第 3 期。

42. 邬勖:《论〈奏谳书〉"和奸案"中的法律推理》,《法律方法》2018 年第 1 期。

43. 吴方基:《里耶秦简"日备归"与秦代新地吏管理》,《古代文明》

2019年第3期。

44. 徐世虹:《“三环之”、“刑复城旦舂”、“系城旦舂某岁”解——读〈二年律令〉札记》,胡平生主编,中国文物研究所编:《出土文献研究》第6辑,上海古籍出版社2004年版。

45. 徐世虹:《西汉末期法制新识——以张勋主守盗案牍为对象》,《历史研究》2018年第5期。

46. 游逸飞:《说“系城旦舂”——秦汉刑期制度新论》,《新史学》第20卷第3期(2009年)。

47. 于洪涛:《秦汉法律简牍中的“鞫”研究——兼论秦汉刑事诉讼中的相关问题》,邬文玲、戴卫红主编:《简帛研究 二〇一八(春夏卷)》,广西师范大学出版社2018年版。

48. 于振波:《秦律中的甲盾比价及相关问题》,《史学集刊》2010年第5期。

49. 云梦秦墓竹简整理小组:《云梦秦简释文(一)》,《文物》1976年第6期。

50. 云梦秦墓竹简整理小组:《云梦秦简释文(三)》,《文物》1976年第8期。

51. 张伯元:《〈秦简·法律答问〉与秦代法律解释》,《华东政法学院学报》1999年第3期。

52. 张伯元:《“累论”与数罪并罚》,中国政法大学法律古籍整理研究所编:《中国古代法律文献研究》第8辑,社会科学文献出版社2014年版。

53. 张建国:《论西汉初期的赎》,《政法论坛》2002年第5期。

54. 张政烺:《秦律“葆子”释义》,中华书局编辑部编:《文史》第9辑,中华书局1980年版。

55. 周海锋:《秦律令之流布及随葬律令性质问题》,《华东政法大学学报》2016年第4期。

56. 〔日〕石冈浩:《收制废止所见西汉文帝刑制改革之发端——从爵制的混乱到刑罚的破绽》,徐世虹译,杨一凡、〔日〕寺田浩明主编:《日本学者中国法制史论著选·先秦秦汉卷》,中华书局2016年版。

57. 〔德〕陶安:《试探“断狱”、“听讼”与“诉讼”之别——以汉代文书资料为中心》,张中秋编:《理性与智慧:中国法律传统再探讨——中国法律史学会2007年国际学术研讨会文集》,中国政法大学出版社2008年版。

58. 〔德〕陶安:《张家山汉简〈奏谳书〉吏议札记》,王沛主编:《出土文献与法律史研究》第2辑,上海人民出版社2013年版。

（二）学位论文

1. 丁义娟：《秦及汉初刑罚体系研究——以出土资料为主要依据》，吉林大学2012年博士学位论文。

2. 王伟：《秦汉简牍所见刑罚研究》，中国人民大学2013年博士学位论文。

3. 陈鸣：《秦汉〈盗律〉罪名研究》，中国政法大学2015年博士学位论文。

4. 周海锋：《秦律令研究——以〈岳麓书院藏秦简〉（肆）为重点》，湖南大学2016年博士学位论文。

5. 刘欣欣：《秦汉〈亡律〉分类集释》，湖南大学2017年硕士学位论文。

6. 黄海：《秦刑制溯源例证》，华东政法大学2019年博士学位论文。

7. 程令政：《秦及汉初刑罚制度研究——以出土简牍资料为主要依据》，吉林大学2020年博士学位论文。